2016ANTIQUES AUCTION RECORDS

拍卖年鉴 全彩版

2015.1.1～2015.12.31

欣 弘 主编

cns | 湖南美术出版社

图书在版编目(CIP)数据

2016古董拍卖年鉴·玉器 / 欣弘主编. —长沙：湖南美术出版社，2015.12

ISBN 978-7-5356-7522-4

Ⅰ. ①2… Ⅱ. ①欣… Ⅲ. ①历史文物－拍卖－价格－中国－2016－年鉴②古玉器－拍卖－价格－中国－2016－年鉴 Ⅳ. ①F724.787-54

中国版本图书馆CIP数据核字(2016)第308446号

2016古董拍卖年鉴·玉器

主　　编：欣　弘

策　　划：易兴宏　李志文

责任编辑：李　坚

湖南美术出版社出版发行(长沙市东二环一段622号)

湖南省新华书店经销

雅昌文化(集团)有限公司制版、印刷

(本书采用CTP工艺制版、印刷)

开本：787×1092　1/16　印张：19

版次：2015年12月第1版　印次：2016年1月第1次印刷

ISBN 978-7-5356-7522-4

定价：158.00元

邮购联系：0731-84787105　邮编：410016　网址：http://www.arts-press.com/

电子邮箱：market@arts-press.com

目　　录

凡　例

1.《2016古董拍卖年鉴》分瓷器卷、玉器卷、杂项卷、珠宝翡翠卷、书画卷共五册。收录了纽约、伦敦、香港、澳门、台北、北京、上海、广州、昆明、天津、重庆、成都、安徽、云南、南京、西安、沈阳、济南等城市或地区的几十家拍卖公司几百个专场的2015年度拍卖成交记录与拍品图片。

2.本书内文条目原则上保留了原拍卖记录，按拍品号、朝代、品名、估价、成交价、尺寸、拍卖公司名称、拍卖日期等排序，部分原内容缺或不详的，即不注明，书画卷内文条目还有作者姓名、作品形式、创作年代等内容。

3.因境外拍卖公司宿地不同，本书拍品中有多种币种：RMB人民币，USD美元，EUR欧元，GBP英磅，HKD港币，TWD台币。但本书所有拍品成交价均采用按汇率转换成RMB(人民币)币种。

4.需查看更多图片资料，请登陆“www.artron.net”进入“中国艺搜”栏目，输入要查看拍品的完整名称或名称的关键词语点击搜索即可。

礼玉

玉璜

538 公元前20世纪 玉牙璜（两件）
来源：安思远私人珍藏
估　价：USD　6,000～8,000
成交价：RMB 66,523
长8cm；10.5cm 纽约佳士得 2015.03.19

527 中国东南部 公元前30世纪 玉璜（两件）
来源：安思远私人珍藏
估　价：USD 5,000～7,000
成交价：RMB 70,436
长13cm；16.2cm 纽约佳士得 2015.03.19

3337 明以前 出戟谷纹玉璜（一对）
估　价：RMB 35,000～60,000
成交价：RMB 80,500
最长直径12.2cm 西泠拍卖 2015.07.05

1102 元 青玉雕蒲涡纹玉璜一对
估　价：RMB 20,000～30,000
成交价：RMB 57,500
长19.3cm 中鸿信 2015.07.29

519 汉 黄玉双龙璜
估　价：HKD 20,000～30,000
成交价：RMB 50,438
长8cm 中国嘉德 2015.10.06

2330 元 白玉璜
估　价：RMB 120,000～180,000
成交价：RMB 207,000
长12.7cm 北京翰海 2015.06.28

4 东周晚期 白玉璜
来源：安思远私人珍藏
估　价：USD 60,000～80,000
成交价：RMB 1,233,417
宽16.2cm 纽约佳士得 2015.03.17

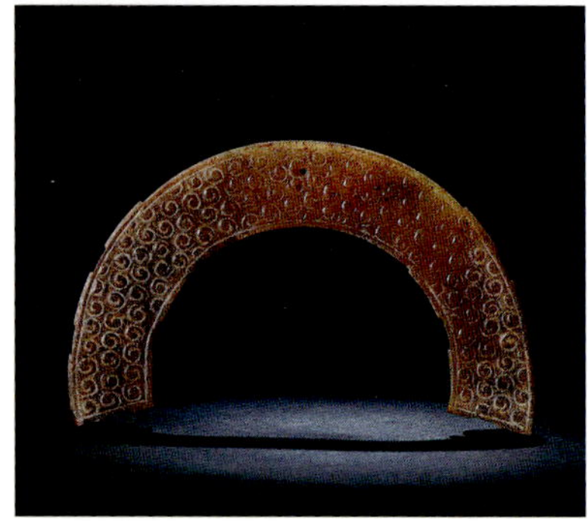

520 战国 玉谷纹璜
估　价：HKD 60,000～90,000
成交价：RMB 85,356
长10cm 中国嘉德 2015.10.06

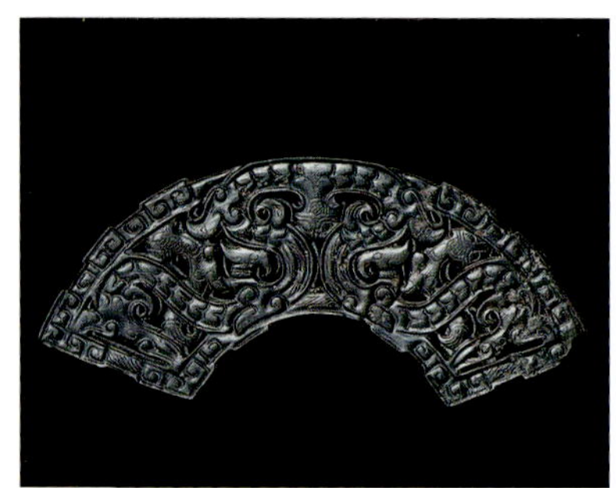

604 战国 镂雕龙纹璜
估　价：HKD 10,000～20,000
成交价：RMB 23,201
长10cm 中国嘉德 2015.04.06

197 明 褐斑青玉雕仿古龙纹璜
来源：1.John Sparks, Ltd.，伦敦，1949年9月；2.Rolf Cunliffe, 2nd Baron Cunliffe (1899–1963) 收藏（藏品编号JT7）；3.伦敦邦瀚斯2002年11月11日拍品，编号6
估　价：USD 5,000～7,000
成交价：RMB 39,831
长9.2cm 纽约苏富比 2015.09.15

玉琥

3001 商晚期 安阳时期 玉琥形饰
估　价：USD 7,000～9,000
成交价：RMB 219,135
长9.9cm 纽约佳士得 2015.03.15

玉璧

468 中国西北部 新石器时代 约公元前20世纪 玉璧
来源：安思远私人珍藏
估　价：USD 12,000～18,000
成交价：RMB 133,046
直径17.2cm 纽约佳士得 2015.03.19

518 新石器时代 良渚文化 玉璧形饰（两件）
来源：安思远私人珍藏
估　价：USD 4,000～6,000
成交价：RMB 37,566
直径4.5cm；直径4.2cm
纽约佳士得 2015.03.19

560 商/西周 玉璧
估　价：USD 4,000～6,000
成交价：RMB 78,263
直径10.2cm 纽约佳士得 2015.03.1

502 战国 谷纹玉璧
估　价：HKD 30,000～50,000
成交价：RMB 50,438
直径16.6cm 中国嘉德 2015.10.06

479 新石器时代 公元前30至20世纪 玉璧
来源：安思远私人珍藏
估　价：USD 4,000～6,000
成交价：RMB 508,706
直径13cm 纽约佳士得 2015.03.19

577 东周晚期 玉璧
来源：安思远私人珍藏
估　价：USD 5,000～7,000
成交价：RMB 187,830
直径8cm 纽约佳士得 2015.03.19

592 西汉 玉璧
来源：安思远私人珍藏
估　价：USD 40,000～60,000
成交价：RMB 665,231
直径15.8cm 纽约佳士得 2015.03.19

244 汉 玉雕龙纹璧
来源：1998年11月2日香港苏富比拍卖第568号
估　价：HKD 100,000～200,000
成交价：RMB 221,925
直径23.8cm 佳士得 2015.04.06

2494 元 白玉兽面夔龙纹璧
估　价：RMB 35,000～45,000
成交价：RMB 46,000
直径10cm 北京翰海 2015.11.29

624 汉 玉雕螭龙纹璧
估　价：HKD 40,000～60,000
成交价：RMB 37,122
直径5cm 中国嘉德 2015.04.06

628 宋/明 玉雕俏色螭龙纹璧
估　价：HKD 50,000～80,000
成交价：RMB 46,403
直径6cm 中国嘉德 2015.04.06

1101 元 青玉谷纹璧
估　价：RMB 30,000～50,000
成交价：RMB 80,500
直径19.9cm 中鸿信 2015.07.29

501 汉 “姬”字款玉璧
估　价：HKD 100,000～200,000
成交价：RMB 96,996
直径13cm 中国嘉德 2015.10.06

625 宋 白玉带沁璧
估　价：HKD 50,000～80,000
成交价：RMB 46,403
直径9.5cm 中国嘉德 2015.04.06

1103 元 黄玉谷纹璧
估　价：RMB 80,000～120,000
成交价：RMB 140,000
直径8.3cm 中鸿信 2015.07.29

2507 明 旧玉螭龙纹璧
估　价：RMB 120,000～150,000
成交价：RMB 172,500
直径5.5cm 北京翰海 2015.11.29

9522 清中期 白玉仿古夔龙璧
估　价：RMB 100,000～200,000
成交价：RMB 115,000
宽7.5cm 北京保利 2015.06.08

2278 清乾隆 白玉龙凤纹璧
估　价：RMB 28,000～35,000
成交价：RMB 34,500
直径7.4cm 北京翰海 2015.06.28

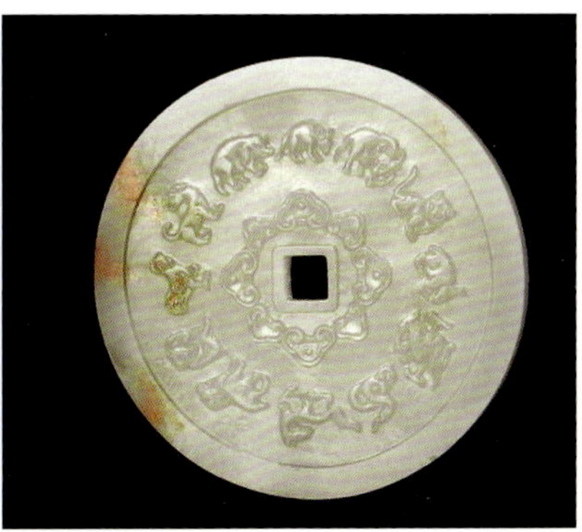

2379 清乾隆 白玉甲子万年十二生肖璧
来源：北京翰海2013年春拍《中国玉器》专场第1418号拍品
估　价：RMB 1,000,000～2,000,000
成交价：RMB 2,070,000
直径10.3cm 北京翰海 2015.06.28

2399 清乾隆 白玉凤纹长宜子孙出廓璧
来源：香港苏富比拍卖2013年春季拍卖会《重要中国瓷器及工艺品》第3040号拍品
估　价：RMB 2,500,000～3,500,000
成交价：RMB 4,197,500
高16.1cm；宽10.2cm 北京匡时 2015.06.06

2676 清乾隆 白玉二龙戏珠璧形佩
估　价：RMB 80,000～120,000
成交价：RMB 115,000
高9.6cm 北京翰海 2015.11.29

2496 清乾隆 白玉太狮少狮璧
估　价：RMB 20,000～30,000
成交价：RMB 28,750
直径5.8cm 北京翰海 2015.11.29

2749 清 青白玉变形龙纹璧
估　价：RMB 40,000～60,000
成交价：RMB 46,000
直径8.5cm 中国嘉德 2015.11.15

200 19世纪 青白玉雕十二章纹圭璧
来源：纽约苏富比1975年9月25日拍品，编号96
估　价：USD 40,000～60,000
成交价：RMB 955,950
高23.5cm 纽约苏富比 2015.09.15

玉 琮

470 新石器时代 良渚文化 玉琮
估　价：USD 4,000～6,000
成交价：RMB 375,660
宽6.5cm 纽约佳士得 2015.03.19

565 商 黄玉琮形饰
来源：安思远私人珍藏
估　价：USD 5,000～7,000
成交价：RMB 148,699
直径4.5cm 纽约佳士得 2015.03.19

552 中国西北部 公元前20至10世纪 玉琮
来源：安思远私人珍藏
估 价：USD 30,000~50,000
成交价：RMB 1,008,021
高17.5cm 纽约佳士得 2015.03.19

579 可能为东周 玉琮
估 价：USD 25,000~35,000
成交价：RMB 857,757
高25cm 纽约佳士得 2015.03.19

576 东周 玉琮
来源：安思远私人珍藏
估 价：USD 20,000~30,000
成交价：RMB 1,233,417
宽7.5cm 纽约佳士得 2015.03.19

593 宋 玉琮
估 价：HKD 200,000~300,000
成交价：RMB 204,171
7cm×7cm 中国嘉德 2015.04.06

5043 明 玉琮
估 价：RMB 30,000~50,000
成交价：RMB 132,250
高7.3cm 中国嘉德 2015.09.20

1963 清 玉琮
估 价：RMB 100,000~180,000
成交价：RMB 115,000
高3.5cm 北京翰海 2015.06.27

116 清或更早 青玉雕仿古琮
来源：购于20世纪40年代或50年代，后家族传承
估 价：USD 3,000~5,000
成交价：RMB 47,798
高12.7cm 纽约苏富比 2015.09.15

1957 清 玉琮
估　价：RMB 2,000,000～4,000,000
成交价：RMB 3,680,000
高18.75cm；上宽8.3cm；下宽7.6cm 北京翰海 2015.06.27

307 绳纹玉琮
估　价：HKD 875,000～1,750,000
成交价：RMB 852,264
通高16cm 荣盛国际 2015.01.10

玉 圭

492 公元前20至10世纪 玉圭
估　价：USD 7,000～9,000
成交价：RMB 187,830
长22.8cm 纽约佳士得 2015.03.19

3616 清中期 白玉十二章圭璧
来源：巴黎苏富比2011年12月15日拍卖编号111
估　价：RMB 400,000～600,000
成交价：RMB 460,000
高17.7cm 北京匡时 2015.12.05

2857 明以前 张君谋旧藏玉圭
估 价：RMB 80,000～150,000
成交价：RMB 126,500
长17cm；宽5.1cm 西泠拍卖 2015.07.05

2587 清 碧玉圭
“乾隆年制”隶书款
估 价：RMB 15,000～25,000
成交价：RMB 23,000
高23.2cm 北京翰海 2015.11.29

1958 清 黄玉圭璧
估 价：RMB 4,000,000～6,000,000
成交价：RMB 4,600,000
高约34cm 北京翰海 2015.06.27

玉璋

562 新石器时代晚期/商 公元前20世纪 玉璋
估 价：USD 7,000～9,000
成交价：RMB 626,100
长29.5cm 纽约佳士得 2015.03.19

6438 明 端方旧藏古玉璋、璧（三件）
来源：此三件拍品为端方旧藏
估　价：RMB 1,000,000～1,500,000
成交价：RMB 1,150,000
璋长40cm；璧直径19cm；长34.5cm 北京保利 2015.06.06

2484 元 旧玉牙璋
估　价：RMB 240,000～280,000
成交价：RMB 299,000
长30.5cm 北京翰海 2015.11.29

玉册

559 清乾隆 御制和阗碧玉暗刻描金“御制先农礼成有述”册
估　价：RMB 2,500,000～3,500,000
成交价：RMB 2,875,000
长15.5cm；宽8.0cm×8
上海泓盛 2015.06.20

3114 清乾隆 御题《绥边经制》青白玉册
来源：1.香港佳士得2003年7月7日拍品，编号527；2.巴黎佳士得2005年11月22日拍品，编号145
估　价：HKD 2,000,000～3,000,000
成交价：RMB 2,195,040
19.4cm×11.4cm 香港苏富比 2015.04.07

6375 清乾隆 御制青玉填金十六应真玉册
来源：1.香港佳士得2001.10.29拍品，编号0516；2.北京保利2011年春拍第7192号。
估　价：RMB 5,800,000~8,800,000
成交价：RMB 20,700,000
长15.5cm；宽11.4cm 北京保利 2015.06.06

130 清乾隆 乾隆皇帝亲书御制文墨玉册
估　价：USD 80,000~120,000
成交价：RMB 1,790,646
高16.2cm；宽23.8cm 纽约苏富比 2015.03.17

佩玩件

玉 玦

514 公元前20至10世纪 玉玦一件及玉管两件
来源：安思远私人珍藏
估　价：USD 6,000~8,000
成交价：RMB 125,220
长3.7cm；长4.4cm 纽约佳士得 2015.03.1

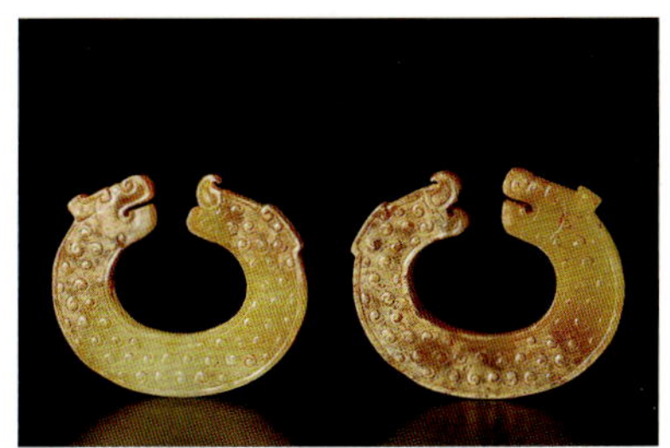

3338 明以前 黄玉雕龙形玦（一对）
估　价：RMB 50,000~80,000
成交价：RMB 63,250
直径6.3cm 西泠拍卖 2015.07.05

玉璇玑

438 龙山文化 玉璇玑
估　价：HKD 30,000~50,000
成交价：RMB 29,099
直径10cm 中国嘉德 2015.10.06

333 周 玉璇玑
来源：纽约苏富比1994年5月31日拍品，编号7
估　价：USD 5,000~7,000
成交价：RMB 86,089
直径11.4cm 纽约苏富比 2015.03.17

2339 明 白玉璇玑
估　价：RMB 500,000~700,000
成交价：RMB 690,000
直径13.7cm 北京翰海 2015.06.28

玉环、玉瑗

512 中国西北部 新石器时代 公元前20世纪 青玉瑗
来源：安思远私人珍藏
估　价：USD 5,000~7,000
成交价：RMB 86,089
直径10.5cm 纽约佳士得 2015.03.19

539 中国东南部 新石器时代 公元前30世纪 玉环（两件）
估　价：USD 8,000~12,000
成交价：RMB 508,706
宽7.7cm 纽约佳士得 2015.03.19

483 新石器时代 良渚文化 玉雕面形纹瑗
来源：安思远私人珍藏
估　价：USD 6,000~8,000
成交价：RMB 586,969
直径9.5cm 纽约佳士得 2015.03.19

523 战国 谷纹齿轮环
估 价：HKD 50,000～80,000
成交价：RMB 75,657
直径5.3cm 中国嘉德 2015.10.06

2280 明 白玉螭龙纹环
估 价：RMB 160,000～220,000
成交价：RMB 264,500
直径6.1cm 北京翰海 2015.06.28

2746 明 旧玉环
来源：美国藏家旧藏
估 价：RMB 38,000～58,000
成交价：RMB 63,250
直径8.5cm 中国嘉德 2015.11.15

2333 明 白玉谷纹环
估 价：RMB 260,000～360,000
成交价：RMB 368,000
直径8.2cm 北京翰海 2015.06.28

2492 元 白玉卧蚕纹环
估 价：RMB 230,000～250,000
成交价：RMB 287,500
直径5.5cm 北京翰海 2015.11.29

564 公元前20世纪 青玉瑗
来源：安思远私人珍藏
估　价：USD 7,000～9,000
成交价：RMB 133,046
直径8.5cm 纽约佳士得 2015.03.19

472 新石器时代 良渚文化 玉瑗
来源：安思远私人珍藏
估　价：USD 6,000～8,000
成交价：RMB 109,568
直径8.9cm 纽约佳士得 2015.03.19

2503 明 青玉环
估　价：RMB 40,000～60,000
成交价：RMB 57,500
直径4cm 北京翰海 2015.11.29

2138 清乾隆 乾隆款白玉雕龙纹环
来源：英国藏家旧藏
估　价：RMB 250,000～280,000
成交价：RMB 287,500
长11.5cm 北京翰海 2015.11.28

2821 明 玛瑙雕螭龙耳活环杯（一对）
估　价：RMB 120,000～160,000
成交价：RMB 138,000
高3.2cm；宽9cm 西泠拍卖 2015.07.05

1136 清乾隆 白玉雕螭龙纹玉环
估　价：RMB 120,000～150,000
成交价：RMB 172,500
直径5.9cm 中鸿信 2015.07.29

2281 清早期 白玉环
估　价：RMB 120,000～180,000
成交价：RMB 207,000
直径10.3cm 北京翰海 2015.06.28

3605 明 黄玉貂皮螭龙纹绦环
估　价：RMB 50,000～80,000
成交价：RMB 69,000
长9.5cm 北京匡时 2015.12.05

2508 清中期 白玉螭龙纹环
估　价：RMB 300,000～400,000
成交价：RMB 414,000
直径5.5cm 北京翰海 2015.11.29

638 清 白玉龙纹环
来源：安思远私人珍藏
估　价：USD 6,000～8,000
成交价：RMB 313,050
直径3cm 纽约佳士得 2015.03.19

玉管　玉勒

566 新石器时代晚期/商早期 玉管形饰
估　价：USD 2,000～3,000
成交价：RMB 133,046
长3.5cm 纽约佳士得 2015.03.19

473 新石器时代 约公元前10世纪 白玉管形饰（两件）
来源：安思远私人珍藏
估　价：USD 4,000～6,000
成交价：RMB 187,830
长9.5cm 纽约佳士得 2015.03.19

427 西周 玉束腰勒子
估　价：HKD 30,000～50,000
成交价：RMB 29,099
长7cm 中国嘉德 2015.10.06

563 商 青玉管形饰
来源：安思远私人珍藏
估　价：USD 4,000～6,000
成交价：RMB 273,919
长7cm 纽约佳士得 2015.03.19

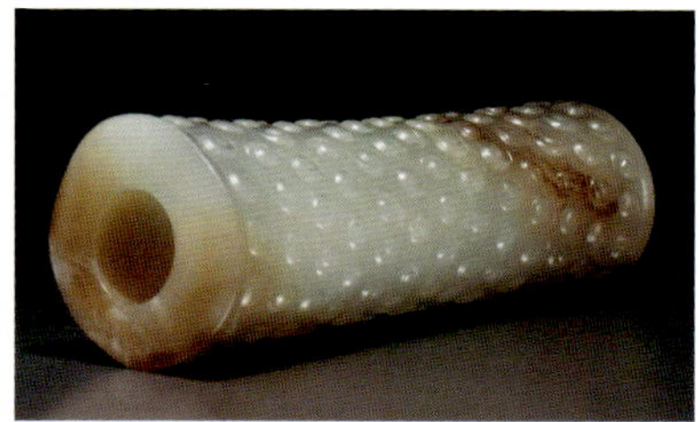

578 东周 玉管
估　价：USD 5,000～8,000
成交价：RMB 156,525
长6.7cm 纽约佳士得 2015.03.19

2335 明 白玉谷纹勒
估　价：RMB 150,000～250,000
成交价：RMB 207,000
高7.8cm 北京翰海 2015.06.28

2394 明 黄玉螭龙纹勒
估　价：RMB 120,000～220,000
成交价：RMB 264,500
高5.7cm 北京翰海 2015.06.28

613 明 玉兽面纹勒子
估　价：RMB 30,000
成交价：RMB 33,600
8cm 天津文物 2015.05.22

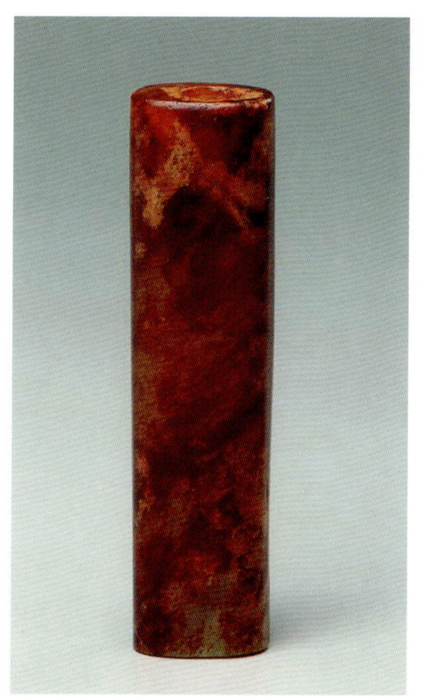

3059 明以前 管型玉勒
估　价：RMB 80,000
成交价：RMB 299,000
长7.5cm 古天一 2015.06.06

2539 明 旧玉螭龙纹方勒
估　价：RMB 70,000~90,000
成交价：RMB 92,000
高5.5cm 北京翰海 2015.11.29

2535 明 旧玉如意云纹勒
估　价：RMB 180,000~220,000
成交价：RMB 241,500
高6.5cm 北京翰海 2015.11.29

2532 明 旧玉文字勒
估　价：RMB 70,000~90,000
成交价：RMB 92,000
高4.3cm 北京翰海 2015.11.29

4292 明 玉谷文勒
估　价：RMB 100,000~180,000
成交价：RMB 172,500
1.9cm×3.8cm 中国嘉德 2015.11.14

2547 清乾隆 白玉般若波罗蜜多心经方勒
估　价：RMB 70,000~90,000
成交价：RMB 92,000
高9cm 北京翰海 2015.11.29

1965 清 玉管
估 价：RMB 280,000～500,000
成交价：RMB 322,000
长17.8cm 北京翰海 2015.06.27

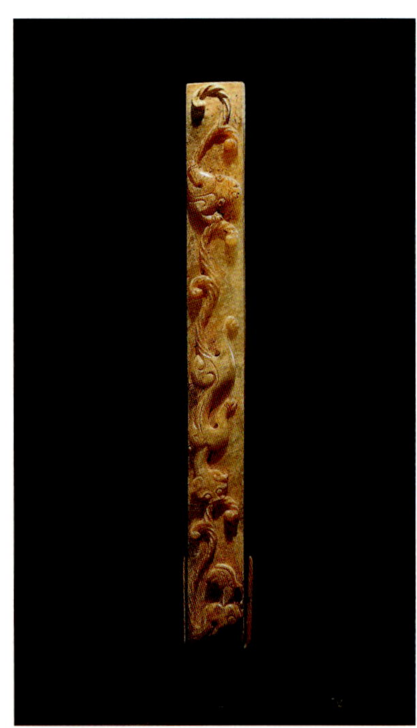

1966 清 玉螭虎纹方管
估 价：RMB 400,000～650,000
成交价：RMB 460,000
长15.24cm 北京翰海 2015.06.27

144 俞艇 凝晖 白玉勒子（一对）
成交价：RMB 69,000
长5.1cm，长3.9 西泠拍卖 2015.04.18

玉扳指

3157 清乾隆 青金石御题诗文扳指
估 价：HKD 260,000～400,000
成交价：RMB 280,350
直径3.2cm 佳士得 2015.06.03

129 清乾隆 甘黄玉刻乾隆御题诗扳指
估 价：USD 50,000～70,000
成交价：RMB 391,313
直径2.5cm 纽约苏富比 2015.03.17

527 清乾隆 白玉俏色如意乾隆御题诗文扳指
估 价：HKD 100,000～200,000
成交价：RMB 96,996
直径3.2cm 中国嘉德 2015.10.06

7935 清乾隆 白玉雕梵文金刚杵板指
估 价：RMB 200,000～300,000
成交价：RMB 230,000
直径2.6cm 北京保利 2015.06.07

314 18世纪 白玉雕携琴访友图板指
估 价：HKD 200,000～300,000
成交价：RMB 200,250
直径3.3cm 香港苏富比 2015.06.01

4144 清 浅浮雕山水人物白玉扳指
估　价：RMB 180,000～200,000
成交价：RMB 253,000
直径3.2cm 北京东正 2015.05.19

952 葛洪 萃古熙今 白玉琮形扳指
估　价：RMB 170,000～250,000
成交价：RMB 195,500
直径4.5cm 西泠拍卖 2015.07.04

3036 汪德海 白玉雕龙纹扳指
估　价：RMB 150,000～220,000
成交价：RMB 172,500
长3.7cm 中国嘉德 2015.05.16

玉带饰

675 元 玉雕龟鹤祥云带穿
估　价：HKD 20,000～25,000
成交价：RMB 51,043
长5.3cm 香港淳浩 2015.04.04

1106 元 白玉包金胡人吹芦笙带板
估　价：RMB 150,000～180,000
成交价：RMB 172,500
5.1cm×4.7cm 中鸿信 2015.07.29

621 明 白玉雕龙纹带饰
估　价：RMB 80,000
成交价：RMB 134,400
长10.2cm 天津文物 2015.05.22

488 明 白玉花鸟云纹铊尾
著录：《山水堂藏玉》第32页
成交价：RMB 97,750
高5.75cm 北京保利 2015.04.25

496 明 白玉巧色万喜灵芝龙纹铊尾
著录：《山水堂藏玉》第24页
成交价：RMB 89,700
高4.9cm 北京保利 2015.04.25

609 元/明 青白玉镂雕连生贵子带板（十二件）
来源：安思远私人珍藏
估　价：USD 12,000～18,000
成交价：RMB 250,440
宽3.8cm；5.2cm 纽约佳士得 2015.03.19

7803 清乾隆 铜鎏金錾花嵌玉带饰（一对）
估　价：RMB 50,000～150,000
成交价：RMB 138,000
尺寸不一 北京保利 2015.06.07

625 清 白玉雕花蝶纹带饰
估　价：RMB 80,000
成交价：RMB 168,000
长5.5cm 天津文物 2015.05.22

481 明 青白玉镂雕灵芝纹带板
估　价：HKD 80,000～120,000
成交价：RMB 77,597
长10.6cm 中国嘉德 2015.10.06

1119 清 玛瑙巧雕鱼藻纹带饰
估　价：RMB 60,000～80,000
成交价：RMB 101,200
长5.4cm 东正南京 2015.07.02

玉带钩

3790 明 黄玉凤首带钩
估　价：HKD 80,000～100,000
成交价：RMB 82,200
长92cm 香港苏富比 2015.10.07

3786 明 灰白玉巧色苍龙教子带钩
出版：姜涛及刘云辉编，《熙墀藏玉》，北京，2006年，页170－171
估　价：HKD 100,000～150,000
成交价：RMB 102,750
长13cm 香港苏富比 2015.10.07

8028 清乾隆 白玉仿古龙纹带钩
来源：美国博物馆旧藏
估 价：RMB 150,000～200,000
成交价：RMB 310,500
长7.5cm 北京保利 2015.06.07

415 明 带沁玉龙钩
估 价：HKD 120,000～220,000
成交价：RMB 116,395
长9.5cm 中国嘉德 2015.10.06

461 战国.汉 弦纹水晶带钩
估 价：HKD 35,000～55,000
成交价：RMB 33,949
长10cm 中国嘉德 2015.10.06

591 汉 玉龙纹带钩（两件）
来源：安思远私人珍藏
估 价：USD 7,000～9,000
成交价：RMB 125,220
长13.5cm；长9.5cm 纽约佳士得 2015.03.19

307 清乾隆 白玉三阳开泰带钩
估 价：HKD 180,000～250,000
成交价：RMB 420,525
长9.8cm 香港苏富比 2015.06.01

307 清乾隆 白玉三阳开泰带钩
估 价：HKD 180,000~250,000
成交价：RMB 420,525
长9.8cm 香港苏富比 2015.06.01

308 18世纪 白玉雄鹰带钩
估 价：HKD 250,000~350,000
成交价：RMB 420,525
长8.5cm 香港苏富比 2015.06.01

607 18世纪 黄玉雕龙纹带钩
估 价：USD 6,000~8,000
成交价：RMB 66,523
宽9.5cm 纽约佳士得 2015.03.19

824 18世纪/19世纪 白玉雕螭龙纹带钩
来源：1959年前购于中国上海，Dr. James Sorensen收藏
估 价：USD 3,000~5,000
成交价：RMB 66,523
长11.7cm 纽约苏富比 2015.03.21

3658 18世纪 白玉浮雕螭龙纹带钩
来源：香港苏富比1988年11月17日拍品，编号409
估 价：HKD 80,000~100,000
成交价：RMB 110,963
长12.5cm 香港苏富比 2015.04.07

1444 清乾隆 白玉龙勾
估 价：RMB 8,000~15,000
成交价：RMB 43,700
长13.5cm 北京保利 2015.04.26

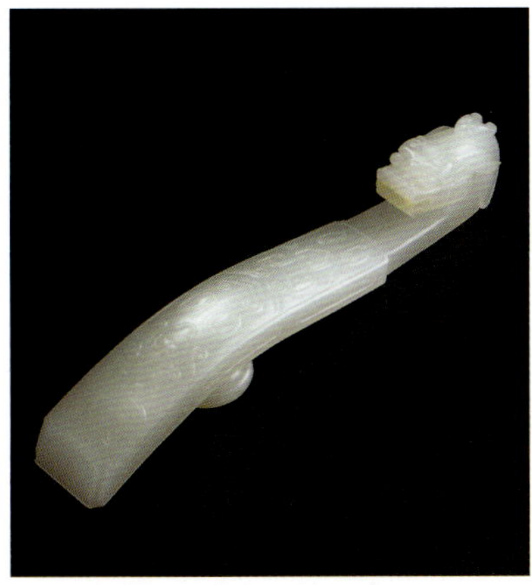

310 18世纪/19世纪 白玉龙带钩
估 价：HKD 180,000～250,000
成交价：RMB 280,350
长12.1cm 香港苏富比 2015.06.01

玉带扣

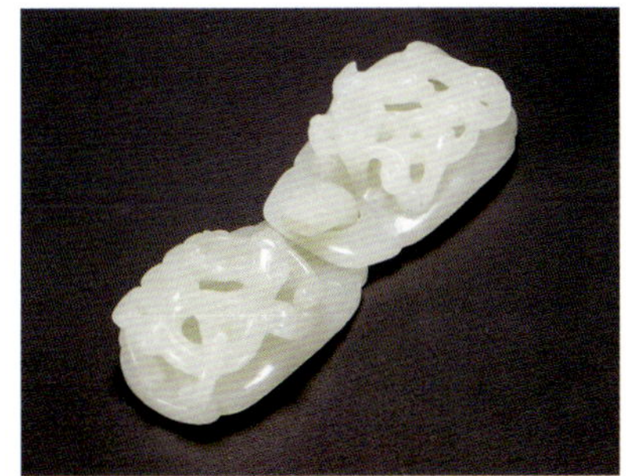

1142 清乾隆 白玉苍龙教子带扣
估 价：RMB 32,000～50,000
成交价：RMB 69,000
长12cm 中鸿信 2015.07.29

815 18世纪/19世纪 青白玉雕螭龙纹带扣及扳指
来源：1940年购于中国
估 价：USD 7,000～9,000
成交价：RMB 62,610
长14.6cm 纽约苏富比 2015.03.21

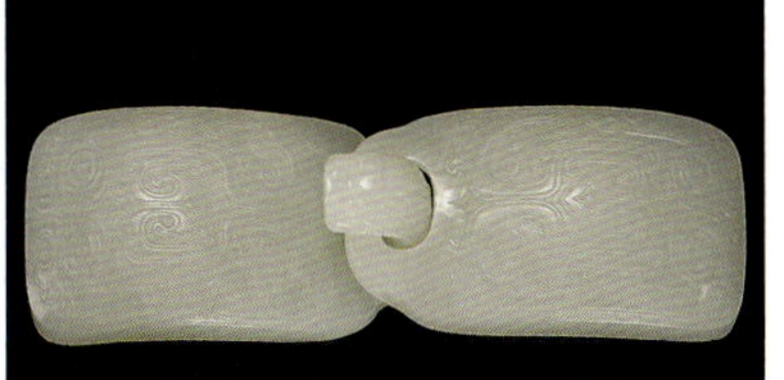

114 18世纪 白玉雕夔龙纹带扣
来源：购于20世纪40年代或50年代，后家族传承
估 价：USD 3,000～5,000
成交价：RMB 51,781
长10.8cm 纽约苏富比 2015.09.15

玉 锁

636 清 白玉雕长命富贵纹锁
估 价：RMB 60,000
成交价：RMB 134,400
长7.8cm 天津文物 2015.05.22

玉 磬

1307 明早期 白玉兽面纹磬
成交价：RMB 195,500
长17.5cm 中鸿信 2015.07.29

3171 明崇祯 御制碧玉描金龙纹黄钟编磬
来源：日本私人收藏，于20世纪50年代至60年代
成交价：RMB 328,400
宽39.2cm 佳士得 2015.12.02

330 18世纪/19世纪 白玉“福寿双全”锁片
估 价：HKD 200,000～300,000
成交价：RMB 200,250
6.7cm×9cm 香港苏富比 2015.06.01

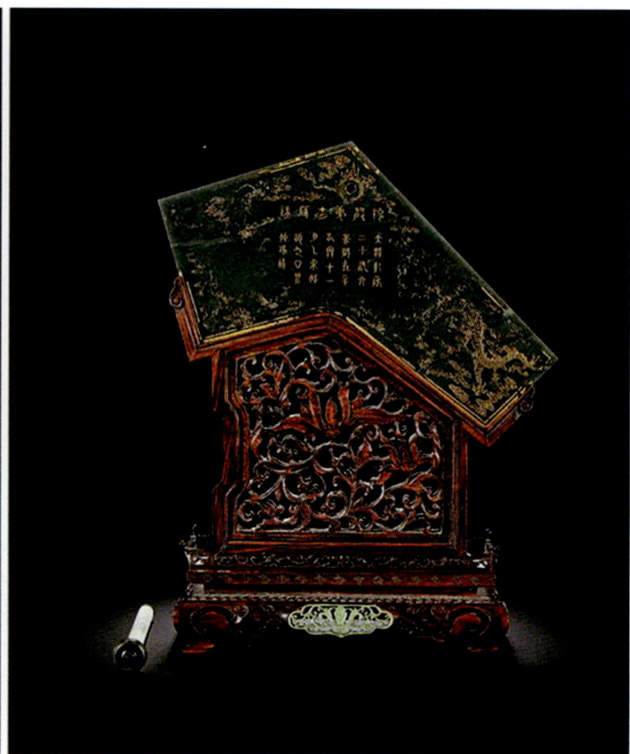

6308 清乾隆26年 青玉刻御制诗文描金云龙纹“第十二应钟”特磬
来源：欧洲重要私人藏家旧藏
估 价：RMB 6,000,000～9,000,000
成交价：RMB 10,120,000
磬宽28.5cm；锤长19.5cm 北京保利 2015.06.06

9359 清乾隆 白玉吉庆有余挂饰（一组）
估 价：RMB 150,000～200,000
成交价：RMB 172,500
尺寸不一 北京保利 2015.06.08

158 清乾隆 御制青玉描金龙纹“大吕”磬
估 价：RMB 1,000,000～1,500,000
成交价：RMB 2,070,000
长49cm 远方拍卖 2015.07.01

242 黄玉双狮纹磬形佩
估 价：HKD 40,000～60,000
成交价：RMB 45,394
宽7.1cm 佳士得 2015.04.06

3109 清乾隆 碧玉描金双龙戏珠纹倍夷则编磬
来源：Baron Antoine Allard男爵（1907—1981）珍藏
估 价：HKD 2,000,000～3,000,000
成交价：RMB 2,003,240
长47.9cm 佳士得 2015.12.02

603 明/清 青白玉雕螭龙纹扇柄
来源：安思远私人珍藏
估 价：USD 4,000～6,000
成交价：RMB 31,305
长13.5cm 纽约佳士得 2015.03.19

玉柄形器

568 西周早期 玉鸟纹柄形饰
估 价：USD 6,000～8,000
成交价：RMB 172,178
长15.2cm 纽约佳士得 2015.03.19

514 战国 带沁玉柄形器
估 价：HKD 80,000～120,000
成交价：RMB 237,640
长20cm 中国嘉德 2015.10.06

玉炉顶

607 元 白玉雕龙纹炉顶
估 价：RMB 80,000
成交价：RMB 140,000
高6.4cm 天津文物 2015.05.22

9501 元 白玉透雕龙纹炉顶
估 价：RMB 35,000～45,000
成交价：RMB 92,000
长6.5cm 北京保利 2015.12.09

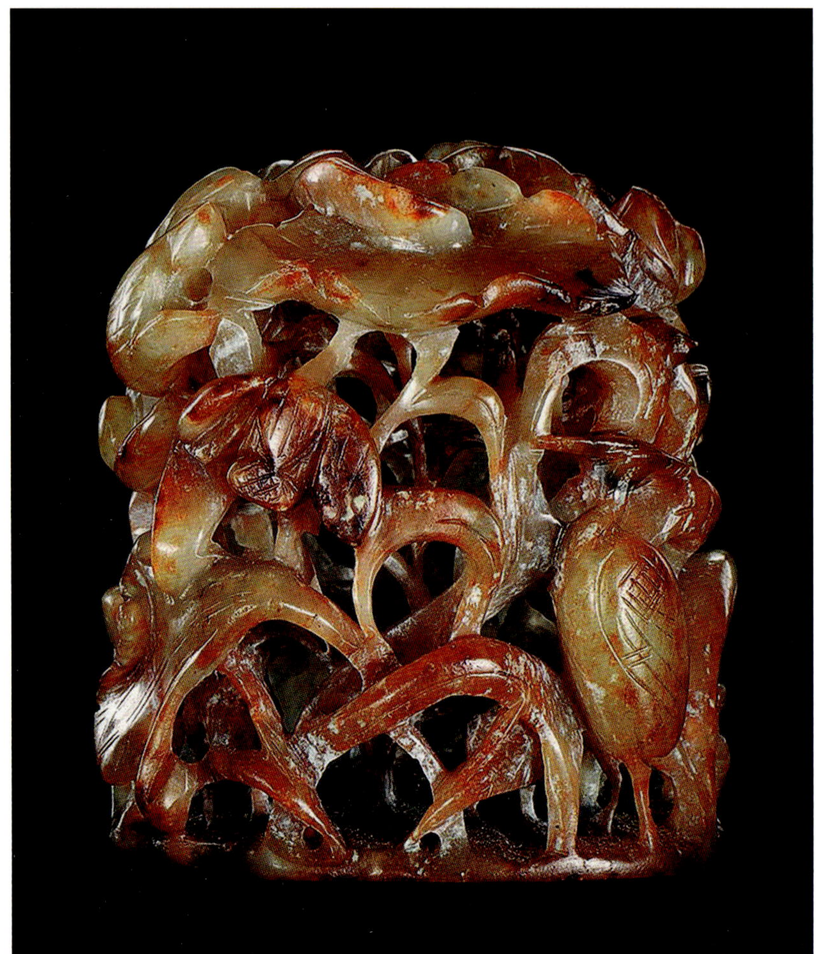

2697 元 白玉沁色荷塘鹭鸶炉顶
估 价：RMB 400,000～500,000
成交价：RMB 460,000
高5.5cm 中国嘉德 2015.11.15

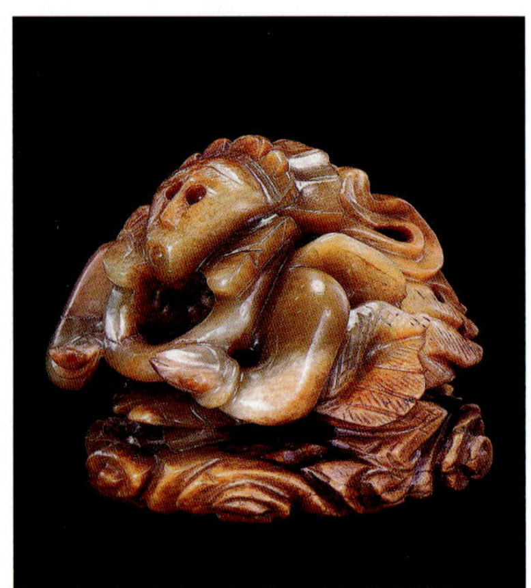

568 元 带沁玉雕迦楼罗神炉顶
估 价：HKD 60,000～90,000
成交价：RMB 55,683
宽6.3cm 中国嘉德 2015.04.06

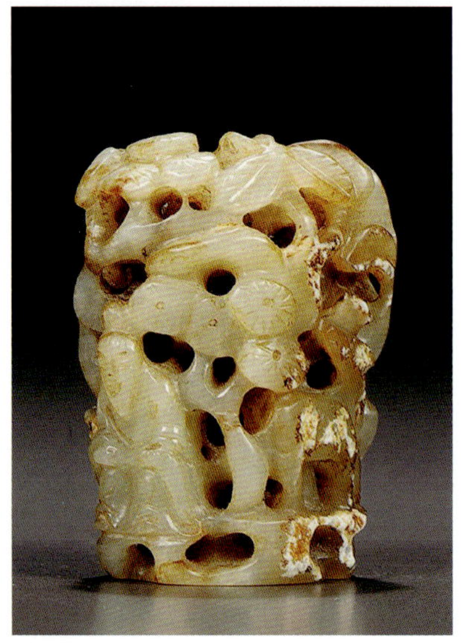

3329 明 玉雕春水秋山图炉顶
估 价：RMB 18,000～25,000
成交价：RMB 20,700
高6.2cm 西泠拍卖 2015.07.05

玉珠串、项链

500 新石器时代 良渚文化 玉串饰
来源：安思远私人珍藏
估 价：USD 4,000～6,000
成交价：RMB 140,873
宽6cm 纽约佳士得 2015.03.19

509 汉 多宝串
估 价：HKD 20,000～30,000
成交价：RMB 48,498
尺寸不一 中国嘉德 2015.10.06

501 新石器时代 良渚文化 玉串饰
来源：安思远私人珍藏
估 价：USD 6,000～8,000
成交价：RMB 547,838
长1.6cm 纽约佳士得 2015.03.19

2993 明 琥珀项串（39粒）
估 价：RMB 30,000～60,000
成交价：RMB 40,250
北京翰海 2015.06.28

570 公元前10世纪或以后 玉串饰
来源：安思远私人珍藏
估 价：USD 6,000～8,000
成交价：RMB 1,308,549
长7.5cm 纽约佳士得 2015.03.19

4141 元/明 古玉串
估　价：RMB 200,000～250,000
成交价：RMB 230,000
尺寸不一 北京东正 2015.05.19

2398 明 白玉多宝串（二件）
估　价：RMB 30,000～60,000
成交价：RMB 69,000
北京翰海 2015.06.28

585 明 白玉沁色雕执莲童子纹多宝串
估　价：RMB 28,000
成交价：RMB 35,840
长8.5cm 天津文物 2015.05.22

2407 明 白玉多宝串（四件）
估　价：RMB 30,000～60,000
成交价：RMB 115,000
北京翰海 2015.06.28

2537 明 旧玉多宝串（六件）
估　价：RMB 180,000～220,000
成交价：RMB 230,000
北京翰海 2015.11.29

2406 明 白玉多宝串（五件）
估　价：RMB 30,000～60,000
成交价：RMB 66,700
北京翰海 2015.06.28

4142 清 蜜蜡（一串）
估　价：RMB 200,000～250,000
成交价：RMB 230,000
长40cm 北京东正 2015.05.19

461 清 蜜蜡手串
估　价：HKD 200,000～400,000
成交价：RMB 200,250
重约62g 荣盛国际 2015.07.31

1095 清 蜜蜡十八子手串
估　价：RMB 50,000～80,000
成交价：RMB 112,700
古天一 2015.06.06

3378 明以前 蜜蜡桶珠手串
估　价：RMB 45,000～60,000
成交价：RMB 55,200
珠径约1.9cm 西泠拍卖 2015.07.05

1042 清 鋻珀十八子手串（镂空雕瓷结珠坠角）
估　价：RMB 10,000～15,000
成交价：RMB 36,800
古天一 2015.06.06

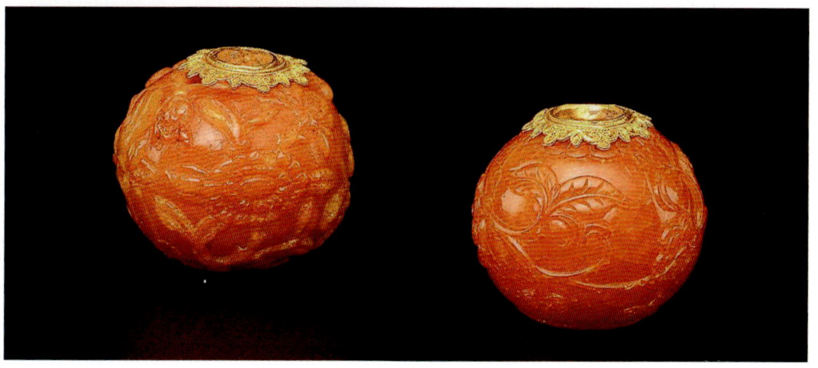

1001 清 蜜蜡花卉纹圆珠（两件）
估　价：RMB 30,000～50,000
成交价：RMB 78,200
直径2.5cm 古天一 2015.06.06

624 清 玉串饰连印章
来源：安思远私人珍藏
估 价：USD 4,000~6,000
成交价：RMB 1,383,681
直径2.3cm 纽约佳士得 2015.03.19

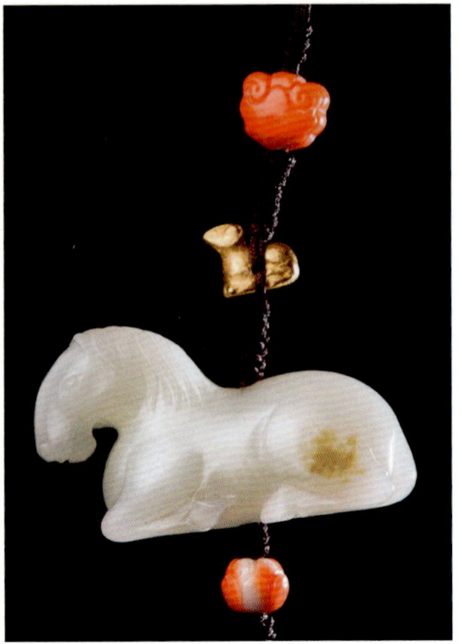

2927 清 白玉多宝串
估 价：RMB 36,000~40,000
成交价：RMB 43,700
长4.5cm 北京匡时 2015.06.07

1055 清 白玉雕包袱十八子手串（珊瑚结珠）
估 价：RMB 60,000~90,000
成交价：RMB 140,300
古天一 2015.06.06

1670 清 蜜蜡珠（两件）
估 价：RMB 9,000~12,000
成交价：RMB 13,800
长3cm 北京保利 2015.04.26

774 清 琥珀十八子手串
估 价：RMB 60,000~90,000
成交价：RMB 86,250
直径2cm 上海敬华 2015.06.30

313 17世纪 黄玉手串
出版：张广文，《古玉收藏入门百科》，吉林，2006年，页254
估 价：HKD 300,000～500,000
成交价：RMB 320,400
直径8.5cm；玉珠约2.2cm 香港苏富比 2015.06.01

2539 清 蜜蜡手串 银镶珊瑚蜜蜡吊坠各一件
成交价：RMB 57,500
长12cm；长5.7cm 中国嘉德 2015.06.27

706 清 金珀手串
估 价：RMB 8,000～12,000
成交价：RMB 17,250
直径16cm×12 北京诚轩 2015.05.17

1089 清 绿松石十八子手串
估 价：RMB 10,000～15,000
成交价：RMB 25,300
古天一 2015.06.06

3159 清 琥珀手串
估 价：HKD 60,000～80,000
成交价：RMB 240,300
长29.9cm 佳士得 2015.06.03

1136 清 珊瑚镂空雕寿字纹手钏
估 价：RMB 120,000～180,000
成交价：RMB 218,500
尺寸不一 东正南京 2015.07.02

1414 清 绿松石念珠（18颗）
估 价：RMB 60,000～90,000
成交价：RMB 103,500
江苏爱涛 2015.01.11

831 白玉圆珠手串
估 价：RMB 20,000
成交价：RMB 26,880
直径1.4cm 上海联合 2015.05.24

121 清 旧蜜蜡手串
估 价：RMB 55,000～72,000
成交价：RMB 112,000
约2.5cm×8 上海国拍 2015.11.29

1259 碧玉十八子提珠
估 价：RMB 75,000
成交价：RMB 86,250
18粒 印千山·宝隆 2015.07.12

5367 南红手串
估　价：RMB 15,000～25,000
成交价：RMB 17,250
重约119g　直径1.9cm 北京保利 2015.06.06

970 陈冠军 龙行天下 白玉手串
估　价：RMB 10,000～30,000
成交价：RMB 32,200
1.6cm×1.2cm×1.2cm 西泠拍卖 2015.07.04

5475 蜜蜡手串
成交价：RMB 25,300
重约54g 北京保利 2015.06.06

1258 碧玉十八罗汉佛珠
估　价：RMB 70,000
成交价：RMB 103,500
18粒　印千山·宝隆 2015.07.12

6105 南红团寿字纹单珠
估　价：RMB 30,000～55,000
成交价：RMB 460,000
2.4cm×2.5cm 北京保利 2015.12.08

2957 清乾隆 蜜蜡朝珠
估　价：RMB 400,000～600,000
成交价：RMB 483,000
长142cm 北京匡时 2015.06.07

1057 清 琥珀朝珠（108颗）
估　价：RMB 60,000～90,000
成交价：RMB 184,000
古天一 2015.06.06

9757 清早期 嵌百宝密宗项链
估 价：RMB 400,000～600,000
成交价：RMB 460,000
长22cm 北京保利 2015.06.08

818 清 青金宝石朝珠
来源：1980年代购于新加坡
估 价：USD 5,000～7,000
成交价：RMB 125,220
长144.8cm 纽约苏富比 2015.03.21

1724 清 珊瑚朝珠
估 价：RMB 80,000～150,000
成交价：RMB 195,500
长75cm 北京保利 2015.11.01

2449 清 珊瑚团寿纹朝珠（108颗）
估 价：RMB 50,000～100,000
成交价：RMB 149,500
北京匡时 2015.06.06

1070 清 蜜蜡念珠（珊瑚结珠）（108颗）
估 价：RMB 30,000～50,000
成交价：RMB 138,000
古天一 2015.06.06

817 清 琥珀紫晶朝珠
来源：约1980年购于新加坡
估 价：USD 6,000～8,000
成交价：RMB 117,394
长137.2cm 纽约苏富比 2015.03.21

1447 清 琥珀佛串（108颗）
估 价：RMB 180,000～240,000
成交价：RMB 310,500
江苏爱涛 2015.01.11

1122 清 珊瑚项链
估 价：RMB 35,000～45,000
成交价：RMB 55,200
直径1cm 东正南京 2015.07.02

5405 南红大佛珠
成交价：RMB 230,000
重约448g；直径2.4cm 北京保利 2015.06.06

1068 清 藏式珊瑚念珠（云龙纹雕瓷结珠）（108颗）
估 价：RMB 50,000～80,000
成交价：RMB 138,000
古天一 2015.06.06

4566 清 金琥珀朝珠108粒
估 价：RMB 80,000～120,000
成交价：RMB 92,000
直径1.3cm×108；长120cm
中国嘉德 2015.11.15

181 琥珀佛珠一百零八子
估 价：HKD 150,000～300,000
成交价：RMB 191,663
直径1.2cm 佳士得 2015.04.06

1036 朝沐 南红佛串
估　价：RMB 180,000～220,000
成交价：RMB 207,000
西泠拍卖 2015.07.04

5301 南红塔链
估　价：RMB 100,000～180,000
成交价：RMB 115,000
直径2cm 北京保利 2015.06.06

1727 珊瑚项链
估　价：RMB 40,000～80,000
成交价：RMB 97,750
长28cm 北京保利 2015.11.01

13929 天然蜜蜡珠链
估　价：RMB 50,000～80,000
成交价：RMB 78,200
项链长57cm 北京保利 2015.06.06

327 新疆和田玉黄皮白玉籽玉项链
估　价：HKD 375,000～750,000
成交价：RMB 340,906
重189g 荣盛国际 2015.01.10

玉 镯

573 中国东南部 约公元前30世纪 玉镯
来源：安思远私人珍藏
估　价：USD 6,000～8,000
成交价：RMB 172,178
直径6.2cm 纽约佳士得 2015.03.19

515 公元前20世纪 玉镯
来源：安思远私人珍藏
估　价：USD 4,000～6,000
成交价：RMB 62,610
直径5.5cm 纽约佳士得 2015.03.19

2518 明 黄玉手镯
估　价：RMB 100,000～140,000
成交价：RMB 149,500
内径6.5cm 北京翰海 2015.11.29

499 新石器时代 良渚文化 玉镯（两件）
来源：安思远私人珍藏
估　价：USD 6,000～8,000
成交价：RMB 375,660
直径6.7cm；直径6.3cm 纽约佳士得 2015.03.19

8026 17世纪 黄玉子辰纹镯（一对）
估　价：HKD 500,000～750,000
成交价：RMB 480,600
直径7cm 罗芙奥 2015.06.02

7933 清中期 黄玉带沁夔龙纹手镯
估　价：RMB 150,000～250,000
成交价：RMB 172,500
直径8cm 北京保利 2015.06.07

2289 清中期 白玉手镯
估　价：RMB 12,000～18,000
成交价：RMB 17,250
内径6.2cm 北京翰海 2015.06.28

7804 清中期 珊瑚包金手镯
来源：欧洲藏家旧藏
估　价：RMB 350,000～550,000
成交价：RMB 517,500
宽8cm 北京保利 2015.06.07

7017 清 白玉雕西番莲纹手镯
估　价：RMB 80,000～100,000
成交价：RMB 92,000
直径8.2cm 北京东正 2015.11.19

7932 清 白玉缠枝花卉镯
估　价：RMB 60,000～80,000
成交价：RMB 80,500
直径7.5cm 北京保利 2015.06.07

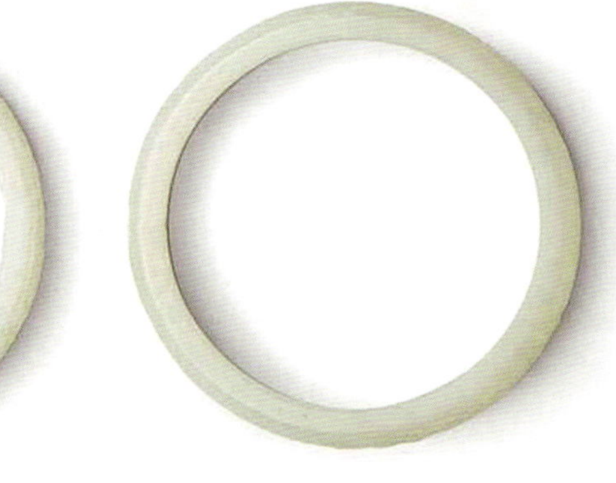

50 清 白玉雕花卉纹镯（一对）
估　价：HKD 150,000～200,000
成交价：RMB 302,625
直径7cm 佳士得 2015.04.06

647 清 白玉雕贵妃手镯
估　价：RMB 18,000
成交价：RMB 33,600
内径6cm 天津文物 2015.05.22

656 清 白玉雕联珠纹手镯
估　价：RMB 80,000
成交价：RMB 168,000
内径6.1cm 天津文物 2015.05.22

9548 清 白玉双龙连珠镯（一对）
来源：扬州文物商店旧藏
估 价：RMB 18,000～28,000
成交价：RMB 46,000
直径7.5cm 北京保利 2015.06.08

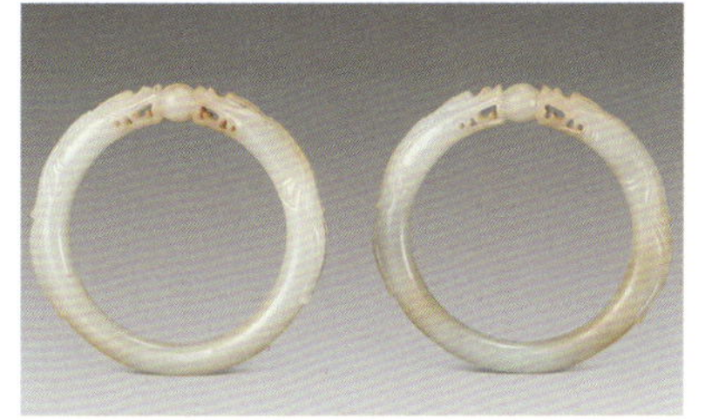

1521 清 白玉双龙戏珠手镯（一对）
估 价：RMB 25,000～55,000
成交价：RMB 69,000
直径7.5cm 北京保利 2015.11.01

879 清 金珀手镯（一对）
估 价：RMB 40,000～60,000
成交价：RMB 51,750
直径8cm 上海敬华 2015.06.30

1718 清晚期 天然软玉手镯（一对）
估 价：HKD 50,000～65,000
成交价：RMB 92,805
直径5.96cm；直径5.94cm
香港苏富比 2015.04.06

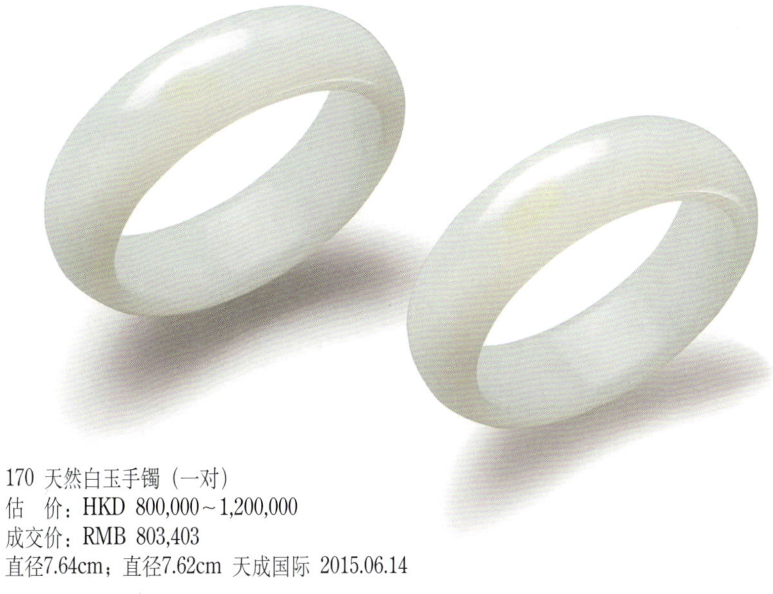

170 天然白玉手镯（一对）
估 价：HKD 800,000～1,200,000
成交价：RMB 803,403
直径7.64cm；直径7.62cm 天成国际 2015.06.14

339 羊脂玉竹节手镯
估 价：HKD 1,725,000～3,450,000
成交价：RMB 1,614,816
重79g 荣盛国际 2015.01.10

1797 当代 和田玉籽料白玉俏皮手镯
估　价：RMB 120,000～150,000
成交价：RMB 138,000
直径6cm 中鸿信 2015.07.29

玉簪 玉梳

63 新石器时代 仰韶文化 黑玉发簪
来源：安思远私人珍藏
估　价：USD 5,000～7,000
成交价：RMB 11,739
长16.5cm 纽约佳士得 2015.03.19

481 元 白玉花鸟纹发簪
著录：《山水堂藏玉》第243页
成交价：RMB 23,000
高6.3cm 北京保利 2015.04.25

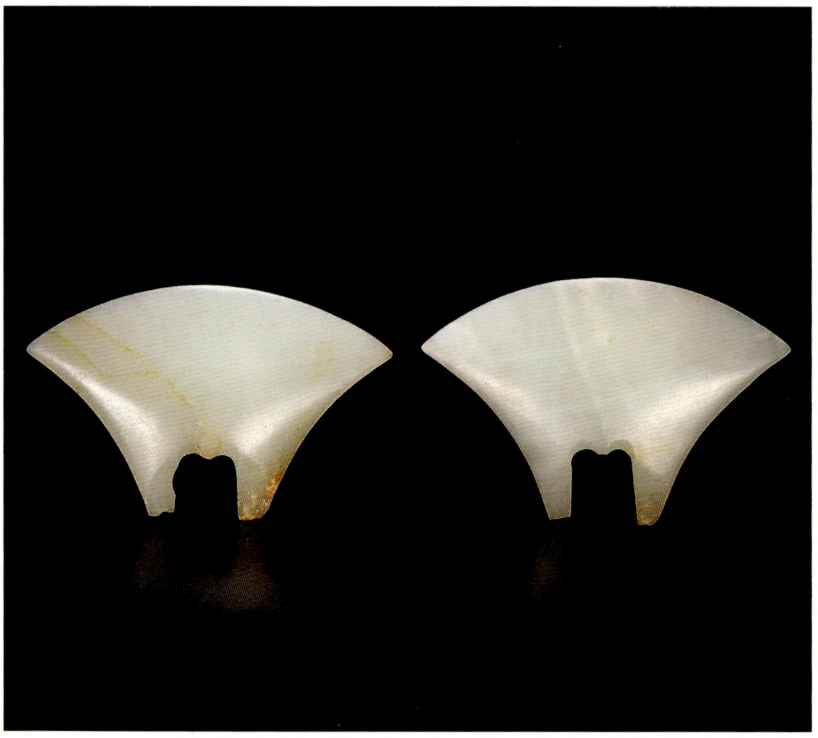

2331 元 白玉簪头（二件）
估　价：RMB 400,000～600,000
成交价：RMB 517,500
长8cm 北京翰海 2015.06.28

619 元/明 青白玉凤首发簪
来源：安思远私人珍藏
估　价：USD 15,000～20,000
成交价：RMB 187,830
长10.5cm 纽约佳士得 2015.03.19

2380 明 白玉如意纹发箍
估　价：RMB 200,000～300,000
成交价：RMB 345,000
直径4.8cm 北京翰海 2015.06.28

2381 明 白玉弦纹发箍
估　价：RMB 200,000～300,000
成交价：RMB 322,000
直径5.5cm 北京翰海 2015.06.28

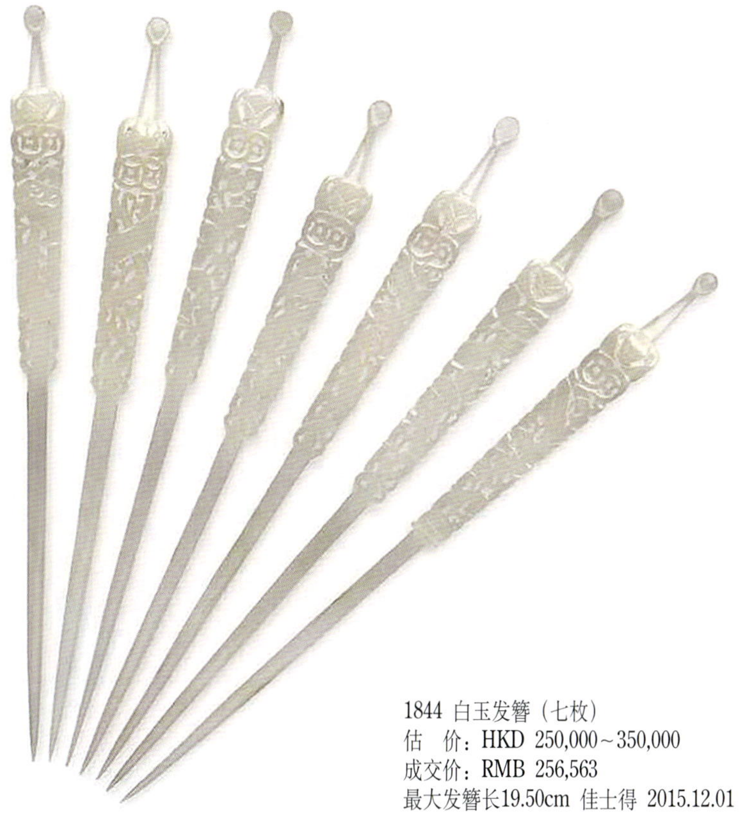

1844 白玉发簪（七枚）
估　价：HKD 250,000～350,000
成交价：RMB 256,563
最大发簪长19.50cm 佳士得 2015.12.01

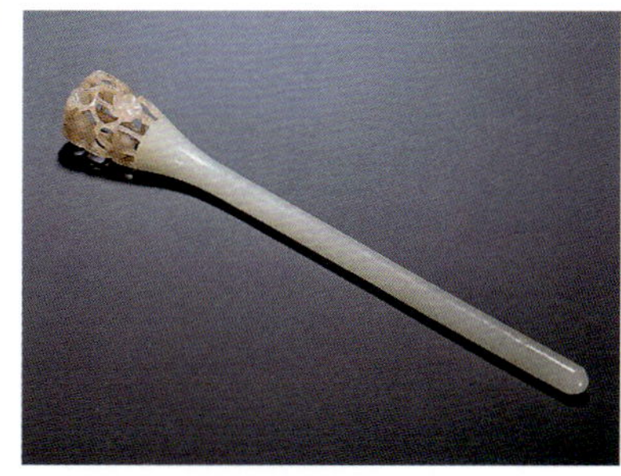

9537 明 白玉镂雕梅花簪
估　价：RMB 60,000～80,000
成交价：RMB 69,000
长23.2cm 北京保利 2015.12.09

600 明或以前 白玉梳
来源：安思远私人珍藏
估　价：USD 4,000～6,000
成交价：RMB 54,784
宽5.7cm 纽约佳士得 2015.03.19

玉牌

334 元 青玉镂雕鹰雁纹牌
估　价：USD 6,000～9,000
成交价：RMB 101,741
长10.2cm 纽约苏富比 2015.03.1

1141 清乾隆 白玉御题诗文庭院人物牌
估　价：RMB 220,000～250,000
成交价：RMB 253,000
高7.5cm 中鸿信 2015.07.29

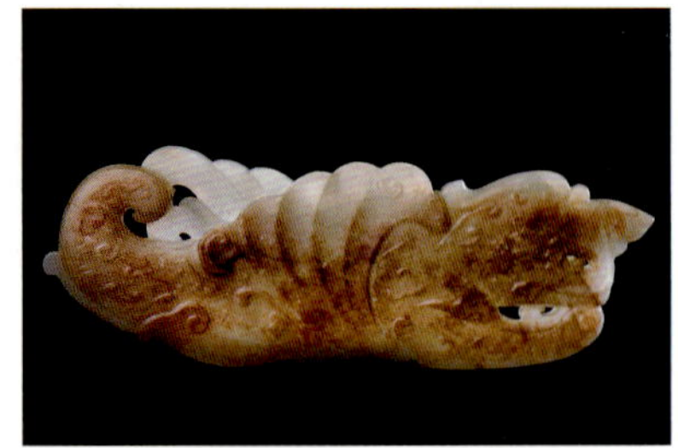

2901 明 青白玉雕鱼化龙牌
估　价：RMB 150,000～200,000
成交价：RMB 172,500
长15.3cm 北京匡时 2015.06.07

187 元 青白玉镂雕宝鹅衔莲牌
估　价：USD 8,000～12,000
成交价：RMB 47,798
长9.2cm 纽约苏富比 2015.09.15

9551 清乾隆 青白玉双龙“斋戒”牌
估　价：RMB 50,000～80,000
成交价：RMB 115,000
长6cm 北京保利 2015.12.09

299 明 黑白镂雕犀牛望月纹牌
来源：Robert von Hirsch收藏，1977年前，后家族传承
估　价：USD 20,000～30,000
成交价：RMB 469,575
直径7.3cm 纽约苏富比 2015.03.17

9454 清乾隆 白玉雕龙凤呈祥牌
估　价：RMB 300,000～500,000
成交价：RMB 345,000
长5.4cm 北京保利 2015.06.08

3022 清乾隆 白玉高士洗砚图诗文牌
估　价：RMB 500,000～600,000
成交价：RMB 575,000
长5.7cm 北京东正 2015.05.19

248 明16世纪 白玉镂雕穿芝龙纹牌
估　价：GBP 4,000～6,000
成交价：RMB 47,900
长7.7cm 伦敦苏富比 2015.05.13

572 清乾隆 白玉太平丰乐牌
估　价：HKD 250,000～350,000
成交价：RMB 417,623
长9cm 中国嘉德 2015.04.06

7484 清乾隆 白玉“乘槎访帝孙”牌
来源：1.美国藏家旧藏；2.纽约佳士得2013年9月19日拍品，编号1201；3.Lizzadro旧藏，购于20世纪60年代
估　价：RMB 800,000～1,000,000
成交价：RMB 943,000
长5.5cm 北京保利 2015.12.08

185 明 青白玉镂雕双龙纹牌
来源：辛辛那提私人收藏
成交价：RMB 47,798
长9.6cm 纽约苏富比 2015.09.15

4409 清中期 白玉雕伯牙抚琴图牌
估　价：RMB 70,000～100,000
成交价：RMB 80,500
长5cm 中国嘉德 2015.11.14

123 清乾隆 苏作黑白玉雕“婴戏图”牌
估　价：RMB 180,000～250,000
成交价：RMB 575,000
高6cm 远方拍卖 2015.07.01

588 清中期 白玉“木兰从军”诗文子冈牌
估　价：HKD 250,000～350,000
成交价：RMB 232,013
长5.5cm 中国嘉德 2015.04.06

1514 清中期 白玉镂空雕喜鹊登梅牌
估　价：RMB 50,000～80,000
成交价：RMB 63,250
长6cm 北京保利 2015.04.26

9452 清中期 白玉“狄仁杰”子冈牌
估　价：RMB 300,000～500,000
成交价：RMB 345,000
长5cm 北京保利 2015.06.08

7752 清中期 白玉洒金皮福寿牌
估　价：RMB 200,000～300,000
成交价：RMB 368,000
长6.8cm 北京保利 2015.06.07

9624 清中期 白玉寿桃斋戒牌
估　价：RMB 50,000～80,000
成交价：RMB 115,000
长6.8cm 北京保利 2015.12.09

571 清中期 白玉三羊开泰牌
估　价：HKD 150,000～250,000
成交价：RMB 232,013
长6.5cm 中国嘉德 2015.04.06

631 清中期 青白玉喜得连科牌
估　价：HKD 80,000～120,000
成交价：RMB 74,244
长7.5cm 中国嘉德 2015.04.06

356 清 白玉雕兰花纹牌
来源：Jean Casselman Wadds 收藏，加拿大，1960年代入藏
估 价：USD 5,000～7,000
成交价：RMB 109,568
长6.2cm 纽约苏富比 2015.03.17

3167 清 白玉松下高士图椭圆形牌
估 价：HKD 200,000～400,000
成交价：RMB 200,250
长6.1cm 佳士得 2015.06.03

2902 清 白玉吉祥福寿牌
估 价：RMB 150,000～250,000
成交价：RMB 172,500
高5.6cm 中国嘉德 2015.05.16

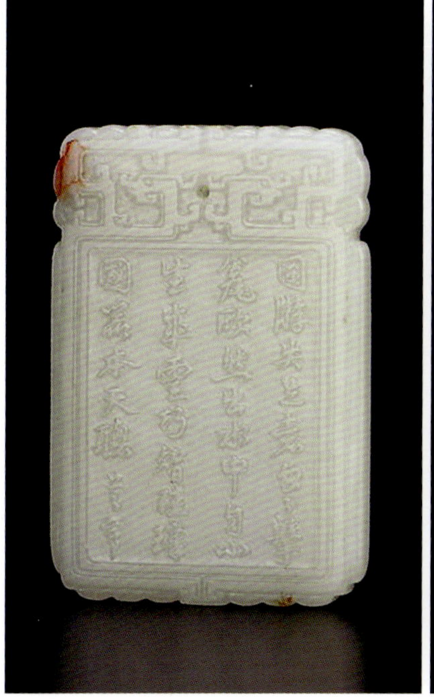

3067 清 白玉司马光砸缸牌
估 价：RMB 350,000
成交价：RMB 517,500
高6cm 古天一 2015.06.06

3166 清 白玉无事牌
估　价：HKD 60,000～80,000
成交价：RMB 360,450
长5.1cm 佳士得 2015.06.03

849 清 采芝图牌
估　价：RMB 180,000～200,000
成交价：RMB 287,500
长6.7cm 中贸圣佳 2015.05.20

853 清 蟾宫折桂文玩牌
估　价：RMB 250,000～280,000
成交价：RMB 287,500
长5.5cm 中贸圣佳 2015.05.20

843 清 螭凤纹玉牌
估　价：RMB 150,000～170,000
成交价：RMB 172,500
长5cm 中贸圣佳 2015.05.20

854 清 大吉葫芦牌
估　价：RMB 250,000～270,000
成交价：RMB 287,500
长7.5cm 中贸圣佳 2015.05.20

862 清 玛瑙巧色人物牌
估　价：RMB 300,000～350,000
成交价：RMB 368,000
长5.4cm 中贸圣佳 2015.05.20

846 清 和合牌
估　价：RMB 180,000～200,000
成交价：RMB 207,000
长4.9cm 中贸圣佳 2015.05.20

243 清 青白玉花卉葡萄纹牌
估　价：GBP 3,000～5,000
成交价：RMB 53,888
长7cm 伦敦苏富比 2015.05.13

844 清 三爵牌
估 价：RMB 280,000～320,000
成交价：RMB 368,000
长6.8cm 中贸圣佳 2015.05.20

851 清 太平如意牌
估 价：RMB 250,000～280,000
成交价：RMB 322,000
长5.5cm 中贸圣佳 2015.05.20

2731 清 白玉福寿牌
估 价：RMB 65,000～85,000
成交价：RMB 74,750
长5.5cm 中国嘉德 2015.11.15

3610 清中期 白玉仕女诗文牌
估 价：RMB 80,000～100,000
成交价：RMB 109,250
长3.7cm 北京匡时 2015.12.05

857 清 子冈款人物玉牌
估　价：RMB 270,000～300,000
成交价：RMB 322,000
长5.8cm 中贸圣佳 2015.05.20

858 清 御制长宜子孙牌
著录：Christopher Randall, The Brush and theStone, Chinese Jades, Snuff Bottles and Works of Art, p27.28, 1998。
估　价：RMB 500,000～600,000
成交价：RMB 1,035,000
长9cm 中贸圣佳 2015.05.20

855 清 童子戏蝶文玩牌
估　价：RMB 320,000～380,000
成交价：RMB 437,000
长5.1cm 中贸圣佳 2015.05.20

9630 清 白玉仕女牌
估　价：RMB 100,000～150,000
成交价：RMB 115,000
高5.2cm 北京保利 2015.12.09

4463 17世纪 白玉雕“梦笔生花”子冈牌
估　价：RMB 450,000～800,000
成交价：RMB 747,500
长5.9cm 中国嘉德 2015.05.16

3328 18世纪 白玉长宜子孙牌
估　价：HKD 200,000～300,000
成交价：RMB 225,775
长9.7cm 佳士得 2015.12.02

3094 1760.1850年 苏作玛瑙巧雕童子水牛图牌
估　价：USD 6,000～8,000
成交价：RMB 250,440
高5cm 纽约佳士得 2015.03.15

849 清 青白玉雕再来花甲图牌
估 价：RMB 150,000～200,000
成交价：RMB 207,000
高7.2cm 北京诚轩 2015.11.14

228 18世纪 琥珀镂雕瑞兽纹牌
估 价：USD 3,000～8,000
成交价：RMB 23,899
长6cm 纽约苏富比 2015.09.15

3334 白玉桂下月兔牌
来源：懿德堂珍藏
估 价：HKD 150,000～300,000
成交价：RMB 153,938
长6.2cm 佳士得 2015.12.02

123 18世纪 白玉道教神仙纹牌
估 价：GBP 10,000～15,000
成交价：RMB 239,500
长5cm 伦敦苏富比 2015.05.13

229 18世纪 琥珀雕凤凰莲花纹牌
估 价：USD 4,000～6,000
成交价：RMB 38,238
长6.9cm 纽约苏富比 2015.09.15

3329 18世纪 黄玉老子出关图牌
估 价：HKD 260,000～400,000
成交价：RMB 420,525
长5.1cm 佳士得 2015.06.03

3164 18世纪/19世纪 白玉无量寿佛牧牛图牌
来源：香港懿德堂玉雕珍藏
估　价：HKD 200,000~400,000
成交价：RMB 420,525
长6.1cm 佳士得 2015.06.03

3170 18世纪/19世纪 白玉伍子胥图文牌
估　价：HKD 200,000~400,000
成交价：RMB 350,438
长6.4cm 佳士得 2015.06.03

171 陈冠军 暮春游牧 白玉牌
估　价：RMB 350,000~400,000
成交价：RMB 460,000
长6.1cm 西泠拍卖 2015.04.18

169 陈冠军 齐天仙乐 白玉牌
估　价：RMB 140,000~160,000
成交价：RMB 184,000
长6.3cm 西泠拍卖 2015.04.18

170 陈冠军 踏莎行远 白玉牌
估 价：RMB 220,000～260,000
成交价：RMB 287,500
长6.3cm 西泠拍卖 2015.04.18

893 崔磊 忠义仁勇 白玉牌
估 价：RMB 250,000～320,000
成交价：RMB 345,000
西泠拍卖 2015.07.04

986 程磊 悟心 白玉牌
估 价：RMB 170,000～220,000
成交价：RMB 195,500
西泠拍卖 2015.07.04

190 范同生 慈悲为怀 白玉牌
估 价：RMB 170,000～220,000
成交价：RMB 230,000
才7cm 西泠拍卖 2015.04.18

1794 付雪飞 和田白玉雕渔翁得利牌
估 价：RMB 120,000～150,000
成交价：RMB 264,500
高8cm 中鸿信 2015.07.29

953 葛洪 昂首百川鸣 白玉牌
估　价：RMB 300,000～400,000
成交价：RMB 402,500
长4.3cm 西泠拍卖 2015.07.04

898 林金波 竹里馆 白玉牌
估　价：RMB 160,000～250,000
成交价：RMB 207,000
长5.3cm 西泠拍卖 2015.07.04

88 郭万龙 旭日东升 白玉牌
估　价：RMB 160,000～200,000
成交价：RMB 241,500
长5.6cm 西泠拍卖 2015.04.18

59 侯晓锋 和田玉籽料一团和气牌
成交价：RMB 89,700
高5.5cm 北京正道 2015.11.01

994 庞然 墨葡萄图 青玉牌
估　价：RMB 70,000～120,000
成交价：RMB 126,500

832 杨曦 龙腾 白玉牌
估　价：RMB 350,000～450,000
成交价：RMB 437,000
长6.5cm 西泠拍卖 2015.07.04

3033 孟庆东 白玉雕关公牌
估　价：RMB 120,000～180,000
成交价：RMB 138,000
长6.2cm 中国嘉德 2015.05.16

908 黄杨洪 天瑞神兽 白玉牌
估　价：RMB 160,000～200,000
成交价：RMB 230,000
长5.6cm 西泠拍卖 2015.07.04

850 瞿利军 水榭幽居 白玉牌
估　价：RMB 200,000～300,000
成交价：RMB 287,500
长7cm 西泠拍卖 2015.07.04

963 姚圣云 白玉雕观音挂牌
估　价：RMB 150,000
成交价：RMB 313,600
长6.7cm 上海联合 2015.05.24

5253 杨子奇 南红佛牌
估　价：RMB 35,000~55,000
成交价：RMB 40,250
长6cm 北京保利 2015.06.06

20 蒋喜 必定辟邪 白玉牌
估　价：RMB 80,000~100,000
成交价：RMB 103,500
长5.2cm 西泠拍卖 2015.04.18

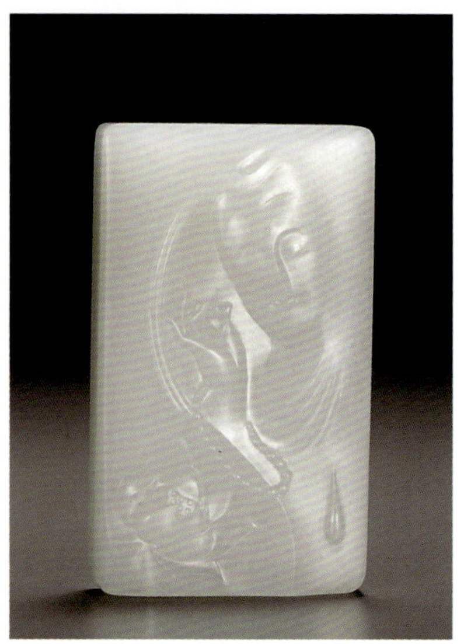

1799 杨斌 白玉如是观牌
估　价：RMB 220,000~250,000
成交价：RMB 253,000
长6.8cm 中鸿信 2015.07.29

40 吴金星 和田玉籽料一马当先牌
估　价：RMB 230,000~300,000
成交价：RMB 270,250
长7.9cm 北京正道 2015.11.01

92 于雪涛 福气到 白玉牌
估　价：RMB 80,000～100,000
成交价：RMB 115,000
长5.8cm 西泠拍卖 2015.04.18

3028 翟倚卫 白玉雕香拂春亭牌
估　价：RMB 3,100,000～3,800,000
成交价：RMB 3,565,000
长11.4cm 中国嘉德 2015.05.16

3155 翟倚卫 白玉雕秋山碧水牌
估　价：RMB 150,000～250,000
成交价：RMB 172,500
长5.02cm 中国嘉德 2015.11.16

117 翟倚卫 春潮带雨 白玉牌
估　价：RMB 1,300,000～1,500,000
成交价：RMB 1,610,000
长8.5cm 西泠拍卖 2015.04.18

932 翟倚卫 花雾萦风 白玉牌
估　价：RMB 900,000～1,100,000
成交价：RMB 1,265,000
长8.3cm 西泠拍卖 2015.07.04

924 忠荣玉典 白玉围雕山水纹牌
估　价：RMB 200,000
成交价：RMB 224,000
长5.8cm 上海联合 2015.05.24

62 赵琦 关圣帝君 白玉牌
估　价：RMB 160,000～200,000
成交价：RMB 207,000
长7.1cm 西泠拍卖 2015.04.18

65 赵琦 慈沐众生 白玉牌
估 价：RMB 700,000～900,000
成交价：RMB 805,000
长8.4cm 西泠拍卖 2015.04.18

佩玩人物件

531 新石器时代 玉人面纹饰
估 价：USD 4,000～6,000
成交价：RMB 78,263
高6.7cm 纽约佳士得 2015.03.19

510 汉 玉舞人组佩
估 价：HKD 60,000～90,000
成交价：RMB 58,198
尺寸不一 中国嘉德 2015.10.06

1111 元/明 碧玉圆雕持荷童子
估 价：RMB 220,000～250,000
成交价：RMB 253,000
高5.5cm 中鸿信 2015.07.29

477 元 白玉童子骑鱼佩
著录：《山水堂藏玉》第255页
成交价：RMB 51,750
高5cm 北京保利 2015.04.25

501 明 白玉童子佩
著录：《山水堂藏玉》第181页
成交价：RMB 20,700
高5.2cm 北京保利 2015.04.25

482 明 白玉飞天式莲花童子佩
著录：《山水堂藏玉》第169页
成交价：RMB 36,800
高4.4cm 北京保利 2015.04.25

1065 明 和田玉仿古人物把件
估 价：RMB 30,000～40,000
成交价：RMB 34,500
高4.5cm 南京经典 2015.01.04

3173 明末/清早期 白玉童子佩
估 价：HKD 40,000～60,000
成交价：RMB 80,100
高4.4cm 佳士得 2015.06.03

2309 清乾隆 白玉童子牧牛佩
估 价：RMB 40,000～60,000
成交价：RMB 57,500
高7.2cm 北京翰海 2015.06.28

578 清早期 玉雕带沁戏狮童子
估 价：HKD 15,000～25,000
成交价：RMB 20,417
高4cm 中国嘉德 2015.04.06

3174 清早期 青白玉刘海戏蟾把件
估 价：HKD 60,000～100,000
成交价：RMB 70,088
高7.1cm 佳士得 2015.06.03

9453 清乾隆 白玉童子击鼓佩
来源：松竹堂旧藏
估 价：RMB 350,000～550,000
成交价：RMB 402,500
长4.8cm 北京保利 2015.06.08

321 清乾隆 白玉“欢天喜地”佩
估 价：HKD 250,000～350,000
成交价：RMB 500,625
高8cm 香港苏富比 2015.06.01

579 清早期 白玉戏球童子
估　价：HKD 40,000~60,000
成交价：RMB 37,122
高4cm 中国嘉德 2015.04.06

2631 清乾隆 白玉山水人物诗文佩
估　价：RMB 200,000~300,000
成交价：RMB 345,000
高5.5cm 北京翰海 2015.11.29

2642 清中期 白玉仙人乘槎佩
估　价：RMB 30,000~40,000
成交价：RMB 69,000
高4.4cm 北京翰海 2015.11.29

2609 清中期 白玉和合如意佩
估　价：RMB 10,000~20,000
成交价：RMB 17,250
高4.8cm 北京翰海 2015.11.29

2607 清乾隆 白玉人物双喜临门佩
估　价：RMB 50,000~70,000
成交价：RMB 69,000
高6.7cm 北京翰海 2015.11.29

2323 清乾隆 白玉福自天来佩
估　价：RMB 30,000~50,000
成交价：RMB 46,000
高7cm 北京翰海 2015.06.28

2632 清乾隆 白玉太白醉酒诗文佩
估 价：RMB 200,000～300,000
成交价：RMB 345,000
高5.1cm 北京翰海 2015.11.29

2633 清乾隆 白玉无双谱诗文佩
估 价：RMB 300,000～400,000
成交价：RMB 460,000
高4.3cm 北京翰海 2015.11.29

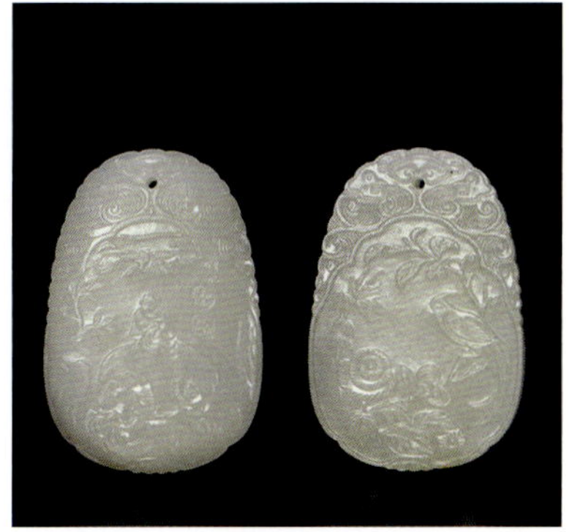

2608 清乾隆 白玉童子洗象花鸟佩
估 价：RMB 180,000～220,000
成交价：RMB 230,000
高6cm 北京翰海 2015.11.29

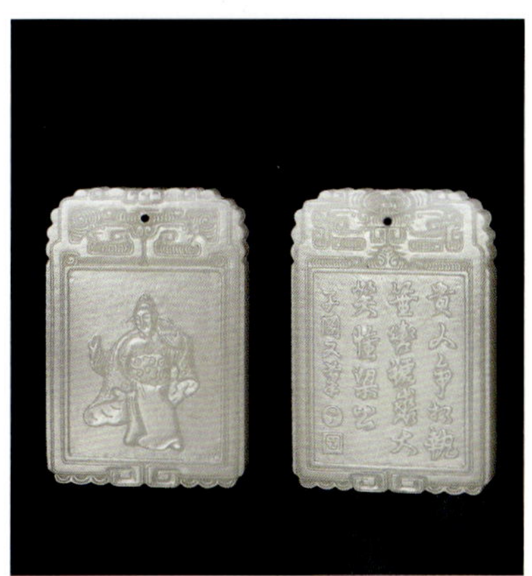

2634 清乾隆 白玉无双谱诗文佩
估 价：RMB 70,000～90,000
成交价：RMB 92,000
高5.8cm 北京翰海 2015.11.29

2432 清中期 白玉福禄童子坠
估 价：RMB 50,000～60,000
成交价：RMB 71,300
高5.4cm 北京翰海 2015.11.29

2448 清中期 白玉松下人物诗文佩
估 价：RMB 180,000～200,000
成交价：RMB 230,000
高5.5cm 北京翰海 2015.11.29

2312 清中期 白玉仕女诗文佩
估 价：RMB 30,000～40,000
成交价：RMB 40,250
高6.1cm 北京翰海 2015.06.28

9437 清中期 白玉嵌宝石佛像佩
来源：美国藏家旧藏
估 价：RMB 30,000～50,000
成交价：RMB 34,500
长5cm 北京保利 2015.06.08

2444 清中期 白玉持经罗汉佩
估 价：RMB 70,000～90,000
成交价：RMB 92,000
高6.4cm 北京翰海 2015.06.28

2458 清中期 黄玉山水仙人乘槎佩
估 价：RMB 30,000～50,000
成交价：RMB 46,000
高4.4cm 北京翰海 2015.06.28

3797 18世纪 白玉庭院对饮图题诗佩
来源：香港苏富比2005年10月23日拍品，编号499
估 价：HKD 150,000～180,000
成交价：RMB 154,125
长5.8cm 香港苏富比 2015.10.07

1967 清 玉人
估 价：RMB 40,000～100,000
成交价：RMB 46,000
高4.1cm 北京翰海 2015.06.27

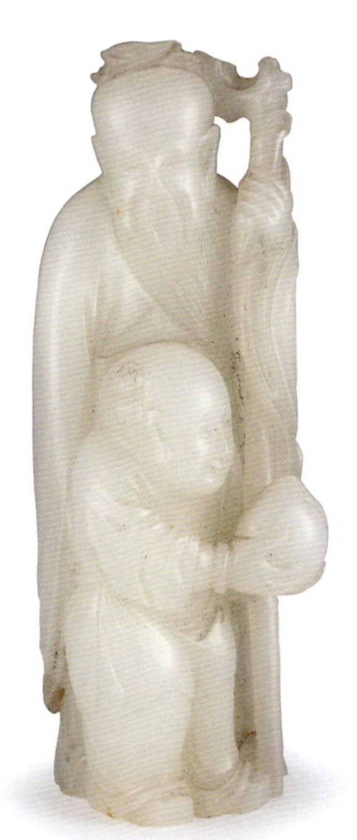

746 18世纪 白玉寿星献寿把件
估 价：HKD 100,000～150,000
成交价：RMB 350,438
长10.1cm 香港苏富比 2015.06.01

3796 18世纪 白玉童子乘槎图佩
来源：Raymond Bushell 收藏；Greenfield 收藏；香港佳士得2005年5月30日拍卖，编号1537
估 价：HKD 200,000～300,000
成交价：RMB 380,175
长6cm 香港苏富比 2015.10.07

133 清 青玉雕刘海及白玉雕和合二仙把件
估 价：USD 4,000～6,000
成交价：RMB 71,696
较高者高5.7cm 纽约苏富比 2015.09.15

816 清 青白玉诗文佩（两件）
估 价：USD 8,000～12,000
成交价：RMB 226,961
高6cm 纽约苏富比 2015.03.21

1971 清 玉舞人
估 价：RMB 100,000～200,000
成交价：RMB 115,000
高4.8cm 北京翰海 2015.06.27

3172 18世纪 青白玉和合二仙佩
估 价：HKD 150,000～200,000
成交价：RMB 500,625
高5.2cm 佳士得 2015.06.03

5355 清 黄玉子辰佩
成交价：RMB 10,350
长6.3cm 中国嘉德 2015.04.02

12 清 琥珀雕刘海戏金蟾挂件
估 价：RMB 50,000
成交价：RMB 56,000
长6.4cm 上海联合 2015.05.23

828 清 黑白玉巧雕童子戏鹰把件
估 价：HKD 100,000~150,000
成交价：RMB 120,150
长5.1cm 香港苏富比 2015.06.01

509 清 白玉卧叶仕女佩
著录：《山水堂藏玉》第216页
成交价：RMB 32,200
高4.4cm 北京保利 2015.04.25

5008 清 白玉童子佩
来源：香港佳士得1991年3月18日春季拍卖会第353号
估 价：RMB 25,000~35,000
成交价：RMB 34,500
长7.2cm 中国嘉德 2015.09.20

3175 清 白玉天伦乐把件
估 价：HKD 60,000~100,000
成交价：RMB 60,075
高7.6cm 佳士得 2015.06.03

2356 清 白玉送财童子挂坠
估 价：RMB 40,000~60,000
成交价：RMB 57,500
长4.5cm 北京匡时 2015.06.06

583 清 白玉沁色雕执荷童子纹佩
估 价：RMB 38,000
成交价：RMB 76,160
长5.5cm 天津文物 2015.05.22

582 清 白玉雕骑马童子纹佩
估 价：RMB 50,000
成交价：RMB 87,360
长6.6cm 天津文物 2015.05.22

2885 清 白玉雕松下高士诗文佩
估　价：RMB 150,000～200,000
成交价：RMB 218,500
长5.3cm 北京匡时 2015.06.07

588 清 白玉雕吉祥如意童子佩
估　价：RMB 150,000
成交价：RMB 212,800
长5cm 天津文物 2015.05.22

581 清 白玉雕持莲童子纹佩
估　价：RMB 50,000
成交价：RMB 112,000
长5.8cm 天津文物 2015.05.22

9442 清 白玉"鸠车竹马"松鼠葡萄叶形佩
估　价：RMB 40,000～60,000
成交价：RMB 46,000
长5cm 北京保利 2015.06.08

76 民国 旧蜜蜡观音佩
估　价：RMB 60,000～80,000
成交价：RMB 72,800
长8.8cm 上海国拍 2015.11.29

102 陈健 地藏王菩萨 白玉把件
估　价：RMB 160,000～200,000
成交价：RMB 207,000
长7cm 西泠拍卖 2015.04.18

804 白玉雕“和合二仙”把件
估　价：RMB 88,000
成交价：RMB 98,560
长6.9cm 上海联合 2015.05.24

66 崔磊 钟进士 白玉把件
估　价：RMB 200,000～250,000
成交价：RMB 253,000
长6.3cm 西泠拍卖 2015.04.18

96 范同生 和田籽料观音吊坠
估　价：RMB 85,000～100,000
成交价：RMB 95,200
长4.9cm 北京荣宝 2015.11.29

862 洪新华 关云长 白玉挂件
估 价：RMB 110,000~150,000
成交价：RMB 207,000
长6.8cm 西泠拍卖 2015.07.04

48 洪新华 招财童子 黄玉把件
估 价：RMB 160,000~200,000
成交价：RMB 207,000
长8cm 西泠拍卖 2015.04.18

949 侯晓峰 慈善笑缘 南红把件（一对）
估 价：RMB 450,000~600,000
成交价：RMB 575,000
高6.1cm×2 西泠拍卖 2015.07.04

41 顾铭 且共明月渡秋江 白玉挂件
估 价：RMB 65,000~85,000
成交价：RMB 97,750
长5.2cm 西泠拍卖 2015.04.18

947 侯晓峰 笑口常开 南红把件
估　价：RMB 180,000～250,000
成交价：RMB 230,000
长6.3cm 西泠拍卖 2015.07.04

1612 近代 黄沁籽料刘海戏金蟾把件
估　价：RMB 30,000～50,000
成交价：RMB 34,500
长9.5cm 北京保利 2015.11.01

128 侯晓峰 招福弥勒 白玉把件
估　价：RMB 220,000～300,000
成交价：RMB 287,500
长4.8cm 西泠拍卖 2015.04.18

77 黄杨洪 妙善德果 白玉挂件
估　价：RMB 190,000～220,000
成交价：RMB 230,000
长5.2cm 西泠拍卖 2015.04.18

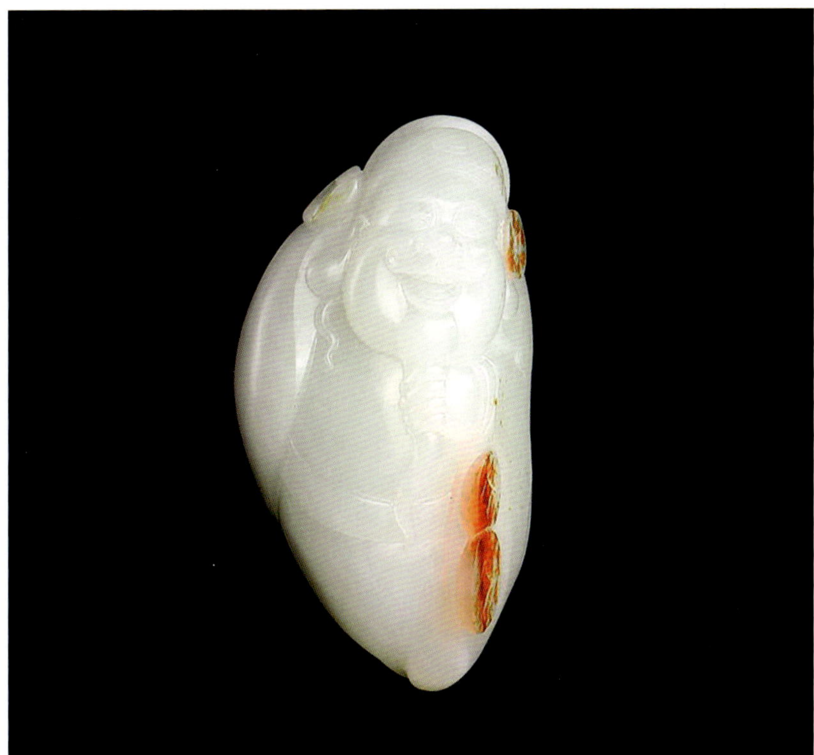

848 吕德 白玉雕财神手把件
估 价：RMB 380,000～500,000
成交价：RMB 425,600
长7.4cm 上海联合 2015.11.01

803 李勇 白玉俏色雕达摩把
估 价：RMB 118,000
成交价：RMB 280,000
长7.2cm 上海联合 2015.05.24

185 林光 笑口常开 白玉把件
估 价：RMB 60,000～80,000
成交价：RMB 80,500
长4.6cm 西泠拍卖 2015.04.18

197 赵显志 禅悟 白玉挂件
估 价：RMB 140,000～160,000
成交价：RMB 172,500
长6.1cm 西泠拍卖 2015.04.18

3031 孟庆东 白玉雕佛、观音挂坠（二件）
估 价：RMB 70,000～78,000
成交价：RMB 80,500
长3.8cm；长3.7cm 中国嘉德 2015.05.16

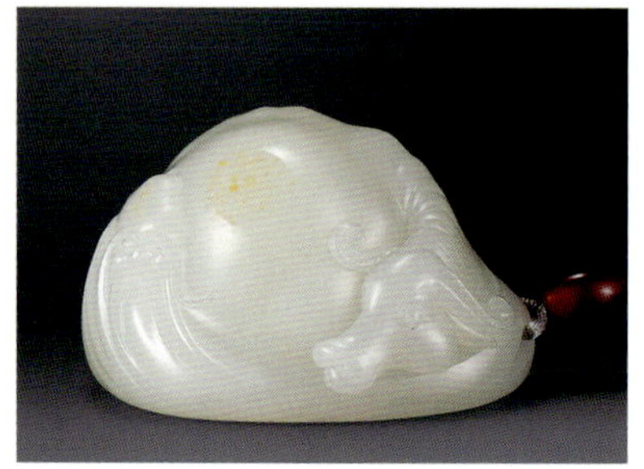

3034 孟庆东 白玉雕老子出关把件
估 价：RMB 250,000～320,000
成交价：RMB 287,500
长6cm 中国嘉德 2015.05.16

852 瞿利军 听涛 白玉把件
估 价：RMB 280,000～400,000
成交价：RMB 402,500
长7.8cm 西泠拍卖 2015.07.04

255 天然南红玛瑙“财神”吊坠项链，王凯设计
估 价：HKD 160,000～220,000
成交价：RMB 151,229
项链长76cm 天成国际 2015.06.14

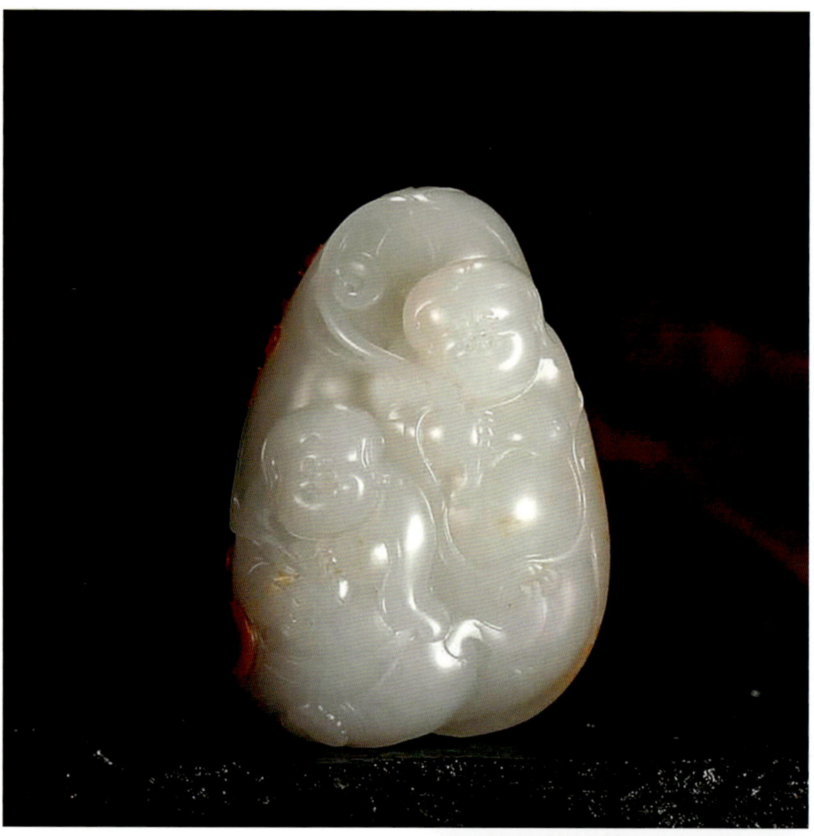

1008 王金忠 和合二仙 白玉把件
估 价：RMB 480,000～550,000
成交价：RMB 552,000
长6cm 西泠拍卖 2015.07.04

96 王平 欢喜弥勒 白玉把件
估 价：RMB 250,000～350,000
成交价：RMB 345,000
长7.1cm 西泠拍卖 2015.04.18

5340 吴金星 南红一念之差
估 价：RMB 130,000～250,000
成交价：RMB 149,500
重73g 北京保利 2015.06.06

116 徐志浩 禅心映莲 白玉挂件
估　价：RMB 300,000～400,000
成交价：RMB 402,500
长8.3cm 西泠拍卖 2015.04.18

3007 李东 青玉雕庄惠之交把件
估　价：RMB 150,000～220,000
成交价：RMB 172,500
长8.5cm 中国嘉德 2015.05.16

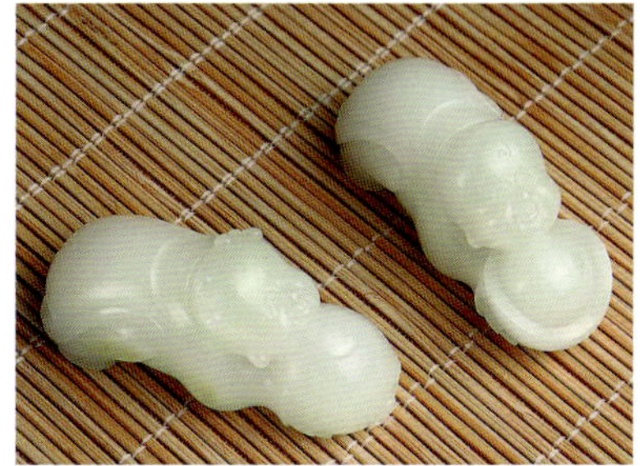

842 张良 白玉雕金童玉女挂件（一对）
估　价：RMB 36,000～60,000
成交价：RMB 42,560
长5.3cm×2 上海联合 2015.11.01

879 赵琦 钟馗 白玉把件
估　价：RMB 150,000～200,000
成交价：RMB 184,000
长5.9cm 西泠拍卖 2015.07.04

16 杨曦 莲间禅心 白玉挂件
估　价：RMB 80,000～100,000
成交价：RMB 115,000
长5.3cm 西泠拍卖 2015.04.18

930 徐志浩 招财童子 白玉把件
估　价：RMB 250,000～300,000
成交价：RMB 287,500
长8.8cm 西泠拍卖 2015.07.04

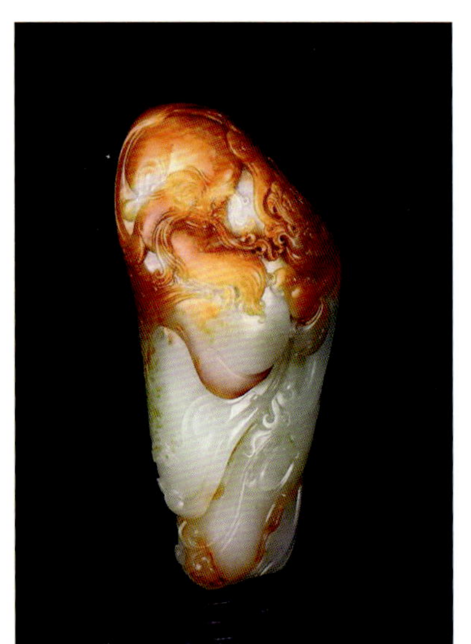

748 张胜利 白玉雕寿星手把件
估　价：RMB 150,000～350,000
成交价：RMB 168,000
长10.2cm 上海联合 2015.11.01

1003 邹小林 佛在心中 紫水晶挂件
估　价：RMB 35,000～50,000
成交价：RMB 40,250
长4.6cm 西泠拍卖 2015.07.04

167 邹小林 十一面千手观音法相 水晶挂件
估　价：RMB 56,000～76,000
成交价：RMB 62,720
北京荣宝 2015.06.21

209 邹作志 和田青花籽料无常把件
成交价：RMB 34,500
高6.1cm 北京正道 2015.11.01

佩玩动物件

8 商 鱼形玉饰
估　价：GBP 2,000～3,000
成交价：RMB 95,800
长5.8cm 伦敦苏富比 2015.05.13

3335 战国 玉雕谷丁纹龙形佩
估　价：RMB 250,000～350,000
成交价：RMB 345,000
长13cm 西泠拍卖 2015.07.05

582 战国 玉龙形佩
估　价：USD 15,000～25,000
成交价：RMB 469,575
宽8.4cm 纽约佳士得 2015.03.19

580 东周 玉虎形佩
估　价：USD 4,000～6,000
成交价：RMB 250,440
长10.2cm 纽约佳士得 2015.03.19

567 商/西周 玉雕鱼龙形佩
来源：安思远私人珍藏
估　价：USD 4,000～6,000
成交价：RMB 86,089
长8.5cm 纽约佳士得 2015.03.19

532 可能为内蒙古地区 公元前20世纪 玉鸟形饰
来源：安思远私人珍藏
估 价：USD 4,000~6,000
成交价：RMB 187,830
长11.5cm 纽约佳士得 2015.03.19

569 西周 玉鸟形饰
来源：安思远私人珍藏
估 价：USD 7,000~9,000
成交价：RMB 78,263
长8.3cm 纽约佳士得 2015.03.19

587 汉 青玉蝉形佩
来源：安思远私人珍藏
估 价：USD 6,000~8,000
成交价：RMB 86,089
长6.3cm 纽约佳士得 2015.03.19

512 战国 青玉带沁龙（一对）
估 价：HKD 20,000~30,000
成交价：RMB 19,399
长18.5cm 中国嘉德 2015.10.06

941 辽金 “双鹤衔草”纹玉饰
估 价：HKD 80,000～160,000
成交价：RMB 197,046
长6.4cm 万昌斯 2015.06.01

567 辽/金 黑白玉巧雕海冬青
估 价：HKD 100,000～200,000
成交价：RMB 176,330
宽9.5cm 中国嘉德 2015.04.06

596 辽 蜜蜡狮子小坠
来源：安思远私人珍藏
估 价：USD 2,000～3,000
成交价：RMB 78,263
长6.3cm 纽约佳士得 2015.03.19

607 汉 白玉龙佩
估 价：HKD 80,000～120,000
成交价：RMB 74,244
宽4cm 中国嘉德 2015.04.06

605 汉 玉雕螭龙纹鸡心佩
估 价：HKD 50,000～80,000
成交价：RMB 55,683
长9.5cm 中国嘉德 2015.04.06

9384 元 白玉蝉
估　价：RMB 30,000～50,000
成交价：RMB 40,250
长5.8cm 北京保利 2015.06.08

1109 元 白玉鱼龙佩
成交价：RMB 28,750
长7.9cm 中鸿信 2015.07.29

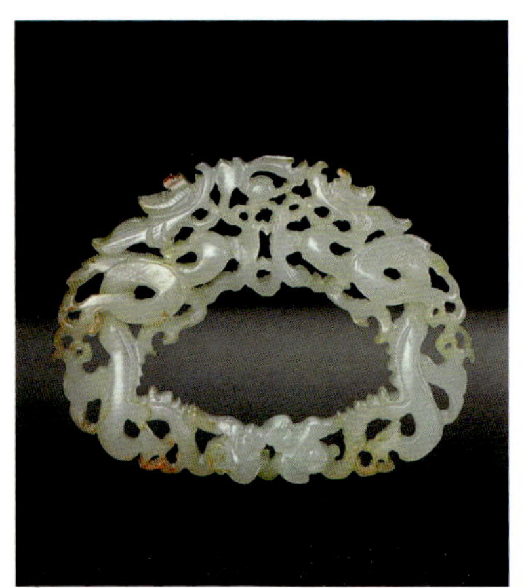

7004 元 白玉雕双龙佩
估　价：RMB 60,000～80,000
成交价：RMB 94,300
直径6.8cm 北京东正 2015.11.19

2483 元 旧玉螭龙纹鸡心佩
估　价：RMB 200,000～300,000
成交价：RMB 345,000
高6.6cm 北京翰海 2015.11.29

2487 元 青玉玉猪龙
估　价：RMB 500,000～600,000
成交价：RMB 690,000
高5.8cm 北京翰海 2015.11.29

2538 元 黄玉蚕
估 价：RMB 80,000～140,000
成交价：RMB 138,000
长4.7cm 北京翰海 2015.11.29

507 元 青白玉兽
估 价：RMB 40,000
成交价：RMB 44,800
长3.8cm 天津文物 2015.05.22

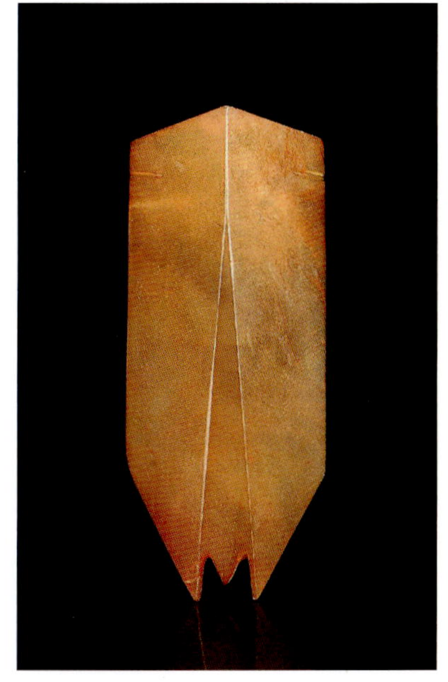

9385 元 玛瑙蝉
估 价：RMB 20,000～50,000
成交价：RMB 23,000
长5.8cm 北京保利 2015.06.08

3096 元 玉瑞兽
估 价：RMB 260,000
成交价：RMB 517,500
长5cm；高4.5cm 古天一 2015.06.06

3654 元/明 青白玉带皮双鹅衔穗佩
来源：Kirknorton 收藏。
出版：Brian Morgan及李伯谦，《Naturalism & Archaism: Chinese Jades from the Kirknorton Collection》，伦敦，1991年，图版24
估 价：HKD 500,000～700,000
成交价：RMB 719,250
宽6.8cm 香港苏富比 2015.10.07

566 元/明 青白玉蹲龙
估 价：HKD 50,000～80,000
成交价：RMB 48,259
宽6cm 中国嘉德 2015.04.06

2098 明以前 白玉雕双螭龙佩
估 价：RMB 150,000～180,000
成交价：RMB 172,500
直径9cm 古天一 2015.06.06

122 明或更早 褐斑青玉雕卧兔把件
估 价：USD 5,000～7,000
成交价：RMB 207,123
长5.4cm 纽约苏富比 2015.09.15

3060 明以前 玉雕蟠螭纹鸡心佩
估 价：RMB 420,000
成交价：RMB 828,000
长7.5cm 古天一 2015.06.06

3029 明 白玉雕蛙荷暖手
估 价：RMB 30,000～50,000
成交价：RMB 80,500
长6.4cm 西泠拍卖 2015.07.05

1114 明 白玉俏皮雕玉狗
估 价：RMB 42,000～45,000
成交价：RMB 69,000
长4.8cm 中鸿信 2015.07.29

2358 明 白玉受沁年年有鱼佩
估 价：RMB 30,000～50,000
成交价：RMB 97,750
长8cm 北京匡时 2015.06.06

2260 明 白玉三羊开泰佩
估　价：RMB 110,000～130,000
成交价：RMB 138,000
高6.2cm 北京翰海 2015.06.28

140 明 褐斑白玉雕辟邪把件
估　价：USD 20,000～30,000
成交价：RMB 223,055
长7cm 纽约苏富比 2015.09.15

581 明 白玉子辰佩
估　价：HKD 50,000～80,000
成交价：RMB 57,539
直径6.5cm 中国嘉德 2015.04.06

2480 明 白玉龙凤平安佩
估　价：RMB 8,000～12,000
成交价：RMB 120,750
高5.4cm 北京翰海 2015.11.29

3186 明 黄玉瑞兽佩
估　价：HKD 120,000～150,000
成交价：RMB 190,238
长5.8cm 佳士得 2015.06.03

129 明 褐斑白玉雕卧羊把件
估　价：USD 10,000～15,000
成交价：RMB 318,650
长5.7cm 纽约苏富比 2015.09.15

2343 明 黄玉猪龙
来源：北京翰海2007年春拍《中国玉器》专场第2032号
估　价：RMB 2,600,000～3,600,000
成交价：RMB 3,565,000
高7.4cm 北京翰海 2015.06.28

253 明 灰白玉松鹤遐龄图牌
估　价：HKD 40,000～60,000
成交价：RMB 55,481
宽14.6cm 佳士得 2015.04.06

614 明 玉雕沁色瑞兽
估　价：HKD 50,000～80,000
成交价：RMB 46,403
宽6.5cm 中国嘉德 2015.04.06

620 明/清早期 青白玉瑞兽把件
来源：安思远私人珍藏
估　价：USD 10,000～15,000
成交价：RMB 93,915
宽6cm 纽约佳士得 2015.03.19

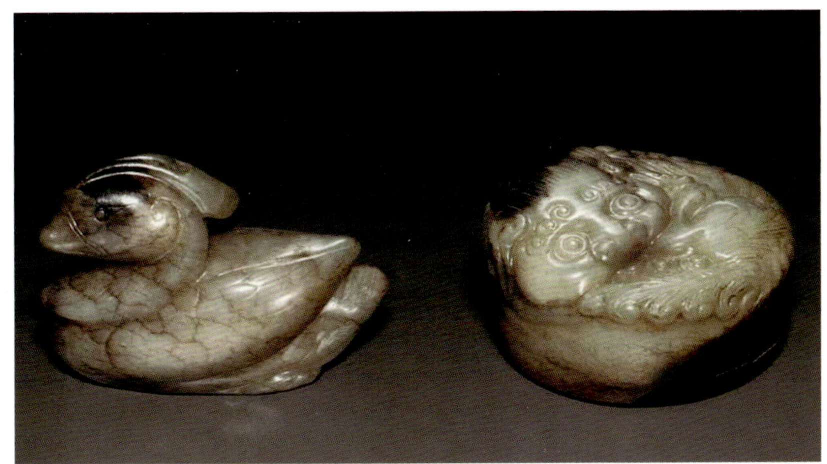

631 明 灰褐玉鸳鸯坠及灰褐玉雕狮子纹坠
来源：安思远私人珍藏
估 价：USD 7,000～9,000
成交价：RMB 70,436
直径4cm 纽约佳士得 2015.03.19

633 明末/18世纪 白玉水牛把件
来源：安思远私人珍藏
估 价：USD 10,000～15,000
成交价：RMB 508,706
长6.3cm 纽约佳士得 2015.03.19

628 明 青白玉鸟形把件
来源：安思远私人珍藏
估 价：USD 10,000～15,000
成交价：RMB 86,089
长7cm 纽约佳士得 2015.03.19

621 明 青褐玉瑞兽坠
估 价：USD 8,000～12,000
成交价：RMB 180,004
宽6cm 纽约佳士得 2015.03.19

586 明末清早期 玉雕龙凤带沁佩
估 价：HKD 50,000～80,000
成交价：RMB 64,964
长6cm 中国嘉德 2015.04.06

3344 清17世纪/18世纪 黄玉卧象把件
估 价：HKD 200,000～300,000
成交价：RMB 200,250
宽6.1cm 佳士得 2015.06.03

4128 清早期 白玉镂雕夔龙纹佩
估 价：RMB 300,000～350,000
成交价：RMB 345,000
高7cm 北京东正 2015.05.19

131 清17世纪/18世纪 白玉《龙德》铭佩
估 价：USD 10,000～15,000
成交价：RMB 172,178
高5cm 纽约苏富比 2015.03.17

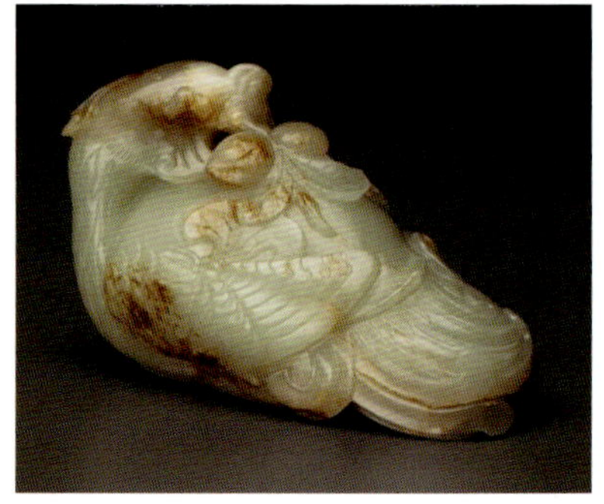

622 明末/18世纪 青白玉卧凤衔桃把件
来源：安思远私人珍藏
估 价：USD 25,000～35,000
成交价：RMB 156,525
长10.9cm 纽约佳士得 2015.03.19

635 明末/18世纪 青褐玉螭龙纹佩
来源：安思远私人珍藏
估 价：USD 4,000～6,000
成交价：RMB 46,958
宽7.6cm 纽约佳士得 2015.03.19

4121 清早期 白玉兽
估 价：RMB 380,000～420,000
成交价：RMB 437,000
长6.5cm 北京东正 2015.05.19

2437 清早期 碧玉螭龙纹佩
估 价：RMB 30,000～60,000
成交价：RMB 212,750
高6.4cm 北京翰海 2015.06.28

3179 清早期 白玉子母瑞兽把件
估 价：HKD 80,000～120,000
成交价：RMB 85,106
长5.6cm 佳士得 2015.06.03

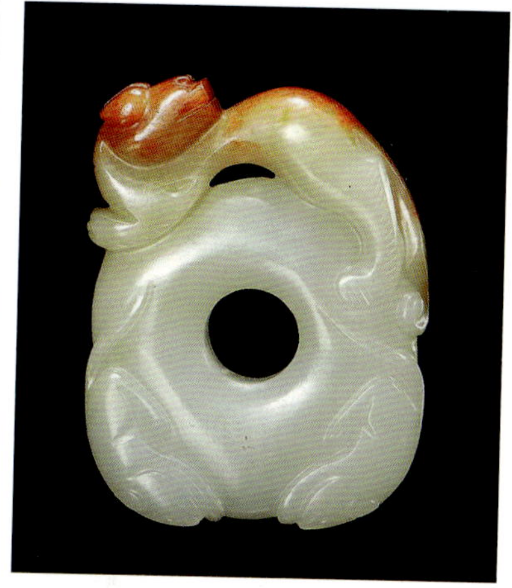

2686 清早期 白玉洒金子辰佩
估 价：RMB 8,000～12,000
成交价：RMB 13,800
高5.1cm 北京翰海 2015.11.29

4122 清早期 碧玉雕苍龙教子纹佩
估 价：RMB 10,000～15,000
成交价：RMB 11,500
长8.7cm 北京东正 2015.05.19

9508 清中期 白玉福寿把件
估　价：RMB 25,000～35,000
成交价：RMB 92,000
长5.5cm 北京保利 2015.12.09

2482 清乾隆 白玉双凤长宜子孙佩
估　价：RMB 80,000～120,000
成交价：RMB 345,000
高11.7cm 北京翰海 2015.11.29

4303 清乾隆 白玉佩
估　价：RMB 380,000～580,000
成交价：RMB 598,000
长8.1cm 中国嘉德 2015.11.14

2653 清乾隆 白玉三羊开泰坠
估　价：RMB 400,000～500,000
成交价：RMB 575,000
长4.5cm 北京翰海 2015.11.29

2460 清乾隆 白玉万寿无疆螭龙纹佩
估　价：RMB 20,000～30,000
成交价：RMB 78,200
高6.1cm 北京翰海 2015.11.29

7483 清乾隆 白玉龙凤合符佩
来源：溥侗家族旧藏
估　价：RMB 600,000～800,000
成交价：RMB 920,000
长5.8cm 北京保利 2015.12.08

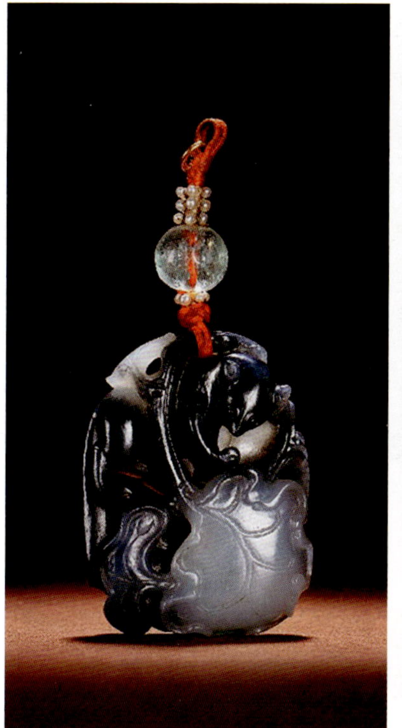

8001 清乾隆 黑白玉巧雕松鼠葡萄坠
估　价：RMB 150,000～200,000
成交价：RMB 195,500
长4.5cm 北京保利 2015.06.07

2650 清乾隆 白玉洒金松鼠葡萄坠
估　价：RMB 100,000～150,000
成交价：RMB 172,500
高5.3cm 北京翰海 2015.11.29

2643 清中期 白玉鹤鹿同春佩
估 价：RMB 45,000～55,000
成交价：RMB 57,500
高6cm 北京翰海 2015.11.29

2627 清乾隆 白玉吉庆有馀佩
估 价：RMB 70,000～90,000
成交价：RMB 92,000
高6.2cm 北京翰海 2015.11.29

2252 清中期 白玉洒金望子成龙佩
估 价：RMB 35,000～45,000
成交价：RMB 46,000
高5.6cm 北京翰海 2015.06.28

2442 清中期 白玉龙佩
估 价：RMB 50,000～60,000
成交价：RMB 69,000
高5.4cm 北京翰海 2015.11.29

496 清中期 白玉双獾
估 价：HKD 70,000～100,000
成交价：RMB 92,146
长4.5cm 中国嘉德 2015.10.06

839 清中期 碧玺雕喜得福寿佩
估 价：RMB 40,000～50,000
成交价：RMB 57,500
高4.8cm 北京诚轩 2015.11.14

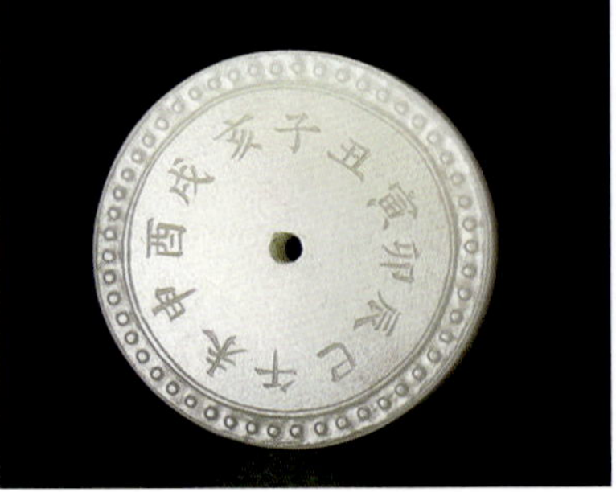

2505 清中期 白玉十二生肖圆形佩
估 价：RMB 60,000～80,000
成交价：RMB 86,250
直径3.5cm 北京翰海 2015.11.29

715 清中期 青白玉雕蟠螭纹镂空佩
估 价：RMB 30,000～40,000
成交价：RMB 46,000
长7.4cm 北京诚轩 2015.05.17

7903 清 白玉蝉
估 价：RMB 300,000～500,000
成交价：RMB 345,000
长6.6cm 北京保利 2015.06.07

504 清 白玉蝉
估 价：RMB 30,000
成交价：RMB 47,040
长7cm 天津文物 2015.05.22

640 清 白玉螭龙纹韘
来源：安思远私人珍藏
估 价：USD 4,000～6,000
成交价：RMB 58,697
直径4.1cm 纽约佳士得 2015.03.19

554 清 白玉雕连年有余纹佩
估 价：RMB 35,000
成交价：RMB 39,200
长10cm 天津文物 2015.05.22

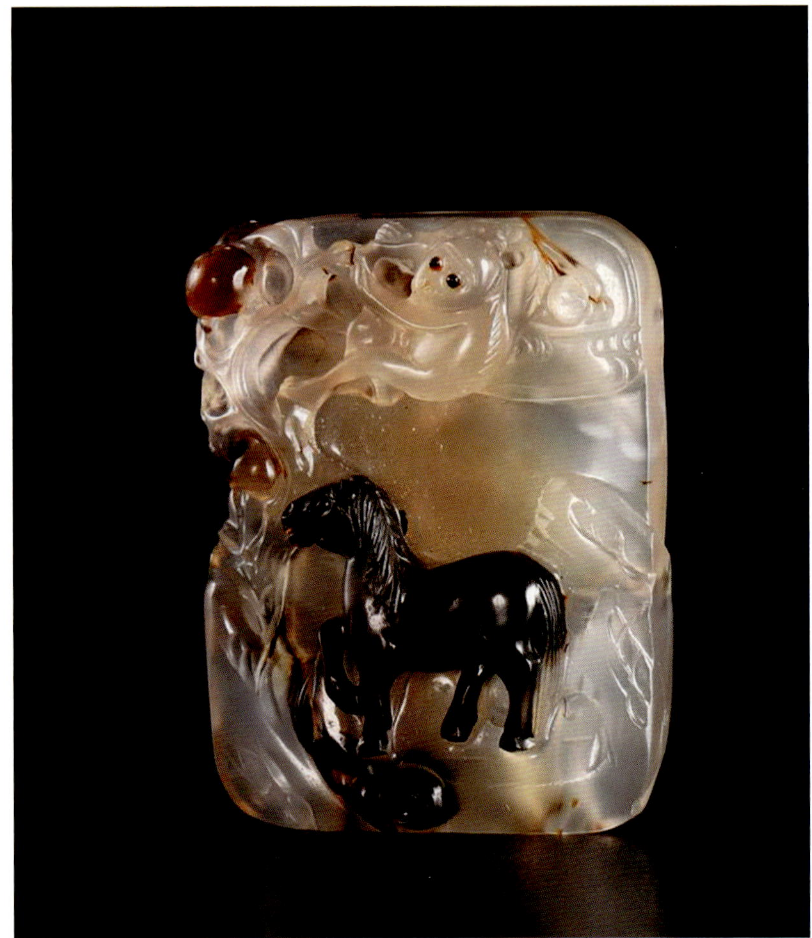

2363 清中期 玛瑙苏作马上封侯佩
估 价：RMB 120,000～150,000
成交价：RMB 230,000
长5cm 北京匡时 2015.06.06

7763 清中期 玛瑙巧雕洗象图佩
估 价：RMB 200,000～300,000
成交价：RMB 368,000
长4.5cm 北京保利 2015.06.07

3087 清中期 青金石螭龙纹平安佩
估 价：RMB 12,000～22,000
成交价：RMB 20,700
高6.8cm 北京翰海 2015.11.28

2888 清 白玉包袱虎把件
估 价：RMB 20,000～30,000
成交价：RMB 23,000
长4.3cm 中国嘉德 2015.05.16

505 清 白玉蝉
估 价：RMB 35,000
成交价：RMB 67,200
长6.5cm 天津文物 2015.05.22

595 清 白玉雕龙凤纹佩
估 价：RMB 80,000
成交价：RMB 156,800
长5.8cm 天津文物 2015.05.22

263 清 白玉透雕螭龙纹圆形佩
估 价：HKD 80,000～120,000
成交价：RMB 181,575
直径5.5cm 佳士得 2015.04.06

561 清 白玉雕兽纹斧形佩
估 价：RMB 40,000
成交价：RMB 64,960
高9.4cm 天津文物 2015.05.22

872 清 白玉雕羊把件
估 价：RMB 80,000～100,000
成交价：RMB 103,500
长5.2cm 西泠拍卖 2015.04.23

5031 清 白玉富贵有余佩
估 价：RMB 50,000～80,000
成交价：RMB 57,500
长7cm 中国嘉德 2015.09.20

3176 清 白玉欢天喜地把件
估 价：HKD 260,000～420,000
成交价：RMB 260,325
长6cm 佳士得 2015.06.03

510 清 白玉沁色雕龙纹佩
估 价：RMB 180,000
成交价：RMB 313,600
长4.3cm 天津文物 2015.05.22

7902 清 白玉双喜坠
估 价：RMB 80,000～120,000
成交价：RMB 103,500
长4.5cm 北京保利 2015.06.07

2148 清 白玉雕镂空花鸟纹挂件
估 价：RMB 30,000～50,000
成交价：RMB 34,500
直径4.8cm 北京翰海 2015.11.28

2261 清 白玉透雕龙纹佩
估 价：RMB 45,000～55,000
成交价：RMB 57,500
高6.8cm 北京翰海 2015.06.28

7002 清 白玉留皮猴子挂件
估 价：RMB 20,000～30,000
成交价：RMB 66,700
高6.8cm 北京东正 2015.11.19

201 清 褐斑白玉雕年年有余把件
估 价：USD 8,000～12,000
成交价：RMB 47,798
长6.3cm 纽约苏富比 2015.09.15

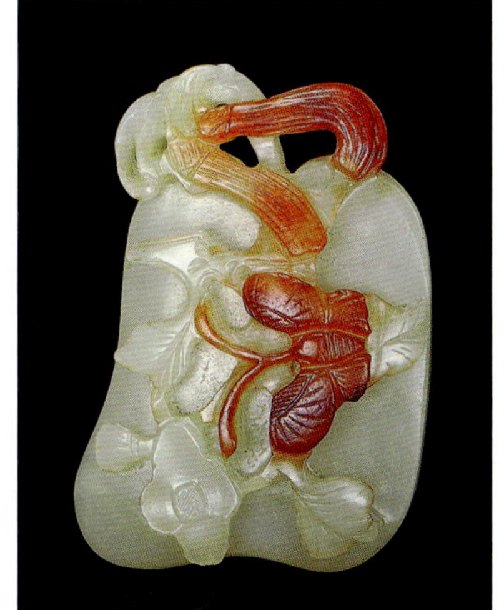

2672 清 白玉巧色花蝶佩
估 价：RMB 30,000～50,000
成交价：RMB 34,500
高4.7cm 中国嘉德 2015.11.15

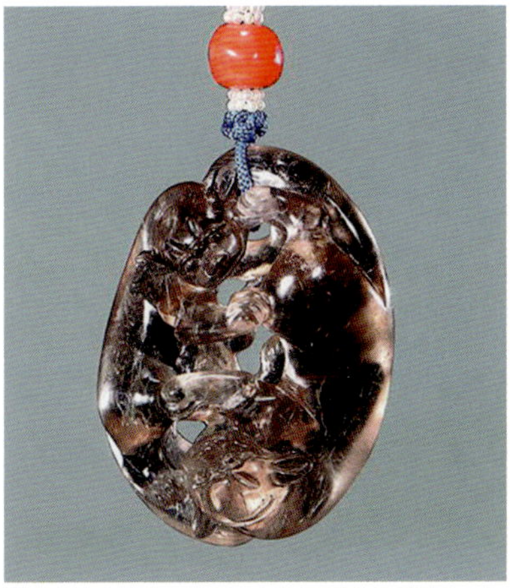

3072 清 发晶双欢
估 价：RMB 20,000～30,000
成交价：RMB 25,300
长6cm 北京翰海 2015.11.28

9389 清 琥珀螭龙佩
估 价：RMB 20,000～50,000
成交价：RMB 23,000
宽6cm 北京保利 2015.06.08

871 清 黄玉雕羊把件
估 价：RMB 40,000～60,000
成交价：RMB 46,000
长5.8cm 西泠拍卖 2015.04.23

3010 清 玛瑙雕双兽挂件
估 价：RMB 80,000
成交价：RMB 92,000
长4.5cm 古天一 2015.06.06

7020 清 玛瑙平安挂坠
估 价：RMB 20,000～25,000
成交价：RMB 28,750
高4.1cm 北京东正 2015.11.19

625 清 蜜蜡透雕凤穿牡丹纹佩（一对）
估　价：USD 6,000～8,000
成交价：RMB 148,699
长9.4cm 纽约佳士得 2015.03.19

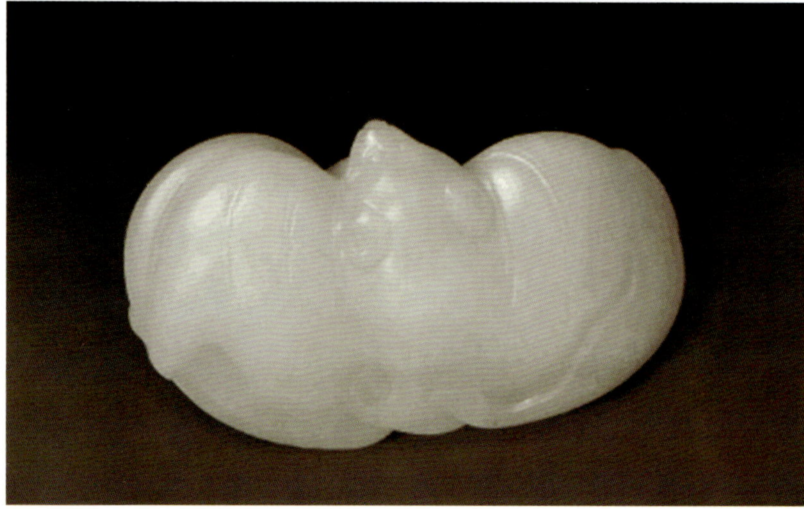

3019 18世纪 白玉蝙蝠坠
估　价：USD 15,000～25,000
成交价：RMB 547,838
宽5.7cm 纽约佳士得 2015.03.15

4833 清 青白玉沁色大吉坠
来源：米木山房珍藏
估　价：RMB 5,000～8,000
成交价：RMB 86,250
长6cm 中国嘉德 2015.09.20

1959 清 玉鶏
估　价：RMB 100,000～180,000
成交价：RMB 115,000
高3.4cm 北京翰海 2015.06.27

1961 清 玉龙
估　价：RMB 100,000～180,000
成交价：RMB 115,000
长3.81cm 北京翰海 2015.06.27

3657 18世纪 白玉雕福寿双鹤把件
来源：香港苏富比1993年4月28日拍品，编号641
估　价：HKD 80,000～120,000
成交价：RMB 110,963
长6.5cm 香港苏富比 2015.04.07

2407 18世纪 白玉雕瑞兽擒芝把件
估　价：USD 10,000～15,000
成交价：RMB 71,696
宽5.4cm 纽约佳士得 2015.09.17

317 18世纪 白玉雕喜上梅梢佩
估　价：HKD 200,000～300,000
成交价：RMB 260,325
长5.2cm 香港苏富比 2015.06.01

3165 18世纪 白玉吉祥禄寿佩
估　价：HKD 60,000～80,000
成交价：RMB 90,113
宽4.4cm 佳士得 2015.06.03

311 18世纪 白玉镂雕凤戏牡丹纹把件
估　价：USD 20,000～30,000
成交价：RMB 125,220
长10.2cm 纽约苏富比 2015.03.17

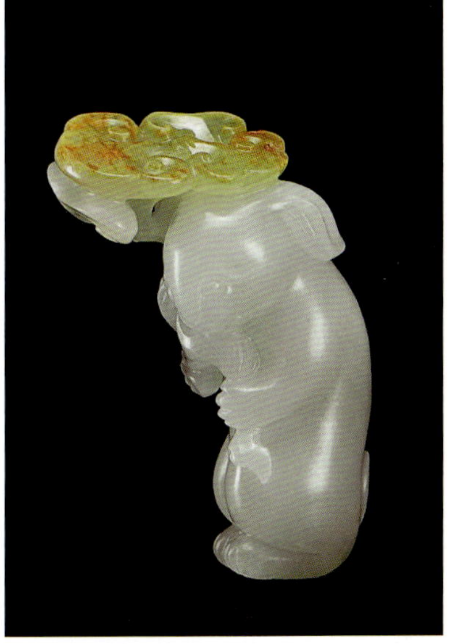

3184 18世纪 白玉巧雕灵芝兔佩
估　价：HKD 150,000～200,000
成交价：RMB 190,238
高5.6cm 佳士得 2015.06.03

3794 18世纪 白玉镂空喜上眉梢图佩
来源：香港佳士得2005年11月29日拍卖，编号1573
估　价：HKD 150,000～180,000
成交价：RMB 277,425
长6.8cm 香港苏富比 2015.10.07

302 18世纪 白玉日月同辉佩
估　价：HKD 220,000～280,000
成交价：RMB 350,438
高5.5cm 香港苏富比 2015.06.01

301 18世纪 白玉鱼
估　价：HKD 100,000～150,000
成交价：RMB 320,400
高6.2cm 香港苏富比 2015.06.01

3020 18世纪 白玉鸳鸯坠
来源：安思远私人珍藏
估　价：USD 10,000～15,000
成交价：RMB 86,089
宽5.7cm 纽约佳士得 2015.03.15

3178 18世纪 白玉子母甪端把件
估　价：HKD 80,000～140,000
成交价：RMB 100,125
长7.9cm 佳士得 2015.06.03

825 18世纪 褐班白玉卧马把件
估　价：HKD 20,000～30,000
成交价：RMB 85,106
长4.7cm 香港苏富比 2015.06.01

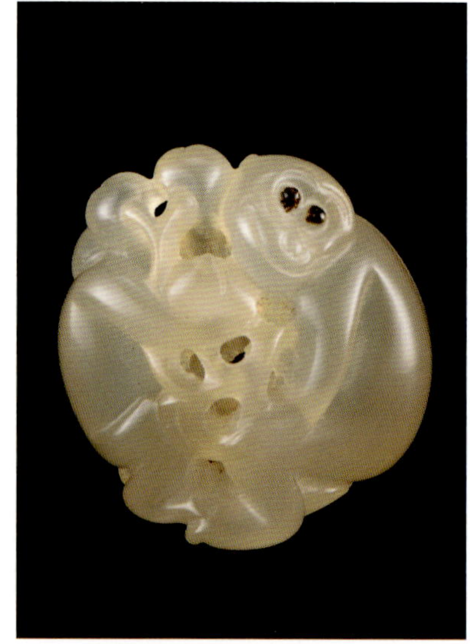

320 18世纪 玛瑙巧雕辈辈封侯坠
估　价：HKD 100,000～200,000
成交价：RMB 100,125
长4.2cm 香港苏富比 2015.06.01

351 18世纪 青白玉雕双马把件
估　价：USD 15,000～20,000
成交价：RMB 273,919
长7.9cm 纽约苏富比 2015.03.17

3044 18世纪 青白玉镂雕"宜子孙"佩
估　价：USD 30,000～50,000
成交价：RMB 219,135
高10.2cm 纽约佳士得 2015.03.15

309 18世纪/19世纪 白玉"虎符呈瑞"佩
估　价：HKD 200,000～300,000
成交价：RMB 200,250
高6.7cm 香港苏富比 2015.06.01

332 18世纪/19世纪 白玉出云龙佩
估 价：HKD 180,000～250,000
成交价：RMB 200,250
高6.9cm 香港苏富比 2015.06.01

3327 18世纪/19世纪 白玉透雕瑞兽纹钺形佩
来源：德国驻华领事Max Müller（1867–1960）旧藏，其先后驻任上海、武汉。此拍品于1905年至1908年间购于上海
估 价：HKD 20,000～180,000
成交价：RMB 400,500
长6.4cm 佳士得 2015.06.03

693 18世纪/19世纪 白玉瑞兽把件
估 价：HKD 60,000～80,000
成交价：RMB 115,144
长8.3cm 香港苏富比 2015.06.01

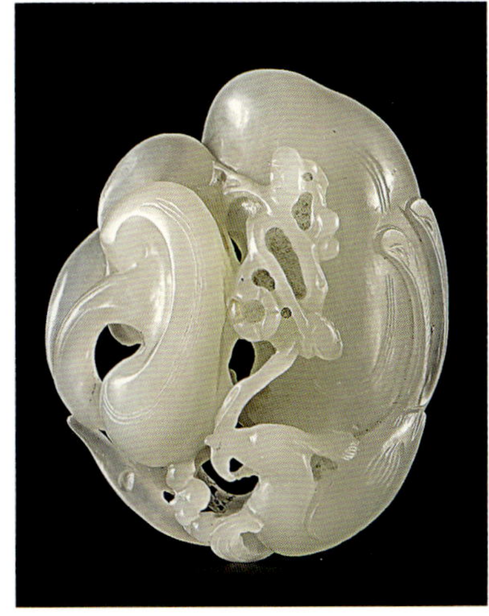

205 18世纪/19世纪 白玉镂雕长寿如意把件
估 价：USD 8,000～12,000
成交价：RMB 63,730
长5.1cm 纽约苏富比 2015.09.15

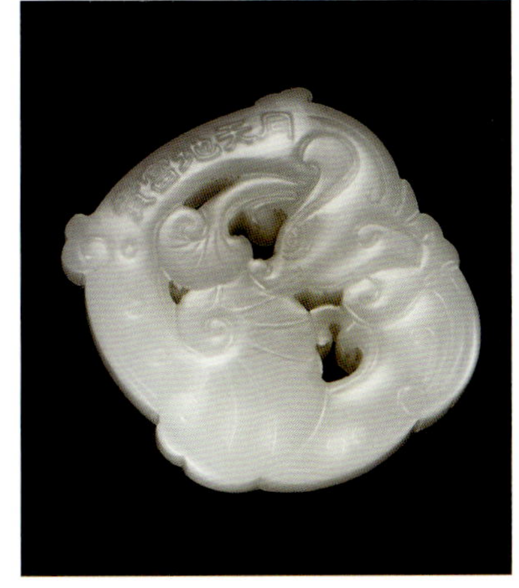

319 18世纪/19世纪 白玉透雕鱼龙佩
估 价：HKD 150,000～200,000
成交价：RMB 200,250
高4.5cm 香港苏富比 2015.06.01

169 18世纪/19世纪 褐斑白玉螭龙纹佩
来源：Frank William Pierce收藏，萨里
估　价：GBP 2,000~3,000
成交价：RMB 23,950
高5cm 伦敦苏富比 2015.05.13

147 18世纪/19世纪 黑白玉雕蟾莲把件
估　价：USD 6,000~8,000
成交价：RMB 127,460
长5.4cm 纽约苏富比 2015.09.15

8005 19世纪 黑白玉巧雕云蝠坠
估　价：RMB 60,000~80,000
成交价：RMB 69,000
长5cm 北京保利 2015.06.07

3037 18世纪/19世纪 青白玉瑞兽把件
估　价：USD 4,000~6,000
成交价：RMB 66,523
高5cm 纽约佳士得 2015.03.15

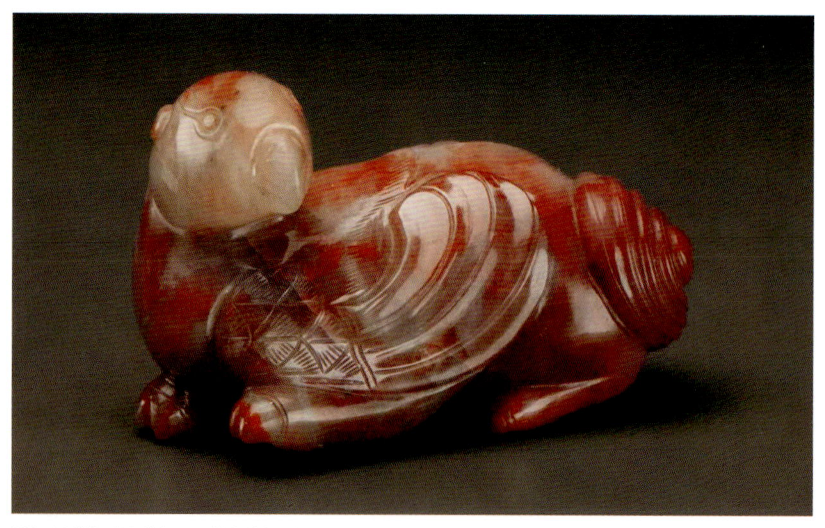

623 18世纪/19世纪 玛瑙瑞兽把件
估　价：USD 5,000~7,000
成交价：RMB 469,575
长6.3cm 纽约佳士得 2015.03.19

823 19世纪 玛瑙巧雕花鸟图竹节形佩
估　价：HKD 30,000~40,000
成交价：RMB 32,040
高3.5cm 香港苏富比 2015.06.01

844 19世纪 紫水晶福寿双全佩及碧玺镂雕藤茄佩
估 价：HKD 40,000～60,000
成交价：RMB 110,138
高5.3cm 香港苏富比 2015.06.01

5016 清光绪 金镶玉高浮雕龙纹“北府”铭文吉祥锁
估 价：RMB 250,000～500,000
成交价：RMB 287,500
长11cm 中国嘉德 2015.11.17

957 白玉留皮巧作博古龙虎纹把件
估 价：RMB 100,000
成交价：RMB 112,000
长8.1cm 上海联合 2015.05.24

5201 白玉留皮五福捧寿把件
估 价：RMB 40,000～60,000
成交价：RMB 46,000
长5.7cm 中国嘉德 2015.04.02

262 白玉籽料螭龙把件
估 价：RMB 210,000
成交价：RMB 241,500
长7cm 太平洋 2015.11.21

269 白玉瑞兽把件
估 价：RMB 350,000
成交价：RMB 402,500
长8cm 太平洋 2015.11.21

894 崔磊 望子成龙 白玉把件
估 价：RMB 350,000～450,000
成交价：RMB 460,000
高4.4cm 西泠拍卖 2015.07.04

1804 当代 孙永作白玉留皮雕挂件
估　价：RMB 300,000～400,000
成交价：RMB 460,000
长5.5cm 中鸿信 2015.07.29

1010 豆中强 龙腾 南红挂件
估　价：RMB 190,000～220,000
成交价：RMB 218,500
高4.2cm 西泠拍卖 2015.07.04

6060 豆中强 南红护身龙佩
估　价：RMB 120,000～180,000
成交价：RMB 138,000
长4.7cm 北京保利 2015.12.08

769 范民广 白玉雕貔貅把件
估　价：RMB 160,000～280,000
成交价：RMB 179,200
高8.8cm 上海联合 2015.11.01

104 冯卫强 南红玛瑙“鸿运当头”
估　价：RMB 9,000～12,000
成交价：RMB 10,080
高3.4cm 北京荣宝 2015.11.29

3130 葛洪 白玉留皮雕必定成龙佩
估　价：RMB 200,000～300,000
成交价：RMB 230,000
高5.75cm 中国嘉德 2015.11.16

142 葛洪 必定成龙 白玉把件
估　价：RMB 280,000～350,000
成交价：RMB 345,000
长6.9cm 西泠拍卖 2015.04.18

424 福龙玉佩
估　价：HKD 1,000,000～2,000,000
成交价：RMB 1,401,750
重约52g 荣盛国际 2015.07.31

3129 葛洪 白玉留皮雕蝉形佩
估　价：RMB 350,000～480,000
成交价：RMB 402,500
高7.88cm 中国嘉德 2015.11.16

955 葛洪 一马当先 南红把件
估　价：RMB 150,000～200,000
成交价：RMB 218,500
长6cm 西泠拍卖 2015.07.04

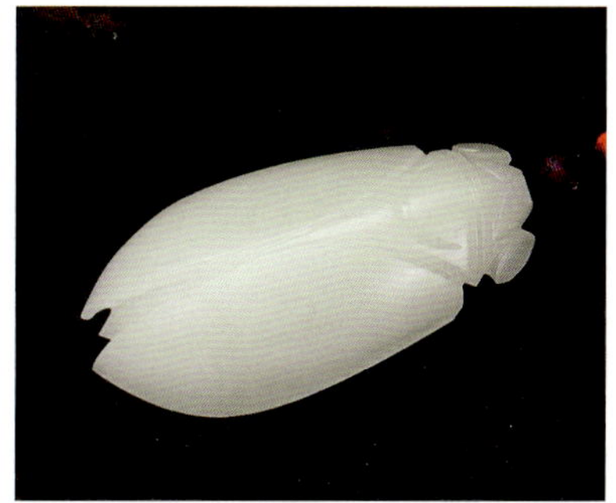

846 龚克勤 白玉雕蝉挂件
估　价：RMB 55,000～90,000
成交价：RMB 61,600
高5.4cm 上海联合 2015.11.01

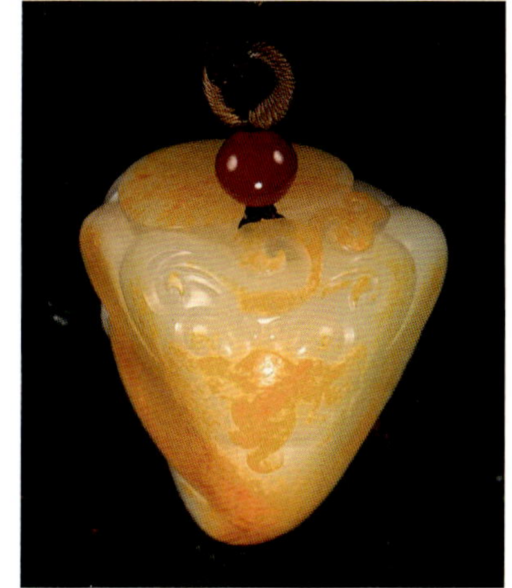

923 郭万龙 金蟾拱财 白玉把件
估　价：RMB 600,000～800,000
成交价：RMB 805,000
长5.3cm 西泠拍卖 2015.07.04

956 葛洪 天龙地虎 白玉把件
出版：《2010中国玉雕·石雕作品“天工奖”典藏集》p4，地质出版社2011。《德承洪范·中国玉石雕刻大师葛洪卷》P166-167，地质出版社，2012。
估 价：RMB 1,500,000~2,000,000
成交价：RMB 1,840,000
长6.2cm 西泠拍卖 2015.07.04

122 黄罕勇 和田玉籽料辟邪佩
成交价：RMB 212,750
高5.2cm 北京正道 2015.11.01

3021 黄杨洪 白玉雕连年有余挂件
估 价：RMB 250,000~300,000
成交价：RMB 287,500
高6cm 中国嘉德 2015.05.16

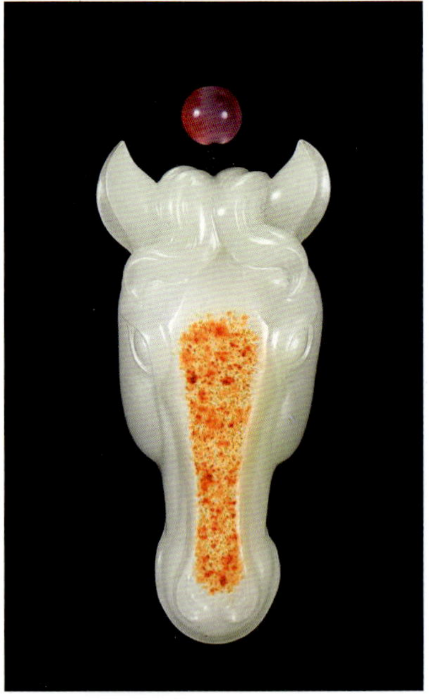

3161 李东 白玉雕马头坠
估 价：RMB 35,000~55,000
成交价：RMB 40,250
高5.5cm 中国嘉德 2015.11.16

909 黄杨洪 鸿运当头 白玉把件
估 价：RMB 500,000～700,000
成交价：RMB 690,000
高6.9cm 西泠拍卖 2015.07.04

910 黄杨洪 龙行天下 白玉把件
估 价：RMB 1,000,000～1,300,000
成交价：RMB 1,380,000
长5.2cm 西泠拍卖 2015.07.04

1621 绿松石福寿双全佩
成交价：RMB 230,000
长5.5cm 北京保利 2015.11.01

935 李剑 如意金蟾 白玉把件
估 价：RMB 160,000～200,000
成交价：RMB 184,000
长6.1cm 西泠拍卖 2015.07.04

849 瞿利军 一鸣惊人 白玉把件
估 价：RMB 170,000～220,000
成交价：RMB 230,000
长7.1cm 西泠拍卖 2015.07.04

363 鲤鱼吊坠
估 价：HKD 1,000,000～2,000,000
成交价：RMB 1,076,544
重28g 荣盛国际 2015.01.10

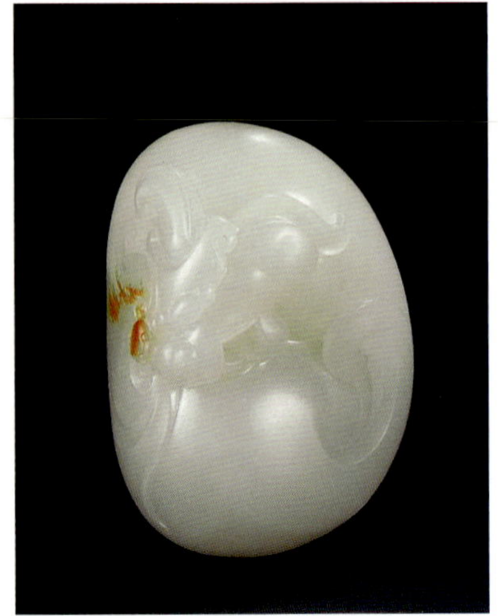

3142 孟庆东 白玉瑞兽把件
估 价：RMB 90,000～180,000
成交价：RMB 103,500
长4.58cm 中国嘉德 2015.11.16

302 南红玛瑙螭龙佩
估 价：HKD 375,000～750,000
成交价：RMB 340,906
重约52g 荣盛国际 2015.01.10

707 李勇 白玉雕岁岁平安手把件
估 价：RMB 8,500～18,000
成交价：RMB 16,800
长6.1cm 上海联合 2015.11.01

825 王彬 白玉雕带子上朝把件
估　价：RMB 88,000
成交价：RMB 98,560
长5.5cm 上海联合 2015.05.24

80 许永刚 和田玉籽料多子多福把件
成交价：RMB 13,800
长4.5cm 北京正道 2015.11.01

967 殷小金 年年有余 白玉把件
估　价：RMB 350,000～450,000
成交价：RMB 402,500
长8.8cm 西泠拍卖 2015.07.04

869 吴金星 瑞兽纳宝 白玉把件
估　价：RMB 200,000～250,000
成交价：RMB 322,000
长7.6cm 西泠拍卖 2015.07.04

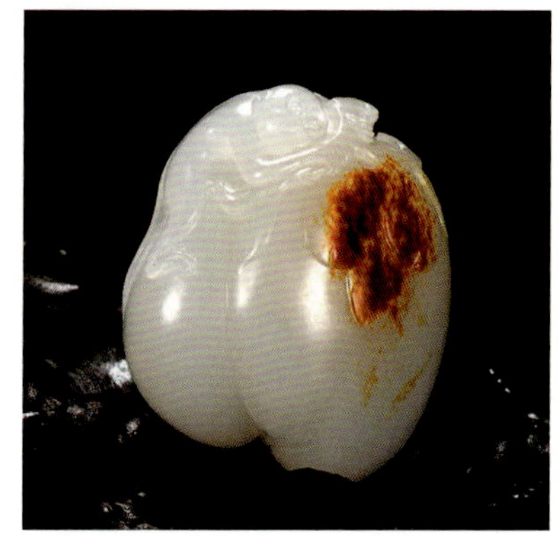

997 赵显志 一夜封侯 白玉把件
估　价：RMB 120,000～160,000
成交价：RMB 172,500
长3.9cm 西泠拍卖 2015.07.04

931 徐志浩 一夜封侯 白玉把件
估　价：RMB 250,000～350,000
成交价：RMB 287,500
长6.2cm 西泠拍卖 2015.07.04

190 仵子辉 年年有馀 白玉挂件
估　价：RMB 230,000～280,000
成交价：RMB 257,600
长5.0cm 北京荣宝 2015.06.21

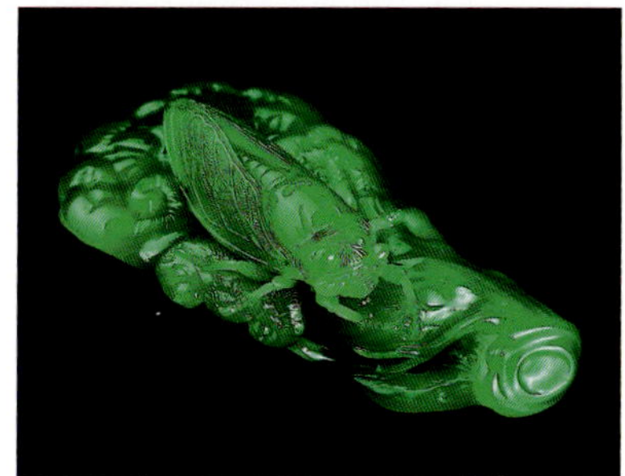

590 郑则泉 雅安绿雕如意缠身手把件
估　价：RMB 10,000～25,000
成交价：RMB 11,200
长8.3cm 上海联合 2015.11.01

211 邹作志 和田玉籽料无念把件
成交价：RMB 11,500
长6.9cm 北京正道 2015.11.01

佩玩植物件

1107 元 白玉镂空樱桃佩
估　价：RMB 35,000～55,000
成交价：RMB 69,000
高7.3cm 中鸿信 2015.07.29

3187 明/清 黄玉菱角佩
估　价：HKD 50,000～70,000
成交价：RMB 80,100
宽4.6cm 佳士得 2015.06.03

7012 清乾隆 白玉俏色巧雕万年如意梅花纹坠
来源：原为英国私人藏家旧藏
估　价：RMB 60,000～80,000
成交价：RMB 92,000
长5.1cm 北京东正 2015.11.19

2470 清中期 白玉百事如意佩
估　价：RMB 15,000～25,000
成交价：RMB 36,800
高5.8cm 北京翰海 2015.11.29

710 清中期 白玉雕豆荚秋虫佩
估 价：RMB 40,000～50,000
成交价：RMB 78,200
长5cm 北京诚轩 2015.05.17

4129 清中期 白玉留皮灵芝佩
估 价：RMB 50,000～60,000
成交价：RMB 115,000
高5cm 北京东正 2015.05.19

2351 清中期 白玉诸事如意灵芝纹佩
估 价：RMB 40,000～60,000
成交价：RMB 92,000
长6cm 北京匡时 2015.06.06

2969 清 白玉金皮福禄万代挂坠
估 价：RMB 80,000～120,000
成交价：RMB 92,000
高5.2cm 中国嘉德 2015.05.16

2352 清中期 白玉大吉天喜葫芦佩
估 价：RMB 80,000～150,000
成交价：RMB 184,000
长7cm 北京匡时 2015.06.06

5180 清 白玉留皮荷塘清趣坠
估 价：RMB 25,000～35,000
成交价：RMB 48,300
长4.7cm 中国嘉德 2015.04.02

764 清 白玉留皮巧雕子孙连绵佩
估 价：RMB 200,000～300,000
成交价：RMB 322,000
长9cm 上海敬华 2015.06.30

2630 清乾隆 白玉福禄永昌佩
估 价：RMB 90,000～110,000
成交价：RMB 115,000
高8cm 北京翰海 2015.11.29

4130 清乾隆 白玉“福禄万代”挂件
估 价：RMB 30,000～40,000
成交价：RMB 57,500
高6cm 北京东正 2015.05.19

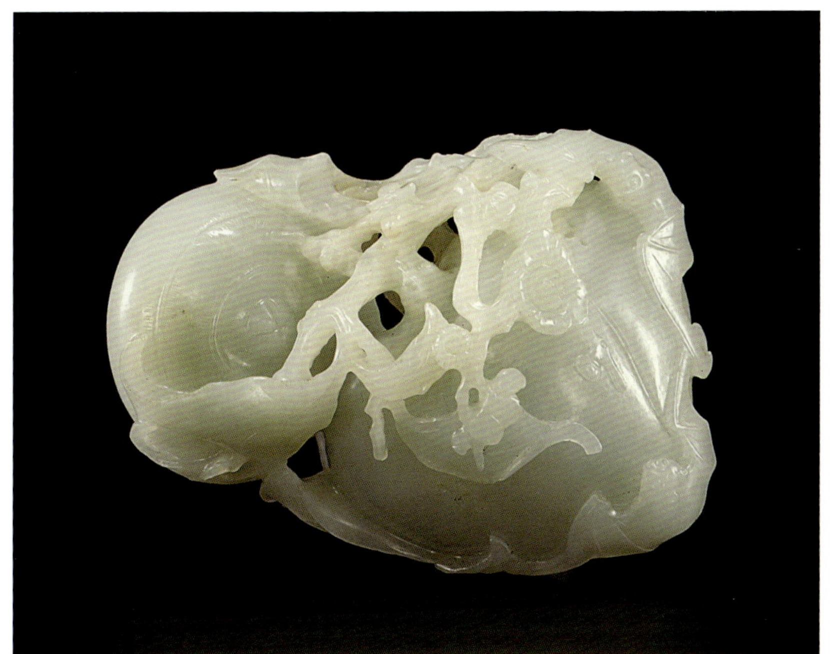

700 清 青白玉福禄寿纹把件
估 价：USD 6,000~8,000
成交价：RMB 203,483
长8.3cm 纽约苏富比 2015.03.21

530 清 白玉留皮雕瓜纹佩
估 价：RMB 150,000
成交价：RMB 280,000
高4.8cm 天津文物 2015.05.22

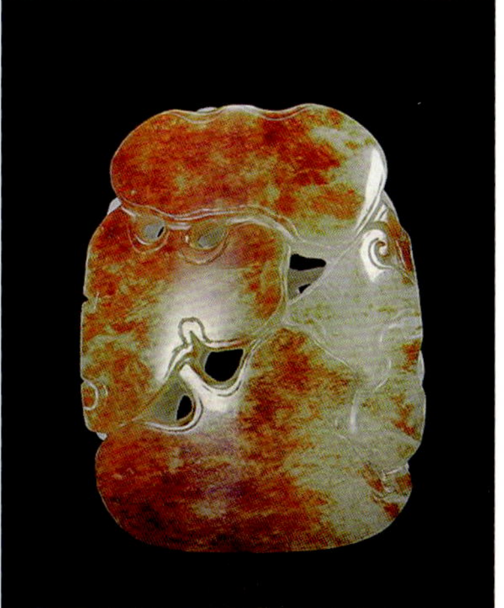

2667 清 玉留皮葫芦万代佩
估 价：RMB 80,000~120,000
成交价：RMB 92,000
高5cm 中国嘉德 2015.11.15

326 18世纪 白玉“增幸吉庆”佩
估 价：HKD 300,000~400,000
成交价：RMB 350,438
长5.8cm 香港苏富比 2015.06.01

3755 清17世纪/18世纪 褐斑白玉瓜瓞绵绵把件
估　价：HKD 60,000～80,000
成交价：RMB 201,750
长5.2cm 香港苏富比 2015.04.07

1016 吴灶发 花香 白玉挂件
估　价：RMB 110,000～150,000
成交价：RMB 126,500
西泠拍卖 2015.07.04

3795 18世纪 白玉“大吉四喜”葫芦式佩
来源：Raymond Bushell收藏；香港佳士得2005年5月30日拍卖，编号1587
估　价：HKD 100,000～150,000
成交价：RMB 267,150
长6.5cm 香港苏富比 2015.10.07

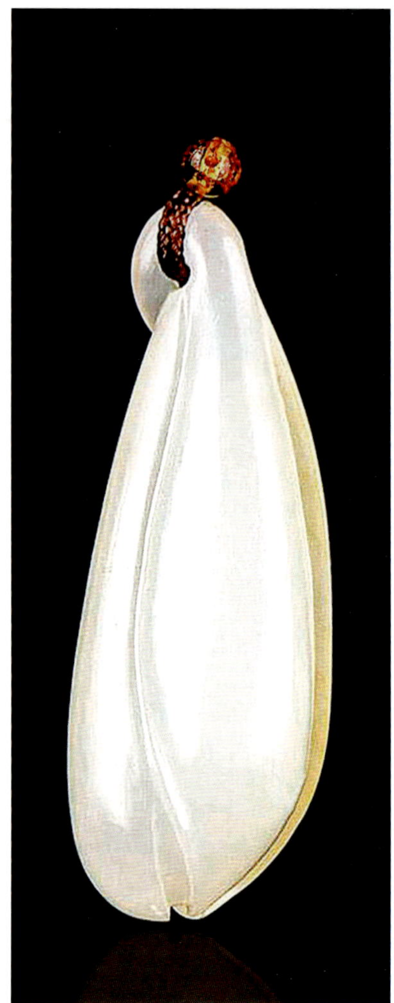

361 和田玉花生吊坠
估　价：HKD 375,000～750,000
成交价：RMB 340,906
重33g 荣盛国际 2015.01.10

124 钱子良 和田玉祝福把件
成交价：RMB 71,300
长5.7cm 北京正道 2015.11.01

其他佩玩件

618 西周 玉束腰佩
估　价：HKD 50,000～80,000
成交价：RMB 57,539
高4.5cm 中国嘉德 2015.04.06

446 商 贝壳形玉
估　价：HKD 60,000～90,000
成交价：RMB 63,047
尺寸不一 中国嘉德 2015.10.06

556 新石器时代 玉柱形器
估　价：USD 4,000～6,000
成交价：RMB 101,741
高9.5cm 纽约佳士得 2015.03.19

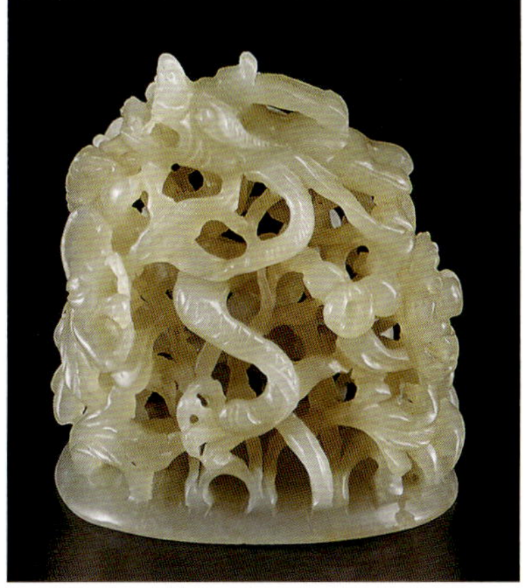

188 金/元 青玉镂雕龙穿牡丹纹钮
来源：辛辛那提私人收藏
估　价：USD 6,000～8,000
成交价：RMB 87,629
高4.5cm 纽约苏富比 2015.09.15

2411 明 白玉工字佩
估　价：RMB 30,000～50,000
成交价：RMB 46,000
高2.3cm 北京翰海 2015.06.28

411 宋 白玉诗文刚卯
估　价：HKD 10,000～20,000
成交价：RMB 223,091
高2cm 中国嘉德 2015.10.06

2395 明 白玉司南佩
估　价：RMB 50,000～70,000
成交价：RMB 172,500
高3.3cm 北京翰海 2015.06.28

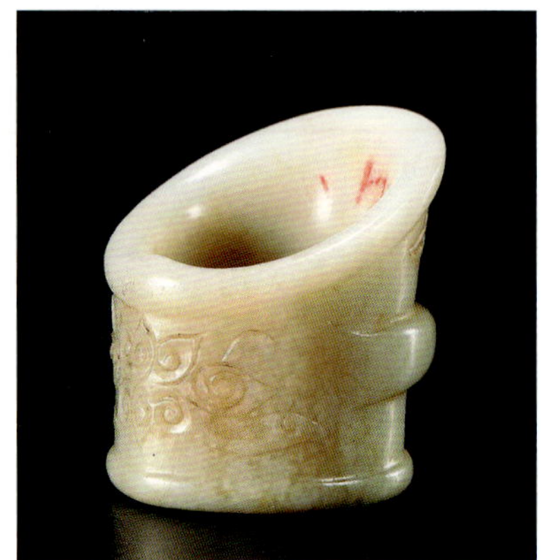

2677 明 旧玉花卉韘
估 价：RMB 45,000～55,000
成交价：RMB 57,500
内径1.9cm 北京翰海 2015.11.29

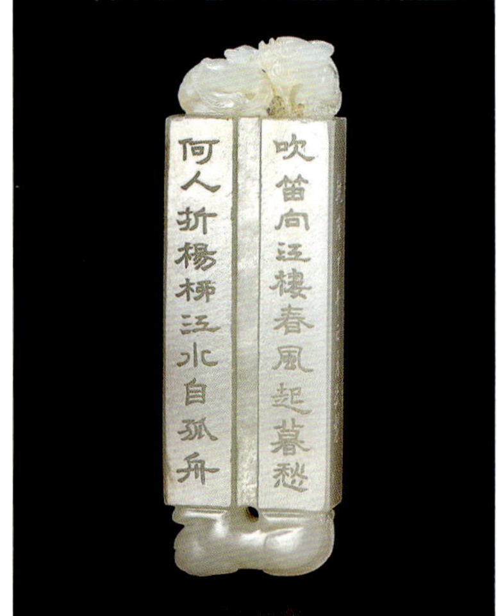

2397 清乾隆 白玉双联勒形诗文佩
“乾隆甲午正月敬制”楷书款
估 价：RMB 40,000～60,000
成交价：RMB 51,750
高8cm 北京翰海 2015.06.28

770 清乾隆 黄玉刻诗文活环佩
估 价：RMB 60,000～80,000
成交价：RMB 80,500
长6cm 上海敬华 2015.06.30

1851 清中期 白玉交结四方佩
估 价：RMB 80,000～120,000
成交价：RMB 92,000
直径5.5cm 华艺国际 2015.05.24

541 清 白玉雕勾云纹活心佩
估 价：RMB 30,000
成交价：RMB 33,600
高4.9cm 天津文物 2015.05.22

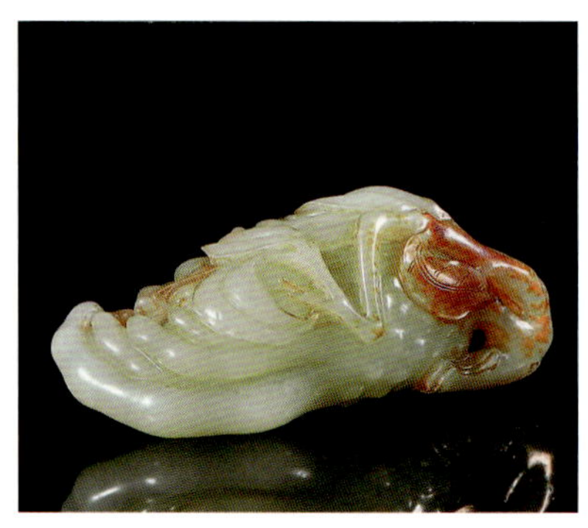

2469 清 青玉沁色佛手
估 价：RMB 10,000～20,000
成交价：RMB 28,750
长7.5cm 中国嘉德 2015.06.27

60 清 白玉斧型佩
估 价：RMB 30,000～35,000
成交价：RMB 51,750
高6cm 上海道明 2015.05.09

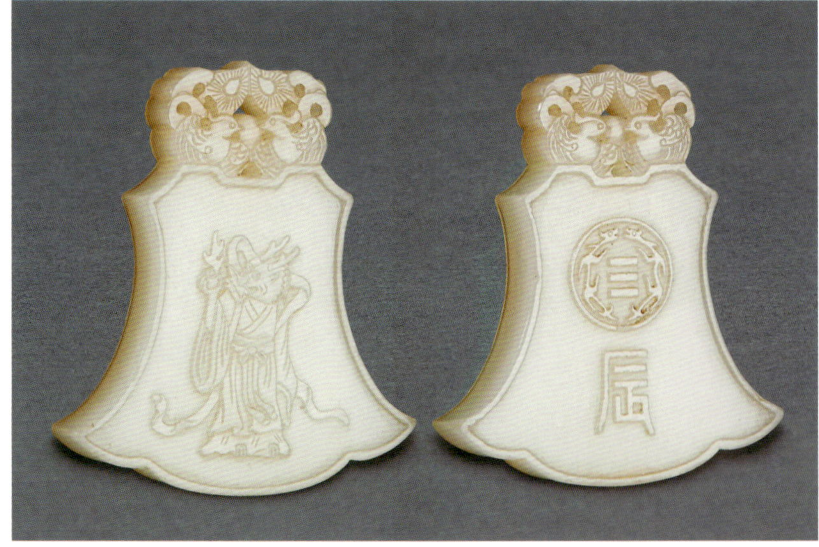

654 清 白玉“乾隆”图款“辰”字佩
估 价：HKD 80,000～160,000
成交价：RMB 147,785
长5cm 万昌斯 2015.06.01

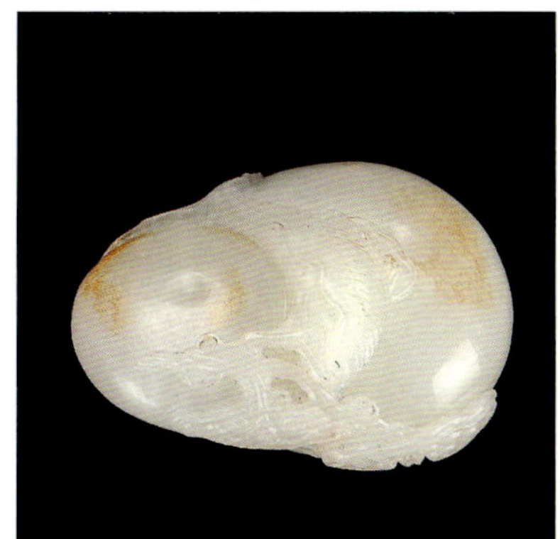

7920 清中期 白玉柿柿如意
估 价：RMB 180,000～280,000
成交价：RMB 207,000
长6cm 北京保利 2015.06.07

5310 清 白玉沁色转心佩
估 价：RMB 8,000～12,000
成交价：RMB 23,000
长10.5cm 中国嘉德 2015.04.02

48 清 白玉阴刻御制诗籽玉把件
估 价：HKD 150,000～200,000
成交价：RMB 171,488
高9cm 佳士得 2015.04.06

149 清 青白玉雕骷髅棒
估 价：USD 10,000～15,000
成交价：RMB 111,528
长13.4cm 纽约苏富比 2015.09.15

2366 清 珊瑚雕福山寿海佩
估 价：RMB 80,000～150,000
成交价：RMB 161,000
长7cm；宽4.5cm 北京匡时 2015.06.06

305 18世纪 白玉佛手把件
估 价：HKD 200,000～300,000
成交价：RMB 320,400
长9cm 香港苏富比 2015.06.01

165 陈冠军 须弥芥子 清赏 白玉把件
估 价：RMB 140,000～180,000
成交价：RMB 184,000
长5.4cm 西泠拍卖 2015.04.18

334 18世纪/19世纪 白玉“君子之风”佩
估 价：HKD 180,000～250,000
成交价：RMB 200,250
高5.9cm 香港苏富比 2015.06.01

2033 清 白玉法轮佩
估 价：RMB 30,000～50,000
成交价：RMB 34,500
直径5.5cm 辽宁中正 2015.06.13

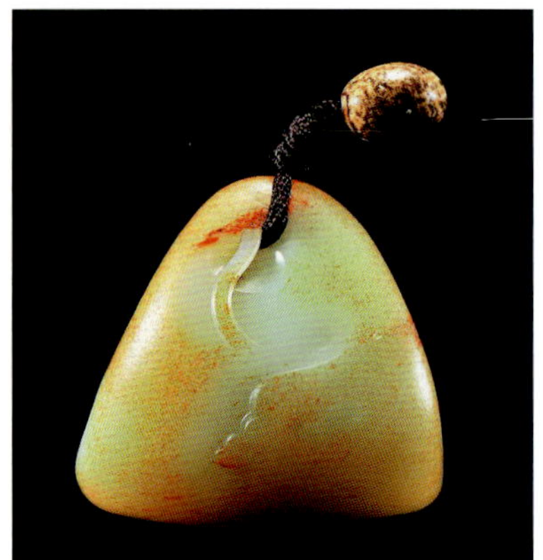

3120 樊军民 白玉雕润物生把件
估 价：RMB 220,000～400,000
成交价：RMB 264,500
长6.5cm 中国嘉德 2015.11.16

56 冯铃 荷塘夜色 青花把件
估 价：RMB 50,000～70,000
成交价：RMB 80,500
长5.6cm 西泠拍卖 2015.04.18

907 黄杨洪 手眼通天 南红挂件
估 价：RMB 160,000～200,000
成交价：RMB 207,000
长4.8cm 西泠拍卖 2015.07.04

30 瞿利军 枫林映辉 白玉把件
估 价：RMB 150,000～180,000
成交价：RMB 287,500
长4.8cm 西泠拍卖 2015.04.18

495 新石器时代 良渚文化 玉饰（三件）
来源：安思远私人珍藏
估 价：USD 3,000～5,000
成交价：RMB 273,919
长2.1cm 纽约佳士得 2015.03.19

6439 元 黄玉鸠首杖
估　价：RMB 400,000～600,000
成交价：RMB 575,000
玉长13.3cm 北京保利 2015.06.06

2264 元 白玉雕秋山饰件
估　价：RMB 25,000～35,000
成交价：RMB 34,500
高5.7cm 北京翰海 2015.06.28

613 唐 黄玉带沁骆驼嵌饰
估　价：HKD 50,000～80,000
成交价：RMB 46,403
宽4.5cm 中国嘉德 2015.04.06

1108 元 白玉雕云鹤纹配饰一对
估　价：RMB 35,000～55,000
成交价：RMB 69,000
长4.3cm 中鸿信 2015.07.29

592 元 白玉镂雕婴戏嵌饰
估　价：HKD 180,000～280,000
成交价：RMB 315,537
宽9cm 中国嘉德 2015.04.06

1110 元 白玉透雕玉兔蟠桃纹嵌饰
估　价：RMB 28,000～50,000
成交价：RMB 63,250
直径6.8cm 中鸿信 2015.07.29

602 元 白玉春水提携
估　价：HKD 10,000～12,000
成交价：RMB 23,201
长4.7cm 香港淳浩 2015.04.04

2599 元 旧玉春水饰件
估　价：RMB 220,000～280,000
成交价：RMB 287,500
直径7.6cm 北京翰海 2015.11.29

2336 明 白玉晗、饰件（四件）
估　价：RMB 150,000～200,000
成交价：RMB 195,500
长1.8cm；长6.7cm 北京翰海 2015.06.28

490 明 白玉云龙纹佩饰
著录：《山水堂藏玉》第21页
成交价：RMB 195,500
高5.5cm 北京保利 2015.04.25

494 明 白玉云龙纹嵌饰
著录：《山水堂藏玉》第1页
成交价：RMB 138,000
高5.3cm 北京保利 2015.04.25

489 明 白玉云形应龙纹嵌饰
著录：《山水堂藏玉》第27页
成交价：RMB 43,700
高4.4cm 北京保利 2015.04.25

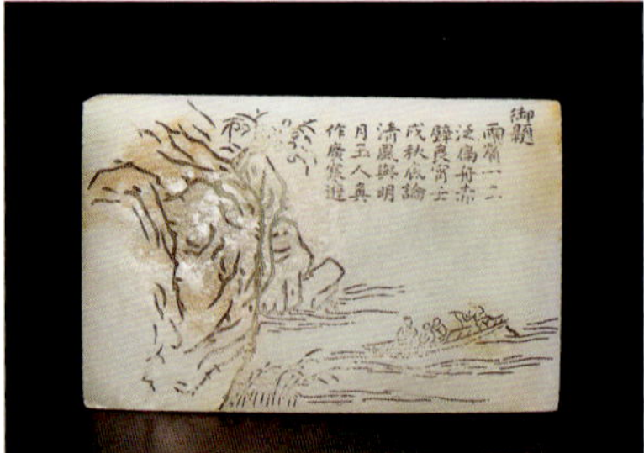

2270 清早期 白玉山水御题诗文饰件
估　价：RMB 160,000～220,000
成交价：RMB 287,500
长7.5cm 北京翰海 2015.06.28

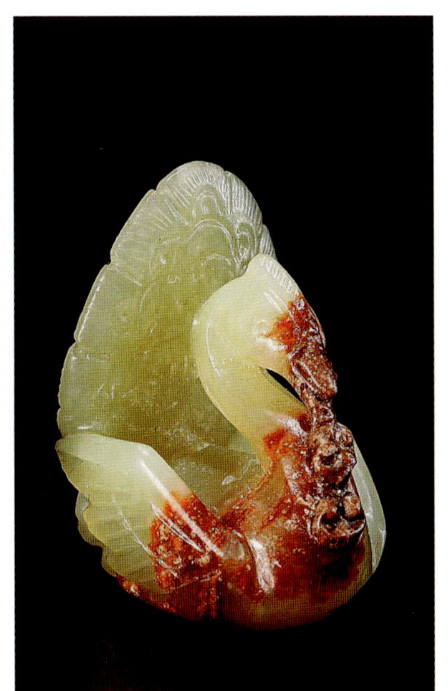

2350 清早期 黄玉孔雀开屏小饰件
估 价：RMB 40,000～60,000
成交价：RMB 57,500
高2.9cm 北京翰海 2015.06.28

243 清乾隆 青白玉别子
“乾隆御赏”楷书刻款
估 价：HKD 30,000～50,000
成交价：RMB 65,569
长6.9cm 佳士得 2015.04.06

3319 清乾隆 白玉“五王醉归图”别子“乾隆御赏”楷书刻款
来源：Walter Hochstadter珍藏，后于家族中流传至今
估 价：HKD 300,000～400,000
成交价：RMB 300,375
长8.1cm 佳士得 2015.06.03

8006 清乾隆 镂雕玉香囊
估 价：RMB 20,000～30,000
成交价：RMB 34,500
高5cm 北京保利 2015.06.07

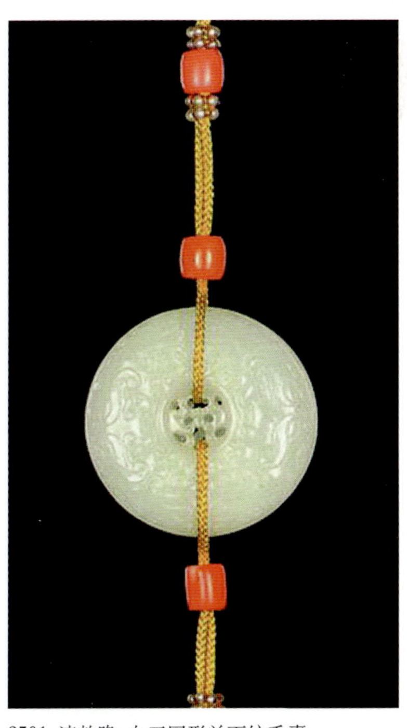

2501 清乾隆 白玉圆形兽面纹香囊
估 价：RMB 80,000～100,000
成交价：RMB 149,500
直径3.8cm 中国嘉德 2015.11.15

3577 清 白玉雕法轮及金刚杵（一组）
估 价：HKD 50,000~80,000
成交价：RMB 142,839
长9cm 保利香港 2015.04.06

3576 清 白玉马头金刚杵
估 价：HKD 40,000~80,000
成交价：RMB 95,226
长13cm 保利香港 2015.04.06

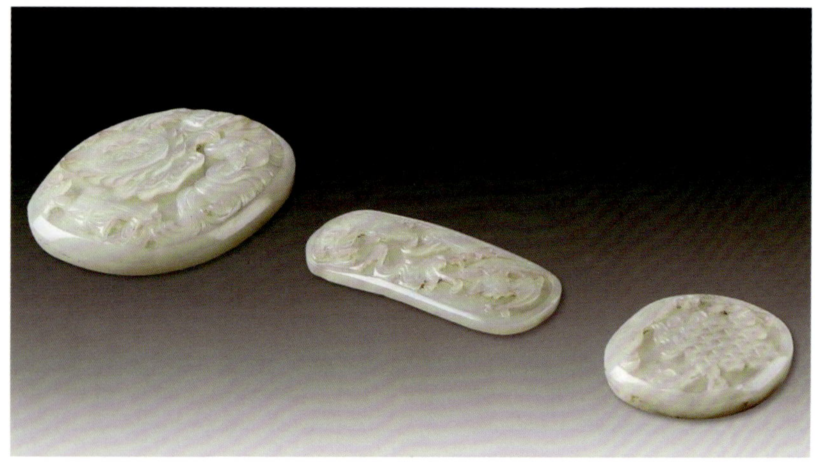

569 清 白玉雕八宝纹瓦子
估 价：RMB 50,000
成交价：RMB 56,000
尺寸不一 天津文物 2015.05.22

9458 清 白玉透雕夔龙纹贯耳香囊
估 价：RMB 25,000~55,000
成交价：RMB 28,750
高6.5cm 北京保利 2015.06.08

2743 清 白玉镂雕凤穿花卉荷包形香囊
估　价：RMB 70,000～90,000
成交价：RMB 80,500
宽5.8cm 中国嘉德 2015.11.15

1968 清 六角玉饰
估　价：RMB 40,000～80,000
成交价：RMB 46,000
宽3.8cm 北京翰海 2015.06.27

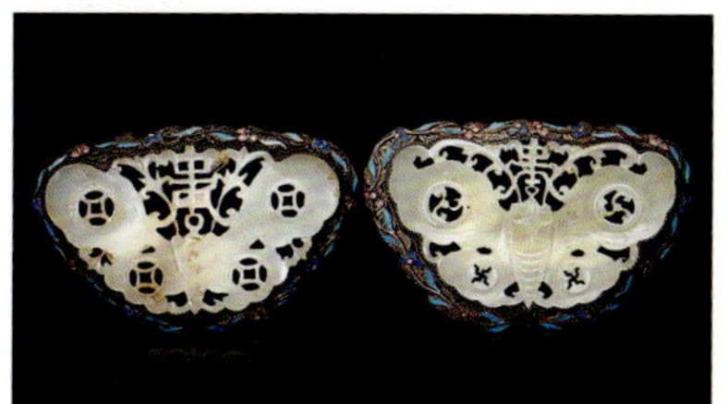

406 银嵌玉蝴蝶胸针（一对）
估　价：RMB 3,000～4,000
成交价：RMB 14,000
长7.4cm；长7.5cm 上海驰翰 2015.05.09

陈设和生活用品

玉屏

7833 清乾隆 白玉雕喜上眉梢御题诗插屏
估　价：RMB 600,000～1,000,000
成交价：RMB 747,500
玉高13cm；宽8.5cm 北京保利 2015.06.07

3135 清乾隆 白玉观瀑图插屏
来源：19世纪苏联贵族兼外交官私人收藏；香港佳士得2009年12月1日拍品1998号；香港佳士得2011年11月30日拍品3033号
估　价：HKD 1,500,000~2,500,000
成交价：RMB 1,473,840
高19.7cm 佳士得 2015.06.03

6441 清乾隆 白玉渔樵耕读安居乐业插屏
估　价：RMB 1,500,000~2,000,000
成交价：RMB 1,725,000
长20cm，高35.5cm 北京保利 2015.06.06

6504 清乾隆 御制白玉八骏御制诗文插屏
来源：英国A&J Speelman旧藏
估　价：RMB 1,000,000~1,500,000
成交价：RMB 1,150,000
长15.5cm 北京保利 2015.06.06

6505 清乾隆 御制白玉耕织松石插屏
估　价：RMB 800,000~1,200,000
成交价：RMB 920,000
长20.5cm，高31.5cm 北京保利 2015.06.06

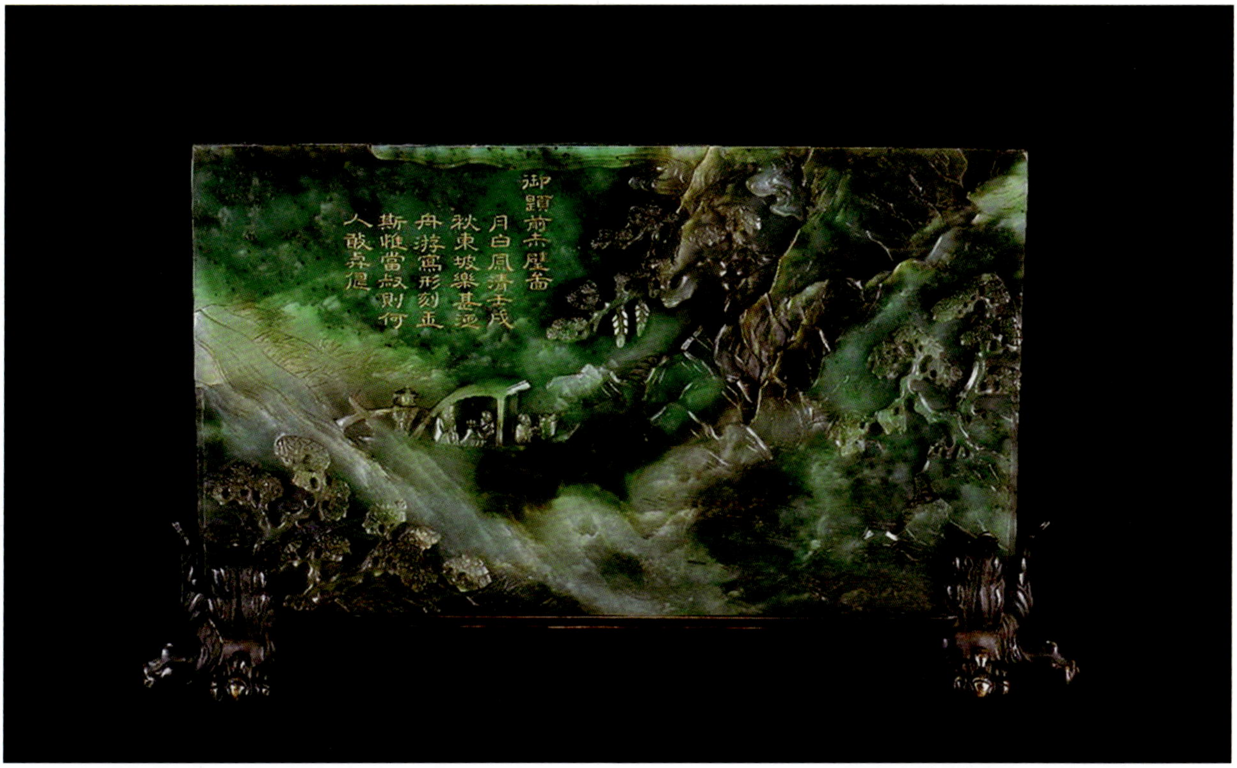

6310 清乾隆 御制碧玉御题诗前后赤壁图双面砚屏
来源：法国藏家旧藏
估 价：RMB 4,000,000～5,000,000
成交价：RMB 4,830,000
长24.5cm；高14.1cm 北京保利 2015.06.06

3053 18世纪/19世纪 白玉雕高士采药图插屏
估 价：USD 10,000～15,000
成交价：RMB 203,483
12.9cm × 9.5cm 纽约佳士得 2015.03.15

3022 清 白玉雕双骏图插屏
估 价：RMB 380,000～500,000
成交价：RMB 563,500
带座高26cm 西泠拍卖 2015.07.05

玉如意

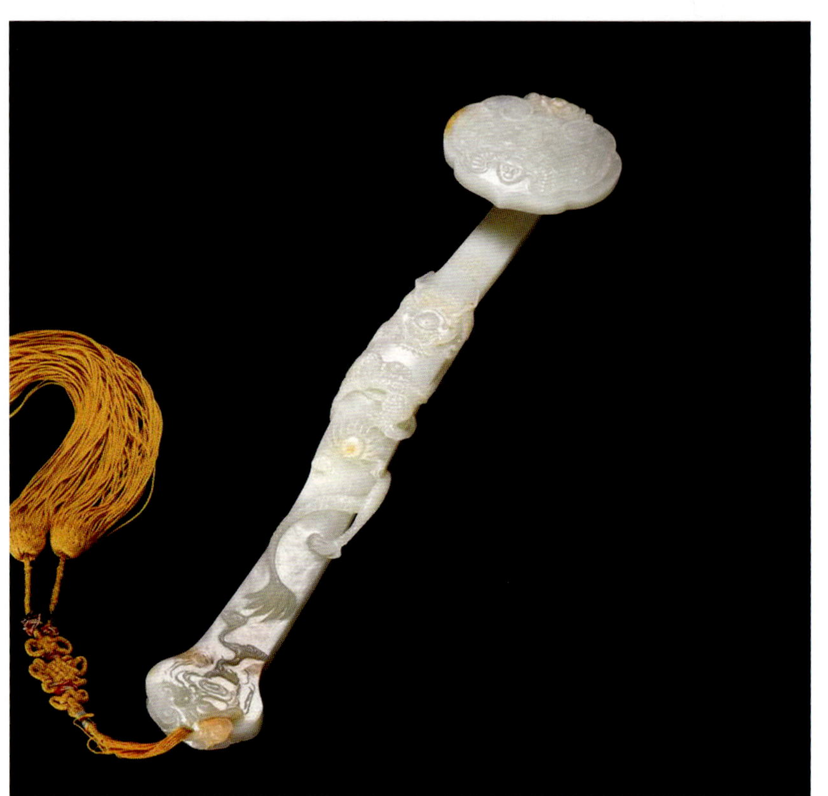

3029 清乾隆 白玉万福正面龙纹如意
估　价：RMB 4,000,000～4,500,000
成交价：RMB 4,600,000
长37.5cm 北京东正 2015.05.19

3204 清乾隆 御赏紫坛嵌汉玉雕十二章如意“乾隆辛丑御题”款
来源：香港苏富比2003年4月27日拍品，编号10
估　价：HKD 3,000,000～4,000,000
成交价：RMB 3,938,160
长37.4cm 香港苏富比 2015.04.07

3659 清乾隆 青白玉万寿如意（一对）
估　价：HKD 3,500,000～4,500,000
成交价：RMB 6,068,640
长45.2cm 香港苏富比 2015.04.07

46 18世纪 青白玉岁岁安居图如意
估 价：HKD 2,000,000～3,000,000
成交价：RMB 1,969,080
长34.4cm 佳士得 2015.04.06

256 18世纪/19世纪 青玉雕贺寿图如意
来源：香港佳士得1993年3月23日拍品第987号
估 价：HKD 200,000～300,000
成交价：RMB 302,625
长44.4cm 佳士得 2015.04.06

1447 清和玉莲莲如意
成交价：RMB 12,289
香港龙玺 2015.09.19

2897 清 白玉雕云龙纹如意
估 价：RMB 500,000～600,000
成交价：RMB 920,000
长44.3cm 北京匡时 2015.06.07

696 清晚期 碧玉雕灵芝纹如意
来源：（传）慈禧太后赐予现藏者祖父
估 价：USD 5,000～7,000
成交价：RMB 109,568
长47.6cm 纽约苏富比 2015.03.21

玉佛手

7079 清中期 玛瑙佛手
来源：日本藏家旧藏
成交价：RMB 69,000
长11cm 北京保利 2015.06.07

9509 清中期 白玉佛手
来源：日本关西重要私人藏家旧藏
成交价：RMB 74,750
长5.7cm 北京保利 2015.06.08

2502 清乾隆 白玉佛手
估 价：RMB 160,000~260,000
成交价：RMB 184,000
长7cm 中国嘉德 2015.11.15

589 清乾隆 白玉带沁佛手
估 价：HKD 150,000~250,000
成交价：RMB 204,171
宽12cm 中国嘉德 2015.04.06

195 18世纪 青玉雕佛手摆件
估 价：USD 12,000~15,000
成交价：RMB 716,963
高23.5cm 纽约苏富比 2015.09.15

601 清乾隆 白玉留皮雕佛手摆件
估 价：RMB 180,000
成交价：RMB 280,000
长13cm 天津文物 2015.05.22

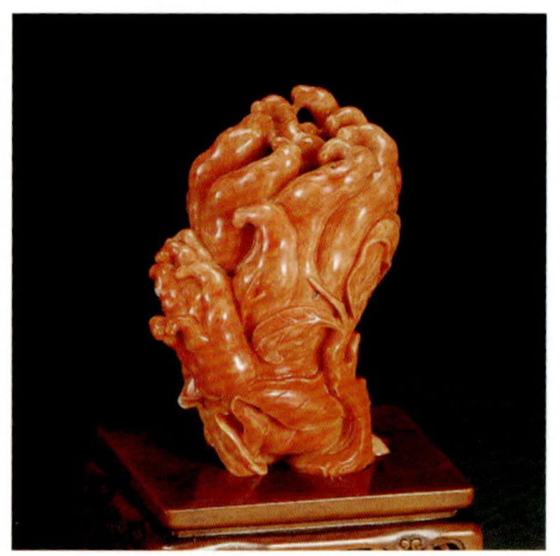

2820 清 红珊瑚雕佛手摆件
估 价：RMB 110,000~150,000
成交价：RMB 138,000
高6.8cm 西泠拍卖 2015.07.05

玉山子

2583 明 白玉福山寿海龙纹山子
估　价：RMB 800,000～1,000,000
成交价：RMB 1,150,000
长16.5cm 北京翰海 2015.11.29

2375 清早期 白玉洗桐图山子
来源：北京翰海2013年春拍《中国玉器》专场第1341号
估　价：RMB 1,500,000～2,500,000
成交价：RMB 2,185,000
高24.5cm 北京翰海 2015.06.28

3588 明 影子玛瑙仙人骑鹿山子
估　价：RMB 150,000～200,000
成交价：RMB 253,000
高10cm 北京匡时 2015.12.05

3030 清乾隆 白玉童子洗象山子
估　价：RMB 500,000～600,000
成交价：RMB 713,000
长21.5cm 北京东正 2015.05.19

1306 清乾隆 白玉御制罗汉赞诗文山子
估　价：RMB 250,000～280,000
成交价：RMB 437,000
高12.6cm 中鸿信 2015.07.29

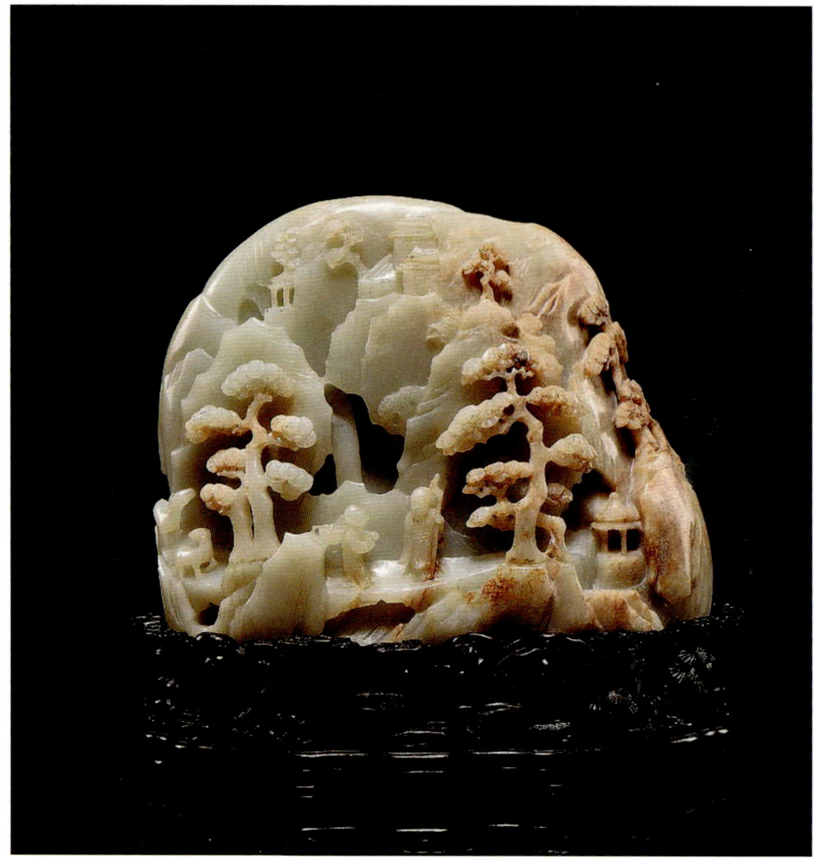

6442 清乾隆 白玉御题诗葛洪故事山子
估　价：RMB 2,000,000～3,000,000
成交价：RMB 2,300,000
高15.5cm；宽19.5cm 北京保利 2015.06.06

3051 清乾隆 青白玉寿禄长青山子
估　价：USD 40,000～60,000
成交价：RMB 720,015
高21cm 纽约佳士得 2015.03.15

9368 清中期 白玉留皮人物山子
估　价：RMB 200,000～300,000
成交价：RMB 230,000
宽13.5cm 北京保利 2015.06.08

3061 18世纪 青白玉寿比松龄山子
估　价：USD 15,000～20,000
成交价：RMB 109,568
高17.5cm 纽约佳士得 2015.03.15

1554 清 “绿云”孔雀石
成交价：RMB 17,250
高19cm 中鸿信 2015.07.29

2374 清中期 白玉鹤鹿同春山子
估　价：RMB 400,000～600,000
成交价：RMB 575,000
高16.8cm 北京翰海 2015.06.28

610 清 白玉带皮“九老观太极”山子
估　价：HKD 500,000～1,000,000
成交价：RMB 985,230
高9.3cm 万昌斯 2015.06.01

3327 清 白玉留皮巧雕福寿山子摆件
估　价：RMB 280,000～300,000
成交价：RMB 322,000
高10.2cm 西泠拍卖 2015.07.05

614 清 白玉罗汉山子
估　价：RMB 220,000～250,000
成交价：RMB 322,000
高16cm 中贸圣佳 2015.05.20

306 清 琥珀雕松鹤长春纹山子配座
估　价：USD 10,000～15,000
成交价：RMB 62,610
高17.1cm 纽约苏富比 2015.03.17

772 清 孔雀石随形山子
估　价：RMB 60,000～80,000
成交价：RMB 69,000
高23cm 保利厦门 2015.05.03

43 顾铭 达摩 白玉山子
估　价：RMB 150,000～220,000
成交价：RMB 207,000
长11.5cm 西泠拍卖 2015.04.18

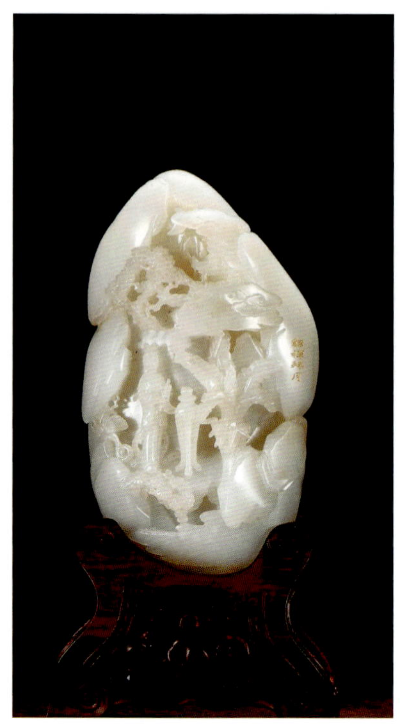

36 顾永骏 貂蝉拜月 白玉山子
估　价：RMB 400,000～550,000
成交价：RMB 552,000
13.8cm×7.7cm×3.5cm
西泠拍卖 2015.04.18

441 当代 盛世天下
估　价：RMB 5,000,000～8,800,000
成交价：RMB 10,120,000
广东省拍 2015.07.05

3159 洪福寿 水晶水月观音山子
估　价：RMB 450,000～650,000
成交价：RMB 517,500
高41.5cm 中国嘉德 2015.11.16

2614 绿松石山子
成交价：RMB 97,750
高104cm 中国嘉德 2015.06.27

人物摆件

2385 唐/明 褐青玉跪人
估 价：USD 4,000~6,000
成交价：RMB 31,865
高6cm 纽约佳士得 2015.09.17

474 宋 玉雕持莲童子
估 价：HKD 70,000~100,000
成交价：RMB 67,897
长5.5cm 中国嘉德 2015.10.06

3037 汪德海 白玉雕麻姑献寿山子
估 价：RMB 280,000~350,000
成交价：RMB 322,000
8.6cm×14cm×3cm 中国嘉德 2015.05.16

627 宋 白玉“双童献宝”
估 价：HKD 100,000~200,000
成交价：RMB 423,649
高4.7cm 万昌斯 2015.06.01

3109 元 白玉四臂观音坐像
估　价：HKD 80,000～100,000
成交价：RMB 246,600
4.8cm 香港苏富比 2015.10.07

2952 明 蜜蜡雕布袋和尚摆件
来源：法国私人旧藏
估　价：RMB 80,000～100,000
成交价：RMB 253,000
高7.2cm 北京匡时 2015.06.07

1309 元 白玉释迦牟尼坐佛
估　价：RMB 60,000～80,000
成交价：RMB 69,000
高13cm 中鸿信 2015.07.29

942 宋 白玉带沁“童子洗象”摆件
估　价：HKD 30,000～60,000
成交价：RMB 47,291
长7.8cm 万昌斯 2015.06.01

413 明 白玉释迦小像
估　价：HKD 80,000～120,000
成交价：RMB 77,597
高6.5cm 中国嘉德 2015.10.06

4203 13世纪 玉雕黑财神像
估　价：RMB 20,000～30,000
成交价：RMB 59,800
高3.4cm 北京东正 2015.05.19

2433 明 白玉持荷童子
估　价：RMB 80,000～120,000
成交价：RMB 103,500
高6.7cm 北京翰海 2015.06.28

9429 明 白玉雕仕女戏猫卧像
来源：英国A.J.Speelman旧藏
估　价：RMB 250,000～350,000
成交价：RMB 368,000
长9cm 北京保利 2015.06.08

2660 明 白玉佛
来源：国有文物店旧藏
估　价：RMB 20,000～40,000
成交价：RMB 161,000
高4.8cm 中国嘉德 2015.11.15

1118 明 白玉刘海戏金蟾像
估　价：RMB 35,000～42,000
成交价：RMB 48,300
高12.5cm 中鸿信 2015.07.29

589 明 白玉佛头
估　价：RMB 50,000
成交价：RMB 1,366,400
高5.9cm 天津文物 2015.05.22

2659 明 玉莲花座佛
来源：国有文物店旧藏
估 价：RMB 20,000～40,000
成交价：RMB 51,750
高5.7cm 中国嘉德 2015.11.15

4132 清早期 白玉雕“胡人献宝”摆件
估 价：RMB 10,000～20,000
成交价：RMB 23,000
高4.5cm 北京东正 2015.05.19

804 明17世纪 青白玉观音立像
来源：J.P. Reeves 收藏
估 价：HKD 30,000～40,000
成交价：RMB 30,038
高13.5cm 香港苏富比 2015.06.01

6050 明 金丝琥珀—鱼篮观音
来源：日本东京阪本家族旧藏
估 价：RMB 4,500,000～6,000,000
成交价：RMB 1,152,000
观音高17.7cm；佛龛高32cm
台湾世家 2015.01.18

2427 清早期 白玉佛
估 价：RMB 100,000～220,000
成交价：RMB 264,500
高4.5cm 北京翰海 2015.06.28

2552 清早期 白玉雪山大士
估 价：RMB 35,000~45,000
成交价：RMB 115,000
高8cm 北京翰海 2015.11.29

2553 清早期 黑白玉巧雕钟馗摆件
估 价：RMB 140,000~180,000
成交价：RMB 184,000
高7.5cm 北京翰海 2015.11.29

642 清早期 白玉神仙人物
来源：法国私人收藏
估 价：HKD 150,000~250,000
成交价：RMB 139,208
高6.5cm 中国嘉德 2015.04.06

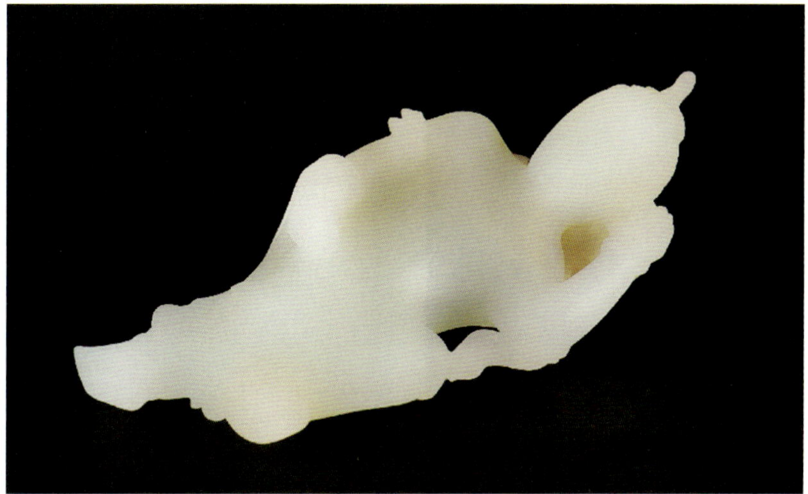

9483 清康熙 白玉雕仕女卧像
来源：英国A.J.Speelman旧藏
估 价：RMB 200,000~300,000
成交价：RMB 322,000
长9cm 北京保利 2015.06.08

2376 清乾隆 白玉持经观音
“乾隆御赏”篆书款
来源：北京翰海2013年春拍《中国玉器》专场第1261号
估 价：RMB 2,000,000~3,000,000
成交价：RMB 3,220,000
高15.5cm 北京翰海 2015.06.28

822 清乾隆 白玉雕惠岸行者
估　价：RMB 150,000～250,000
成交价：RMB 207,000
高10cm 上海敬华 2015.06.30

3655 清乾隆 白玉童子摆件
来源：香港苏富比1993年4月28日拍品，编号618
估　价：HKD 60,000～80,000
成交价：RMB 60,525
宽9.8cm 香港苏富比 2015.04.07

7751 清乾隆 白玉童子击鼓
估　价：RMB 100,000～150,000
成交价：RMB 172,500
长4.7cm 北京保利 2015.06.07

7482 清乾隆 白玉无量寿佛
来源：溥侗家族旧藏
估　价：RMB 500,000～700,000
成交价：RMB 598,000
高8.5cm 北京保利 2015.12.08

7830 清乾隆 白玉雕仙人乘槎
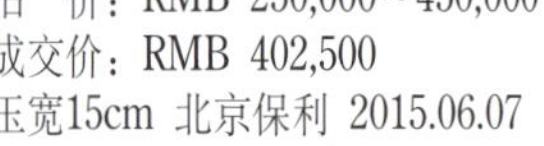
来源：1.英国藏家旧藏；2.台湾藏家递藏
估　价：RMB 250,000～450,000
成交价：RMB 402,500
玉宽15cm 北京保利 2015.06.07

769 清乾隆 珊瑚雕布袋和尚
估　价：RMB 35,000～55,000
成交价：RMB 40,250
高7cm 保利厦门 2015.05.03

1956 清乾隆 玉雕童子洗象
估　价：RMB 500,000～1,000,000
成交价：RMB 805,000
高24.8cm 北京翰海 2015.06.27

6503 清中期 白玉带皮雕鹿乳奉亲像
来源：英国A&J Speelman旧藏
估　价：RMB 600,000～800,000
成交价：RMB 920,000
长12cm 北京保利 2015.06.06

2427 清中期 白玉童子
估　价：RMB 50,000～60,000
成交价：RMB 82,800
高4.8cm 北京翰海 2015.11.29

9644 清中期 白玉童子击鼓
估　价：RMB 50,000～80,000
成交价：RMB 57,500
高5.5cm 北京保利 2015.12.09

125 17世纪 鸡骨玉雕童子抱鹅摆件
估　价：USD 4,000～6,000
成交价：RMB 51,781
高7.4cm 纽约苏富比 2015.09.15

3756 17世纪 玉雕击鼓童子把件
估　价：HKD 60,000～80,000
成交价：RMB 60,525
宽5.1cm 香港苏富比 2015.04.07

2412 18世纪 白玉雕高士采药摆件
估　价：USD 20,000～30,000
成交价：RMB 159,325
高15cm 纽约佳士得 2015.09.17

329 18世纪 白玉雕渔樵耕读图摆件
估　价：HKD 180,000～250,000
成交价：RMB 220,275
长7.8cm 香港苏富比 2015.06.01

747 18世纪 白玉蓝采和摆件
估　价：HKD 100,000～150,000
成交价：RMB 170,213
长10.3cm 香港苏富比 2015.06.01

3336 18世纪/19世纪 白玉寿老童子摆件
来源：香港佳士得1990年3月20.21日拍品988号
估　价：HKD 260,000～350,000
成交价：RMB 260,325
高16.7cm 佳士得 2015.06.03

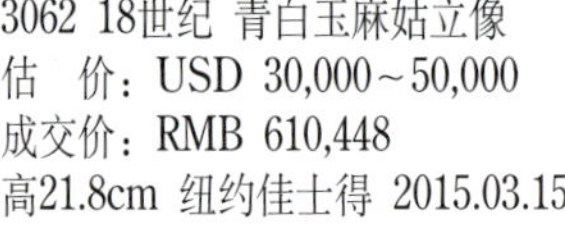

3062 18世纪 青白玉麻姑立像
估　价：USD 30,000～50,000
成交价：RMB 610,448
高21.8cm 纽约佳士得 2015.03.15

2395 18世纪 青白玉一佛二弟子造像
估　价：USD 60,000～80,000
成交价：RMB 8,444,225
高27.3cm 纽约佳士得 2015.09.17

3177 18世纪 玉雕刘海戏蟾摆件
估　价：HKD 600,000～800,000
成交价：RMB 801,000
高9.5cm 佳士得 2015.06.03

692 18世纪/19世纪 白玉持芝童子摆件
估　价：HKD 30,000～40,000
成交价：RMB 38,048
高7.3cm 香港苏富比 2015.06.01

686 18世纪/19世纪 白玉仙人童子摆件
估　价：HKD 150,000～200,000
成交价：RMB 150,188
高12.8cm 香港苏富比 2015.06.01

3013 18世纪/19世纪 青白玉镂雕八仙献寿摆件
估　价：USD 25,000～35,000
成交价：RMB 203,483
宽15.5cm 纽约佳士得 2015.03.15

2446 18世纪/19世纪 灰白玉雕药师佛坐像
估 价：USD 10,000~15,000
成交价：RMB 637,300
高24.1cm 纽约佳士得 2015.09.17

976 清 白玉带皮“福禄寿”摆件
估 价：HKD 500,000~1,000,000
成交价：RMB 886,707
高11cm 万昌斯 2015.06.01

850 19世纪 白玉击鼓童子佩及福缘善庆佩
估 价：HKD 40,000~60,000
成交价：RMB 140,175
高5.5cm,高4.5cm 香港苏富比 2015.06.01

591 清 白玉雕胡人献宝纹摆件
估 价：RMB 80,000
成交价：RMB 341,600
高8.2cm 天津文物 2015.05.22

3619 清 白玉雕金童立像
来源：日本藏家旧藏
估 价：HKD 150,000~250,000
成交价：RMB 145,494
高11.3cm；高14.8cm 保利香港 2015.10.06

3632 清 白玉雕人物摆件
估 价：HKD 50,000～80,000
成交价：RMB 72,747
高8.6cm；高6.3cm 保利香港 2015.10.06

2965 清 白玉雕铁拐李坐像
估 价：RMB 80,000～120,000
成交价：RMB 138,000
高13cm 西泠拍卖 2015.07.05

2897 清 白玉和合二仙摆件
估 价：RMB 60,000～80,000
成交价：RMB 69,000
高9.5cm 中国嘉德 2015.05.16

590 清 白玉雕仙人赐福纹摆件
估 价：RMB 180,000
成交价：RMB 386,400
高8cm 天津文物 2015.05.22

2144 清 白玉药师佛
估 价：RMB 450,000
成交价：RMB 517,500
高19cm 北京翰海 2015.03.15

511 清 白玉寿翁乘槎进桃贺寿摆件
著录：《山水堂藏玉》第202页
成交价：RMB 69,000
高8.2cm 北京保利 2015.04.25

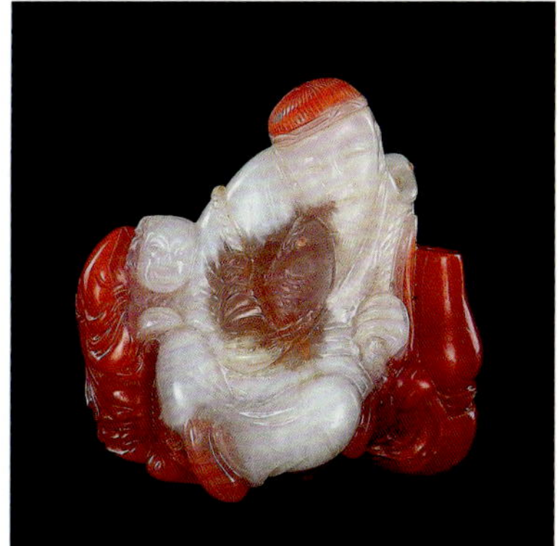

646 清 南红玛瑙渔翁
估 价：HKD 30,000～50,000
成交价：RMB 38,978
高5cm 中国嘉德 2015.04.06

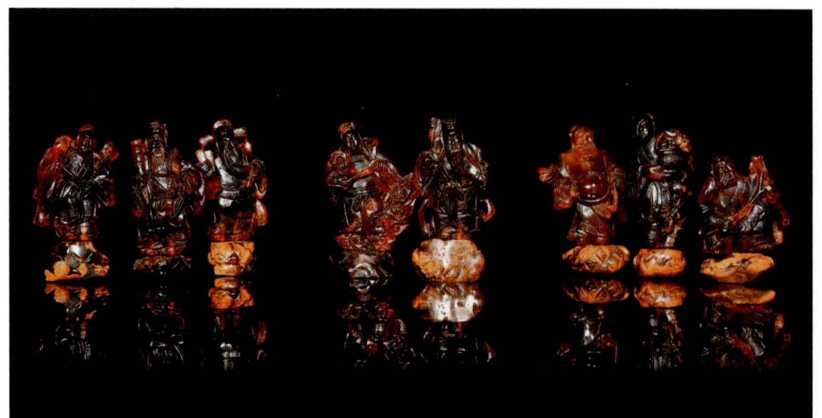

5257 清 琥珀八仙像
估 价：RMB 30,000～50,000
成交价：RMB 34,500
尺寸不一 中国嘉德 2015.04.02

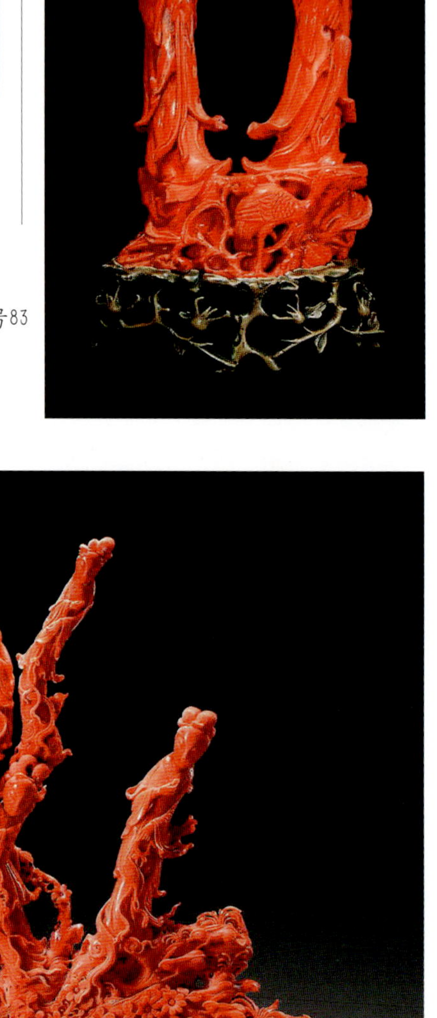

3690 清 珊瑚雕仕女摆件
来源：伦敦佳士德2011年11月8日拍品编号83
估 价：RMB 200,000～250,000
成交价：RMB 230,000
高24cm 北京匡时 2015.12.05

1491 清 青玉观音像
成交价：RMB 17,250
高26cm 北京保利 2015.04.26

876 清 清白玉镂雕罗汉乘槎
估 价：USD 15,000～20,000
成交价：RMB 328,703
高14.6cm 纽约苏富比 2015.03.21

3031 清 珊瑚雕仕女花卉摆件
估 价：RMB 500,000～700,000
成交价：RMB 690,000
高36.5cm 北京翰海 2015.11.28

0812A 清 珊瑚天女散花摆件
估　价：RMB 120,000～180,000
成交价：RMB 138,000
高28cm 北京保利 2015.01.24

2065 清 珊瑚童子乘槎
估　价：RMB 40,000～60,000
成交价：RMB 46,000
高11cm 古天一 2015.06.06

2975 清 水晶雕高士像
成交价：RMB 10,350
高10cm 西泠拍卖 2015.07.05

2661 清 水晶佛
来源：国有文物店旧藏
估　价：RMB 35,000～55,000
成交价：RMB 40,250
高10cm 中国嘉德 2015.11.15

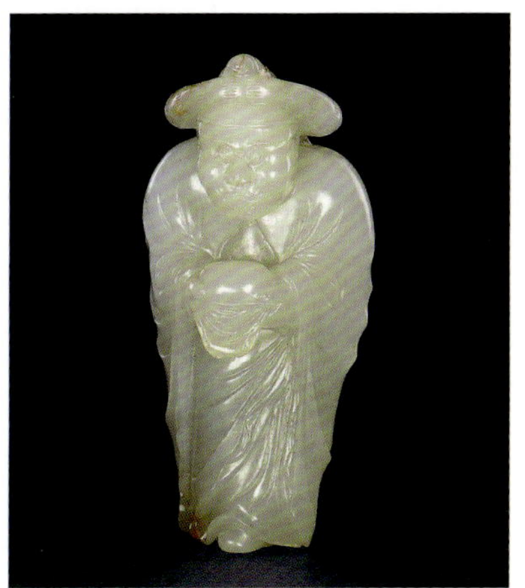

2662 清 玉沁色胡人进宝像
估　价：RMB 50,000～70,000
成交价：RMB 172,500
高7cm 中国嘉德 2015.11.15

615 清晚期 白玉童子拜观音
估　价：RMB 400,000～450,000
成交价：RMB 805,000
高17.8cm 中贸圣佳 2015.05.20

1717 清晚期 天然软玉“观音”摆件
估　价：HKD 600,000～750,000
成交价：RMB 1,210,500
31.5cm×18.5cm×12cm
香港苏富比 2015.04.06

3620 清晚期 黑白玉巧雕降龙罗汉
估　价：HKD 150,000～250,000
成交价：RMB 145,494
高19.2cm；高16cm 保利香港 2015.10.06

1696 民国 珊瑚关公摆件
估　价：RMB 80,000～150,000
成交价：RMB 241,500
高25cm 北京保利 2015.11.01

168 白玉“弥勒佛”摆件
估　价：HKD 800,000～1,200,000
成交价：RMB 756,144
43cm×23.2cm×16cm 天成国际 2015.06.14

172 白玉“观音”摆件，配铜制香炉
估　价：HKD 1,800,000～2,500,000
成交价：RMB 1,701,324
观音高44.3cm 天成国际 2015.06.14

361 碧玉佛坐像
估　价：USD 10,000～15,000
成交价：RMB 62,610
高13.7cm 纽约苏富比 2015.03.17

889 李勇 白玉留皮巧雕童子戏财神摆件
估　价：RMB 185,000
成交价：RMB 207,200
高8.7cm 上海联合 2015.05.24

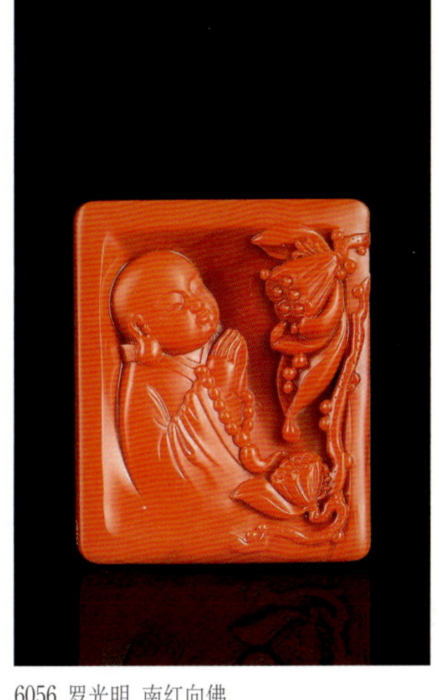

6056 罗光明 南红向佛
估　价：RMB 100,000～150,000
成交价：RMB 138,000
长5.2cm 北京保利 2015.12.08

349 当代 大肚佛
估　价：RMB 1,200,000～2,000,000
成交价：RMB 1,932,000
广东省拍 2015.07.05

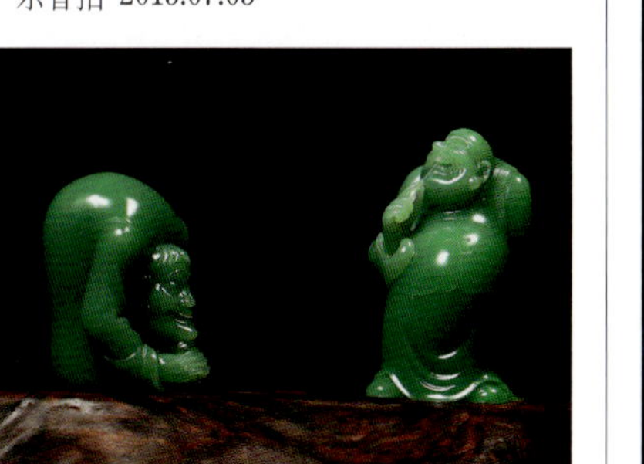

857 顾铭 恭喜发财 碧玉摆件
估　价：RMB 100,000～150,000
成交价：RMB 172,500
高6.8cm；高8.6cm 西泠拍卖 2015.07.04

842 林敬华 坑头晶雕降龙罗汉摆件
估　价：RMB 15,000
成交价：RMB 89,600
高6.9cm 上海联合 2015.05.24

5403 南红人物摆件
成交价：RMB 23,000
重约431.76g 北京保利 2015.06.06

2664 青白玉佛像
成交价：RMB 287,500
高11.4cm 中国嘉德 2015.06.27

2665 青白玉童子戏鹅像
估　价：RMB 30,000～50,000
成交价：RMB 34,500
高11.5cm 中国嘉德 2015.06.27

2625 青白玉释迦小像
成交价：RMB 40,250
高7.8cm 中国嘉德 2015.06.27

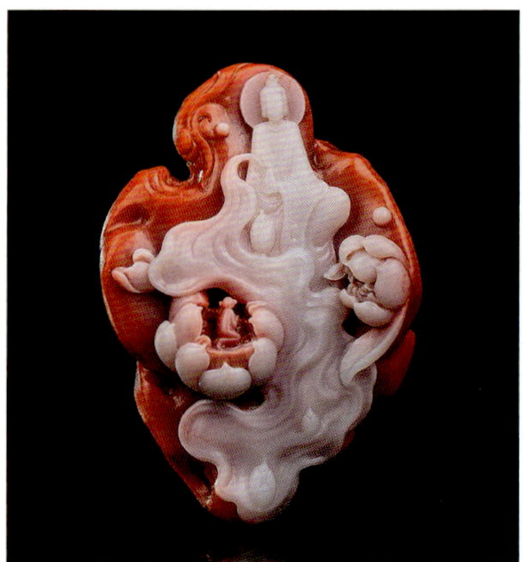

5400 石韵 南红一鼓作气
成交价：RMB 25,300
北京保利 2015.06.06

865 邱启敬 寂·梵行 青花摆件
估　价：RMB 80,000～120,000
成交价：RMB 138,000
长11cm 西泠拍卖 2015.07.04

174 孙有庚 教子图 白玉摆件
出版：《2008年百花玉缘杯中国玉石雕精品集》P27，广陵书社，2009
估　价：RMB 350,000～400,000
成交价：RMB 460,000
高14cm 西泠拍卖 2015.04.18

160 天然白玉观音对牌摆件
估　价：HKD 280,000～480,000
成交价：RMB 435,951
天成国际 2015.12.06

165 天然黄玉观音及对装香筒摆件
估　价：HKD 1,500,000～2,500,000
成交价：RMB 1,065,658
天成国际 2015.12.06

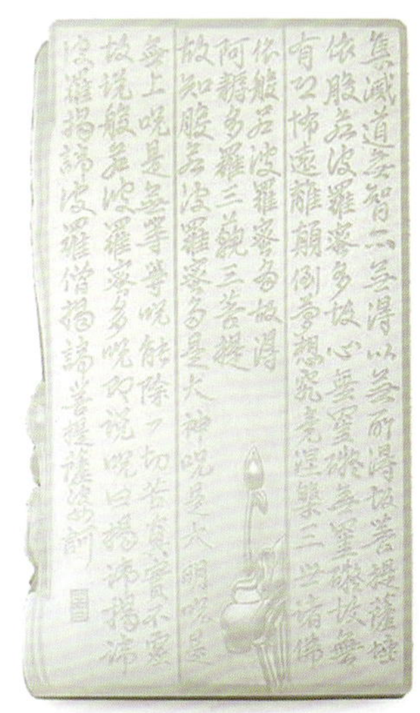

156 王凯 天然白玉观音心经玉牌摆件
估　价：HKD 350,000～550,000
成交价：RMB 426,263
天成国际 2015.12.06

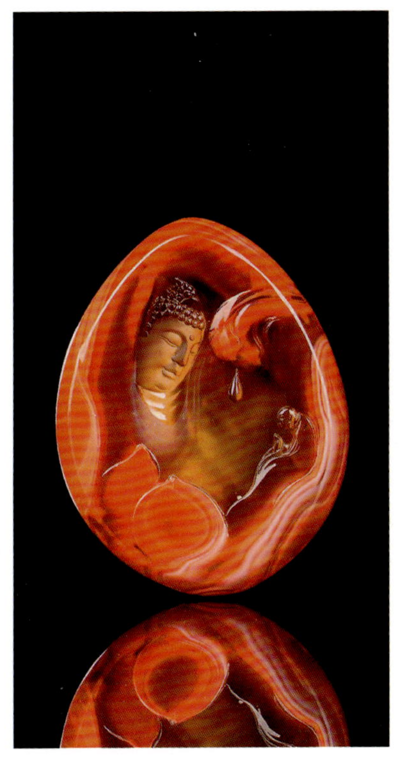

5366 肖军 南红虚空十方
估　价：RMB 50,000～70,000
成交价：RMB 57,500
高6.5cm 北京保利 2015.06.06

925 王平 乐逍遥 白玉摆件
估　价：RMB 2,400,000～3,000,000
成交价：RMB 2,990,000
高8.5cm 西泠拍卖 2015.07.04

97 王平 钟馗圣君 白玉摆件
估　价：RMB 1,400,000～1,800,000
成交价：RMB 1,840,000
高12.7cm 西泠拍卖 2015.04.18

3180 于雪涛 白玉雕定局摆件
估　价：RMB 2,600,000～3,800,000
成交价：RMB 2,990,000
11.88cm×9.4cm×5.1cm
中国嘉德 2015.11.16

229 张静 慧性慈心 白玉摆件
估　价：RMB 110,000～150,000
成交价：RMB 126,500
高21.7cm 西泠拍卖 2015.04.18

844 颜桂明 白玉雕大宝莲释迦牟尼佛
估　价：RMB 3,300,000～5,000,000
成交价：RMB 3,696,000
连座52cm×45cm×20cm 上海联合 2015.11.01

883 赵琦 海天梵音 白玉摆件
估　价：RMB 1,350,000～1,650,000
成交价：RMB 1,840,000
15.4cm×5.7cm×3.7cm
西泠拍卖 2015.07.04

1028 张静 沐静凡放 白玉摆件
估　价：RMB 110,000～150,000
成交价：RMB 126,500
高18cm 西泠拍卖 2015.07.04

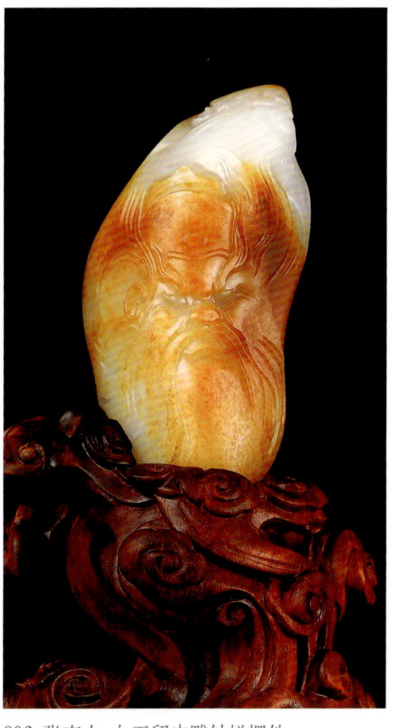

806 张克山 白玉留皮雕钟馗摆件
估　价：RMB 165,000
成交价：RMB 184,800
高9.2cm 上海联合 2015.05.24

200 邹小林 无量寿佛 水晶摆件
估　价：RMB 280,000～350,000
成交价：RMB 345,000
高31.3cm 西泠拍卖 2015.04.18

动物摆件

746 红山文化 黄玉龟
估 价：HKD 150,000～300,000
成交价：RMB 157,637
长5cm 万昌斯 2015.06.01

882 红山文化 生坑黄玉“猪龙”
估 价：HKD 75,000～150,000
成交价：RMB 73,892
长5.8cm 万昌斯 2015.06.01

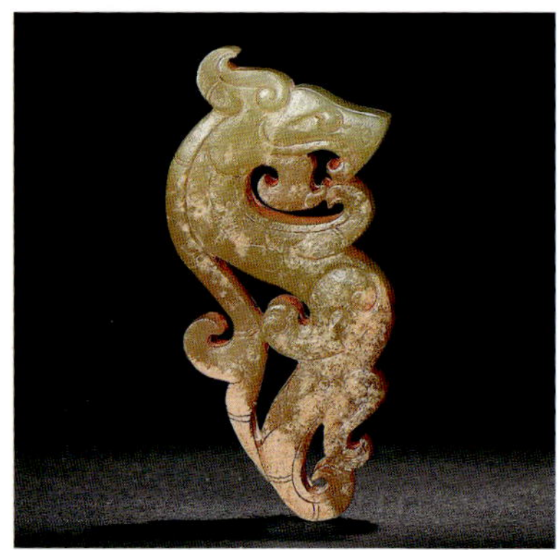

507 战国 青玉龙
估 价：HKD 10,000～20,000
成交价：RMB 29,099
长5cm 中国嘉德 2015.10.06

748 商 带朱砂沁黄玉牛头
估 价：HKD 160,000～320,000
成交价：RMB 275,864
长5.2cm 万昌斯 2015.06.01

750 汉 生坑白玉“辟邪”
估 价：HKD 800,000～1,600,000
成交价：RMB 1,379,322
长11cm 万昌斯 2015.06.01

645 汉 水晶熊（一对）
估 价：HKD 5,000~8,000
成交价：RMB 90,949
尺寸不一 中国嘉德 2015.04.06

466 唐 玛瑙鹿
估 价：HKD 20,000~30,000
成交价：RMB 19,399
宽4cm 中国嘉德 2015.10.06

417 六朝 白玉羊
估 价：HKD 25,000~35,000
成交价：RMB 27,159
宽2.5cm 中国嘉德 2015.10.06

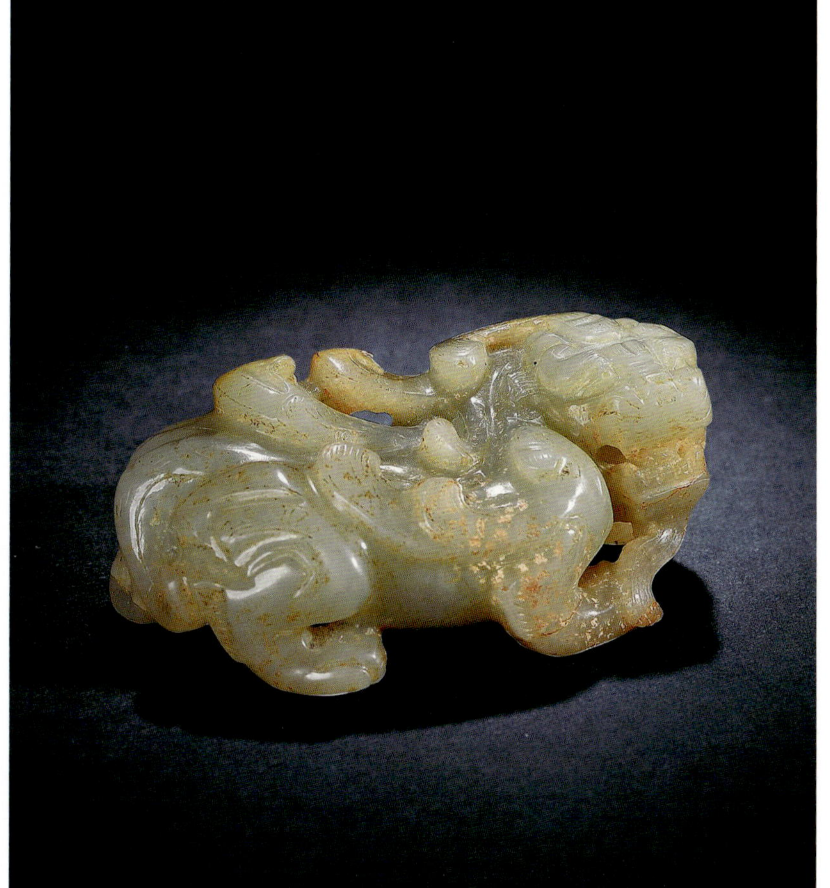

508 汉 玉雕瑞兽
来源：日本关西藏家旧藏
估 价：HKD 400,000~600,000
成交价：RMB 387,984
宽7cm 中国嘉德 2015.10.06

944 宋 白玉卧犬
估 价：HKD 150,000~300,000
成交价：RMB 167,489
长5.6cm 万昌斯 2015.06.01

580 宋 白玉狗
估 价：HKD 30,000~50,000
成交价：RMB 51,043
宽3.2cm 中国嘉德 2015.04.06

526 宋 玉兔
估　价：HKD 80,000～120,000
成交价：RMB 77,597
宽4.5cm 中国嘉德 2015.10.06

142 宋/金 褐斑白玉雕卧鹤摆件
估　价：USD 15,000～20,000
成交价：RMB 95,595
长7.1cm 纽约苏富比 2015.09.15

144 宋至明 青玉雕卧犬摆件
估　价：USD 10,000～15,000
成交价：RMB 63,730
长7.6cm 纽约苏富比 2015.09.15

1340 元 白玉立龙出云摆件
估　价：RMB 120,000～150,000
成交价：RMB 138,000
高8cm 中鸿信 2015.07.29

3772 宋至明 黄玉带皮卧狮
来源：1.James William and Marilyn Alsdorf 收藏；2.芝加哥苏富比1999年4月12日拍品，编号606；3.伦敦S. Marchant and Son，2000年；4.O.J.R. Allen收藏
估　价：HKD 380,000～480,000
成交价：RMB 667,875
长62cm 香港苏富比 2015.10.07

1146 元 白玉梅喜双安摆件
估　价：RMB 60,000～80,000
成交价：RMB 86,250
长5cm 中鸿信 2015.07.29

1452 元 白玉圆雕海东青
估　价：RMB 30,000～50,000
成交价：RMB 34,500
长5cm 北京保利 2015.04.26

612 元 玉雕鱼
估　价：HKD 30,000～50,000
成交价：RMB 29,698
高5.5cm 中国嘉德 2015.04.06

6501 元 白玉沁色瑞兽
估　价：RMB 1,500,000～2,500,000
成交价：RMB 1,725,000
长10.5cm 北京保利 2015.06.06

143 明 褐斑黄玉雕卧犬摆件
估　价：USD 20,000～30,000
成交价：RMB 254,920
长8cm 纽约苏富比 2015.09.15

3331 明以前 玉雕兔摆件
估　价：RMB 38,000～50,000
成交价：RMB 48,300
高4.8cm 西泠拍卖 2015.07.05

604 明或以后 白玉卧鹿摆件
估　价：USD 8,000～12,000
成交价：RMB 46,958
长12.2cm 纽约佳士得 2015.03.19

9518 元 白玉荷塘鹭鸶
估　价：RMB 50,000～80,000
成交价：RMB 57,500
长7.5cm 北京保利 2015.12.09

3130 明或以前 玉雕羊摆件（三件）
估　价：HKD 350,000～500,000
成交价：RMB 350,438
宽9.5cm×3 佳士得 2015.06.03

3185 明或以前 黄玉兔摆件
估　价：HKD 150,000～240,000
成交价：RMB 220,275
长6.3cm 佳士得 2015.06.03

2416 明 白玉马
估　价：RMB 25,000～35,000
成交价：RMB 46,000
长6.4cm 北京翰海 2015.11.29

1113 元/明 白玉沁色瑞兽
估　价：RMB 80,000～120,000
成交价：RMB 126,500
长11.1cm 中鸿信 2015.07.29

127 明 褐斑白玉雕坐犬摆件
估　价：USD 6,000～8,000
成交价：RMB 38,238
高4.7cm 纽约苏富比 2015.09.15

2217 明 白玉瑞兽
估 价：RMB 28,000~32,000
成交价：RMB 34,500
长6.6cm 北京翰海 2015.06.28

2423 明 白玉受沁瑞兔
估 价：RMB 30,000~50,000
成交价：RMB 82,800
长10cm 北京匡时 2015.06.06

487 明 青白玉带沁马
估 价：HKD 50,000~80,000
成交价：RMB 48,498
宽6cm 中国嘉德 2015.10.06

1215 明 白玉瑞兽摆件
估 价：RMB 800,000~900,000
成交价：RMB 1,207,500
高4.6cm；长7.5cm 江苏爱涛 2015.01.11

5045 明 黑白玉鹿衔灵芝
成交价：RMB 25,300
长6.6cm 中国嘉德 2015.09.20

2222 明 白玉洒金瑞兽
估 价：RMB 18,000~22,000
成交价：RMB 23,000
高4.5cm 北京翰海 2015.06.28

7754 明 白玉羊
展览："海外藏家藏历代中国玉雕艺术展"，保利艺术博物馆，2011年
估 价：RMB 350,000~550,000
成交价：RMB 632,500
长5.3cm 北京保利 2015.06.07

2360 明 玛瑙巧雕迦楼罗鸟
估 价：RMB 20,000~30,000
成交价：RMB 23,000
长6cm 北京匡时 2015.06.06

44 明 黄玉雕骆驼摆件
估 价：HKD 200,000~300,000
成交价：RMB 554,813
长5.4cm 佳士得 2015.04.06

9434 明 黄玉狗
估 价：RMB 130,000~150,000
成交价：RMB 149,500
长6.5cm 北京保利 2015.06.08

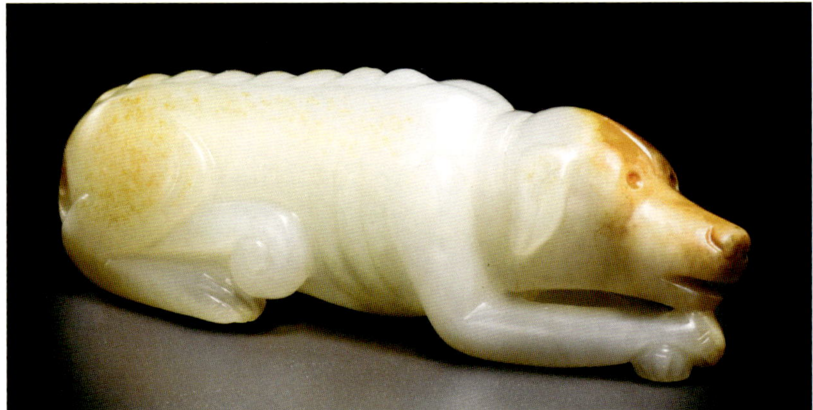

321 明 褐斑白玉卧犬
估 价：GBP 8,000~12,000
成交价：RMB 191,600
长8cm 伦敦苏富比 2015.05.13

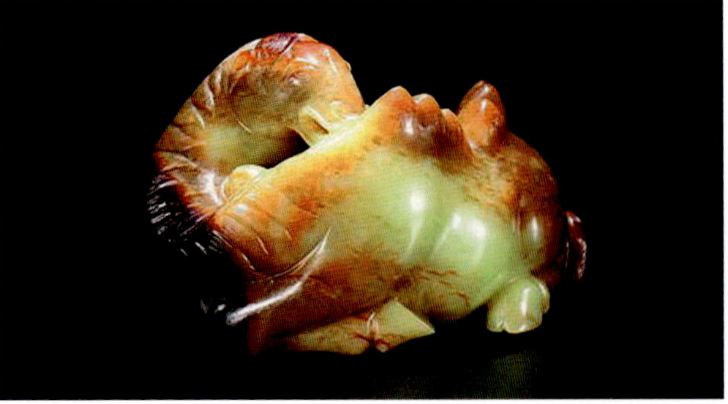

2657 明 黄玉骆驼
估 价：RMB 2,200,000~2,600,000
成交价：RMB 3,450,000
长16.5cm 北京翰海 2015.11.29

2342 明 黄玉鹰
估　价：RMB 3,000,000～4,000,000
成交价：RMB 3,910,000
高6.6cm 北京翰海 2015.06.28

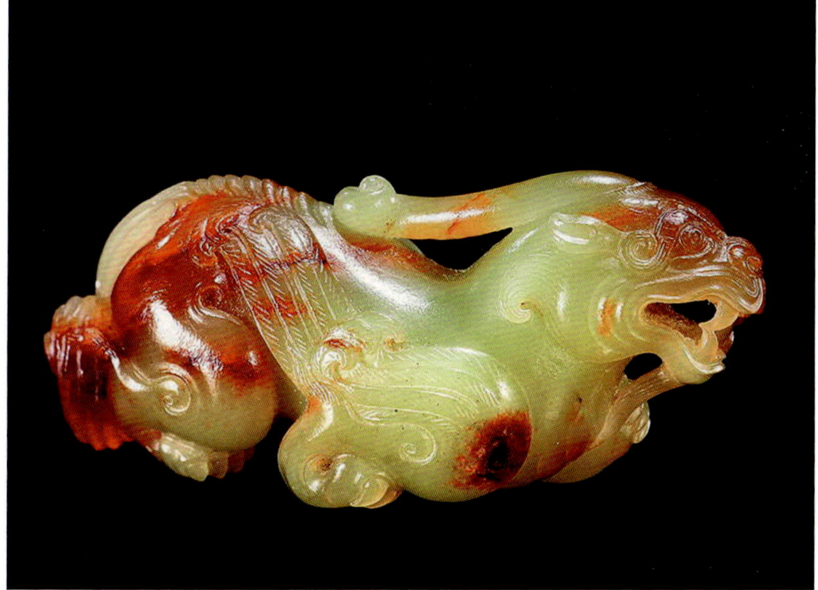

2649 明 黄玉瑞兽
估　价：RMB 300,000～400,000
成交价：RMB 402,500
长7.2cm 北京翰海 2015.11.29

2991 明 火烧玉瑞兽
估　价：RMB 35,000～55,000
成交价：RMB 40,250
长13.1cm 中国嘉德 2015.06.27

2648 明 旧玉瑞兽
估　价：RMB 150,000～200,000
成交价：RMB 207,000
长7cm 北京翰海 2015.11.29

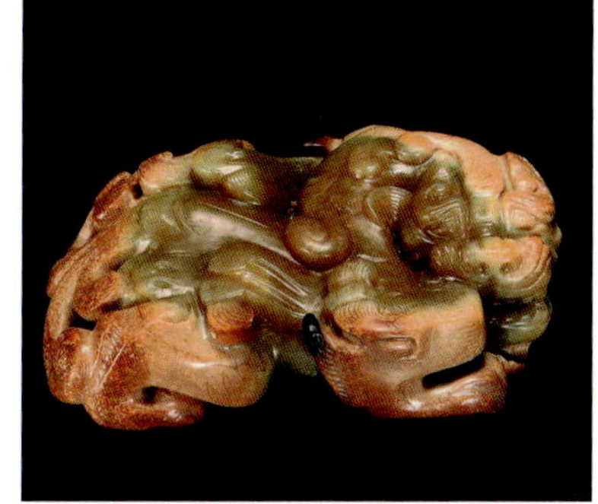

3567 明 黄玉辟邪
估　价：RMB 20,000～30,000
成交价：RMB 63,250
长13.5cm 北京匡时 2015.12.05

1062 明 玉雕双马摆件
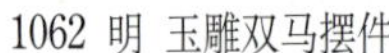
来源：巴黎苏富比2010年秋拍209号拍品
估　价：RMB 150,000～200,000
成交价：RMB 253,000
长9cm 东方大观 2015.11.17

3580 清乾隆 白玉雕甪端摆件
估　价：HKD 350,000～450,000
成交价：RMB 333,291
宽7.5cm 保利香港 2015.04.06

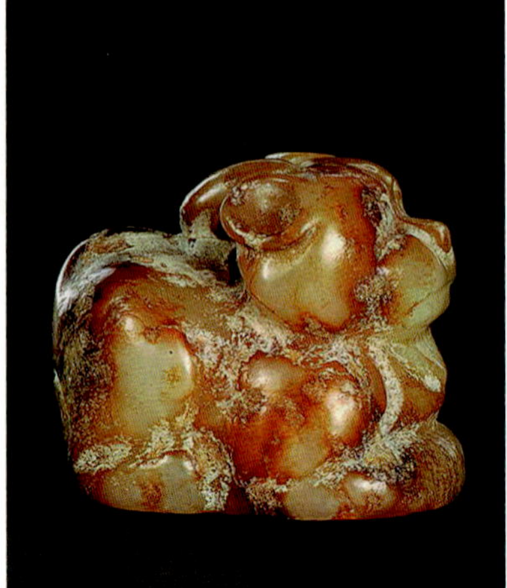

2676 明 玉沁色兽、青玉沁色兽
来源：国有文物店旧藏
估　价：RMB 80,000～120,000
成交价：RMB 92,000
长3cm；长3.7cm 中国嘉德 2015.11.15

3353 明末/清早期 黄玉鹤
估　价：HKD 40,000～60,000
成交价：RMB 35,044
宽5.4cm 佳士得 2015.06.03

3757 明 玉雕英雄摆件
来源：伦敦佳士得1976年4月26拍品，编号82；伦敦佳士得2001年3月22日拍品，编号138
估　价：HKD 350,000～450,000
成交价：RMB 282,450
长17.8cm 香港苏富比 2015.04.07

2341 明 青玉卧牛
估　价：RMB 1,600,000～2,000,000
成交价：RMB 2,070,000
长6.6cm 北京翰海 2015.06.28

431 明 白玉卧犬
估　价：RMB 25,000～40,000
成交价：RMB 28,750
长6.5cm 北京保利 2015.01.24

790 明 青玉卧马摆件
估　价：HKD 120,000～180,000
成交价：RMB 120,150
长6.6cm 香港苏富比 2015.06.01

2457 清早期 白玉马
估　价：RMB 20,000～30,000
成交价：RMB 36,800
长4cm 中国嘉德 2015.06.27

2228 清乾隆 白玉鹅衔枝
估　价：RMB 80,000～100,000
成交价：RMB 103,500
长7cm 北京翰海 2015.06.28

634 清早期 白玉鱼化龙摆件
来源：伦敦苏富比2011年秋季拍卖会第286号
估　价：HKD 80,000～120,000
成交价：RMB 74,244
宽13.5cm 中国嘉德 2015.04.06

3321 清乾隆 青白玉麒麟摆件
估 价：HKD 500,000～800,000
成交价：RMB 513,125
长14.9cm 佳士得 2015.12.02

600 清乾隆 白玉沁色雕年年有余纹摆件
估 价：RMB 350,000
成交价：RMB 694,400
高14cm 天津文物 2015.05.22

2419 清早期 白玉三羊开泰
估 价：RMB 70,000～90,000
成交价：RMB 92,000
长8.2cm 北京翰海 2015.11.29

4134 清早期 白玉雕“马上封侯”摆件
估 价：RMB 80,000～100,000
成交价：RMB 218,500
长11cm 北京东正 2015.05.19

8002 清乾隆 玉雕十二肖神之马神像
估 价：RMB 100,000～150,000
成交价：RMB 115,000
高4.5cm 北京保利 2015.06.07

4135 清早期 白玉三羊开泰摆件
估　价：RMB 60,000～70,000
成交价：RMB 575,000
长10.5cm 北京东正 2015.05.19

3751 清康熙 鸡骨白玉母子卧鹿摆件
估　价：HKD 500,000～700,000
成交价：RMB 504,375
长11.3cm 香港苏富比 2015.04.07

9687 清乾隆 青白玉夔龙纹“赵孟頫二体千文”别子
来源：伦敦邦汉斯2010年11月11日拍品，编号40
估　价：RMB 50,000～80,000
成交价：RMB 63,250
长6.7cm 北京保利 2015.12.09

1156 清中期 白玉雕太平有象摆件
估　价：RMB 80,000～120,000
成交价：RMB 92,000
长9.8cm 中鸿信 2015.07.29

2654 清乾隆 玉马
估　价：RMB 300,000～400,000
成交价：RMB 402,500
长12.4cm 北京翰海 2015.11.29

3353 清乾隆 白玉雕宝相花纹太平有象摆件
估 价：RMB 1,200,000~2,000,000
成交价：RMB 1,978,000
带座高14.5cm 西泠拍卖 2015.07.05

7909 清乾隆 白玉嵌松石瑞兽
估 价：RMB 1,500,000~2,500,000
成交价：RMB 1,955,000
长6.5cm 北京保利 2015.06.07

7005 清乾隆 白玉雕天禄摆件
来源：原为法国私人藏家旧藏
估 价：RMB 250,000~350,000
成交价：RMB 517,500
长7.8cm 北京东正 2015.11.19

2425 清乾隆 白玉双欢
估 价：RMB 180,000~200,000
成交价：RMB 230,000
长5.2cm 北京翰海 2015.11.29

2655 清乾隆 白玉马上封侯摆件
估　价：RMB 400,000～500,000
成交价：RMB 575,000
长10.2cm 北京翰海 2015.11.29

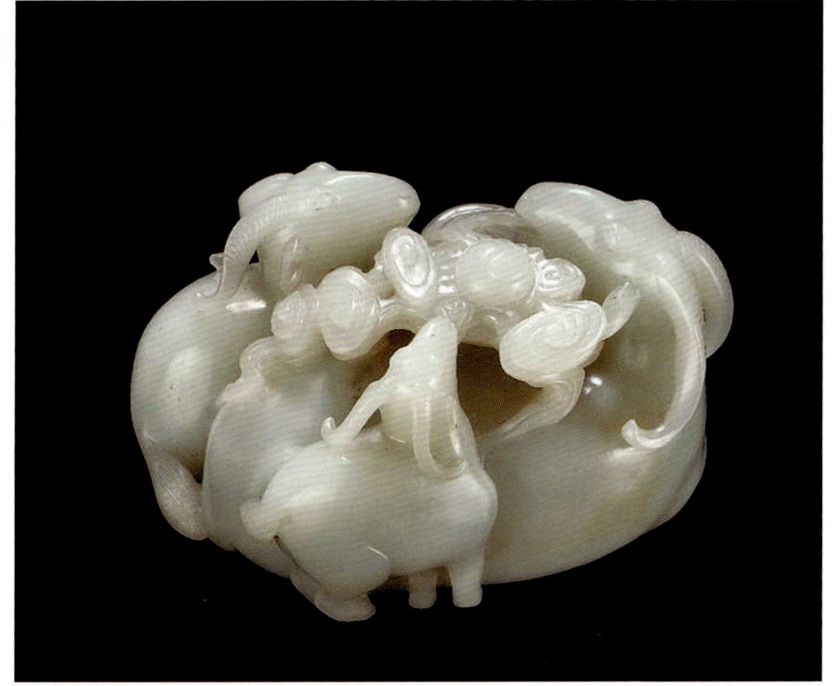

7487 清乾隆 白玉三阳开泰摆件
来源：法国图卢兹藏家旧藏
估　价：RMB 2,300,000～3,300,000
成交价：RMB 3,450,000
长13cm 北京保利 2015.12.08

2651 清乾隆 白玉蟾蜍
估　价：RMB 200,000～300,000
成交价：RMB 345,000
长5.6cm 北京翰海 2015.11.29

8023 清乾隆 黄玉雕三羊开泰摆件
来源：英国贵族收藏
估　价：RMB 200,000～300,000
成交价：RMB 230,000
长13.5cm 北京保利 2015.06.07

4196 清乾隆 玛瑙雕灵芝双鱼摆件
估　价：RMB 150,000～180,000
成交价：RMB 172,500
长7cm 北京东正 2015.05.19

2426 清乾隆 青白玉三阳开泰摆件
估　价：USD 20,000~30,000
成交价：RMB 223,055
宽13cm 纽约佳士得 2015.09.17

2144 清中期 白玉雕兔形摆件
估　价：RMB 60,000~80,000
成交价：RMB 172,500
长10.5cm 北京翰海 2015.11.28

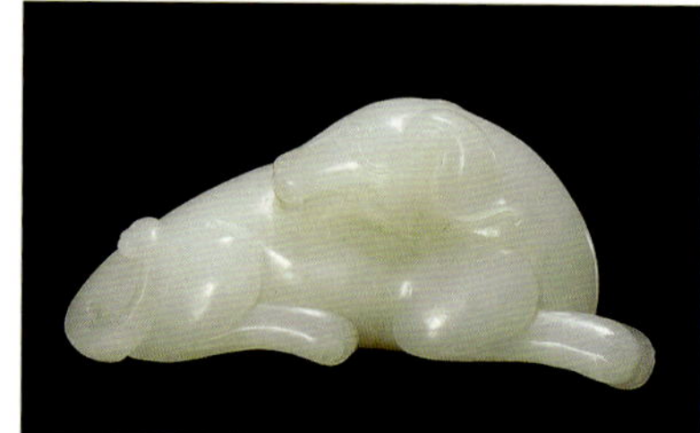

2216 清中期 白玉卧犬
估　价：RMB 12,000~18,000
成交价：RMB 40,250
长8.1cm 北京翰海 2015.06.28

9525 清 白玉马上封侯
来源：上海文物商店旧藏
估　价：RMB 15,000~25,000
成交价：RMB 57,500
长4cm 北京保利 2015.06.08

2693 清中期 白玉事事见喜摆件
估　价：RMB 60,000~80,000
成交价：RMB 69,000
宽3.5cm 中国嘉德 2015.11.15

9570 清中期 白玉神马负笈
估　价：RMB 80,000~120,000
成交价：RMB 126,500
长8.3cm 北京保利 2015.12.09

327 清 白玉雕丹凤兰竹图竹笋
“乾隆年制”款
估 价：HKD 800,000～1,200,000
成交价：RMB 1,301,625
高13.7cm 香港苏富比 2015.06.01

9575 清中期 白玉提油卧马
估 价：RMB 80,000～120,000
成交价：RMB 92,000
长10cm 北京保利 2015.12.09

2141 清中期 黄玉糖色雕三羊开泰纹摆件
估 价：RMB 80,000～100,000
成交价：RMB 92,000
长12.3cm 北京翰海 2015.11.28

2977 清 白玉留皮鱼形摆件
估 价：RMB 30,000～50,000
成交价：RMB 34,500
宽12.8cm 中国嘉德 2015.05.16

9573 清中期 黄玉太平有象
估　价：RMB 350,000～400,000
成交价：RMB 402,500
高8.5cm 北京保利 2015.12.09

3617 清 白玉瑞兽摆件
估　价：HKD 120,000～150,000
成交价：RMB 116,395
长5.5cm 保利香港 2015.10.06

1418 清 白玉蛇
估　价：RMB 10,000～20,000
成交价：RMB 43,700
长5cm 北京保利 2015.04.26

632 清 白玉鲶鱼
估　价：HKD 10,000～20,000
成交价：RMB 35,266
宽6.5cm 中国嘉德 2015.04.06

7001 清 白玉三羊开泰摆件
估　价：RMB 15,000～30,000
成交价：RMB 57,500
长3.5cm 北京东正 2015.11.19

416 清 白玉麒麟负书
估　价：RMB 15,000～25,000
成交价：RMB 32,200
长10cm 北京保利 2015.01.24

1400 清 白玉双猴摆件
估　价：RMB 10,000～20,000
成交价：RMB 25,300
长4.5cm 北京保利 2015.11.01

1438 清 白玉卧马
估　价：RMB 30,000～50,000
成交价：RMB 34,500
长9.5cm 北京保利 2015.11.01

3585 清 茶晶瑞兽摆件
估　价：RMB 50,000～80,000
成交价：RMB 57,500
高23cm 北京匡时 2015.12.05

1426 清 黑白玉巧雕双骏摆件
估　价：RMB 100,000～150,000
成交价：RMB 115,000
长12cm 北京保利 2015.04.26

1439 清 黄玉鹤摆件
估　价：RMB 40,000～60,000
成交价：RMB 46,000
长5cm 北京保利 2015.11.01

5314 清 黄玉甪端
成交价：RMB 36,800
长6.4cm 中国嘉德 2015.04.02

134 清 褐斑青玉雕卧羊摆件
估　价：USD 8,000～12,000
成交价：RMB 79,663
长8.9cm 纽约苏富比 2015.09.15

2050 清 玛瑙卧牛摆件
估　价：RMB 60,000～80,000
成交价：RMB 69,000
长10cm 辽宁中正 2015.06.13

2064 清 珊瑚雕福寿摆件
估 价：RMB 180,000～250,000
成交价：RMB 207,000
长11cm 古天一 2015.06.06

2037 清 青玉瑞兽摆件
估 价：HKD 1,580,000
成交价：RMB 2,709,300
长10.7cm 卓艺拍卖 2015.11.18

437 清 黄玉卧犬
估 价：RMB 25,000～35,000
成交价：RMB 28,750
长10cm 北京保利 2015.01.24

2422 清 火烧玉鹌鹑
估 价：RMB 20,000～30,000
成交价：RMB 32,200
长12cm 北京匡时 2015.06.06

712 清 青白玉牛
估 价：RMB 15,000～25,000
成交价：RMB 48,300
长14cm 北京保利 2015.04.25

5074 清 青金石三羊开泰摆件
成交价：RMB 46,000
长25.3cm 中国嘉德 2015.04.02

3188 清 黄玉瑞兽摆件
估 价：HKD 60,000~80,000
成交价：RMB 300,375
长7.5cm 佳士得 2015.06.03

3682 18世纪 白玉雕瑞鹿衔芝摆件
来源：香港佳士得2003年10月27日拍品，编号822
估 价：HKD 250,000~300,000
成交价：RMB 453,938
长8.2cm 香港苏富比 2015.04.07

9549 清 青玉留皮福寿摆件
估 价：RMB 120,000~150,000
成交价：RMB 138,000
高19.5cm 北京保利 2015.06.08

1436 清 青白玉三羊开泰
估 价：RMB 20,000~30,000
成交价：RMB 43,700
长12cm 北京保利 2015.04.26

566 清 水晶雕金鱼纹摆件
估 价：RMB 40,000
成交价：RMB 44,800
长15.3cm 天津文物 2015.05.22

1962 清 玉猪龙
估 价：RMB 100,000～180,000
成交价：RMB 149,500
高5cm；宽3.5cm 北京翰海 2015.06.27

581 清 枣红皮玉雕松鹤延年摆件
估 价：RMB 20,000～50,000
成交价：RMB 23,000
长10.0cm 上海泓盛 2015.06.20

1964 清 玉龙头
估 价：RMB 350,000～600,000
成交价：RMB 517,500
高7.6cm 北京翰海 2015.06.27

316 18世纪 白玉雕太平景象摆件
来源：Robert von Hirsch收藏，1977年前，后家族传承
估 价：USD 60,000～80,000
成交价：RMB 391,313
高13.3cm 纽约苏富比 2015.03.17

317 18世纪 白玉雕三羊开泰摆件
来源：Robert von Hirsch收藏，1977年前，后家族传承
估 价：USD 100,000~150,000
成交价：RMB 3,218,154
长13.4cm 纽约苏富比 2015.03.17

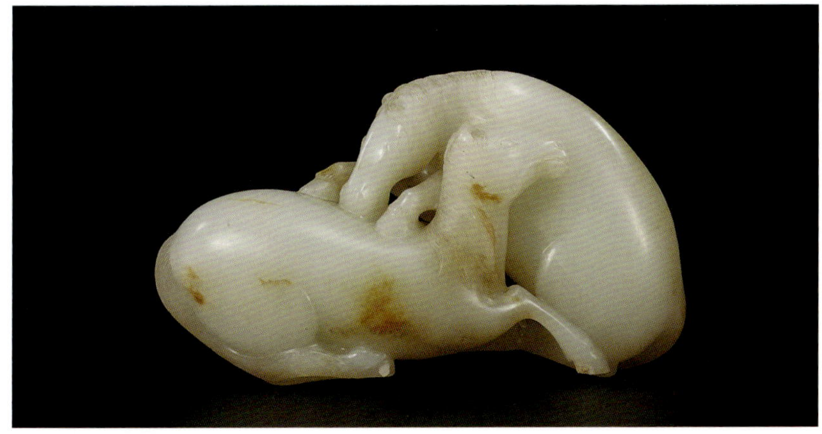

324 18世纪 白玉雕双马摆件
来源：Robert von Hirsch 收藏，1977年前，后家族传承
估 价：USD 100,000~150,000
成交价：RMB 3,368,418
长13.3cm 纽约苏富比 2015.03.17

3191 18世纪 白玉年年有余摆件
估 价：HKD 400,000~600,000
成交价：RMB 1,089,360
长10cm 佳士得 2015.06.03

801 17世纪 玉雕卧马摆件
估 价：HKD 80,000~120,000
成交价：RMB 80,100
长9.8cm 香港苏富比 2015.06.01

3189 18世纪 白玉三羊开泰摆件
估 价：HKD 600,000~1,000,000
成交价：RMB 1,569,960
高8.2cm 佳士得 2015.06.03

3183 18世纪 白玉猴子偷桃摆件
估　价：HKD 260,000～400,000
成交价：RMB 1,089,360
高6.6cm 佳士得 2015.06.03

333 18世纪 白玉螳螂
估　价：HKD 200,000～300,000
成交价：RMB 300,375
长9cm 香港苏富比 2015.06.01

3009 18世纪 玉雕巧色太师少师摆件
估　价：USD 40,000～60,000
成交价：RMB 508,706
宽12cm 纽约佳士得 2015.03.15

144 18世纪 青白玉福禄寿摆件
估　价：GBP 30,000～40,000
成交价：RMB 359,250
长13.5cm 伦敦苏富比 2015.05.13

148 18世纪/19世纪 黑白玉雕蟾莲摆件
估 价：USD 4,000～6,000
成交价：RMB 183,224
长4.7cm 纽约苏富比 2015.09.15

3752 18世纪 褐斑青白玉年年有余摆件
估 价：HKD 150,000～180,000
成交价：RMB 151,313
长15cm 香港苏富比 2015.04.07

123 18世纪 褐斑青玉雕鹌鹑摆件
估 价：USD 10,000～15,000
成交价：RMB 358,481
长8.5cm 纽约苏富比 2015.09.15

3018 18世纪 玛瑙貔貅摆件
估 价：USD 15,000～25,000
成交价：RMB 508,706
宽15.2cm 纽约佳士得 2015.03.15

3777 18世纪 白玉卧羊
估 价：HKD 150,000～200,000
成交价：RMB 493,200
长83cm 香港苏富比 2015.10.07

3776 18世纪 白玉卧羊
估 价：HKD 150,000～200,000
成交价：RMB 226,050
长79cm 香港苏富比 2015.10.07

18世纪 青白玉带皮雕双鹤献寿摆件
来源：1997年4月16日香港春源斋
估 价：USD 20,000~30,000
成交价：RMB 156,525
长11.2cm 纽约苏富比 2015.03.17

354 18世纪 青白玉雕海马负书摆件
来源：Jean Casselman Wadds收藏，加拿大，1960年代入藏
估 价：USD 25,000~40,000
成交价：RMB 313,050
长12.7cm 纽约苏富比 2015.03.17

323 18世纪 青白玉雕貘形器
来源：Robert von Hirsch收藏，1977年前，后家族传承
估 价：USD 70,000~90,000
成交价：RMB 469,575
高11.4cm 纽约苏富比 2015.03.17

305 18世纪 青白玉雕饲马摆件
估 价：USD 200,000~300,000
成交价：RMB 1,252,200
长19cm 纽约苏富比 2015.03.17

353 18世纪 青白玉雕三羊开泰摆件
来源：Jean Casselman Wadds收藏，加拿大，1960年代入藏
估 价：USD 25,000~35,000
成交价：RMB 586,969
长10.2cm 纽约苏富比 2015.03.17

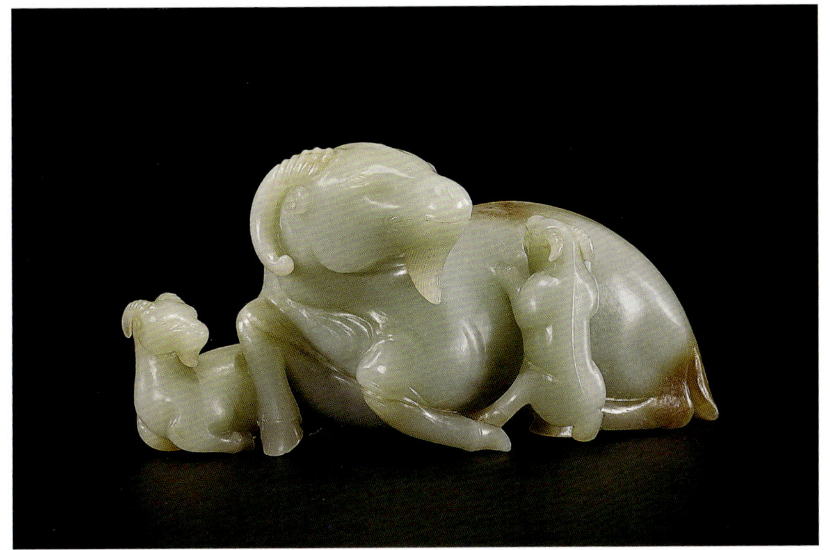

298 18世纪 青玉雕三羊开泰摆件
来源：Ralph M. Chait Galleries，纽约（据标签）；Robert von Hirsch收藏，1977年前，后家族传承
估　价：USD 150,000～250,000
成交价：RMB 2,016,042
长17.8cm 纽约苏富比 2015.03.17

320 清晚期 白玉云龙逐珠摆件
估　价：GBP 3,000～5,000
成交价：RMB 59,875
长7cm 伦敦苏富比 2015.05.13

868 清晚期 青白玉双羊摆件
估　价：HKD 30,000～40,000
成交价：RMB 30,038
长7.8cm 香港苏富比 2015.06.01

3586 清晚期 黄玉雕卧马摆件
估　价：HKD 80,000～100,000
成交价：RMB 123,794
长10cm 保利香港 2015.04.06

146 20世纪 褐斑青玉雕三羊开泰及卧鼠（两件）
估　价：USD 4,000～6,000
成交价：RMB 191,190
较长者长5.1cm 纽约苏富比 2015.09.15

3618 清晚期 白玉雕鱼摆件
估　价：HKD 150,000～250,000
成交价：RMB 145,494
高10.3cm 保利香港 2015.10.06

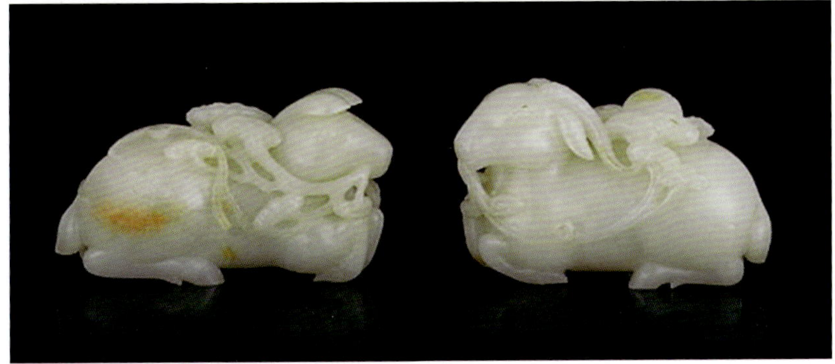

8126 民国 褐斑白玉羊形摆件
估　价：USD 15,000～25,000
成交价：RMB 1,179,005
长10cm 邦瀚斯 2015.09.14

115 20世纪早期 青玉雕麒麟摆件
来源：购于20世纪40年代或50年代前，后家族传承
估　价：USD 7,000~9,000
成交价：RMB 51,781
长22.9cm 纽约苏富比 2015.09.15

890 白玉雕封侯拜相摆件
估　价：RMB 300,000
成交价：RMB 336,000
高10.3cm 上海联合 2015.05.24

3010 红珊瑚“龙”摆件
估　价：HKD 250,000~350,000
成交价：RMB 261,889
高24.3cm 保利香港 2015.10.06

863 邱启敬 遥·大吉祥 墨玉摆件
估　价：RMB 120,000~150,000
成交价：RMB 184,000
长14.6cm 西泠拍卖 2015.07.04

35 邱启敬 清趣·英武
成交价：RMB 43,700
高11.1cm 西泠拍卖 2015.04.18

其他摆件

2901 辽 蜜蜡随形雕花卉纹摆件
估　价：HKD 80,000~120,000
成交价：RMB 85,106
宽15cm 佳士得 2015.06.03

886 蒋大雄 青花雕羊首洗摆件
来源：此件作品参评2015第七届上海“玉龙奖”
估　价：RMB 80,000
成交价：RMB 392,000
长12.6cm 上海联合 2015.05.24

325 明 白玉莲花佛供
估　价：HKD 300,000~500,000
成交价：RMB 400,500
直径11.8cm 香港苏富比 2015.06.01

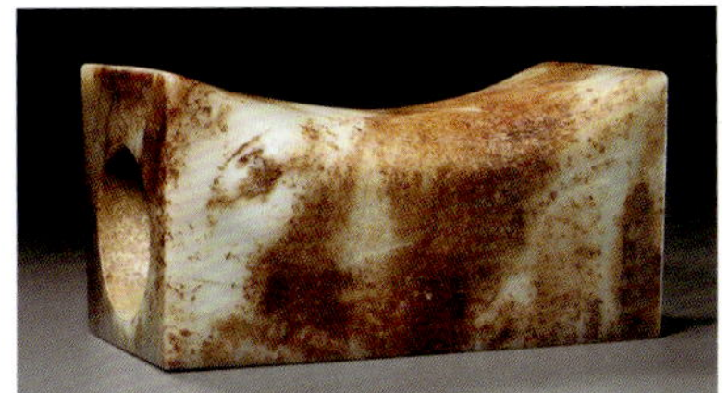

643 可能为明或以后 白玉褐沁枕
来源：安思远私人珍藏
估　价：USD 6,000～8,000
成交价：RMB 430,444
宽18.3cm 纽约佳士得 2015.03.19

414 明 白玉船
估　价：HKD 50,000～80,000
成交价：RMB 48,498
宽6.1cm 中国嘉德 2015.10.06

2982 清早期 孔雀石雕福寿如意灵芝摆件
估　价：RMB 160,000～260,000
成交价：RMB 207,000
长14cm 北京翰海 2015.06.28

1030 清中期 白玉瓜迭连绵摆件
估　价：RMB 180,000～220,000
成交价：RMB 207,000
高8.5cm 华艺国际 2015.03.29

7764 清乾隆 白玉御题万年青摆件
“王杰敬书”款
估　价：RMB 800,000～1,200,000
成交价：RMB 1,322,500
高11cm 北京保利 2015.06.07

3564 清乾隆 白玉三多摆件
估　价：RMB 500,000～600,000
成交价：RMB 667,000
长11.3cm 北京匡时 2015.12.05

7913 清中期 白玉镂雕器座
估 价：RMB 30,000~50,000
成交价：RMB 80,500
宽9.2cm 北京保利 2015.06.07

269 清 玉雕和谐连理摆件
估 价：HKD 30,000~50,000
成交价：RMB 50,438
宽11.7cm 佳士得 2015.04.06

3748 18世纪 青白玉船
估 价：HKD 300,000~500,000
成交价：RMB 302,625
长20.4cm 香港苏富比 2015.04.07

1446 清 白玉莲子
来源：江苏省文物总店藏品
成交价：RMB 11,500
长5.5cm 北京保利 2015.04.26

2690 清 白玉莲蓬摆件
来源：国有文物店旧藏
估 价：RMB 50,000~80,000
成交价：RMB 57,500
宽6cm 中国嘉德 2015.11.15

2909 18世纪 青白玉雕本固枝荣摆件
估 价：HKD 800,000~1,200,000
成交价：RMB 1,185,480
长28cm 佳士得 2015.06.03

456 和田玉红皮白玉籽玉原石
估 价：HKD 12,200,000～24,400,000
成交价：RMB 9,812,250
重约8900g 荣盛国际 2015.07.31

3055 19世纪 青白玉一夜荣升摆件
估 价：USD 20,000～30,000
成交价：RMB 469,575
长16cm 纽约佳士得 2015.03.15

46 和田玉籽料原石
成交价：RMB 85,100,000
重约100kg 北京至诚 2015.12.20

1695 民国 珊瑚盆景
估 价：RMB 100,000～200,000
成交价：RMB 253,000
高34cm 北京保利 2015.11.01

504 当代 喜庆丰收
估 价：RMB 1,200,000～1,300,000
成交价：RMB 3,250,000
4785g 广东省拍 2015.07.05

869 19世纪 青白玉雕船摆件
来源：1999年购于多伦多
估 价：USD 8,000～12,000
成交价：RMB 93,915
长23.5cm 纽约苏富比 2015.03.21

867 邱启敬 寂·光影 青花摆件
估 价：RMB 200,000~300,000
成交价：RMB 322,000
长22.3cm 西泠拍卖 2015.07.04

1236 民国 “绿云”绿松石
估 价：RMB 150,000
成交价：RMB 276,000
长47cm 北京翰海 2015.07.18

1027 张静 遇百财 碧玉摆件
估 价：RMB 48,000~60,000
成交价：RMB 55,200
长8.5cm 西泠拍卖 2015.07.04

玉瓶

1112 明早期 玉雕云龙纹瓶
估 价：RMB 150,000~180,000
成交价：RMB 195,500
高18cm 中鸿信 2015.07.29

9500 清早期 青白玉仿青铜兽耳方瓶
估 价：RMB 120,000~220,000
成交价：RMB 138,000
高29cm 北京保利 2015.06.08

1124 清乾隆 白玉高浮雕二龙戏珠饕餮瓶
估 价：RMB 320,000~350,000
成交价：RMB 368,000
高16cm 中鸿信 2015.07.29

2398 清乾隆 白玉蛟龙纹棱形盖瓶
估 价：RMB 30,000~50,000
成交价：RMB 598,000
高23cm 北京匡时 2015.06.06

7498 清康熙 白玉吹箫引凤盖瓶
出版：《海外藏家藏历代中国玉雕艺术展》，
87页，V.03
估　价：RMB 1,000,000～1,500,000
成交价：RMB 1,150,000
高15.5cm 北京保利 2015.12.08

3612 清乾隆 白玉雕兽面纹双象耳盖瓶
估　价：RMB 2,500,000～2,800,000
成交价：RMB 2,875,000
高23cm 北京匡时 2015.12.05

3027 清乾隆 白玉仿古五子登科饕餮纹链瓶
估　价：RMB 800,000～1,000,000
成交价：RMB 1,150,000
高27.5cm 北京东正 2015.05.19

7490 清乾隆 白玉云龙纹瓶
来源：上海藏家旧藏
估　价：RMB 2,200,000～3,200,000
成交价：RMB 2,530,000
高22cm 北京保利 2015.12.08

2142 清乾隆 白玉雕云龙赶珠纹六方瓶
估 价：RMB 180,000~200,000
成交价：RMB 460,000
高14.2cm 北京翰海 2015.11.28

7502 清乾隆 白玉松竹梅夔凤耳扁瓶
来源：美国藏家旧藏
估 价：RMB 300,000~400,000
成交价：RMB 345,000
高21.8cm 北京保利 2015.12.08

9603 清乾隆 白玉苍龙教子六方瓶
来源：美国藏家旧藏
估 价：RMB 300,000~500,000
成交价：RMB 368,000
高16.5cm 北京保利 2015.12.09

8009 清乾隆 碧玉雕夔龙纹双联瓶
来源：清宫旧藏
估 价：RMB 100,000~150,000
成交价：RMB 189,750
高12.8cm 北京保利 2015.06.07

471 清乾隆 痕都斯坦风格白玉雕花卉双耳瓶
估　价：RMB 1,000,000～1,200,000
成交价：RMB 1,265,000
高18.7cm 厦门华辰 2015.06.20

3105 清乾隆 碧玉英雄双联瓶
来源：美国私人收藏；香港佳士得2004年11月1日拍卖，编号834
估　价：HKD 1,000,000～1,500,000
成交价：RMB 1,008,750
高23.8cm 香港苏富比 2015.04.07

1140 清乾隆 白玉留皮童子献寿瓶
估　价：RMB 120,000～150,000
成交价：RMB 138,000
高18cm 中鸿信 2015.07.29

3630 清乾隆 黄玉浮雕螭龙纹盖瓶
“乾隆年制”款
来源：弗吉尼亚艺术博物馆藏品；纽约苏富比1998年3月24日拍卖，编号347（其一）；香港佳士得1998年11月3日拍卖，编号879
估　价：HKD 2,000,000～3,000,000
成交价：RMB 2,001,360
高14cm 香港苏富比 2015.04.07

5183 清乾隆 青白玉团鱼纹方瓶
估　价：RMB 220,000～320,000
成交价：RMB 345,000
高15.5cm 中国嘉德 2015.04.02

3048 清乾隆 青白玉雕花卉纹小瓶
估　价：USD 30,000～50,000
成交价：RMB 219,135
高14.9cm 纽约佳士得 2015.03.15

2364 清乾隆 水晶兽耳活环龙钮瓶
来源：The Property of a Nobleman收藏
估　价：RMB 300,000～400,000
成交价：RMB 598,000
高39cm 北京匡时 2015.06.06

7828 清中期 白玉雕宝鸭驮瓶
来源：英国藏家旧藏，90年代购于伦敦
估　价：RMB 150,000～250,000
成交价：RMB 172,500
玉高12.5cm 北京保利 2015.06.07

1341 清乾隆 黄玉双活环耳夔龙纹方瓶
来源：伦敦苏富比，附带文物临时入境单
估 价：RMB 1,800,000～2,200,000
成交价：RMB 4,025,000
高28cm 中鸿信 2015.07.29

6436 清中期 白玉留皮兽面纹小盖瓶
估 价：RMB 150,000～200,000
成交价：RMB 253,000
高11.5cm 北京保利 2015.06.06

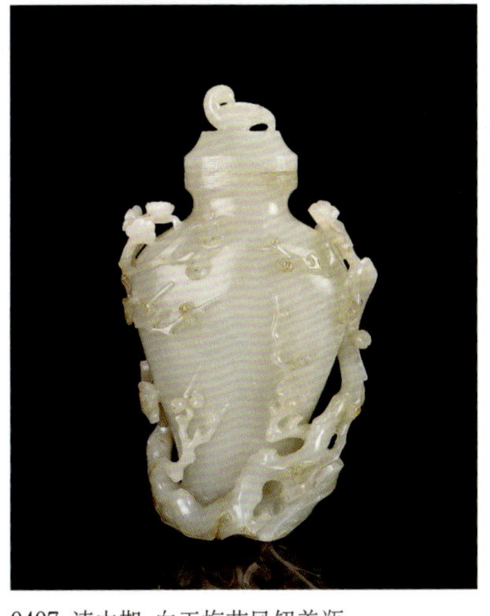

9497 清中期 白玉梅花凤钮盖瓶
来源：美国藏家旧藏
估 价：RMB 200,000～300,000
成交价：RMB 230,000
高18cm 北京保利 2015.06.08

341 19世纪 白玉饕餮纹瓶
来源：麻省波士顿20世纪初入藏，后家族传承
估 价：USD 9,000～12,000
成交价：RMB 140,873
高12cm 纽约苏富比 2015.03.17

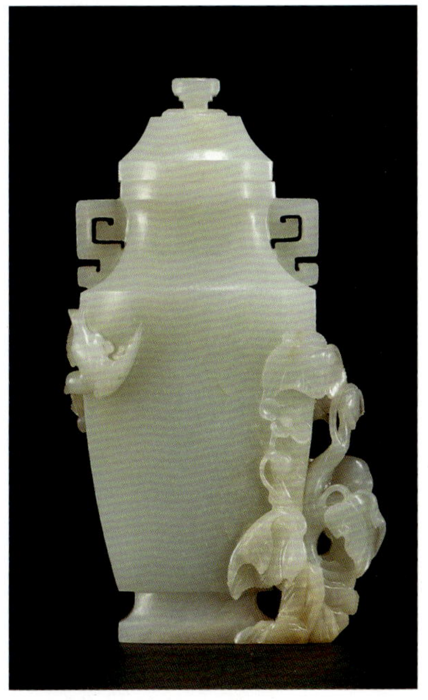

358 19世纪 青白玉镂雕海棠双燕纹盖瓶
来源：伦敦 Spink & Son Ltd.收藏（据标签）
估 价：USD 40,000～60,000
成交价：RMB 391,313
高16.8cm 纽约苏富比 2015.03.17

180 19世纪 青白玉雕鹿鹤同春图盖瓶
来源：波士顿Lawrence Keane伉俪赠予Mr. and Mrs. William Lawrence Keane收藏，1946年9月23日（藏品编号52.329a.b）
估 价：USD 20,000~30,000
成交价：RMB 5,799,430
高28.9cm 纽约苏富比 2015.09.15

2401 清中期 火烧玉饕餮纹盖瓶
估 价：RMB 400,000~600,000
成交价：RMB 460,000
高25.5cm 北京匡时 2015.06.06

322 18世纪 灰青玉瓜瓞绵绵纹葫芦瓶
来源：Robert von Hirsch收藏，1977前，后家族传承
估 价：USD 6,000~8,000
成交价：RMB 148,699
高25.4cm 纽约苏富比 2015.03.17

3746 18世纪 南红玛瑙巧雕岁寒三友双联瓶
出版：《东方陶瓷学会学报》，卷35，1964.64年，图版130，编号422
估 价：HKD 320,000~380,000
成交价：RMB 616,500
高112cm 香港苏富比 2015.10.07

322 18世纪 青白玉雕番莲纹双活环耳盖瓶
估 价：HKD 800,000~1,200,000
成交价：RMB 851,063
高27.5cm 香港苏富比 2015.06.01

179 18世纪 青玉雕梅花灵芝纹盖瓶
来源：私人收藏，苏塞克斯，英格兰
估 价：USD 20,000～30,000
成交价：RMB 159,325
宽12.7cm 纽约苏富比 2015.09.15

926 18世纪/19世纪 蜜蜡雕狮钮铺首衔环耳扁盖瓶
来源：黎氏家族珍藏
估 价：USD 60,000～80,000
成交价：RMB 438,144
高21.9cm 纽约佳士得 2015.09.17

3357 18世纪/19世纪 青白玉开光胡人献宝图瓶
来源：香港佳士得1989年1月17日拍品968号
估 价：HKD 200,000～300,000
成交价：RMB 420,525
高25.7cm 佳士得 2015.06.03

325 19世纪 青玉雕鱼跃龙门纹瓶
来源：Robert von Hirsch收藏，1977年前，后家族传承
成交价：RMB 203,483
长17.2cm 纽约苏富比 2015.03.17

858 清 白玉雕仿青铜纹饰赏瓶
估 价：RMB 150,000～200,000
成交价：RMB 172,500
高25.5cm 西泠拍卖 2015.04.23

603 清 白玉雕凤鸣在竹纹瓶
估 价：RMB 60,000
成交价：RMB 72,800
高13.7cm 天津文物 2015.05.22

3583 清 白玉雕福寿双联瓶
估 价：HKD 380,000～500,000
成交价：RMB 361,859
高13.5cm 保利香港 2015.04.06

1126 清 白玉俏皮巧雕夔凤吉庆有余如意耳瓶
估 价：RMB 100,000～150,000
成交价：RMB 180,800
高15.8cm 中鸿信 2015.07.29

9537 清 白玉三羊开泰盖瓶
估 价：RMB 80,000～120,000
成交价：RMB 92,000
高17.7cm 北京保利 2015.06.08

1443 清 黄玉兽面纹盖瓶
估 价：RMB 150,000～250,000
成交价：RMB 172,500
高21cm 北京保利 2015.11.01

3327 清 黄玉三阳开泰双连盖瓶
估 价：HKD 500,000～600,000
成交价：RMB 513,125
长16cm 佳士得 2015.12.02

3031 清 碧玺雕龙凤纹双联瓶
估 价：RMB 60,000～100,000
成交价：RMB 120,750
器高8.8cm 西泠拍卖 2015.07.05

873 清 茶晶雕勾云螭龙瓶
估 价：RMB 40,000～80,000
成交价：RMB 51,750
高17cm 上海敬华 2015.06.30

3034 清 茶晶雕卷草龙纹瓶
估　价：RMB 50,000～80,000
成交价：RMB 57,500
高35cm 西泠拍卖 2015.07.05

1130 清 琥珀雕扁瓶（一对）
估　价：RMB 120,000～180,000
成交价：RMB 138,000
高12.8cm 东正南京 2015.07.02

4165 清 水晶玉兰灵芝三联瓶
估　价：RMB 600,000～800,000
成交价：RMB 690,000
长21.5cm 北京东正 2015.05.19

5055 清晚期 青白玉福庆有余喜字瓶
估　价：RMB 200,000～300,000
成交价：RMB 3,220,000
高30.1cm 中国嘉德 2015.09.20

867 清晚期 青白玉雕痕都斯坦式花卉纹盖瓶
估　价：USD 7,000～9,000
成交价：RMB 391,313
高26cm 纽约苏富比 2015.03.21

1125 20世纪 白玉雕痕都斯坦式莲纹盖瓶
估　价：RMB 250,000～280,000
成交价：RMB 345,000
高35cm 中鸿信 2015.07.29

3322 白玉雕凤纹龙衔活环耳盖瓶
来源：香港苏富比1979年11月20日拍品426号，赵从衍珍藏；香港苏富比1986年11月18日拍品171号
估　价：HKD 1,800,000～2,800,000
成交价：RMB 3,107,880
高30.5cm 佳士得 2015.06.03

1791 当代 和田白玉雕宝相花纹吊链瓶一对
估　价：RMB 250,000～280,000
成交价：RMB 402,500
高48.5cm 中鸿信 2015.07.29

2638 黄玉兽面纹兽耳瓶
成交价：RMB 264,500
高23.5cm 中国嘉德 2015.06.27

312 兽面纹双耳四方玉瓶
估　价：HKD 3,250,000～6,500,000
成交价：RMB 3,139,920
通高17.1cm 荣盛国际 2015.01.10

玉尊

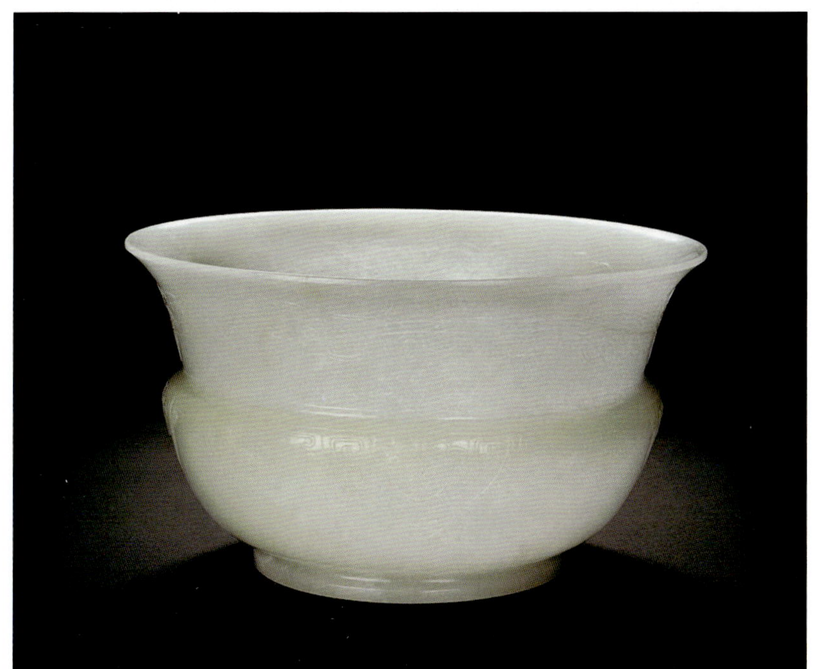

7009 清乾隆 白玉雕双凤纹尊
来源：原为美国私人藏家旧藏
估 价：RMB 600,000~800,000
成交价：RMB 805,000
直径16.9cm 北京东正 2015.11.19

1344 清中期 白玉雕英雄花觚式仿古尊
估 价：RMB 200,000~280,000
成交价：RMB 230,000
高22.3cm 中鸿信 2015.07.29

86 清 黄玉饕餮纹出戟尊
估 价：RMB 60,000~90,000
成交价：RMB 67,200
高34cm 上海国拍 2015.05.31

312 18世纪 白玉天鸡形提梁盖尊
来源：1977年前 Robert von Hirsch收藏，后家族传承
估 价：USD 50,000~70,000
成交价：RMB 313,050
高12cm 纽约苏富比 2015.03.17

849 19世纪 黄玉袖珍出戟尊
估 价：HKD 20,000~30,000
成交价：RMB 20,025
高7.2cm 香港苏富比 2015.06.01

2685 白玉兽面纹出戟尊
成交价：RMB 103,500
高22.5cm 中国嘉德 2015.06.27

2480 民国 碧玉天鸡尊
成交价：RMB 25,300
高17.5cm 中国嘉德 2015.06.27

697 清乾隆 青金石雕兽面纹牺首罍
估 价：RMB 150,000～220,000
成交价：RMB 483,000
高29.4cm 北京诚轩 2015.05.17

3701 清乾隆 白玉螭龙纹觥
估 价：HKD 120,000～180,000
成交价：RMB 205,500
高14.2cm 香港苏富比 2015.10.07

玉 觥

3031 清乾隆 白玉雕龙凤耳夔龙蕉叶纹觥
估 价：RMB 1,000,000～1,200,000
成交价：RMB 1,150,000
高22cm 北京东正 2015.05.19

7497 清乾隆 白玉龙纹觥
来源：1.伦敦佳士得1963年4月20日拍品，编号25；2.20世纪70年代Habib Sabet及其家族递藏；3.纽约佳士得2012年9月13–14日拍品，编号1088
估 价：RMB 1,200,000～2,200,000
成交价：RMB 1,840,000
高20.7cm 北京保利 2015.12.08

玉 觚

2573 元 白玉高浮雕龙凤纹花觚
估 价：RMB 2,000,000～3,000,000
成交价：RMB 3,450,000
高26cm 北京翰海 2015.11.29

3581 明 火烧玉觚及玉琮
来源：1．伦敦佳士得2014年10月28日拍卖，编号94；2．Michael D. Stevenson 旧藏
估 价：HKD 50,000～80,000
成交价：RMB 57,136
觚高19.5cm 保利香港 2015.04.06

9493 清乾隆 碧玉雕仿古饕餮纹出戟花觚（一对）
估 价：RMB 600,000～800,000
成交价：RMB 690,000
高26cm 北京保利 2015.06.08

9594 清中期 白玉仿古兽面蕉叶纹象耳活环方觚
来源：加拿大藏家旧藏
估 价：RMB 300,000～400,000
成交价：RMB 345,000
高15cm 北京保利 2015.12.09

玉 鼎

561 清中期 白玉雕兽面纹龙钮双耳方鼎
估 价：RMB 160,000～260,000
成交价：RMB 184,000
长19.0cm 上海泓盛 2015.06.20

2060 清 水晶四方鼎
估 价：RMB 40,000～70,000
成交价：RMB 48,300
高9cm 古天一 2015.06.06

玉　壶

2366 明万历 水晶雕方壶
估　价：RMB 150,000～180,000
成交价：RMB 253,000
长17.7cm 北京翰海 2015.11.28

2584 明 白玉仿青铜器提梁壶
估　价：RMB 550,000～650,000
成交价：RMB 690,000
高13.5cm 北京翰海 2015.11.29

3571 明 痕都斯坦式白玉西番莲纹执壶
估　价：RMB 150,000～250,000
成交价：RMB 218,500
高15.2cm 北京匡时 2015.12.05

2009 明 灰青玉“鹿鹤同春”图执壶
估　价：USD 6,000～8,000
成交价：RMB 151,359
高18.1cm 纽约佳士得 2015.09.17

3005 明晚16/17世纪 青玉雕桃形开光龙戏珠纹带盖执壶
估　价：USD 20,000～30,000
成交价：RMB 219,135
高22.5cm 纽约佳士得 2015.03.15

276 清早期 玛瑙壶
估　价：RMB 22,000～28,000
成交价：RMB 29,900
高10cm 广州皇玛 2015.01.17

3026 清乾隆 白玉痕都斯坦式西番莲执壶
来源：日本东京藏家购自旧金山私人收藏
估 价：RMB 1,000,000~1,200,000
成交价：RMB 1,150,000
高10.5cm 北京东正 2015.05.19

3139 清乾隆 碧玉雕兽面纹活环耳壶
“大清乾隆仿古”楷书刻款
来源：英国私人收藏，入藏于二十世纪初，后于家族流传至今
估 价：HKD 600,000~800,000
成交价：RMB 700,875
高22cm 佳士得 2015.06.03

3026 清乾隆 水晶雕石榴花果纹茶壶
“乾隆御制”款
出版：《清代玉雕艺术》国立历史博物馆1990年1月27日第98页
估 价：RMB 130,000~150,000
成交价：RMB 149,500
高14.5cm 北京匡时 2015.06.07

4339 清中期 白玉雕龙首壶
估 价：RMB 250,000~350,000
成交价：RMB 287,500
高18.2cm 中国嘉德 2015.11.14

249 18世纪 白玉雕龙柄执壶
来源：欧洲私人珍藏
估 价：HKD 350,000~650,000
成交价：RMB 383,325
高15.5cm 佳士得 2015.04.06

797 18世纪/19世纪 灰青玉羊首茶壶
估 价：HKD 150,000~200,000
成交价：RMB 150,188
高18cm 香港苏富比 2015.06.01

240 18世纪末/19世纪初 青白玉开光花卉纹双耳扁壶
来源：（传）法国外交官于19世纪末得自中国，现藏家父亲于1980年购自巴黎
估 价：GBP 30,000~50,000
成交价：RMB 239,500
高18.9cm 伦敦苏富比 2015.05.13

2838 18世纪 墨白玉双活环耳扁壶
来源：Oertzen 男爵伉俪收藏
估 价：HKD 2,000,000～3,000,000
成交价：RMB 2,001,360
高23.6cm 香港苏富比 2015.04.05

3063 19世纪 灰白玉雕凤纹小壶
估 价：USD 6,000～8,000
成交价：RMB 31,305
高12.6cm 纽约佳士得 2015.03.15

2414 清 青玉龙耳壶
成交价：RMB 28,750
高14cm 中国嘉德 2015.06.27

866 清晚期/民国 水晶方执壶、玛瑙镂雕灵芝纹洗及青金石罗汉图山子
估 价：HKD 20,000～30,000
成交价：RMB 240,300
壶高15cm 香港苏富比 2015.06.01

173 范栋强 守护壶
估 价：RMB 180,000～220,000
成交价：RMB 201,600
壶高11.5cm 北京荣宝 2015.06.21

55 冯钤 浓 青花玉壶（含二杯）
估 价：RMB 40,000～60,000
成交价：RMB 51,750
壶高6.2cm 西泠拍卖 2015.04.18

106 高毅进 水烟壶
估 价：RMB 130,000～150,000
成交价：RMB 161,000
高25.7cm 西泠拍卖 2015.04.18

833 蒋大雄 糖玉小茶壶
估　价：RMB 22,000
成交价：RMB 24,640
8.7cm × 5.8cm × 3.4cm 上海联合 2015.05.24

玉罐

3337 18世纪 青白玉系璧纹罐
估　价：HKD 280,000~350,000
成交价：RMB 280,350
宽10cm 佳士得 2015.06.03

1846 清 玛瑙缠枝莲盖罐
估　价：RMB 80,000~150,000
成交价：RMB 103,500
高20cm 北京保利 2015.11.01

2918 16世纪/17世纪 蒙兀儿白玉叶耳罐
来源：美国舒思深伉俪珍藏；香港佳士得2010年12月1日拍品2961号
估　价：HKD 5,000,000~7,000,000
成交价：RMB 5,799,240
宽12.5cm 佳士得 2015.06.03

玉匜

9428 元 火烧玉龙纹匜
来源：日本藏家旧藏
估　价：RMB 200,000~300,000
成交价：RMB 299,000
宽14cm 北京保利 2015.06.08

522 明 青白玉雕龙耳匜
估　价：RMB 18,000
成交价：RMB 35,840
长11.1cm 天津文物 2015.05.22

82 杨光 龙踞齐天 青玉匜
估　价：RMB 80,000~120,000
成交价：RMB 115,000
长13.6cm 西泠拍卖 2015.04.18

3002 杨光 白玉贵妃匜
估　价：RMB 1,650,000～1,780,000
成交价：RMB 2,185,000
长15.3cm 中国嘉德 2015.05.16

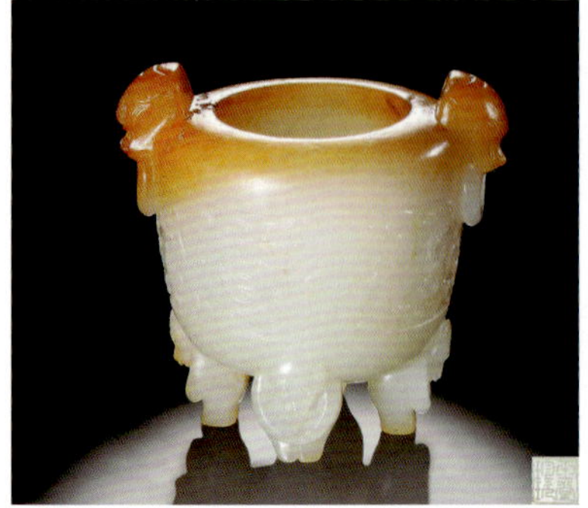

2468 明 白玉兽面双耳四足炉
“玉堂珍玩”篆书款
估　价：RMB 30,000～60,000
成交价：RMB 46,000
高6.5cm 北京翰海 2015.06.28

9474 清乾隆 白玉雕兽面内菊瓣纹龙钮盖炉
来源：VASSAR COLLEGE博物馆旧藏；纽约苏富比2011年拍卖，编号419
估　价：RMB 400,000～600,000
成交价：RMB 920,000
直径17.5cm 北京保利 2015.06.08

玉 炉

532 宋 旧玉镂雕万字纹带盖琴炉
估　价：HKD 40,000～60,000
成交价：RMB 38,798
直径7cm 中国嘉德 2015.10.06

1303 元/明 银镶旧玉螭龙璧鸳鸯钮四足炉
估　价：RMB 120,000～160,000
成交价：RMB 138,000
高27cm 中鸿信 2015.07.29

3746 清乾隆 白玉雕饕餮云蝠纹活环耳长方熏炉
估　价：HKD 400,000～600,000
成交价：RMB 554,813
高15.3cm 香港苏富比 2015.04.07

184 清乾隆 白玉雕仿古饕餮纹螭龙耳三足盖炉
来源：T.B. Kitson, Esq收藏；伦敦苏富比1961年5月30日拍卖，编号430
估 价：USD 120,000~180,000
成交价：RMB 2,358,010
高14cm 纽约苏富比 2015.09.15

3112 清乾隆 白玉雕饕餮纹双龙活环耳三足盖炉
来源：20世纪90年代中购于日本古董展
估 价：HKD 2,000,000~3,000,000
成交价：RMB 2,098,200
高20.5cm 香港苏富比 2015.04.07

6445 清乾隆 白玉镂雕百花香熏
著录：《静中观造化——清代宫廷玉雕艺术展》，图48
估 价：RMB 100,000~200,000
成交价：RMB 253,000
高15cm 北京保利 2015.06.06

8008 清乾隆 碧玉雕缠枝纹香炉
来源：清宫旧藏
估 价：RMB 200,000~300,000
成交价：RMB 253,000
宽17.5cm 北京保利 2015.06.07

7937 清中期 白玉鬲式炉
估 价：RMB 100,000~150,000
成交价：RMB 126,500
高4.5cm 北京保利 2015.06.07

6510 清乾隆 白玉龙纹九如盖炉
著录：《海外藏家藏历代中国玉雕艺术展》
图Ⅴ.06
估 价：RMB 2,200,000～3,200,000
成交价：RMB 3,335,000
宽17.5cm 北京保利 2015.06.06

7501 清乾隆 白玉双环耳三足鼎式炉
来源：香港富得2011年12月10日拍品，编号1779
估 价：RMB 1,000,000～1,500,000
成交价：RMB 1,150,000
高19cm 北京保利 2015.12.08

3028 清乾隆 白玉饕餮纹簋式炉
“大清乾隆仿古”款
估 价：RMB 1,500,000～1,600,000
成交价：RMB 1,725,000
高9.3cm 北京东正 2015.05.19

7499 清乾隆 白玉“九如”双环耳盖炉
来源：北京中汉2009年12月18日拍卖，编号138
估 价：RMB 2,500,000～3,000,000
成交价：RMB 2,875,000
宽21cm 北京保利 2015.12.08

3022 清乾隆/嘉庆 白玉雕夔凤纹龙衔活环耳三足盖炉
估　价：USD 100,000～150,000
成交价：RMB 3,299,547
宽19.5cm 纽约佳士得 2015.03.15

616 清嘉庆 碧玉炉、瓶、盒三事
“嘉庆年制”款
估　价：RMB 420,000～480,000
成交价：RMB 632,500
高3.8cm；高15.8cm；高13.5cm 中贸圣佳 2015.05.20

877 清 白玉雕鸾凤耳龙钮香炉
估　价：RMB 60,000～90,000
成交价：RMB 97,750
高22.5cm 上海敬华 2015.06.30

259 清 白玉雕甪端形盖炉
来源：Dudley Olcott夫人Eliot Fitch收藏，伦敦佳士得1983年7月5日拍品729号
估　价：HKD 150,000～250,000
成交价：RMB 302,625
高7.8cm 佳士得 2015.04.06

1109 清 碧玉雕簋式炉
估　价：RMB 400,000～500,000
成交价：RMB 621,000
高17cm 江苏爱涛 2015.01.11

879 清 白玉山水人物香熏
估　价：RMB 680,000～800,000
成交价：RMB 782,000
高26.5cm 中贸圣佳 2015.05.20

3025 清 碧玉雕活环兽耳炉
估　价：RMB 80,000～120,000
成交价：RMB 92,000
器高11cm 西泠拍卖 2015.07.05

2956 清 碧玉饕餮纹出戟螭耳炉
估　价：RMB 100,000～200,000
成交价：RMB 115,000
宽23.3cm 中国嘉德 2015.05.16

2921 清 青白玉镂雕花卉纹熏炉
估　价：RMB 350,000～400,000
成交价：RMB 402,500
高12.5cm 北京匡时 2015.06.07

304 18世纪 青白玉雕吉祥纹炉
来源：1977年前Robert von Hirsch收藏，后家族传承
估　价：USD 5,000～7,000
成交价：RMB 125,220
长15.6cm 纽约苏富比 2015.03.17

3315 18世纪/19世纪 碧玉凤纹龙耳盖炉
来源：黄杰将军家族珍藏
估　价：HKD 80,000～120,000
成交价：RMB 513,125
高20.1cm 佳士得 2015.12.02

3054 18世纪 青白玉雕牡丹活环耳小炉
估　价：USD 10,000～15,000
成交价：RMB 203,483
宽12cm 纽约佳士得 2015.03.15

421 18世纪 青白玉兽面纹出戟朝冠耳炉
估　价：HKD 80,000～120,000
成交价：RMB 290,988
宽19cm 中国嘉德 2015.10.06

3045 18世纪/19世纪 碧玉博山炉
估　价：USD 20,000～30,000
成交价：RMB 250,440
高18cm 纽约佳士得 2015.03.15

2023 18世纪/19世纪 碧玉雕饕餮纹龙耳盖炉
估　价：USD 30,000～50,000
成交价：RMB 254,920
高22.8cm 纽约佳士得 2015.09.17

1651 19世纪 白玉薄胎雕卷草菊纹盖炉
估　价：RMB 120,000～150,000
成交价：RMB 172,500
高13.5cm 中鸿信 2015.07.29

856 19世纪 青白玉镂雕牡丹纹花熏
估　价：HKD 30,000～40,000
成交价：RMB 310,388
高14.3cm 香港苏富比 2015.06.01

107 高毅进 富贵如意 白玉三足链炉
出版：《2014年百花玉缘杯中国玉石雕精品集》P22，广陵书社，2014
估　价：RMB 3,200,000～4,000,000
成交价：RMB 4,255,000
35×21×12.8cm 西泠拍卖 2015.04.18

870 清晚期 青白玉雕龙耳活环盖炉
估　价：USD 10,000～15,000
成交价：RMB 62,610
高17.1cm 纽约苏富比 2015.03.21

5291 民国 青白玉兽面纹鼎式炉
“大清嘉庆年制”款
成交价：RMB 20,700
高16cm 中国嘉德 2015.04.02

143 江春源 流风余韵 白玉海棠链炉
出版：《2014年百花玉缘杯中国玉石雕精品集》封面、P2，广陵书社，2014
估　价：RMB 17,000,000～22,000,000
成交价：RMB 23,345,000
32×21×70cm 西泠拍卖 2015.04.18

770 蒋大雄 青花制香炉
估　价：RMB 150,000
成交价：RMB 582,400
直径11cm 上海联合 2015.05.24

9907 民国 珊瑚雕十二生肖熏炉
估　价：RMB 200,000～300,000
成交价：RMB 230,000
高11cm 北京保利 2015.12.09

玉盒

8158 明 白玉螭龙纹三层香盒
估　价：RMB 500,000～800,000
成交价：RMB 575,000
长7cm 北京保利 2015.06.07

8653 明 白玉雕荔枝纹香盒
估　价：RMB 150,000～200,000
成交价：RMB 218,500
长7×7×3.8cm 北京保利 2015.12.08

1131 明 玛瑙雕养墨堂款盖盒
估　价：RMB 80,000～120,000
成交价：RMB 126,500
长7.5cm 东正南京 2015.07.02

3635 清乾隆 白玉雕八吉祥活环三羊开泰奁盒
来源：1.香港苏富比1999年11月1日拍品，编号558；2.香港德安堂收藏；3.香港苏富比2006年4月10日拍品，编号1505
估 价：HKD 3,000,000～4,000,000
成交价：RMB 2,969,760
直径18.4cm 香港苏富比 2015.04.07

3606 清乾隆 白玉雕福寿纹印盒
估 价：RMB 600,000～700,000
成交价：RMB 782,000
直径7.2cm 北京匡时 2015.12.05

7488 清乾隆 白玉鹌鹑盖盒（一对）
来源：纽约佳士得2010年9月17日拍品，编号1126
估 价：RMB 600,000～800,000
成交价：RMB 690,000
长10.5cm 北京保利 2015.12.08

8010 清乾隆 碧玉雕缠枝纹盖盒
来源：清宫旧藏
估 价：RMB 60,000～80,000
成交价：RMB 86,250
长7cm 北京保利 2015.06.07

323 清乾隆 青白玉牡丹盖盒
估 价：HKD 320,000～420,000
成交价：RMB 350,438
直径12cm 香港苏富比 2015.06.01

476 清乾隆 白玉雕瓜蝶纹盖盒
来源：SPINK旧藏
估　价：RMB 800,000～1,000,000
成交价：RMB 897,000
长8.5cm 厦门华辰 2015.06.20

3702 清乾隆 白玉蝶式盖盒
来源：伦敦Spink & Son Ltd 收藏
估　价：HKD 500,000～800,000
成交价：RMB 873,375
直径65cm 香港苏富比 2015.10.07

3027 清 水晶雕鹌鹑盖盒（一对）
估　价：RMB 27,000～30,000
成交价：RMB 40,250
长9cm×2 北京匡时 2015.06.07

2829 清乾隆 白玉香盒
估　价：RMB 110,000～150,000
成交价：RMB 126,500
口径4.2cm 西泠拍卖 2015.07.05

870 19世纪 青白玉太平有象摆件及碧玉海棠式盒配青玉盖
估　价：HKD 40,000～60,000
成交价：RMB 210,263
长12cm，长8cm 香港苏富比 2015.06.01

237 18世纪 青白玉五福捧寿纹圆盖盒
估　价：GBP 3,000～5,000
成交价：RMB 35,925
直径7.6cm 伦敦苏富比 2015.05.13

2516 清乾隆 白玉岁岁平安双喜捧盒
来源：英国藏家旧藏
估　价：RMB 3,800,000~4,800,000
成交价：RMB 4,370,000
直径15cm 中国嘉德 2015.11.15

7762 清嘉庆 白玉嵌碧玉仿古铜团寿盖盒
“嘉庆年制”款
估　价：RMB 700,000~900,000
成交价：RMB 1,012,000
直径5.3cm 北京保利 2015.06.07

7914 清中期 白玉海棠式盖盒
估　价：RMB 150,000~250,000
成交价：RMB 195,500
长8.5cm 北京保利 2015.06.07

2364 清中期 白玉洒金太平有象盒
估　价：RMB 40,000~60,000
成交价：RMB 59,800
长9cm 北京翰海 2015.06.28

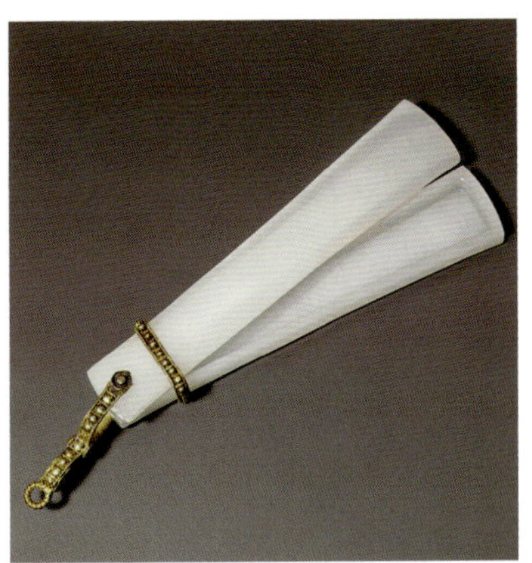

3049 18世纪 白玉折扇形盖盒
估　价：USD 30,000~50,000
成交价：RMB 234,788
长9.9cm 纽约佳士得 2015.03.15

725 19世纪 白玉乾卦龙纹方盖盒
估　价：HKD 80,000～120,000
成交价：RMB 130,163
直径10.6cm 香港苏富比 2015.06.01

639 清 白褐玉筒形盖盒
估　价：USD 8,000～12,000
成交价：RMB 50,871
高8.9cm 纽约佳士得 2015.03.19

3167 清 玛瑙雕菊瓣盒
来源：细川家族珍藏
著录：细川护贞，《一得录》，东京，1982，239-240页，图110
估　价：HKD 40,000～60,000
成交价：RMB 30,788
直径5.7cm 佳士得 2015.12.02

852 18世纪/19世纪 痕都斯坦式白玉嵌宝饕餮纹盖盒
估　价：HKD 40,000～60,000
成交价：RMB 300,375
直径8cm 香港苏富比 2015.06.01

2441 19世纪 青白玉痕都斯坦式双瑞兽托镂雕卷草纹椭圆盖盒
估　价：USD 6,000～8,000
成交价：RMB 207,123
长18cm 纽约佳士得 2015.09.17

2986 清 青白玉镂空香盒
估　价：RMB 40,000～60,000
成交价：RMB 46,000
长8.5cm 中国嘉德 2015.05.16

玉 奁

3138 清乾隆 碧玉八吉祥纹莲形奁
估　价：HKD 300,000～500,000
成交价：RMB 400,500
直径11.4cm 佳士得 2015.06.03

7500 清乾隆 白玉皮球花纹盖奁
来源：1.香港佳士得2010年5月拍卖，编号1915；2.Hatman珍藏
估　价：RMB 2,000,000～3,000,000
成交价：RMB 2,300,000
宽17cm 北京保利 2015.12.08

6452 清乾隆 白玉四时花卉方奁
来源：日本东京山中商会旧藏
估　价：RMB 3,500,000～4,000,000
成交价：RMB 4,025,000
长14cm；高11cm 北京保利 2015.06.06

玉 盘

2361 清早期 白玉芦雁长方盘
估　价：RMB 160,000～220,000
成交价：RMB 230,000
长14.6cm 北京翰海 2015.06.28

245 19世纪 青白玉盘
来源：英国私人收藏
估　价：GBP 10,000～15,000
成交价：RMB 275,425
直径25.2cm 伦敦苏富比 2015.05.13

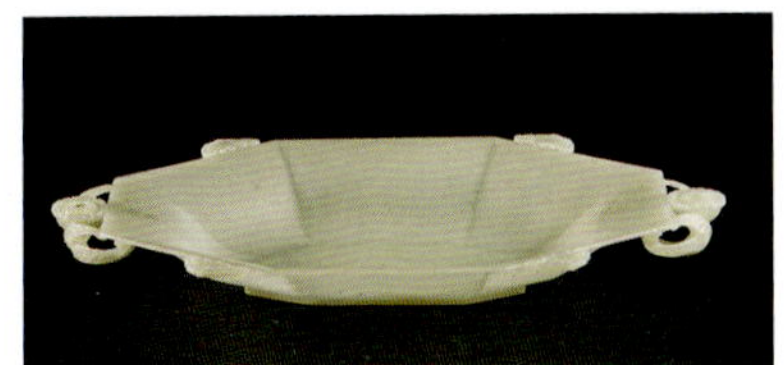

348 19世纪 青玉痕都斯坦式菊瓣耳盘
估　价：USD 8,000～12,000
成交价：RMB 117,394
耳径26.4cm 纽约苏富比 2015.03.17

3697 18世纪/19世纪 白玉撇口碗 （一对）
来源：Helga Wall.Apelt 医生收藏
估 价：HKD 1,500,000~2,500,000
成交价：RMB 1,541,250
直径19.1cm 香港苏富比 2015.10.07

335 清晚期 白玉雕菊花纹碗 （一对）
来源：新泽西私人收藏，纽约苏富比1997年3月19日拍卖，编号46
估 价：USD 15,000~20,000
成交价：RMB 125,220
直径13cm 纽约苏富比 2015.03.17

31 瞿利军 古韵添香 白玉碗具 （一套）
估 价：RMB 150,000~200,000
成交价：RMB 184,000
尺寸不一 西泠拍卖 2015.04.18

玉 杯

9375 明 白玉花卉杯
估 价：RMB 150,000~250,000
成交价：RMB 172,500
高8.6cm 北京保利 2015.06.08

250 明 碧玉雕英雄合卺杯
“乾隆年制”篆书刻款
估 价：HKD 150,000~300,000
成交价：RMB 161,400
高9.2cm 佳士得 2015.04.06

1116 明 白玉雕双龙耳杯
来源：欧洲藏家旧藏
估 价：RMB 72,000～90,000
成交价：RMB 115,000
长12cm 中鸿信 2015.07.29

1115 明 火烧玉雕双龙耳杯
估 价：RMB 40,000～50,000
成交价：RMB 86,250
直径10.9cm 中鸿信 2015.07.29

248 明16世纪 白玉雕双螭龙耳杯
估 价：HKD 200,000～300,000
成交价：RMB 322,800
直径12.1cm 佳士得 2015.04.06

120 汉 青铜鎏金座玉杯
估 价：HKD 380,000～800,000
成交价：RMB 368,585
直径15cm 中国嘉德 2015.10.06

2491 元 白玉兽面纹方杯
估 价：RMB 750,000～850,000
成交价：RMB 920,000
长8cm 北京翰海 2015.11.29

9589 清早期　玉雕蟠虺纹双耳杯
估　价：RMB 60,000～80,000
成交价：RMB 69,000
宽11.5cm 北京保利 2015.12.09

553 明 青白玉雕玉兰龙纹杯
估　价：RMB 40,000～80,000
成交价：RMB 46,000
高19.0cm 上海泓盛 2015.06.20

3555 明 青白玉双螭龙纹把杯
估　价：RMB 60,000～80,000
成交价：RMB 80,500
直径7.3cm 北京匡时 2015.12.05

9538 明 鸡骨白玉雕螭龙玉兰花杯
来源：纽约佳士得2006年3月29日拍品，编号200
估　价：RMB 100,000～150,000
成交价：RMB 115,000
宽17.5cm 北京保利 2015.12.09

605 明晚 青白玉双龙耳六方杯
估　价：USD 6,000～8,000
成交价：RMB 86,089
宽11.5cm 纽约佳士得 2015.03.19

3753 明晚 黄玉云龙纹角杯
估　价：HKD 200,000～250,000
成交价：RMB 423,675
长13.5cm 香港苏富比 2015.04.07

7013 清雍正 白玉卧足杯
估　价：RMB 400,000～500,000
成交价：RMB 529,000
高5cm 北京东正 2015.11.19

3606 清乾隆 黄玉耳杯
估 价：HKD 1,000,000～1,200,000
成交价：RMB 1,904,520
直径10.8cm 香港苏富比 2015.04.07

470 清乾隆 白玉杯盏
估 价：RMB 800,000～1,000,000
成交价：RMB 897,000
杯直径6cm；杯盏直径10.5cm 厦门华辰 2015.06.20

3046 清乾隆 青玉童子耳杯
估 价：USD 20,000～30,000
成交价：RMB 469,575
宽10.2cm 纽约佳士得 2015.03.15

2978 清乾隆 白玉寿字双螭耳方杯及盏托（一套）
估 价：RMB 450,000～650,000
成交价：RMB 517,500
高8.8cm；长13cm 中国嘉德 2015.05.16

1150 清中期 碧玉饕餮纹双龙耳杯
估 价：RMB 60,000～70,000
成交价：RMB 92,000
长11.9cm 中鸿信 2015.07.29

9520 清中期 青白玉花卉杯
估 价：RMB 50,000～80,000
成交价：RMB 57,500
直径6cm 北京保利 2015.06.08

3694 18世纪 白玉童子献瑞八方耳杯
来源：Knapton Rasti Asian Art，伦敦，2003年
估 价：HKD 800,000～1,200,000
成交价：RMB 822,000
直径10.4cm 香港苏富比 2015.10.07

3358 18世纪/19世纪 青玉雕饕餮纹爵
估 价：HKD 300,000～500,000
成交价：RMB 300,375
高20.3cm 佳士得 2015.06.03

1121 19世纪 白玉薄胎雕痕都斯坦式桃形杯
估 价：RMB 50,000～60,000
成交价：RMB 86,250
长14.8cm 中鸿信 2015.07.29

690 19世纪 碧玉杯连青白玉雕龙纹托盘
估 价：USD 6,000～8,000
成交价：RMB 46,958
宽20.3cm 纽约苏富比 2015.03.21

1543 清 白玉螭龙耳杯
成交价：RMB 51,750
宽10cm 北京保利 2015.11.01

179 清 水晶菱花式小杯
估 价：HKD 20,000～40,000
成交价：RMB 42,368
直径6.9cm 佳士得 2015.04.06

241 独角神兽白玉杯
估 价：HKD 1,875,000～3,750,000
成交价：RMB 1,686,586
通高11cm 荣盛国际 2015.01.10

244 双螭龙耳玉杯
估 价：HKD 850,000～1,700,000
成交价：RMB 807,408
高7cm 荣盛国际 2015.01.10

1960 清 玉羽觞杯
估 价：RMB 350,000～600,000
成交价：RMB 437,000
长9.2cm 北京翰海 2015.06.27

玉缸

5364 玉石云龙纹大缸
成交价：RMB 69,000
直径96cm 中国嘉德 2015.04.02

花插 香插

554 明 白玉雕玉兰螭纹花插
估 价：RMB 100,000～160,000
成交价：RMB 115,000
高6.7cm 上海泓盛 2015.06.20

573 清早期 青玉灵芝花插
估 价：HKD 250,000～350,000
成交价：RMB 232,013
宽20cm 中国嘉德 2015.04.06

2888 清乾隆 白玉雕饕餮纹花插
估 价：RMB 200,000～250,000
成交价：RMB 230,000
高12.5cm 北京匡时 2015.06.07

7831 清乾隆 白玉双龙耳花插
估 价：RMB 450,000～650,000
成交价：RMB 667,000
高34.5cm 北京保利 2015.06.07

6450 清乾隆 白玉松鹤延年花插
著录：《静中观造化——清代宫廷玉雕艺术展》，图55
估 价：RMB 800,000～1,200,000
成交价：RMB 920,000
高25cm 北京保利 2015.06.06

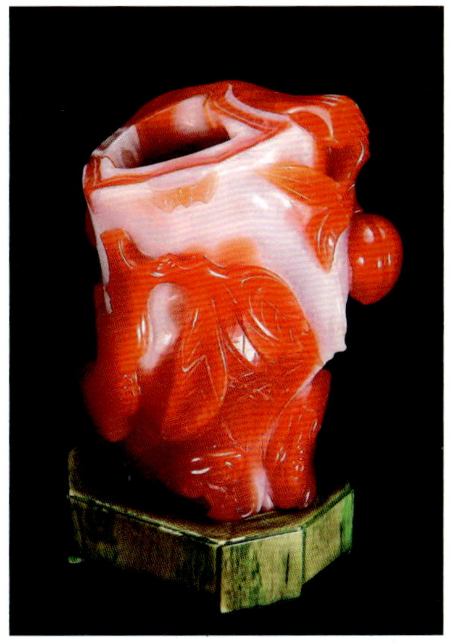

3589 清乾隆 南红玛瑙福禄寿香插
估 价：RMB 300,000～400,000
成交价：RMB 402,500
高8cm 北京匡时 2015.12.05

2948 清乾隆 玛瑙巧雕春趣图花插
估 价：RMB 400,000～500,000
成交价：RMB 632,500
高9cm 北京匡时 2015.06.07

9510 清中期 白玉雕石榴形小花插
估 价：RMB 10,000～30,000
成交价：RMB 92,000
高5.2cm 北京保利 2015.06.08

24 清 孔雀石雕随形花插
估 价：HKD 60,000~80,000
成交价：RMB 221,925
高9cm 佳士得 2015.04.06

26 清 孔雀石随形花插
估 价：USD 8,000~12,000
成交价：RMB 135,426
高25cm 纽约苏富比 2015.09.15

868 清 南红石灵芝花插
估 价：RMB 140,000~160,000
成交价：RMB 287,500
高11.4cm 中贸圣佳 2015.05.20

玉香筒

3012 18世纪 白玉镂雕山水人物图香筒
估 价：USD 12,000~18,000
成交价：RMB 187,830
高21.3cm 纽约佳士得 2015.03.15

252 18世纪 青白玉镂雕山水人物图香筒
来源：香港佳士得1993年3月23日拍卖，拍品969号
估 价：HKD 150,000~240,000
成交价：RMB 282,450
高20.5cm 佳士得 2015.04.06

300 18世纪 玉镂雕仙境图香筒
来源：1977年前Robert von Hirsch收藏，后家族传承
估 价：USD 40,000~60,000
成交价：RMB 2,016,042
高22.3cm 纽约苏富比 2015.03.17

2507 碧玉梅花纹小香筒 （一对）
成交价：RMB 20,700
高14.7cm 中国嘉德 2015.06.27

161 天然黄玉喜鹊及花卉对装香筒摆件
估　价：HKD 50,000～90,000
成交价：RMB 193,756
天成国际 2015.12.06

玉 觿

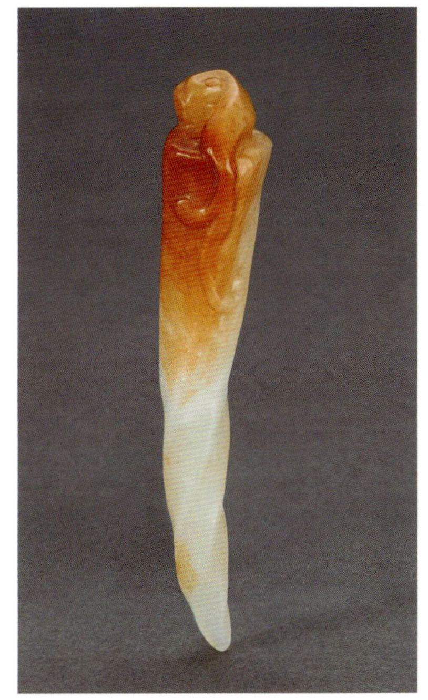

842 明 带沁瑞兽首“扭丝”纹玉觿
估　价：HKD 10,000～20,000
成交价：RMB 19,705
长7.6cm 万昌斯 2015.06.01

606 汉 白玉觿
估　价：HKD 80,000～120,000
成交价：RMB 185,610
长10cm 中国嘉德 2015.04.06

448 汉 龙首玉觿
估　价：HKD 80,000～120,000
成交价：RMB 174,593
长9cm 中国嘉德 2015.10.06

303 18世纪 白玉觿
估　价：HKD 180,000～250,000
成交价：RMB 881,100
长10.1cm 香港苏富比 2015.06.01

其他生活用品

251 明14/15世纪 青玉透雕春水图帽顶
来源：此器源自一欧洲私人珍藏
估　价：HKD 75,000～120,000
成交价：RMB 110,963
高7.2cm 佳士得 2015.04.06

2383 明末/18世纪 褐青玉仿古镂雕龙纹钟
估　价：USD 8,000～12,000
成交价：RMB 63,730
高9.5cm 纽约佳士得 2015.09.17

2561 清早期 白玉仿青铜器龙凤纹卮
估　价：RMB 40,000～60,000
成交价：RMB 59,800
高9.5cm 北京翰海 2015.11.29

7832 清乾隆 青玉雕仿古龙凤纹帽架
估 价：RMB 150,000～350,000
成交价：RMB 276,000
高33.5cm 北京保利 2015.06.07

49 18世纪 白玉仿古雕谷纹樽
估 价：HKD 150,000～200,000
成交价：RMB 201,750
高6.5cm 佳士得 2015.04.06

1009 18世纪 青玉兽面纹方彝
来源：苏富比纽约1987年4月23日拍品，编号252
估 价：RMB 500,000～800,000
成交价：RMB 575,000
高18.5cm 北京华辰 2015.05.15

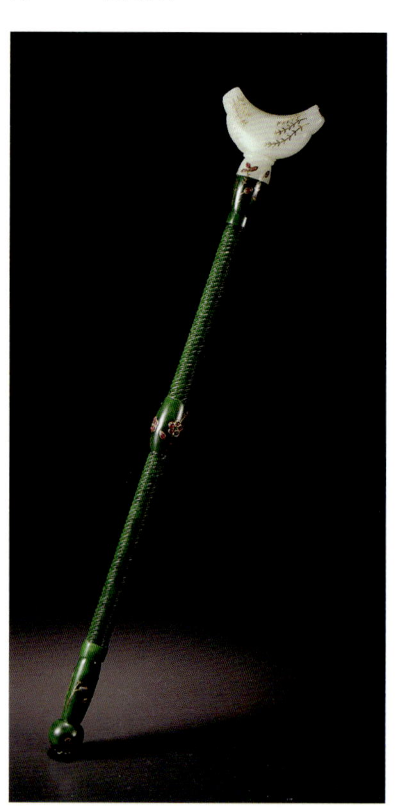

3027 清 痕都斯坦碧玉嵌宝石鹰杖
估 价：RMB 160,000～220,000
成交价：RMB 184,000
长50cm 西泠拍卖 2015.07.05

3613 18世纪 白玉光素方形渣斗
估 价：HKD 1,200,000～1,500,000
成交价：RMB 1,614,000
高8.8cm 香港苏富比 2015.04.07

3169 清 白玉雕盖篮
著录：细川护贞，《一得录》，东京，1982，图104
估 价：HKD 40,000～60,000
成交价：RMB 82,100
宽5.2cm 佳士得 2015.12.02

2444 20世纪初 Edward Farmer作玉及玛瑙桌灯座
估 价：USD 6,000～8,000
成交价：RMB 207,123
高44.8cm 纽约佳士得 2015.09.17

2513 青金石烛台（一对）
成交价：RMB 25,300
高20.9cm 中国嘉德 2015.06.27

821 黄罕勇 吉祥如意 玉酒具（一组）
估 价：RMB 280,000～350,000
成交价：RMB 345,000
尺寸不一 西泠拍卖 2015.07.04

83 杨光 富贵双喜 玉茶具（一组）
估 价：RMB 1,200,000～1,800,000
成交价：RMB 1,725,000
尺寸不一 西泠拍卖 2015.04.18

文房用品

笔 杆

8016 清乾隆 白玉杆雕云龙纹碧玉斗笔
来源：美国藏家旧藏
估 价：RMB 30,000～50,000
成交价：RMB 34,500
长29cm 北京保利 2015.06.07

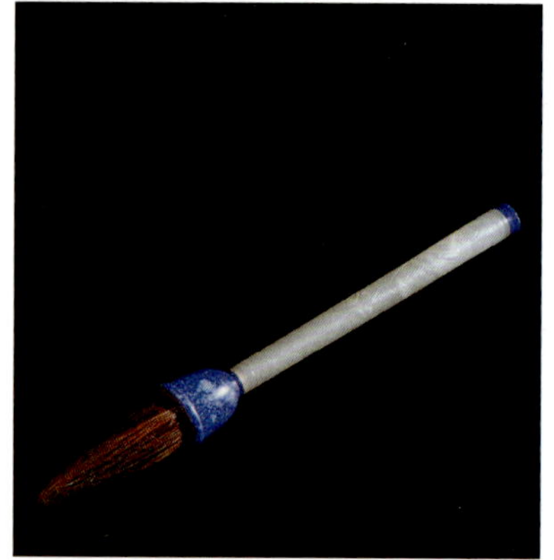

2910 清 白玉套青金石螭龙纹毛笔
估 价：RMB 130,000～150,000
成交价：RMB 149,500
长19.3cm 北京匡时 2015.06.07

2607 白玉云龙纹笔（一对）
成交价：RMB 195,500
长22.5cm 中国嘉德 2015.06.27

笔 筒

4187 明 战国红玛瑙笔筒
估 价：RMB 300,000～320,000
成交价：RMB 345,000
高11cm 北京东正 2015.05.19

7927 清乾隆 白玉山水人物笔筒
估 价：RMB 3,000,000～5,000,000
成交价：RMB 3,450,000
高9cm 北京保利 2015.06.07

2572 清乾隆 白玉梅花诗文笔筒
估　价：RMB 1,200,000~1,600,000
成交价：RMB 1,840,000
高8.2cm 北京翰海 2015.11.29

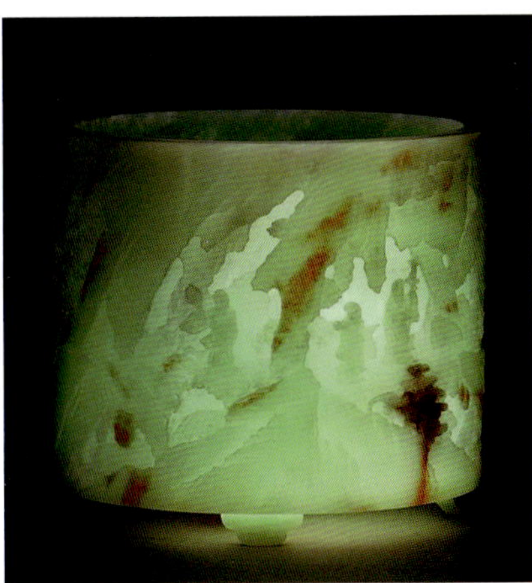

3117 清乾隆 御制白玉溪桥送别图笔筒
来源：英国Ernest James Wythes (1868.1949) 珍藏，后于家族流传；伦敦苏富比2012年5月16日拍品第29号
估　价：HKD 18,000,000~25,000,000
成交价：RMB 15,730,360
直径16.7cm 佳士得 2015.12.02

1345 清中期 白玉雕竹菊图笔筒
来源：台湾藏家旧藏
估　价：RMB 120,000~160,000
成交价：RMB 253,000
高9.5cm 中鸿信 2015.07.29

3140 18世纪 御制碧玉雕高士图笔筒
来源：美国奉三堂基金会旧藏
估　价：HKD 600,000~800,000
成交价：RMB 650,813
高11cm 佳士得 2015.06.03

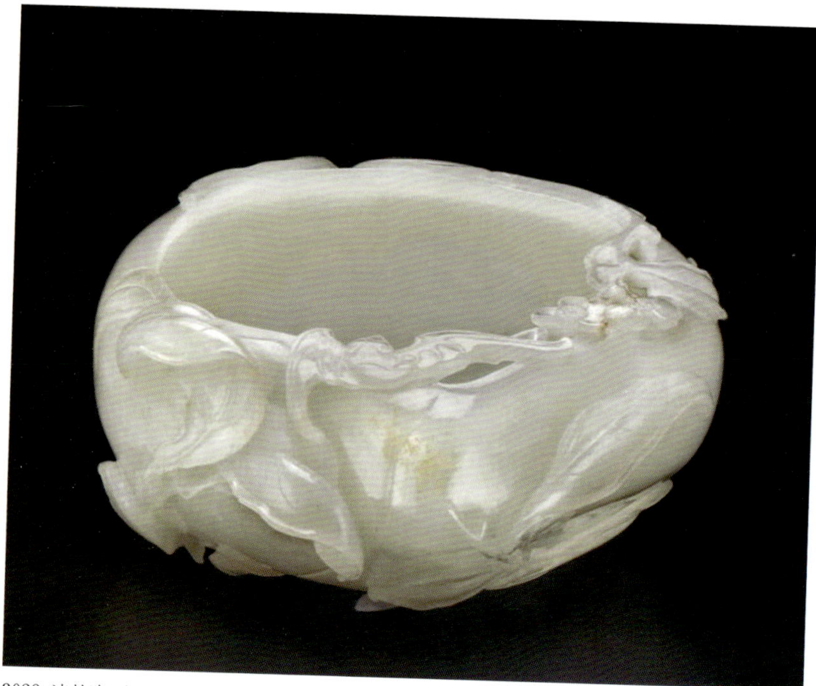

3028 清乾隆 白玉雕福寿双全桃形洗
估　价：USD 100,000～150,000
成交价：RMB 1,834,473
宽11.5cm 纽约佳士得 2015.03.15

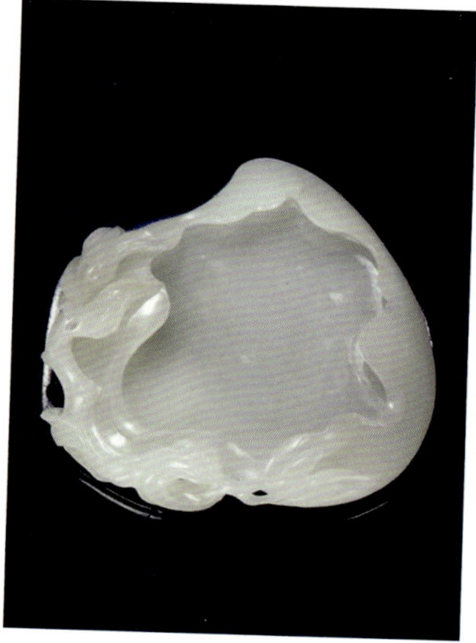

4118 清中期 白玉桃形笔洗
估　价：RMB 300,000～350,000
成交价：RMB 483,000
长8.8cm 北京东正 2015.05.19

7082 清中期 南红玛瑙灵芝洗
来源：日本藏家旧藏
估　价：RMB 50,000～80,000
成交价：RMB 109,250
宽8.7cm 北京保利 2015.06.07

2721 清乾隆 青玉龙耳活环三足洗
估　价：RMB 1,200,000～1,500,000
成交价：RMB 1,380,000
宽22.5cm 中国嘉德 2015.11.15

349 18世纪/19世纪 青白玉镂雕螭龙洗
来源：纽约佳士得2012年3月22–23日拍卖，编号1865。
估　价：USD 20,000～30,000
成交价：RMB 156,525
宽13.7cm 纽约苏富比 2015.03.17

2707 清中期 碧玉福寿纹如意耳活环洗
来源：英国藏家 Sir Kenneth Matheson 收藏展览及出版。
出版：20世纪20年代至30年代英国伦敦Spink & Son. LTD,《Chinese Carved Jade》, p3, No. 2514, 当时定为康熙年代。
估　价：RMB 1,200,000～1,500,000
成交价：RMB 1,380,000
宽36.5cm 中国嘉德 2015.11.15

3192 18世纪 白玉雕螭龙戏珠洗
估　价：HKD 500,000～800,000
成交价：RMB 1,185,480
宽15cm 佳士得 2015.06.03

308 18世纪/19世纪早期 琥珀雕双龙戏珠纹花瓣洗
估　价：USD 20,000～30,000
成交价：RMB 485,228
长16.5cm 纽约苏富比 2015.03.17

3744 18世纪 白玉年年有余海棠式童子耳洗
来源：法国私人收藏
估　价：HKD 100,000～120,000
成交价：RMB 100,875
长11.5cm 香港苏富比 2015.04.07

2913 18世纪 碧玉蜀葵式洗
估　价：HKD 100,000～150,000
成交价：RMB 100,125
直径15cm 佳士得 2015.06.03

3032 18世纪 青白玉雕梅花纹龙衔活环耳洗
估 价：USD 80,000～120,000
成交价：RMB 2,285,265
宽25cm 纽约佳士得 2015.03.15

3190 18世纪 青白玉巧雕葡萄纹洗
估 价：HKD 200,000～300,000
成交价：RMB 380,475
长11cm 佳士得 2015.06.03

2008 18世纪/19世纪 青白玉梅纹洗
估 价：USD 7,000～9,000
成交价：RMB 159,325
宽8.5cm 纽约佳士得 2015.09.17

925 18世纪/19世纪初 琥珀雕长寿富贵叶形洗
来源：黎氏家族珍藏
估 价：USD 60,000～80,000
成交价：RMB 949,577
长15.5cm 纽约佳士得 2015.09.17

339 19世纪 白玉雕八宝吉祥有余双鹿耳洗
来源：麻省波士顿20世纪初入藏，后家族传承
估 价：USD 30,000～50,000
成交价：RMB 234,788
长25cm 纽约苏富比 2015.03.17

3026 清 白玉雕荷鹭洗
估 价：RMB 380,000～480,000
成交价：RMB 517,500
高6cm 西泠拍卖 2015.07.05

537 清 白玉雕花鸟纹葫芦洗
估 价：RMB 88,000
成交价：RMB 224,000
长10.6cm 天津文物 2015.05.22

3357 清 白玉雕童子渔乐洗
估 价：RMB 260,000～280,000
成交价：RMB 299,000
直径11.3cm 西泠拍卖 2015.07.05

7911 清 白玉仿古纹葵口洗
估 价：RMB 50,000～80,000
成交价：RMB 92,000
宽6.9cm 北京保利 2015.06.07

2403 清 白玉荷叶随形笔洗
估 价：RMB 30,000～60,000
成交价：RMB 55,200
长11cm 北京匡时 2015.06.06

2962 清 黄玉花卉洗
估 价：RMB 80,000～120,000
成交价：RMB 92,000
长14.5cm 中国嘉德 2015.05.16

699 清 青白玉雕双菱形如意耳洗
估 价：USD 20,000～30,000
成交价：RMB 187,830
宽23.2cm 纽约苏富比 2015.03.21

2917 清 水晶画珐琅花卉洗
“乾隆年制”篆书款
估 价：RMB 100,000～160,000
成交价：RMB 149,500
直径9.8cm 北京翰海 2015.06.28

776 清 青白玉鸟虫纹叶形洗
估 价：RMB 140,000～160,000
成交价：RMB 184,000
长17cm 上海工美 2015.06.28

880 清 青白玉荷叶洗
估 价：RMB 500,000～580,000
成交价：RMB 598,000
长26cm 中贸圣佳 2015.05.20

927 高毅进 福喜捧寿 白玉笔洗
估 价：RMB 1,000,000～1,500,000
成交价：RMB 1,150,000
12×15.4×13.4cm 西泠拍卖 2015.07.04

笔 掭

538 清 白玉雕伞盖纹笔掭
估 价：RMB 50,000
成交价：RMB 56,000
长12cm 天津文物 2015.05.22

纸 镇

2424 明 白玉受沁卧虎纸镇
估 价：RMB 30,000～60,000
成交价：RMB 80,500
长8cm 北京匡时 2015.06.06

1346 明 白玉巧作太狮少狮纸镇
估 价：RMB 220,000～250,000
成交价：RMB 345,000
长8.7cm 中鸿信 2015.07.29

2427 明 白玉犀牛纸镇
估 价：RMB 120,000～180,000
成交价：RMB 172,500
长9.5cm 北京匡时 2015.06.06

3771 明 黄玉卧兽镇纸
估 价：HKD 300,000～400,000
成交价：RMB 308,250
长7cm 香港苏富比 2015.10.07

3133 明晚 黄玉雕螭龙纹环形纸镇
估 价：HKD 1,800,000～2,500,000
成交价：RMB 1,762,200
宽13.5cm 佳士得 2015.06.03

3615 明 黄玉卧马镇纸
来源：香港佳士得1989年1月17日，编号897B；玛丽与庄智博收藏；香港苏富比2005年10月23日，编号45
估 价：HKD 500,000～700,000
成交价：RMB 605,250
长7cm 香港苏富比 2015.04.07

838 明晚期 玉雕夔龙纹斧形镇
估 价：RMB 150,000～200,000
成交价：RMB 172,500
长9.2cm 北京诚轩 2015.11.14

2974 清乾隆 白玉雕琴棋书画纸镇
估 价：RMB 250,000～350,000
成交价：RMB 345,000
宽9.5cm 中国嘉德 2015.05.16

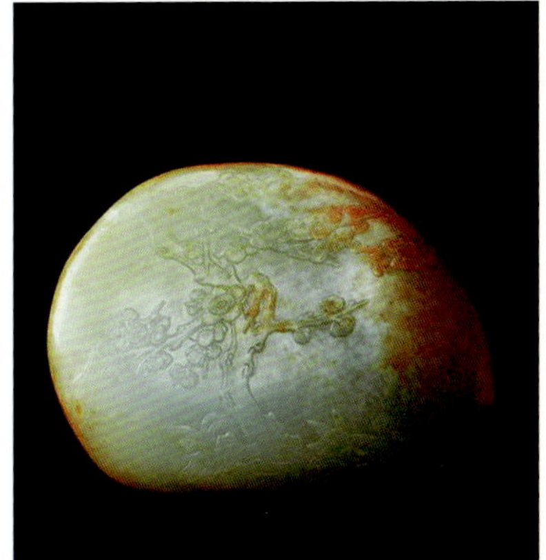

3110 清乾隆 白玉随形刻梅花御题诗镇纸
估 价：HKD 500,000～800,000
成交价：RMB 667,063
长10.1cm 佳士得 2015.12.02

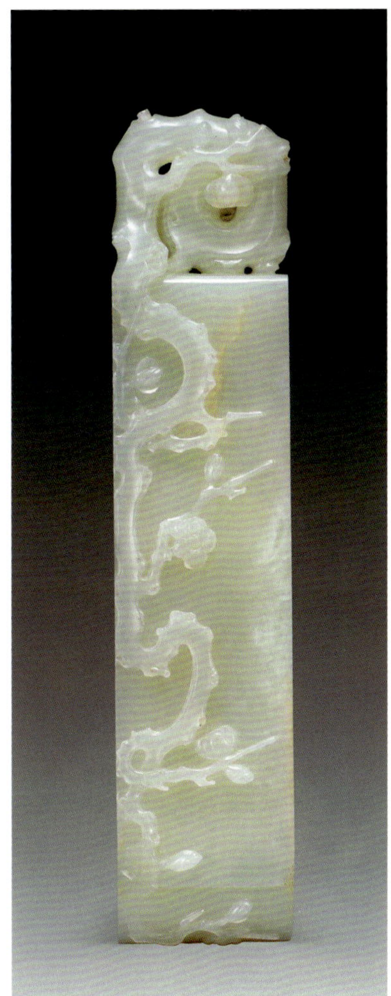

2979 清乾隆 青白玉雕梅花纹纸镇
估 价：RMB 380,000～580,000
成交价：RMB 437,000
长18.5cm 中国嘉德 2015.05.16

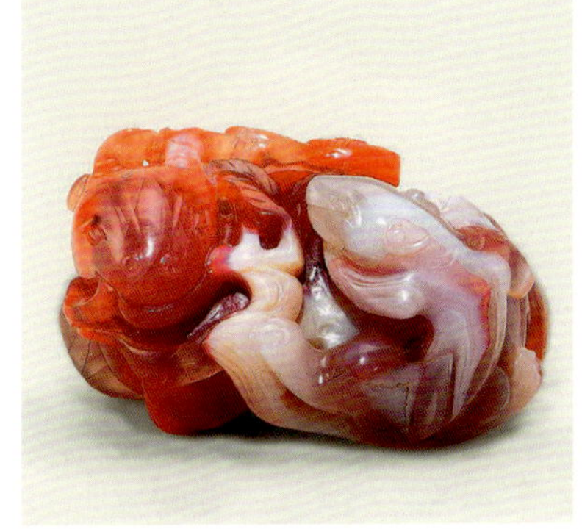

4363 清中期 南红玛瑙巧雕双鹿衔灵芝镇
估 价：RMB 10,000～20,000
成交价：RMB 17,250
长6cm 中国嘉德 2015.11.14

9657 清中期 白玉瑞兽镇
估　价：RMB 80,000～120,000
成交价：RMB 103,500
长10.5cm 北京保利 2015.12.09

304 18世纪/19世纪 白玉卧凤衔莲纸镇
估　价：HKD 200,000～300,000
成交价：RMB 400,500
长8.9cm 香港苏富比 2015.06.01

3345 白玉双兔衔芝纸镇
估　价：HKD 300,000～500,000
成交价：RMB 500,625
宽7.5cm 佳士得 2015.06.03

853 瞿利军 渔樵耕读 白玉书镇
出版：《2009中国玉雕·石雕作品“天工奖”典藏集》，p17，地质出版社，2010
估　价：RMB 1,000,000～2,500,000
成交价：RMB 1,725,000
长18.5cm×2 西泠拍卖 2015.07.04

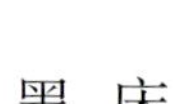

墨床

2385 明 白玉弦纹剑珌形墨床
估　价：RMB 60,000～100,000
成交价：RMB 115,000
长8.8cm 北京翰海 2015.06.28

2570 清乾隆 白玉竹节诗文墨床
估　价：RMB 200,000～300,000
成交价：RMB 345,000
长13.5cm 北京翰海 2015.11.29

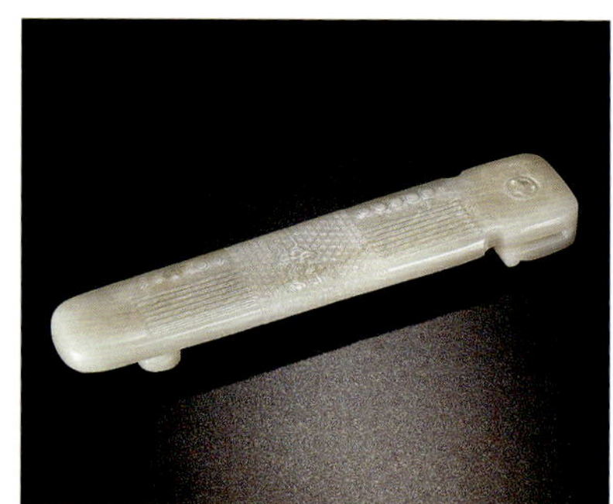

2358 清中期 白玉琴式墨床
估　价：RMB 40,000～60,000
成交价：RMB 63,250
长17.8cm 北京翰海 2015.06.28

1840 清中期 芦雁图玉雕墨床
来源：国营文物商店旧藏
估　价：RMB 150,000～200,000
成交价：RMB 218,500
长10.8cm 华艺国际 2015.05.24

水丞

2909 明 白玉雕瑞兽形水盂
估 价：RMB 200,000~300,000
成交价：RMB 460,000
高5cm 北京匡时 2015.06.07

558 清乾隆 白玉圆雕福寿双全水丞
估 价：RMB 80,000~140,000
成交价：RMB 92,000
长5.3cm 上海泓盛 2015.06.20

7491 清雍正 琥珀料六方水丞
估 价：RMB 350,000~550,000
成交价：RMB 402,500
宽5.8cm 北京保利 2015.12.08

9706 清 水晶童子捧寿水滴
来源：汉堡尤图斯先生旧藏
估 价：RMB 35,000~45,000
成交价：RMB 46,000
高11cm 北京保利 2015.12.09

9667 清中期 白玉仙童水盂
估 价：RMB 60,000~80,000
成交价：RMB 69,000
宽7cm 北京保利 2015.12.09

689 清中期 白玉瓜形松鼠水盂
估 价：RMB 100,000~180,000
成交价：RMB 115,000
宽6.5cm 北京保利 2015.04.25

9363 清中期 白玉葫芦形水丞
估 价：RMB 30,000~50,000
成交价：RMB 34,500
长6.2cm 北京保利 2015.06.08

3700 18世纪 青玉螭龙纹水盂
估 价：HKD 250,000~300,000
成交价：RMB 267,150
长6.2cm 香港苏富比 2015.10.07

316 18世纪/19世纪 白玉雕瓜瓞绵绵水盂
来源：纽约苏富比1979年6月13日拍卖，编号333
估 价：HKD 280,000~350,000
成交价：RMB 380,475
长9.5cm 香港苏富比 2015.06.01

3041 18世纪/19世纪 白玉兽形水丞
估　价：USD 20,000~30,000
成交价：RMB 328,703
宽12cm 纽约佳士得 2015.03.15

2945 清 玛瑙雕留皮水呈
估　价：RMB 32,000~40,000
成交价：RMB 36,800
高4cm 北京匡时 2015.06.07

800 18世纪/19世纪 黄玉雕岁寒三友水盂
估　价：HKD 70,000~100,000
成交价：RMB 550,688
长7.9cm 香港苏富比 2015.06.01

329 18世纪/19世纪 青白玉梅花纹水丞
估　价：GBP 4,000~6,000
成交价：RMB 47,900
长7cm 伦敦苏富比 2015.05.13

3182 清 青白玉鸭形水丞
估　价：HKD 80,000~120,000
成交价：RMB 110,138
长8.5cm 佳士得 2015.06.03

2523 清 白玉雕龙瓶式水盂
估　价：RMB 260,000~360,000
成交价：RMB 322,000
长8.6cm 中国嘉德 2015.11.15

砚滴

477 清乾隆 白玉雕福寿长春水注
估　价：RMB 1,500,000~2,000,000
成交价：RMB 1,840,000
高10cm 厦门华辰 2015.06.20

7081 清 南红玛瑙卧牛砚滴
估　价：RMB 20,000~30,000
成交价：RMB 97,750
长6.5cm 北京保利 2015.06.07

310 19世纪 白玉雕辟邪水滴
来源：Robert von Hirsch 收藏，1977年前，后家族传承
估　价：USD 10,000~15,000
成交价：RMB 62,610
长9.5cm 纽约苏富比 2015.03.17

印 盒

483 元 青玉螭纹印盒
著录：《山水堂藏玉》第58页
成交价：RMB 32,200
高3.2cm 北京保利 2015.04.25

1005 清 绿松石荷叶纹印盒
估 价：RMB 30,000～50,000
成交价：RMB 69,000
长10.5cm 北京华辰 2015.05.15

344 18世纪/19世纪 白玉雕寿纹印盒及青白玉镂雕佩
来源：麻省波士顿20世纪初入藏，后家族传承
估 价：USD 12,000～15,000
成交价：RMB 297,398
直径8.2cm 纽约苏富比 2015.03.17

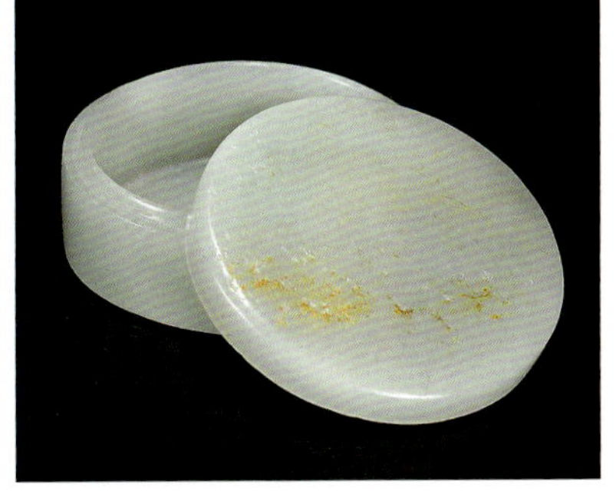

512 青白玉带皮印泥盒
估 价：HKD 275,000～550,000
成交价：RMB 300,375
重约153g 荣盛国际 2015.07.31

砚 台

941 明 青白玉凤型砚
来源：黎氏家族珍藏
估 价：USD 15,000～20,000
成交价：RMB 111,528
长13.6cm 纽约佳士得 2015.09.17

683 清乾隆 和田白玉 灵芝君子砚
来源：扬州文物商店旧藏
估 价：RMB 200,000～280,000
成交价：RMB 552,000
长9cm 江苏爱涛 2015.01.10

104 清雍正 水晶祥蝠纹砚
“雍正年制”款
估 价：HKD 500,000～700,000
成交价：RMB 1,109,625
11.9cm 香港苏富比 2015.04.07

1317 清中期 白玉雕龙凤云纹异形砚
估 价：RMB 280,000～320,000
成交价：RMB 575,000
长9.5cm 中鸿信 2015.07.29

玉 玺

7362 明永乐 白玉龙钮梵文玺
来源：欧洲藏家旧藏
估　价：RMB 8,000,000～12,000,000
成交价：RMB 11,500,000
3×3×3cm 北京保利 2015.12.07

126 或许明 青白玉《皇唐受命之宝》玺
估　价：USD 20,000～30,000
成交价：RMB 10,280,562
宽14cm 纽约苏富比 2015.03.17

102 清康熙/雍正 雍正帝御宝白玉九螭钮方玺（印钮）/（印面）
印文："雍正御笔之宝"
估　价：HKD 30,000,000～40,000,000
成交价：RMB 84,670,440
7.4×6.1×6.1cm；9.1×9.1×8.6cm 香港苏富比 2015.04.07

9482 清乾隆 碧玉盘螭钮"八征耄念之宝"玺
来源：香港苏富比2011.10拍卖，编号2164
估　价：RMB 1,000,000～1,500,000
成交价：RMB 1,150,000
5.8×5.8×3.5cm 北京保利 2015.06.08

6303 清乾隆 青白玉交龙钮“纪恩堂宝”玺
来源：法国南部重要私人旧藏
估 价：RMB 1,200,000～2,200,000
成交价：RMB 1,840,000
8.2×8.2×7cm 北京保利 2015.06.06

3621 清乾隆 御宝白玉坐龙方玺
来源：欧洲私人收藏，购于20世纪60年代，此后家族收藏
估 价：HKD 20,000,000～25,000,000
成交价：RMB 19,793,760
43×4×4cm 香港苏富比 2015.10.07

7364 清乾隆 灰白玉蟠螭钮“乾隆御览之宝”圆玺
来源：香港苏富比2009年10月拍卖第1654
估 价：RMB 2,000,000～3,000,000
成交价：RMB 4,255,000
2.5×2.8cm 北京保利 2015.12.07

127 清乾隆 御制青玉交龙钮《大观堂宝》玺
估 价：USD 1,000,000～1,500,000
成交价：RMB 27,861,450
高8.9cm；宽10.2cm 纽约苏富比 2015.03.17

7365 清乾隆 白玉双龙钮宝玺“太上皇帝之宝”
来源：1.私人家族收藏；2.香港佳士得2007年11月27日拍品，第1861；3.香港苏富比2011年04月08日“皇苑天工—中国宫廷艺术菁华”专场，编号2817
成交价：RMB 74,750,000
印面8.2×8.2cm；通高7.8cm 北京保利 2015.12.07

7478 清嘉庆 青玉“孝懿仁皇后”双龙钮宝玺
备注：1.1953年南非安普顿国立艺术馆，“中国艺术展”，展品编号2252.WOOLLEY WALLIS，2014.11.12，Lot250
估　价：RMB 10,000,000～15,000,000
成交价：RMB 13,225,000
12.8×12.8×9cm 北京保利 2015.12.08

9658A 清光绪 御制青白玉交龙钮“光绪御笔之宝”宝玺
来源：荷兰著名古董商Vanderven oriental
估　价：RMB 1,200,000～1,500,000
成交价：RMB 1,380,000
长11.4×11.4×10.3cm 北京保利 2015.12.09

3237 碧玺“龙腾”印章
估　价：HKD 120,000～180,000
成交价：RMB 80,942
保利香港 2015.04.07

玉 印

484 元 白玉龙钮押印
著录：《山水堂藏玉》第19页
成交价：RMB 172,500
高3.5cm 北京保利 2015.04.25

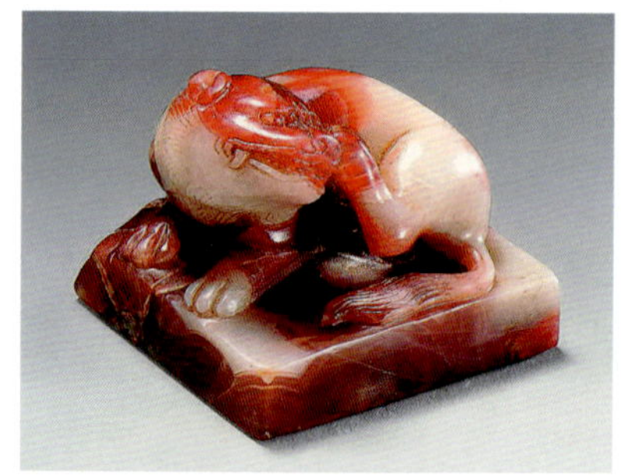

2972 元 南红玛瑙兽钮方印
估　价：RMB 100,000～160,000
成交价：RMB 138,000
高3.9cm 北京翰海 2015.06.28

6454 元 白玉螭龙钮“经筵讲官”印
来源：英国 A&J Speelman 旧藏
估 价：RMB 500,000～800,000
成交价：RMB 690,000
高4.5cm 北京保利 2015.06.06

1211 元 貔貅钮玉印章
估 价：RMB 60,000～80,000
成交价：RMB 92,000
高3.8cm 东正南京 2015.07.02

9382 元 玉雕蹲龙押
估 价：RMB 30,000～50,000
成交价：RMB 34,500
高3cm；宽3.2cm 北京保利 2015.06.08

630 明末/18世纪 黄玉螭龙纹长方章
估 价：USD 18,000～25,000
成交价：RMB 273,919
宽5.7cm 纽约佳士得 2015.03.19

3063 明以前 玉雕夔龙纽玉押
估 价：RMB 60,000～80,000
成交价：RMB 80,500
高4cm 西泠拍卖 2015.07.05

6456 清乾隆 金漆羊形盖盒配“味菊山房”白玉印章
估 价：RMB 350,000～550,000
成交价：RMB 402,500
印章高3cm 北京保利 2015.06.06

7684 清 琥珀雕马钮章
印 文：怡情一堂
来源：日本藏家旧藏
估 价：RMB 120,000～160,000
成交价：RMB 138,000
长4.3cm 北京保利 2015.12.08

7481 清乾隆 白玉马上封印
印 文：碧海祥云
估 价：RMB 250,000～350,000
成交价：RMB 460,000
长3.5cm 北京保利 2015.12.08

42 清道光 玛瑙螭龙钮印章
估 价：RMB 450,000～550,000
成交价：RMB 517,500
高3.4cm 上海道明 2015.05.09

465 清 青白玉交龙钮方印
估 价：USD 30,000～50,000
成交价：RMB 477,975
高7.1cm 纽约苏富比 2015.09.16

3045 于雪涛 白玉长寿富贵章
出版：《于是》北京工艺美术出版社，2013年10月第1版，P94
估 价：RMB 320,000～380,000
成交价：RMB 402,500
高7.5cm 中国嘉德 2015.05.16

其他文房用品

3574 清乾隆 白玉九如砚屏
估 价：RMB 900,000～1,000,000
成交价：RMB 1,127,000
11.5×11cm 北京匡时 2015.12.05

2387 清乾隆 青白玉双骏图诗文筒
“古香”篆书款
估 价：RMB 40,000～80,000
成交价：RMB 57,500
高6.8cm 北京翰海 2015.06.28

2571 清乾隆 白玉夔龙纹臂搁
估 价：RMB 1,800,000～2,200,000
成交价：RMB 2,530,000
长20.2cm 北京翰海 2015.11.29

4523 清中期 青白玉竹节臂搁
估 价：RMB 80,000～120,000
成交价：RMB 92,000
长5.5cm 中国嘉德 2015.05.16

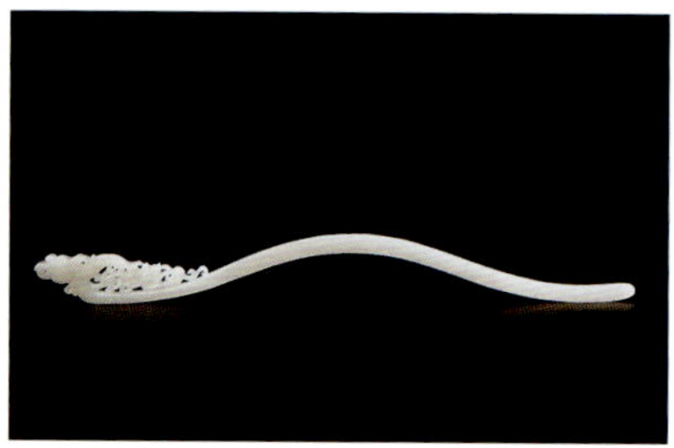

2912 清 白玉雕凤纹书拔
估 价：RMB 40,000～60,000
成交价：RMB 46,000
长31cm 北京匡时 2015.06.07

703 清 白玉竹形臂搁
估 价：USD 15,000～20,000
成交价：RMB 93,915
高15.8cm 纽约苏富比 2015.03.21

兵器及刀剑饰

488 新石器时代 良渚文化 玉钺
来源：安思远私人珍藏
估 价：USD 8,000~12,000
成交价：RMB 219,135
长12.3cm 纽约佳士得 2015.03.19

536 新石器时代/商 约公元前20至10世纪 玉钺
估 价：USD 8,000~12,000
成交价：RMB 250,440
长22cm 纽约佳士得 2015.03.19

545 新石器时代晚期 公元前30至20世纪初 玉凿
来源：安思远私人珍藏
估 价：USD 7,000~9,000
成交价：RMB 101,741
长23.8cm 纽约佳士得 2015.03.19

477 中国西北部 公元前30至20世纪 玉斧
估 价：USD 4,000~6,000
成交价：RMB 43,044
长17cm 纽约佳士得 2015.03.19

507 中国西北部 新石器时代 约公元前20世纪 玉钺
来源：安思远私人珍藏
估 价：USD 10,000~15,000
成交价：RMB 219,135
长21.5cm 纽约佳士得 2015.03.19

575 商 玉匕
来源：安思远私人珍藏
估 价：USD 5,000~8,000
成交价：RMB 43,044
长9cm 纽约佳士得 2015.03.19

543 商晚期/西周 玉钺
来源：安思远私人珍藏
估 价：USD 6,000~8,000
成交价：RMB 469,575
长14cm 纽约佳士得 2015.03.19

2824 商 玉刀
来源：A.W.Bahr收藏；赛克勒(Arthur M. Sackler)收藏；纽约佳士得1994年12月1日，编号88；纽约佳士得2002年9月20日，编号214
估　价：HKD 300,000~400,000
成交价：RMB 554,813
长31.8cm 香港苏富比 2015.04.05

2345 商 青玉戈
估　价：RMB 600,000~900,000
成交价：RMB 747,500
长32cm 北京翰海 2015.06.28

3 商晚期 玉戈
估　价：USD 100,000~150,000
成交价：RMB 1,458,813
长38cm 纽约佳士得 2015.03.17

79 商 嵌松石饕餮纹青铜柄玉戈
著录：Li Xueqin: The Glorious Traditions of Chinese Bronzes, P88, Singapore: National Heritage Board, 2000.；李学勤：《中国青铜器萃赏》，第88页，新加坡：新加坡国家遗产局，2000年。
估　价：HKD 350,000~800,000
成交价：RMB 727,470
长26.3cm 中国嘉德 2015.10.06

617 西汉 玉雕带沁剑珌
估　价：HKD 40,000~60,000
成交价：RMB 37,122
宽6cm 中国嘉德 2015.04.06

430 汉 玉雕螭龙纹剑璏
估　价：HKD 80,000~120,000
成交价：RMB 77,597
长10.3cm 中国嘉德 2015.10.06

623 汉 玉雕螭龙纹剑璏
估　价：HKD 60,000~90,000
成交价：RMB 278,415
长11cm 中国嘉德 2015.04.06

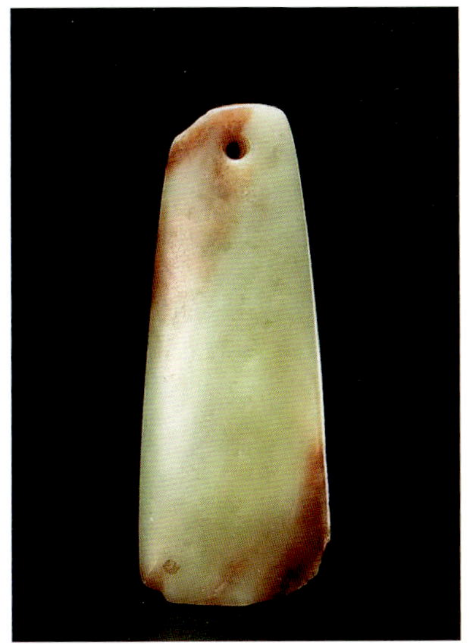

2489 元 黄玉斧
估　价：RMB 700,000～800,000
成交价：RMB 920,000
长21.5cm 北京翰海 2015.11.29

2431 明 旧玉谷纹剑珌
来源：英国佳士得伦敦南浦星顿2014年5月5291专场第793号
估　价：RMB 30,000～60,000
成交价：RMB 34,500
长6cm 北京匡时 2015.06.06

608 明 白玉雕螭龙纹璏
来源：安思远私人珍藏
估　价：USD 5,000～7,000
成交价：RMB 86,089
宽9cm 纽约佳士得 2015.03.19

2892 明 仿古玉釜
估　价：RMB 300,000～400,000
成交价：RMB 345,000
长13.3cm 北京匡时 2015.06.07

617 明或以后 玉雕螭龙纹璏
来源：安思远私人珍藏
估　价：USD 4,000～6,000
成交价：RMB 172,178
宽6cm 纽约佳士得 2015.03.19

3352 清早期 白玉雕螭龙纹璏
来源：瑞士私人收藏，入藏于1980年以前
估　价：HKD 70,000～90,000
成交价：RMB 65,081
长11cm 佳士得 2015.06.03

7019 清康熙 御赐靖海侯白玉柄宝剑
来源：原为法国私人藏家旧藏；巴黎苏富比拍卖
估　价：RMB 700,000～900,000
成交价：RMB 2,357,500
长81.5cm 北京东正 2015.11.19

6502 清乾隆 黄玉神兽纹钺
估 价：RMB 1,600,000～2,600,000
成交价：RMB 1,840,000
长15cm 北京保利 2015.06.06

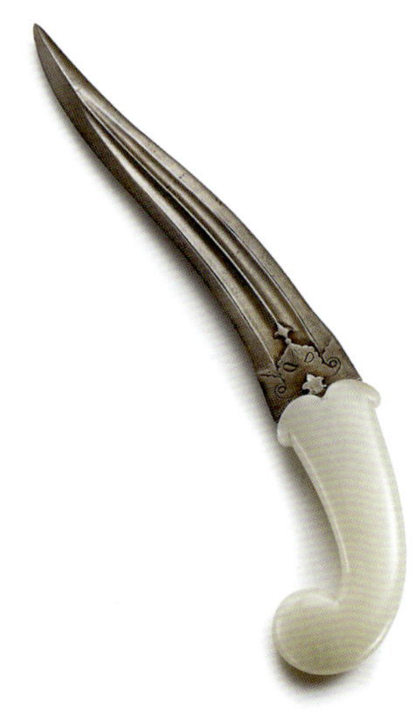

3743 18世纪 痕都斯坦式白玉柄匕首
来源：法国收藏
估 价：HKD 200,000～250,000
成交价：RMB 201,750
长35.4cm 香港苏富比 2015.04.07

8014 清乾隆 御制白玉马头嵌金刀条仿痕都斯坦礼仪刀
来源：清宫旧藏
估 价：RMB 300,000～500,000
成交价：RMB 345,000
长33cm 北京保利 2015.06.07

627 明末/18世纪 青白玉螭龙纹璏
估 价：USD 12,000～18,000
成交价：RMB 133,046
长10.9cm 纽约佳士得 2015.03.19

葬 玉

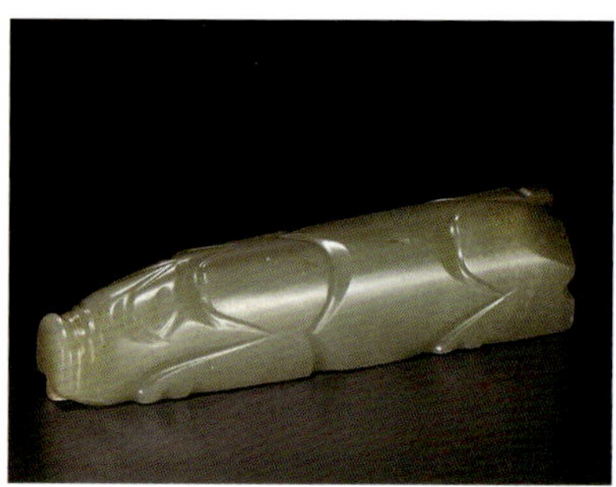

595 汉 玉猪握
来源：安思远私人珍藏
估 价：USD 6,000～8,000
成交价：RMB 219,135
长11.2cm 纽约佳士得 2015.03.19

588 汉 青玉猪握 （两件）
来源：安思远私人珍藏
估 价：USD 7,000～10,000
成交价：RMB 352,181
长12cm 纽约佳士得 2015.03.19

2015玉器拍卖成交汇总

(成交价RMB：1万元以上)

拍品名称	物品尺寸	成交价RMB	拍卖公司	拍卖日期
一礼玉				
玉璜				
新石器时代/商 公元前20世纪 玉牙璜（两件）	长8cm；10.5cm	66,523	纽约佳士得	2015.03.19
新石器时代 公元前40世纪 玛瑙璜	长6.3cm	21,914	纽约佳士得	2015.03.19
中国西北部 新石器时代 约公元前20世纪 玉璜（三件）	直径11.8cm	35,218	纽约佳士得	2015.03.19
中国东南部 新石器时代 公元前30世纪 玉璜（两件）	长13cm；16.2cm	70,436	纽约佳士得	2015.03.19
战国 玉谷纹璜	长10cm	85,356	中国嘉德	2015.10.06
战国 玛瑙璜（五件）	尺寸不一	19,566	纽约佳士得	2015.03.19
战国 镂雕龙纹璜	长10cm	23,201	中国嘉德	2015.04.06
汉 黄玉双龙璜	长8cm	50,438	中国嘉德	2015.10.06
东周晚期 白玉璜	宽16.2cm	1,233,417	纽约佳士得	2015.03.17
元 青玉雕蒲涡纹玉璜一对	长19.3cm	57,500	中鸿信	2015.07.29
元 白玉璜	长12.7cm	207,000	北京翰海	2015.06.28
青白玉螭龙玉璜	长27.5cm	550,000	北京中联	2015.01.18
明以前 玉雕双龙神人璜	长8.1cm	34,500	西泠拍卖	2015.07.05
明以前 出戟榖纹玉璜（一对）	最长直径12.2cm	80,500	西泠拍卖	2015.07.05
明 玉璜	长7.5cm	11,500	北京保利	2015.04.26
明 褐斑青玉雕仿古龙纹璜	长9.2cm	39,831	纽约苏富比	2015.09.15
白玉雕龙纹璜	长12cm	2,290,860	AA中国艺海	2015.07.12
白玉雕龙纹璜	长10cm	1,497,870	AA中国艺海	2015.07.11
白玉螭龙玉璜	长11cm	198,000	北京中联	2015.01.18
玉琥				
商晚期 安阳时期 玉琥形饰	长9.9cm	219,135	纽约佳士得	2015.03.15
玉璧				
中国西北部 约公元前20世纪 玉璧	宽13.8cm	62,610	纽约佳士得	2015.03.19
中国西北部 新石器时代晚期 约公元前20世纪 玉璧	直径19.5cm	78,263	纽约佳士得	2015.03.19
中国西北部 新石器时代晚期 公元前20世纪 玉璧	直径15.3cm	117,394	纽约佳士得	2015.03.19
中国西北部 新石器时代 约公元前20世纪或以前 玉璧	直径11.9cm	66,523	纽约佳士得	2015.03.19
中国西北部 新石器时代 约公元前20世纪或以前 玉璧	直径10.4cm	54,784	纽约佳士得	2015.03.19
中国西北部 新石器时代 约公元前20世纪 玉璧（两件）	直径10.3cm	58,697	纽约佳士得	2015.03.19
中国西北部 新石器时代 约公元前20世纪 玉璧	直径17.2cm	133,046	纽约佳士得	2015.03.19
中国西北部 新石器时代 公元前20世纪 玉璧（两件）	直径10.9cm	54,784	纽约佳士得	2015.03.19
中国西北部 新石器时代 公元前20世纪 玉璧	直径14.3cm	70,436	纽约佳士得	2015.03.19
新石器时代晚期约公元前20世纪玉璧	直径11.4cm	62,610	纽约佳士得	2015.03.19
新石器时代 良渚文化 玉璧形饰（两件）	直径4.5cm	37,566	纽约佳士得	2015.03.19
新石器时代 公元前30至20世纪玉璧	直径13cm	508,706	纽约佳士得	2015.03.19
新石器时代 公元前20世纪或以前玉璧（两件）	直径6cm	58,697	纽约佳士得	2015.03.19
红山文化 兽面纹小玉璧	直径2.6cm	78,818	万昌斯	2015.06.01
商/西周 玉璧	直径10.2cm	78,263	纽约佳士得	2015.03.19
战国 谷纹玉璧	直径16.6cm	50,438	中国嘉德	2015.10.06
东周晚期 玉璧	直径8cm	187,830	纽约佳士得	2015.03.19
西汉 玉雕龙凤纹璧	直径19cm	64,964	中国嘉德	2015.04.06
西汉 玉璧	直径15.8cm	665,231	纽约佳士得	2015.03.19
西汉 生坑白玉蝌蚪纹璧	直径11.2cm	354,683	万昌斯	2015.06.01
汉 玉雕龙纹璧	直径23.8cm	221,925	佳士得	2015.04.06
汉 玉雕龙纹璧	直径4.5cm	20,417	中国嘉德	2015.04.06
汉 玉雕螭龙纹璧	直径5cm	37,122	中国嘉德	2015.04.06
汉 生坑青玉蝌蚪纹璧	直径16.3cm	118,228	万昌斯	2015.06.01
汉 生坑白玉素璧	直径13.5cm	192,120	万昌斯	2015.06.01
汉 青玉谷纹璧	直径14cm	46,558	中国嘉德	2015.10.06
汉 带沁勾连纹玉璧	直径4.6cm	55,683	中国嘉德	2015.04.06
汉 "姬"字款玉璧	直径13cm	96,996	中国嘉德	2015.10.06
宋/明 玉雕俏色螭龙纹璧	直径6cm	46,403	中国嘉德	2015.04.06
宋 白玉带沁璧	直径9.5cm	46,403	中国嘉德	2015.04.06
元 白玉兽面夔龙纹璧	直径10cm	46,000	北京翰海	2015.11.29
元 玉雕双螭龙椭圆形璧	直径7.5cm	253,000	古天一	2015.06.06
元 青玉谷纹璧	直径19.9cm	80,500	中鸿信	2015.07.29
元 黄玉谷纹璧	直径8.3cm	140,000	中鸿信	2015.07.29
明/清 玉璧	直径10.7cm	78,263	纽约佳士得	2015.03.19
明/清 玉璧	直径12.1cm	50,871	纽约佳士得	2015.03.19
明 白玉雕望子成龙纹璧	直径7.5cm	89,600	天津文物	2015.05.22
明 白玉龙纹璧	直径5.5cm	69,000	北京翰海	2015.06.28
明 碧玉卧蚕纹璧	高14.9cm	55,200	北京保利	2015.04.25
明 黄玉浮雕苍龙教子小璧	长6.1cm	23,201	香港淳浩	2015.04.04
明 黄玉三螭龙纹璧	直径10.5cm	51,750	深圳市拍	2015.07.19
明 灰白玉透雕螭龙出廓璧	长8.9cm	23,201	香港淳浩	2015.04.04
明 旧玉螭龙纹璧	直径5.5cm	172,500	北京翰海	2015.11.29
明 青白玉铭文璧	直径6cm	138,000	辽宁中正	2015.06.13
明 青玉螭龙纹璧	直径10.2cm	34,500	北京翰海	2015.06.28
明 生坑白玉吉语圆璧	直径5.4cm	49,262	万昌斯	2015.06.01
明 长乐未央玉璧	直径8.4cm	20,700	西泠拍卖	2015.04.23
明晚期 星云纹玉璧	直径6.4cm	13,620	江苏聚德	2015.07.01
清中期 白玉仿古夔龙璧	宽7.5cm	115,000	北京保利	2015.06.08
清乾隆 白玉狮子戏球璧	直径6cm	34,500	北京翰海	2015.06.28
清乾隆 白玉龙凤纹璧	直径7.4cm	34,500	北京翰海	2015.06.28
清乾隆 白玉夔龙纹璧	直径5.5cm	23,000	北京翰海	2015.06.28
清乾隆 白玉甲子万年十二生肖璧	直径10.3cm	2,070,000	北京翰海	2015.06.28
清乾隆 白玉凤纹长宜子孙出廓璧	高16.1cm	4,197,500	北京匡时	2015.06.06
清乾隆 白玉螭龙纹璧	直径5.5cm	28,750	北京翰海	2015.06.28
清乾隆 白玉螭龙纹璧	直径5.4cm	23,000	北京翰海	2015.11.29
清乾隆 白玉螭龙纹璧	直径6cm	20,700	北京翰海	2015.11.29
清乾隆 白玉二龙戏珠璧形佩	高9.6cm	115,000	北京翰海	2015.11.29
清乾隆 白玉洒金螭龙纹璧	直径6cm	17,250	北京翰海	2015.11.29
清乾隆 白玉兽面纹璧形佩	直径5.2cm	23,000	北京翰海	2015.11.29
清乾隆 白玉太狮少狮璧	直径5.8cm	28,750	北京翰海	2015.11.29
清中期 白玉三羊开泰璧形佩	高6cm	11,500	北京翰海	2015.11.29
19世纪 青白玉雕十二章纹圭璧	高23.5cm	955,950	纽约苏富比	2015.09.15
清或以后 白玉璧	直径5.8cm	31,305	纽约佳士得	2015.03.19
清 玉雕谷纹璧	直径5.8cm	80,500	古天一	2015.06.06
清 黄玉雕五蝠纹璧	直径4.5cm	28,000	天津文物	2015.05.22
清 白玉小璧	长5.7cm	12,065	香港淳浩	2015.04.04
清 白玉龙纹璧	长9cm	38,688	香港淳浩	2015.07.30
清 白玉龙凤璧	直径5.7cm	25,300	北京保利	2015.04.25
清 白玉浮雕双螭小璧	长5.7cm	20,417	香港淳浩	2015.04.04
清 白玉雕双螭纹寿字璧	直径7cm	67,200	天津文物	2015.05.22
清 白玉雕兽面纹璧	直径5.8cm	56,000	天津文物	2015.05.22

*查看图片请参照凡例4方法

2015玉器拍卖成交汇总

(成交价RMB：1万元以上)

拍品名称	物品尺寸	成交价RMB	拍卖公司	拍卖日期
清 白玉雕谷钉纹玉璧	长13.5cm	138,000	辽宁中正	2015.06.13
清 白玉雕螭纹璧	直径5.4cm	89,600	天津文物	2015.05.22
清 白玉雕螭纹璧	直径10.5cm	67,200	天津文物	2015.05.22
清 白玉出廓璧	高5.5cm	11,300	辽宁建投	2015.08.30
清 白玉螭龙璧形佩	直径5.5cm	17,250	北京翰海	2015.03.15
清 白玉螭龙璧	直径5.4cm	13,800	中国嘉德	2015.06.27
清 白玉螭龙璧	直径5.6cm	23,000	中国嘉德	2015.09.20
清 白玉、黄玉璧（两件）	直径5.3cm	17,250	北京保利	2015.04.25
清 和田玉璧	直径5.5cm	15,106	诚昌国际	2015.12.01
清 青白玉变形龙纹璧	直径8.5cm	46,000	中国嘉德	2015.11.15
清 “螭龙”纹玉璧(两件)	直径6.7cm	25,616	万昌斯	2015.06.01
清 旧玉螭龙璧	直径10cm	14,950	北京翰海	2015.03.15
青玉四灵兽出廓璧	高19cm	418,000	北京中联	2015.01.18
青玉双螭龙出廓璧	直径16.5cm	792,000	北京中联	2015.01.18
青玉乳丁玉璧	直径8.5cm	440,000	北京中联	2015.01.18
青玉壳纹璧	直径10cm	2,202,750	AA中国艺海	2015.07.12
雷纹龙凤出廓玉璧	高18cm	7,560,000	皇家国际	2015.01.19
可能为中国东北部 新石器时代 红山文化 玉璧形器	宽9.8cm	58,697	纽约佳士得	2015.03.19
黄玉盘螭璧	直径6cm	1,277,595	AA中国艺海	2015.07.19
玉沁色璧	直径22cm	528,660	AA中国艺海	2015.07.12
小璧、小环、透雕佩（各一只）	尺寸不一	13,921	香港淳浩	2015.04.04
双龙玉璧	直径6.5cm	360,450	荣盛国际	2015.07.31
白玉沁色雕壳丁纹璧	直径16cm	1,585,980	AA中国艺海	2015.07.19
白玉雕螭纹璧	直径5.6cm	1,057,320	AA中国艺海	2015.07.11
白玉螭虎纹玉璧	重约25g	872,289	AA中国艺海	2015.02.03
白玉鼓钉纹小璧	长5.7cm	23,604	香港淳浩	2015.11.27
白玉兽纹璧	直径5.5cm	1,128,875	AA中国艺海	2015.12.02
玉 琮				
新石器时代 良渚文化 玉琮	宽6.5cm	375,660	纽约佳士得	2015.03.19
中国西北部 公元前20至10世纪 玉琮	高17.5cm	1,008,021	纽约佳士得	2015.03.19
公元前20至10世纪 玉琮	高7cm	109,568	纽约佳士得	2015.03.19
公元前10世纪 玉琮	高5.6cm	50,871	纽约佳士得	2015.03.19
齐家文化 黄玉带沁琮	高5.5cm	197,046	万昌斯	2015.06.01
商 黄玉琮形饰	直径4.5cm	148,699	纽约佳士得	2015.03.19
可能为商 玉琮	高4.1cm	50,871	纽约佳士得	2015.03.19
可能为东周 玉琮	高25cm	857,757	纽约佳士得	2015.03.19
可能为东周 玉琮	高19.7cm	586,969	纽约佳士得	2015.03.19
东周 玉琮	宽7.5cm	1,233,417	纽约佳士得	2015.03.19
汉 黄玉带沁“夔凤”纹琮	长4.6cm	295,569	万昌斯	2015.06.01
宋 玉琮	7cm×7cm	204,171	中国嘉德	2015.04.06
明以前 玉琮	高4cm	897,000	古天一	2015.06.06
明以前 玉琮	高11cm	437,000	古天一	2015.06.06
明以前 玉琮	高3.5cm	402,500	古天一	2015.06.06
明 玉琮	高7.0cm	13,800	西泠拍卖	2015.04.23
明 玉琮	高6.3cm	11,350	江苏聚德	2015.07.01
明 玉琮	高7.3cm	132,250	中国嘉德	2015.09.20
明 旧玉神人玉琮	长9cm	69,000	北京匡时	2015.06.06
清或更早 青玉雕仿古琮	高12.7cm	47,798	纽约苏富比	2015.09.15
清 玉琮	高18.75cm	3,680,000	北京翰海	2015.06.27
清 玉琮	高3.5cm	115,000	北京翰海	2015.06.27
清 青白玉云纹双联琮式坠	长4.5cm	23,000	中国嘉德	2015.04.02
清 黄玉琮	高6.5cm	43,044	纽约佳士得	2015.03.19
绳纹玉琮	通高16cm	852,264	荣盛国际	2015.01.10

拍品名称	物品尺寸	成交价RMB	拍卖公司	拍卖日期
玉沁色琮	高7cm	2,290,860	AA中国艺海	2015.07.19
杨光 灵佑 碧玉琮形把件	高2.3cm	28,750	西泠拍卖	2015.07.04
和田玉琮	高99cm	184,230	澳门中信	2015.06.21
玉 圭				
公元前20至10世纪 玉圭	长22.8cm	187,830	纽约佳士得	2015.03.19
明 灰玉圭	高22.2cm	54,784	纽约佳士得	2015.03.19
明以前 张君谋旧藏玉圭	长17cm	126,500	西泠拍卖	2015.07.05
清中期 白玉十二章圭璧	高17.7cm	460,000	北京匡时	2015.12.05
清 黄玉圭璧	高约34cm	4,600,000	北京翰海	2015.06.27
清 白玉螭龙圭	高11cm	41,400	北京保利	2015.01.24
清 碧玉圭	高23.2cm	23,000	北京翰海	2015.11.29
白玉乳钉纹圭璧	长12.5cm	1,215,918	AA中国艺海	2015.07.12
玉 璋				
新石器时代晚期/商 公元前20世纪 玉璋	长29.5cm	626,100	纽约佳士得	2015.03.19
明 端方旧藏古玉璋、璧（三件）	尺寸不一	1,150,000	北京保利	2015.06.06
元 旧玉牙璋	长30.5cm	299,000	北京翰海	2015.11.29
玉 册				
清乾隆 御制青玉填金十六应真玉册	长15.5cm	20,700,000	北京保利	2015.06.06
清乾隆 御制和阗碧玉暗刻描金“御制先农礼成有述”册	长15.5cm	2,875,000	上海泓盛	2015.06.20
清乾隆 御制碧玉西清古鉴册页	20.6cm×10.5cm	80,500	北京保利	2015.06.07
清乾隆 御题《绥边经制》青白玉册	19.4cm×11.4cm	2,195,040	香港苏富比	2015.04.07
清乾隆 乾隆皇帝亲书御制文墨玉册	高16.2cm	1,790,646	纽约苏富比	2015.03.17
清 碧玉龙纹册页	29cm×12.9cm	103,500	中贸圣佳	2015.05.20
白玉长宜子孙册	长15.7cm	13,800	中国嘉德	2015.09.20
二 佩玩件				
玉 玦				
公元前20至10世纪 玉玦一件及玉管两件	长3.7cm；长4.4cm	125,220	纽约佳士得	2015.03.19
明以前 黄玉雕龙形玦（一对）	直径6.3cm	63,250	西泠拍卖	2015.07.05
玉璇玑				
龙山文化 玉璇玑	直径10cm	29,099	中国嘉德	2015.10.06
周 玉璇玑	直径11.4cm	86,089	纽约苏富比	2015.03.17
明 白玉璇玑	直径13.7cm	690,000	北京翰海	2015.06.28
玉环、玉瑗				
可能为中国东北部 新石器时代 约公元前20世纪 玉瑗	直径10.3cm	74,349	纽约佳士得	2015.03.19
中国西北部 新石器时代 公元前20世纪 青玉瑗	直径10.5cm	86,089	纽约佳士得	2015.03.19
中国东南部 新石器时代 约公元前30世纪 玉瑗（两件）	直径6.5cm	27,392	纽约佳士得	2015.03.19
中国东南部 新石器时代 公元前30世纪 玉环（两件）	宽7.7cm	508,706	纽约佳士得	2015.03.19
安徽地区 新石器时代 公元前30世纪 玉瑗	直径9cm	39,131	纽约佳士得	2015.03.19
新石器时代/商 公元前20世纪 青玉瑗	直径8.5cm	133,046	纽约佳士得	2015.03.19
新石器时代 良渚文化 玉瑗	直径8.9cm	109,568	纽约佳士得	2015.03.19
新石器时代 良渚文化 玉瑗	直径9cm	35,218	纽约佳士得	2015.03.19
新石器时代 良渚文化玉雕面形纹瑗	直径9.5cm	586,969	纽约佳士得	2015.03.19
新石器时代 公元前30至20世纪 玉环（两件）	直径10.4cm	101,741	纽约佳士得	2015.03.19
新石器时代 公元前20世纪 玉环（两件）	宽10.3cm；宽9.8cm	58,697	纽约佳士得	2015.03.19

拍品名称	物品尺寸	成交价RMB	拍卖公司	拍卖日期
春秋 谷纹玉环	直径4.5cm	55,683	中国嘉德	2015.04.06
商 玉瑗	高5.4cm	66,523	纽约佳士得	2015.03.19
战国晚期 玛瑙环（两件）	直径8.9cm	32,870	纽约佳士得	2015.03.19
战国 生坑白玉绞丝环	直径4.3cm	31,527	万昌斯	2015.06.01
战国 玛瑙小环（两件）	直径5.1cm	125,220	纽约佳士得	2015.03.19
战国 谷纹齿轮环	直径5.3cm	75,657	中国嘉德	2015.10.06
汉 青玉带沁绞丝环	直径5.6cm	10,838	万昌斯	2015.06.01
元 白玉绞丝纹环、勒（四件）	直径4cm；高5cm	920,000	北京翰海	2015.06.28
元 白玉卧蚕纹环	直径5.5cm	287,500	北京翰海	2015.11.29
明 白玉螭龙纹环	直径6.1cm	264,500	北京翰海	2015.06.28
明 白玉谷纹环	直径8.2cm	368,000	北京翰海	2015.06.28
明 碧玉环	直径5.7cm	2,528,680	卓艺拍卖	2015.11.18
明 黄玉貂皮螭龙纹绦环	长9.5cm	69,000	北京匡时	2015.12.05
明 旧玉环	直径8.5cm	63,250	中国嘉德	2015.11.15
明 玛瑙雕螭龙耳活环杯（一对）	高3.2cm；宽9.cm	138,000	西泠拍卖	2015.07.05
明 青玉环	直径4cm	57,500	北京翰海	2015.11.29
清早期 白玉环	直径10.3cm	207,000	北京翰海	2015.06.28
清早期 白玉螭龙纹双环	直径4.8cm	28,750	北京翰海	2015.11.29
清乾隆 青白玉雕夔龙纹蚩尤环	直径7cm	23,000	中鸿信	2015.07.29
清乾隆 白玉绞丝环	直径4.3cm	23,000	北京保利	2015.04.26
清乾隆 白玉雕螭龙纹玉环	直径5.9cm	172,500	中鸿信	2015.07.29
清乾隆 白玉螭龙纹环	直径5.4cm	36,800	中鸿信	2015.07.29
清乾隆 乾隆款白玉雕龙纹环	长11.5cm	287,500	北京翰海	2015.11.28
清中期 白玉螭龙纹环、童子、诗文佩挂件（三件）	高3cm	23,000	北京翰海	2015.06.28
清中期 白玉螭龙纹环	直径7.8cm	46,000	北京翰海	2015.06.28
清中期 白玉螭龙纹环	直径5.5cm	414,000	北京翰海	2015.11.29
清中期 白玉龙凤纹环、山水文字勒（二件）	高3cm；直径6cm	17,250	北京翰海	2015.11.29
清中期 白玉山水泛舟环	直径6.2cm	11,500	北京翰海	2015.11.29
清 白玉沁色雕双螭纹环	直径5.5cm	830,852	卓艺拍卖	2015.11.18
清 白玉双螭环	直径5.2cm	46,000	中国嘉德	2015.11.15
清 勾云纹白玉小环	直径3.6cm	33,161	香港淳浩	2015.07.30
清 白玉指环、连环套（三件）	尺寸不一	10,209	香港淳浩	2015.04.04
清 白玉指环（十件）	尺寸不一	23,201	香港淳浩	2015.04.04
清 白玉云螭纹环	长5.5cm	13,921	香港淳浩	2015.04.04
清 白玉双龙戏珠环	长5.5cm	32,200	北京匡时	2015.06.06
清 白玉三财环	长5cm	23,000	北京匡时	2015.06.06
清 白玉龙形环	直径4.5cm	23,201	香港淳浩	2015.04.04
清 白玉龙纹环	直径3cm	313,050	纽约佳士得	2015.03.19
清 白玉刻勾云纹龙首带勾连环	长11.7cm	27,842	香港淳浩	2015.04.04
清 白玉环	直径5.4cm	23,000	北京东正	2015.05.19
清 白玉浮雕运财老鼠环	长5.3cm	27,842	香港淳浩	2015.04.04
清 白玉螭龙纹环（两件）	长6.2cm	121,050	佳士得	2015.04.06
白玉沁色三才纹环	内径6.5cm	1,762,200	AA中国艺海	2015.07.11
白玉环、璧	直径6cm	1,057,320	AA中国艺海	2015.07.11
白玉螭龙环	直径3.5cm	511,038	AA中国艺海	2015.06.20
白玉螭虎环（一对）	直径5.4cm	13,800	中国嘉德	2015.04.02
白玉龙形环	长6.7cm	28,325	香港淳浩	2015.11.27
白玉沁色雕双螭纹环	直径5.5cm	1,246,278	AA中国艺海	2015.12.02
玉管、玉勒				
红山文化 黄玉蚕及黄玉扁勒	长4.5cm	29,557	万昌斯	2015.06.01
新石器时代晚期/商早期 玉管形饰	长3.5cm	133,046	纽约佳士得	2015.03.19
新石器时代晚期/商 约公元前20至10世纪 玉管形饰（四件）	尺寸不一	39,131	纽约佳士得	2015.03.19

拍品名称	物品尺寸	成交价RMB	拍卖公司	拍卖日期
新石器时代/商 褐玉管形饰及青玉管形饰	长5cm；长3.6cm	62,610	纽约佳士得	2015.03.19
新石器时代 约公元前10世纪 白玉管形饰（两件）	长9.5cm	187,830	纽约佳士得	2015.03.19
新石器时代 良渚文化 玉管形饰（四件）	尺寸不一	35,218	纽约佳士得	2015.03.19
新石器时代 良渚文化 玉管形饰（三件）	尺寸不一	54,784	纽约佳士得	2015.03.19
新石器时代 良渚文化 玉管形饰	长6.8cm	58,697	纽约佳士得	2015.03.19
可能为新石器时代 玉管	长16cm	43,044	纽约佳士得	2015.03.19
商 青玉管形饰	长7cm	273,919	纽约佳士得	2015.03.19
西周晚期/战国 玛瑙管形饰（五件）	尺寸不一	35,218	纽约佳士得	2015.03.19
西周 玉束腰勒子	长7cm	29,099	中国嘉德	2015.10.06
东周 玉管	长6.7cm	156,525	纽约佳士得	2015.03.19
明 白玉雕“螭龙”纹勒子（两件）	尺寸不一	15,764	万昌斯	2015.06.01
明 白玉谷纹勒	高7.8cm	207,000	北京翰海	2015.06.28
明 黄玉螭龙纹勒	高5.7cm	264,500	北京翰海	2015.06.28
明 玉兽面纹勒子	8cm	33,600	天津文物	2015.05.22
明以前 管型玉勒	长7.5cm	299,000	古天一	2015.06.06
明以前 喇叭形玉勒	高4cm	149,500	古天一	2015.06.06
明以前 三角形玉勒	长5cm	94,300	古天一	2015.06.06
明以前 阴刻玉勒	高3.5cm	172,500	古天一	2015.06.06
明以前 玉勒串饰	尺寸不一	69,000	古天一	2015.06.06
明 白玉螭龙纹翎管	高7.5cm	13,800	北京翰海	2015.06.28
明 白玉经文勒	高6cm	20,700	北京翰海	2015.11.29
明 白玉洒金勒	高2.3cm	34,500	北京翰海	2015.11.29
明 白玉兽面经文方勒	高7.9cm	29,900	北京翰海	2015.11.29
明 旧玉八卦纹勒	高3.5cm	57,500	北京翰海	2015.11.29
明 旧玉螭龙纹方勒	高5.5cm	92,000	北京翰海	2015.11.29
明 旧玉琮式勒	高5.4cm	57,500	北京翰海	2015.11.29
明 旧玉冈卯、文字勒（二件）	长2.8cm	34,500	北京翰海	2015.11.29
明 旧玉勾云纹勒	高4cm	57,500	北京翰海	2015.11.29
明 旧玉如意云纹勒	高6.5cm	241,500	北京翰海	2015.11.29
明 旧玉兽面纹勒	高2.2cm	23,000	北京翰海	2015.11.29
明 旧玉文字勒	高4.3cm	92,000	北京翰海	2015.11.29
明 玉谷文勒	1.9cm×3.8cm	172,500	中国嘉德	2015.11.14
明/清 玉仿古管形坠（两件）	长5.4cm	58,697	纽约佳士得	2015.03.19
清或以前玉仿古管形坠	长7.6cm	117,394	纽约佳士得	2015.03.19
清早期 白玉佛、经文勒挂件（二件）	高4.2cm	34,500	北京翰海	2015.06.28
清乾隆白玉般若波罗蜜多心经方勒	高9cm	92,000	北京翰海	2015.11.29
清乾隆 白玉波若蜜心经勒子	长5.5cm	57,500	北京保利	2015.11.01
清中期 青玉浅刻勾云纹勒	高3.2cm	57,500	北京翰海	2015.11.29
清中期 和田白玉翎管	重43.7g	39,200	山东图腾	2015.05.10
清 玉管	长17.8cm	322,000	北京翰海	2015.06.27
清 玉螭虎纹方管	长15.24cm	460,000	北京翰海	2015.06.27
清 青玉留皮翎管	长7cm	10,350	中国嘉德	2015.04.02
清 白玉诗文管	高6.2cm	46,000	江苏爱涛	2015.01.11
清 白玉沁色翎管	长7.7cm	17,250	北京保利	2015.04.26
清 白玉留皮翎管	高7.5cm	20,700	上海泓盛	2015.06.20
清 白玉翎管	高7.4cm	20,700	江苏爱涛	2015.01.11
清 白玉翎管	长7.7cm	17,250	北京保利	2015.04.26
清 白玉翎管	长7.5cm	13,000	中国嘉德	2015.04.02

2015玉器拍卖成交汇总

（成交价RMB：1万元以上）

拍品名称	物品尺寸	成交价RMB	拍卖公司	拍卖日期
清 白玉带洒金皮“翎管”	长6.1cm	88,671	万昌斯	2015.06.01
清 白玉带皮“吉庆”“福寿”翎管	长5.8cm	35,468	万昌斯	2015.06.01
清 白玉翎管	长7cm	48,300	北京保利	2015.12.09
清 带皮白玉刻螭龙纹翎管	长6.8cm	21,715	香港淳浩	2015.11.27
清 白玉松鹤图勒子	长2.8cm	11,500	中国嘉德	2015.06.27
陈冠军 和田玉籽料芳鹿走青勒子	长7.3cm	57,500	北京正道	2015.11.01
陈四海 白玉雕弥勒挂件	长4.1cm	35,840	上海联合	2015.11.01
范同生 和田籽料弥勒佛吊坠	长5.3cm	50,400	北京荣宝	2015.11.29
高俊华 和田玉籽料弥勒把件	长6.0cm	13,800	北京正道	2015.11.01
顾铭 如来说法 白玉勒子	长3.8cm	13,800	西泠拍卖	2015.04.18
侯晓锋 南红玛瑙弥勒佩	长3.8cm	40,250	北京正道	2015.11.01
倪展勇 和田玉弥勒佛挂件	长4.0cm	17,250	北京正道	2015.11.01
王金忠 和田玉籽料弥勒挂件	长3.6cm	57,500	北京正道	2015.11.01
殷小金 春风如醉 白玉勒子	长4.8cm	46,000	西泠拍卖	2015.07.04
俞艇 凝晖 白玉勒子（一对）	长5.1cm	69,000	西泠拍卖	2015.04.18
玉勒子（一组）	尺寸不一	324,000	香港铮鼎	2015.04.28
张静 黄玉弥勒挂件	长3.8cm	32,200	北京正道	2015.11.01
玉扳指				
清乾隆 青金石御题诗文扳指	直径3.2cm	280,350	佳士得	2015.06.03
清乾隆 甘黄玉刻乾隆御题诗扳指	直径2.5cm	391,313	纽约苏富比	2015.03.17
清乾隆 白玉俏色如意乾隆御题诗文扳指	直径3.2cm	96,996	中国嘉德	2015.10.06
清乾隆 白玉雕梵文金刚杵板指	直径2.6cm	230,000	北京保利	2015.06.07
清中期 白玉山水人物扳指	内径2.2cm	17,250	北京翰海	2015.06.28
清中期 白玉镂雕螭龙扳指	直径3cm	74,750	中国嘉德	2015.04.02
清中期 白玉灵芝扳指	高2.5cm	34,500	华艺国际	2015.05.24
清中期 白玉鸿运当头扳指	长3.5cm	48,300	北京诚轩	2015.05.17
清中期 白玉扳指	直径3.5cm	74,244	中国嘉德	2015.04.06
18世纪/19世纪 白玉梅花纹扳指	高2.5cm	67,713	邦瀚斯	2015.09.14
18世纪/19世纪 白玉雕米芾拜石图扳指	直径3.2cm	55,764	纽约苏富比	2015.09.15
18世纪白玉鹿纹扳指白玉洒金扳指	直径3cm	234,820	帝图艺术	2015.04.12
18世纪 白玉骏马山水扳指	直径3cm	51,781	邦瀚斯	2015.09.14
18世纪 白玉雕携琴访友图板指	直径3.3cm	200,250	香港苏富比	2015.06.01
清 玉扳指（4件）		10,925	北京翰海	2015.03.15
清 于硕微雕山水诗文扳指	高3cm	20,700	西泠拍卖	2015.07.05
清 童叟图玉扳指	直径3.6cm	13,620	江苏聚德	2015.07.01
清 青白玉带皮扳指	直径2.1cm	28,250	辽宁建投	2015.08.30
清 浅浮雕山水人物白玉扳指	直径3.2cm	253,000	北京东正	2015.05.19
清 白玉御题诗扳指	直径4cm	43,700	北京保利	2015.01.24
清 白玉梅花扳指	直径3.6cm	23,000	北京保利	2015.06.08
清 白玉镂空雕龙纹扳指	直径3cm	500,000	江苏爱涛	2015.01.11
清 白玉雕人物纹扳指	直径3cm	13,440	天津文物	2015.05.22
清 白玉带沁“忠孝儿”扳指	直径2.7cm	17,734	万昌斯	2015.06.01
清 白玉带金皮翎管及黄玉红沁扳指（二件）	高7cm	33,949	保利香港	2015.10.06
清 白玉扳指（两件）	直径3.5cm	13,800	中国嘉德	2015.05.16
清 白玉扳指	直径3.5cm	42,560	天津文物	2015.05.22
清 白玉扳指	直径2.2cm	11,300	辽宁建投	2015.08.30
清 白玉扳指（二件）	直径3.5cm	20,700	中国嘉德	2015.11.15
白玉扳指	直径3cm	334,818	AA中国艺海	2015.06.20
白玉扳指		17,250	深圳市拍	2015.07.19
白玉扳指（两个）	尺寸不一	10,000	上海驰翰	2015.05.09
白玉留皮巧雕龙纹扳指	长4.7cm	72,800	上海联合	2015.05.24

拍品名称	物品尺寸	成交价RMB	拍卖公司	拍卖日期
扳指（五只）	尺寸不一	126,500	中国嘉德	2015.06.27
扳指（五只）	尺寸不一	11,500	中国嘉德	2015.09.20
沉香木朝珠 碧玉扳指各一件	长72cm	20,700	中国嘉德	2015.06.27
沉香木朝珠 碧玉诗文扳指各一件	长102cm	11,500	中国嘉德	2015.06.27
陈春波 和田玉籽料龙凤呈祥扳指	长5.6cm	74,750	北京正道	2015.11.01
葛洪 萃古熙今 白玉琮形扳指	直径4.5cm	195,500	西泠拍卖	2015.07.04
和田白玉饕餮兽面扳指	重102g	138,000	杭州如愿	2015.01.25
和田籽料洒金皮龙凤扳指	重115g	184,000	杭州如愿	2015.01.25
彭志勇 白玉雕兽面纹扳指	直径4.8cm	39,200	上海联合	2015.11.01
汪德海 白玉雕龙纹扳指	长3.7cm	172,500	中国嘉德	2015.05.16
吴金星 和田玉籽料螭龙纹扳指	长4.2cm	69,000	北京正道	2015.11.01
张迎尧 金镶玉描金山水纹扳指	内径2cm	20,160	上海联合	2015.05.24
玉带饰（带板、铊尾）				
元 玉雕龟鹤祥云带穿	长5.3cm	51,043	香港淳浩	2015.04.04
元 带皮白玉浮雕灵芝亚字形带穿	长3.5cm	13,921	香港淳浩	2015.04.04
元 白玉包金胡人吹芦笙带板	5.1cm×4.7cm	172,500	中鸿信	2015.07.29
元 白玉胡人戏狮纹带饰	高5.2cm	63,250	北京保利	2015.04.25
元 白玉巧色犀牛望月纹带饰	高4.4cm	71,300	北京保利	2015.04.25
元 白玉狮戏球纹鎏金铜带饰	高6.6cm	48,300	北京保利	2015.04.25
元白玉松鹤鹿灵芝纹带饰（三件）	高3.8cm	51,750	北京保利	2015.04.25
元 白玉鹰熊纹带饰	高5.1cm	32,200	北京保利	2015.04.25
元 青白玉浮雕螭龙纹亚字形带板	长4.7cm	16,705	香港淳浩	2015.04.04
元/明 青白玉镂雕连生贵子带板（十二件）	宽3.8cm	250,440	纽约佳士得	2015.03.19
元 玉雕龙纹带板	9cm×7.5cm	230,000	古天一	2015.06.06
明 白玉雕龙纹带板	长8cm	89,600	天津文物	2015.05.22
明 白玉雕龙纹带板	长6.8cm	72,800	天津文物	2015.05.22
明 白玉雕龙纹带板	长7.8cm	72,800	天津文物	2015.05.22
明 白玉雕龙纹带饰	长10.2cm	134,400	天津文物	2015.05.22
明 白玉福寿喜云龙纹带板	高6.4cm	74,750	北京保利	2015.04.25
明 白玉花鸟云纹铊尾	高5.75cm	97,750	北京保利	2015.04.25
明 白玉龙纹大带板	长14.8cm	46,403	香港淳浩	2015.04.04
明 白玉龙纹带板	长8.2cm	25,985	香港淳浩	2015.04.04
明 白玉龙纹铊尾饰板	长13cm	116,006	香港淳浩	2015.04.04
明 白玉龙纹桃形带板	长6.2cm	16,705	香港淳浩	2015.04.04
明 白玉巧色万喜灵芝龙纹铊尾	高4.9cm	89,700	北京保利	2015.04.25
明 白玉双龙抢珠纹带板	高4.2cm	51,750	北京保利	2015.04.25
明 白玉松竹牡丹纹桃形带板（一对）	高5.6cm	34,500	北京保利	2015.04.25
明 白玉透雕百子千孙带板	长7.4cm	148,488	香港淳浩	2015.04.04
明 白玉透雕龙纹带板	长9.6cm	55,269	香港淳浩	2015.07.30
明 白玉透雕麒麟纹带板	长8.1cm	23,000	深圳市拍	2015.07.19
明 白玉透雕秋山纹带板	长8.6cm	29,698	香港淳浩	2015.04.04
明白玉透雕松鹿长春带板（三件）	尺寸不一	35,266	香港淳浩	2015.04.04
明 白玉透雕童子带板	长5.7cm	13,921	香港淳浩	2015.04.04
明 白玉透雕云龙纹带饰	长6.8cm	11,500	北京保利	2015.06.08
明 白玉镂雕龙纹带板	长7.5cm	20,700	北京保利	2015.11.01
明 灰白玉透雕龙纹带板	长9.6cm	13,921	香港淳浩	2015.04.04
明 青白玉红沁螭龙纹带板	长8cm	35,266	中国嘉德	2015.04.06
明 青白玉镂雕灵芝纹带板	长10.6cm	77,597	中国嘉德	2015.10.06
明 透雕灵芝纹带板	长10.6cm	41,762	香港淳浩	2015.04.04
明 玉雕龙纹带板（三件）	尺寸不一	13,800	北京保利	2015.04.26
明 玉龙纹带板	长15.5cm	48,300	北京保利	2015.06.08
明以前 玉雕胡人伎乐纹带板	长4cm	241,500	古天一	2015.06.06
清早期 白玉双鹤诗文带饰	高7cm	34,500	北京翰海	2015.11.29

(成交价RMB：1万元以上)

拍品名称	物品尺寸	成交价RMB	拍卖公司	拍卖日期
清乾隆 白玉诗文带板	长5.1cm	23,000	八益拍卖	2015.11.01
清乾隆 铜鎏金錾花嵌玉带饰（一对）	尺寸不一	138,000	北京保利	2015.06.07
清 白玉雕花蝶纹带饰	长5.5cm	168,000	天津文物	2015.05.22
清 白玉浮雕螭龙纹带板	长5.1cm	13,921	香港淳浩	2015.04.04
清 白玉浮雕福禄寿带板	长7cm	18,561	香港淳浩	2015.04.04
清 白玉龙纹带板、狮子带扣（两件）	长10.5cm	10,350	北京保利	2015.04.25
清 白玉带饰（一对）	长7cm	34,500	北京保利	2015.11.01
清 白玉灯笼形双喜纹带穿	长5.8cm	11,054	香港淳浩	2015.07.30
清 白玉雕和合二仙带穿	长5.7cm	18,561	香港淳浩	2015.04.04
清 玛瑙巧雕鱼藻纹带饰	长5.4cm	101,200	东正南京	2015.07.02
玉雕带饰（十三件）	长12.5cm	40,350	佳士得	2015.04.06
白玉龙纹带板（一套十三件）	尺寸不一	63,250	中国嘉德	2015.09.20
吴金星 和田玉籽料铺首佩	长5.0cm	34,500	北京正道	2015.11.01
玉带钩(龙钩)				
红山文化 龙钩	高16cm	23,546	澳门中信	2015.11.08
红山文化 龙钩	高13cm	14,128	澳门中信	2015.11.08
红山文化 龙钩	高12cm	14,128	澳门中信	2015.11.08
战国 和田玉带钩	长11cm	692,064	香港中怡	2015.01.22
战国-汉 弦纹水晶带钩	长10cm	33,949	中国嘉德	2015.10.06
汉 白玉带沁凤首带钩	长8.5cm	18,561	中国嘉德	2015.04.06
汉 玉龙纹带钩（两件）	长13.5cm	125,220	纽约佳士得	2015.03.19
汉末/六朝 玉龙纹带钩	宽4.5cm	50,871	纽约佳士得	2015.03.19
明 白玉螭龙纹带钩	长12.2cm	66,700	北京翰海	2015.06.28
明 白玉螭龙纹带钩	长8cm	32,200	苏州东方	2015.07.02
明 白玉雕凤纹带钩	10cm	31,360	天津文物	2015.05.22
明 带沁玉龙钩	长9.5cm	116,395	中国嘉德	2015.10.06
明 黄玉凤首带钩	长92cm	82,200	香港苏富比	2015.10.07
明 灰白玉巧色苍龙教子带钩	长13cm	102,750	香港苏富比	2015.10.07
明 生坑白玉“苍龙教子”带钩	长11cm	73,892	万昌斯	2015.06.01
明 生坑白玉“鹅头”钩	长6.8cm	25,616	万昌斯	2015.06.01
明末/清早期 玉雕龙纹带钩	宽14.6cm	21,914	纽约佳士得	2015.03.19
明末/清早期 玉雕龙纹带钩（两件）	长15.3cm	32,870	纽约佳士得	2015.03.19
明晚期 水晶龙首带钩	长12.5cm	28,375	江苏聚德	2015.07.01
17世纪/18世纪 白玉雕龙首带钩	长11.7cm	23,899	纽约苏富比	2015.09.15
清或以前 白玉凤首带钩	长7cm	23,479	纽约佳士得	2015.03.19
清早期 白玉雕苍龙教子带钩	长9.5cm	14,950	华艺国际	2015.03.29
清早期 白玉马首带钩	长10.1cm	11,500	北京翰海	2015.06.28
清早期 和田白玉玉龙钩	重53g	149,500	杭州如愿	2015.01.25
清乾隆 白玉鹅首带钩	长11cm	22,200	景薰楼	2015.06.21
清乾隆 白玉仿古龙纹带钩	长7.5cm	310,500	北京保利	2015.06.07
清乾隆 白玉龙勾	长13.5cm	43,700	北京保利	2015.04.26
清乾隆 白玉龙首带钩	长12.5cm	69,000	中国嘉德	2015.04.02
清乾隆 白玉龙首带钩	长12.1cm	43,700	中国嘉德	2015.04.02
清乾隆 白玉龙纹带钩	长12.8cm	23,000	辽宁中正	2015.06.13
清乾隆 白玉马首带钩	长11cm	55,200	北京保利	2015.06.08
清乾隆 白玉三阳开泰带钩	长9.8cm	420,525	香港苏富比	2015.06.01
清乾隆 青玉雕苍龙教子大龙钩	长12cm	74,750	北京保利	2015.12.09
清中期 白玉龙首带钩	长15.5cm	69,000	北京保利	2015.12.09
清中期白玉螭龙带钩柄形镶银质镜	长23.9cm	35,840	中鸿信	2015.07.29
清中期 青白玉龙首带钩	长10.5cm	34,500	中国嘉德	2015.04.02
18世纪 白玉雕龙纹带钩	长9cm	39,131	纽约佳士得	2015.03.19
18世纪 白玉雕龙纹带钩	长14cm	37,566	纽约佳士得	2015.03.19
18世纪 白玉浮雕螭龙纹带钩	长12.5cm	110,963	香港苏富比	2015.04.07
18世纪 白玉雄鹰带钩	长8.5cm	420,525	香港苏富比	2015.06.01
18世纪 黄玉雕龙纹带钩	宽9.5cm	66,523	纽约佳士得	2015.03.19
18世纪 青白玉苍龙教子卷草纹带钩	长122cm	51,375	香港苏富比	2015.10.07
18世纪/19世纪 白玉雕螭龙纹带钩	长11.7cm	66,523	纽约苏富比	2015.03.21
18世纪/19世纪 白玉龙带钩	长12.1cm	280,350	香港苏富比	2015.06.01
19世纪 白玉镂雕龙纹带钩	长12.7cm	49,305	纽约苏富比	2015.03.21
19世纪 青白玉龙首带钩六件	尺寸不一	24,030	香港苏富比	2015.06.01
19世纪 青玉龙纹带钩	长12.5cm	31,865	邦瀚斯	2015.09.14
清 白玉神兽纹龙首带钩	长12cm	11,823	万昌斯	2015.06.01
清 白玉蝉纹龙首带钩（两件）	长8.6cm	13,800	中国嘉德	2015.04.02
清 白玉雕苍龙教子及羊首带钩各一件	长13cm	51,750	西泠拍卖	2015.07.05
清 白玉雕苍龙教子纹带钩	长14cm	95,200	天津文物	2015.05.22
清 白玉雕苍龙教子纹带钩	长13cm	50,400	天津文物	2015.05.22
清 白玉雕苍龙教子纹带钩	长12cm	50,400	天津文物	2015.05.22
清 白玉雕螭纹龙首带钩	长11.5cm	33,600	天津文物	2015.05.22
清 白玉雕螭纹龙首带钩	长11.3cm	28,000	天津文物	2015.05.22
清 白玉雕螭纹龙首带钩等	尺寸不一	80,640	天津文物	2015.05.22
清 白玉浮雕螭龙带勾	长13.1cm	38,688	香港淳浩	2015.07.30
清 白玉龙勾	长13.5cm	48,300	北京保利	2015.04.26
清 白玉龙首带勾	长9.4cm	17,633	香港淳浩	2015.04.04
清 白玉马首带钩	长10.8cm	23,000	博美拍卖	2015.07.19
清 白玉瓦当纹带钩（配白料珠）		59,800	古天一	2015.06.06
清 和田白玉龙带钩	宽12cm	28,325	诚昌国际	2015.12.02
清 和田白玉龙带钩	宽10cm	26,436	诚昌国际	2015.12.02
清 玉带钩	长5cm	57,500	北京翰海	2015.06.27
清 玉带钩		11,500	北京翰海	2015.03.15
清 玉龙勾	长11.5cm	16,100	北京翰海	2015.03.15
白玉龙形带钩	长11.3cm	14,000	上海驰翰	2015.05.09
白玉琵琶型带钩	长13cm	193,842	AA中国艺海	2015.06.20
白玉沁色雕龙首螭纹带钩	长11.5cm	767,635	卓艺拍卖	2015.11.21
和田玉 龙形玉带钩	长6cm	23,000	河南豫呈祥	2015.01.18
兽面皮带钩	直径8cm	68,062	香港龙玺	2015.09.19
玉带扣				
清乾隆 白玉苍龙教子带扣	长12cm	69,000	中鸿信	2015.07.29
清嘉庆 白玉寿字诗文带扣	直径4.8cm	34,500	北京翰海	2015.06.28
清中期 白玉镂雕龙纹带扣（两件）	长10cm	13,800	北京保利	2015.04.26
清中期 青白玉双龙带扣	长8.2cm	13,800	北京保利	2015.12.09
清 白玉瓜瓞连绵带扣	长9cm	17,250	中国嘉德	2015.06.27
清 白玉福字带扣	长5.5cm	13,800	北京保利	2015.04.26
清 白玉刻双清纹带扣	长6.3cm	23,604	香港淳浩	2015.11.27
清 白玉龙纹带扣	长6.7cm	40,250	中国嘉德	2015.11.15
清 青白玉兽首菊花带扣	长11.5cm	767,635	卓艺拍卖	2015.11.18
18世纪/19世纪 青白玉雕螭龙纹带扣及扳指	长14.6cm	62,610	纽约苏富比	2015.03.21
18世纪 白玉雕夔龙纹带扣	长10.8cm	51,781	纽约苏富比	2015.09.15
白玉雕博古龙纹金质带扣	长6.6cm	28,000	上海联合	2015.11.01
玉 锁				
18世纪/19世纪 白玉“福寿双全”锁片	6.7cm×9cm	200,250	香港苏富比	2015.06.01
清 白玉“玉堂富贵”锁	长8.5cm	10,838	万昌斯	2015.06.01
清 白玉雕玉堂富贵纹锁	长7.5cm	22,400	天津文物	2015.05.22
清 白玉雕长命富贵纹锁	长7.8cm	134,400	天津文物	2015.05.22
清 白玉花开富贵锁片	长7.4cm	13,921	香港淳浩	2015.04.04

2015玉器拍卖成交汇总

(成交价RMB：1万元以上)

拍品名称	物品尺寸	成交价RMB	拍卖公司	拍卖日期
玉 磬				
明早期 白玉兽面纹磬	长17.5cm	195,500	中鸿信	2015.07.29
明崇祯 御制碧玉描金龙纹黄钟编磬	宽39.2cm	328,400	佳士得	2015.12.02
清乾隆26年 青玉刻御制诗文描金云龙纹"第十二应钟"特磬	磬宽28.5cm	10,120,000	北京保利	2015.06.06
清乾隆 御制青玉描金龙纹"大吕"磬	长49cm	2,070,000	远方拍卖	2015.07.01
清乾隆白玉吉庆有余挂饰（一组）	尺寸不一	172,500	北京保利	2015.06.08
清乾隆 碧玉描金双龙戏珠纹倍夷则编磬	长47.9cm	2,003,240	佳士得	2015.12.02
清 白玉雕三多纹磬	尺寸不一	78,400	天津文物	2015.05.22
黄玉双狮纹磬形佩	宽7.1cm	45,394	佳士得	2015.04.06
清 碧玉描金龙纹磬	高56cm	11,500	北京保利	2015.11.01
玉柄形器				
红山文化 商代红山黄玉"兽面形器"及商玉"柄形器"（三件）	长14.8cm	27,586	万昌斯	2015.06.01
西周早期 玉鸟纹柄形饰	长15.2cm	172,178	纽约佳士得	2015.03.19
战国 带沁玉柄形器	长20cm	237,640	中国嘉德	2015.10.06
辽 玛瑙镶金镂雕一路连科刀柄	长16.8cm	39,131	纽约佳士得	2015.03.19
明/清 青白玉雕螭龙纹扇柄	长13.5cm	31,305	纽约佳士得	2015.03.19
清乾隆/嘉庆 灰青玉刻诗文拂尘柄	长13cm	159,325	纽约佳士得	2015.09.17
清 白玉马首柄	长11.3cm	27,635	香港淳浩	2015.07.30
清 痕都斯坦式玉柄	长7.8cm	18,561	香港淳浩	2015.04.04
18世纪/19世纪 青白玉如意云头扇柄	长16.5cm	79,663	纽约佳士得	2015.09.17
玉炉顶				
元 白玉雕龙纹炉顶	高6.4cm	140,000	天津文物	2015.05.22
元 白玉双螭云纹炉顶	高3.35cm	23,000	北京保利	2015.04.25
元 白玉透雕春水炉顶	高5.6cm	17,250	北京翰海	2015.06.28
元 白玉沁色荷塘鹭鸶炉顶	高5.5cm	460,000	中国嘉德	2015.11.15
元 白玉透雕龙纹炉顶	长6.5cm	92,000	北京保利	2015.12.09
元 白玉鸳鸯山子炉顶	长5cm	46,000	北京保利	2015.12.09
元 带皮白玉螭龙灵芝纹炉顶	长3.8cm	18,423	香港淳浩	2015.07.30
元 带皮白玉双螭灵芝纹炉顶	长3.9cm	59,875	香港淳浩	2015.07.30
元 带沁玉雕迦楼罗神炉顶	宽6.3cm	55,683	中国嘉德	2015.04.06
元 青白玉松鹤纹炉顶	长3.7cm	55,269	香港淳浩	2015.07.30
元/明 青玉镂雕鹭莲纹炉顶	高5.1cm	31,865	邦瀚斯	2015.09.14
明 白玉带沁"一路连科"炉顶	高3.7cm	59,114	万昌斯	2015.06.01
明 白玉荷塘鸳鸯纹炉顶	高3.8cm	48,300	北京保利	2015.04.25
明 玉雕春水秋山图炉顶	高6.2cm	20,700	西泠拍卖	2015.07.05
明 玉透雕秋水炉顶	高5.5cm	20,700	北京翰海	2015.03.15
清 白玉雕如意童子纹炉顶	高4.8cm	24,640	天津文物	2015.05.22
玉珠串、项链				
新石器时代 良渚文化 玉串饰（两件）	长2cm	133,046	纽约佳士得	2015.03.19
新石器时代 良渚文化 玉串饰（两件）	长1.6cm	547,838	纽约佳士得	2015.03.19
新石器时代 良渚文化 玉串饰	宽6cm	140,873	纽约佳士得	2015.03.19
新石器时代 良渚文化 玉串饰	长6.1cm	117,394	纽约佳士得	2015.03.19
新石器时代 良渚文化 玉串饰	长4.1cm	78,263	纽约佳士得	2015.03.19
公元前10世纪或以后 玉串饰（三件）	长7.5cm	1,308,549	纽约佳士得	2015.03.19
汉 多宝串	尺寸不一	48,498	中国嘉德	2015.10.06
元/明 古玉串	尺寸不一	230,000	北京东正	2015.05.19
明以前镶蚀玛瑙线珠（一组六粒）	尺寸不一	25,300	西泠拍卖	2015.07.05
明或更早 南红水晶串	长48cm	51,750	江苏爱涛	2015.01.11
明或更早 南红水晶串	长46cm	49,450	江苏爱涛	2015.01.11
明或更早 绿玛瑙水晶串	长60cm	34,500	江苏爱涛	2015.01.11
明或更早 多宝玛瑙串	长58cm	86,250	江苏爱涛	2015.01.11
明 玉多宝串（七件）		66,700	北京翰海	2015.06.28
明 琥珀项串（39粒）		40,250	北京翰海	2015.06.28
明 白玉沁色雕执莲童子纹多宝串	长8.5cm	35,840	天津文物	2015.05.22
明 白玉多宝串（五件）		66,700	北京翰海	2015.06.28
明 白玉多宝串（四件）		115,000	北京翰海	2015.06.28
明 白玉多宝串（二件）		69,000	北京翰海	2015.06.28
明 旧玉多宝串（六件）		230,000	北京翰海	2015.11.29
明 旧玉多宝串（三件）		34,500	北京翰海	2015.11.29
明 旧玉多宝串（五件）		57,500	北京翰海	2015.11.29
明 旧玉六棱珠（五件）		57,500	北京翰海	2015.11.29
清中期 白玉人物、鹅、夔龙纹佩串（三件）	高5cm	23,000	北京翰海	2015.06.28
清乾隆 属我有财一鸣惊人多宝串	尺寸各一	43,700	翰风国际	2015.06.19
清乾隆 多宝串	尺寸各一	28,750	翰风国际	2015.06.19
清乾隆 多宝串	尺寸各一	25,300	翰风国际	2015.06.19
清鎏金珊瑚珠顶珠	珠径约3cm	38,050	香港拍得高	2015.03.28
清 玉串饰连印章	直径2.3cm	1,383,681	纽约佳士得	2015.03.19
清 蜜蜡珠（两件）	长3cm	13,800	北京保利	2015.04.26
清 蜜蜡花卉纹圆珠（两件）	直径2.5cm	78,200	古天一	2015.06.06
清 蜜蜡（一串）	长40cm	230,000	北京东正	2015.05.19
清 龟甲、宝鸭、嘎拉哈多宝串	尺寸各一	10,215	博美拍卖	2015.07.19
清 白玉十二生肖串饰	尺寸不一	97,445	香港淳浩	2015.04.04
清 白玉多宝串		17,250	北京翰海	2015.07.19
清 白玉多宝串	长4.5cm	43,700	北京匡时	2015.06.07
清 白玉多宝串	长3.3cm	16,100	北京匡时	2015.06.07
清 白玉多宝串	长9cm	11,500	中国嘉德	2015.04.02
年代各一 白玉一鸣惊人多宝串	尺寸各一	29,900	翰风国际	2015.06.19
玉雕多宝串（两串）	长1.3cm	23,201	香港淳浩	2015.04.04
玉雕多宝串（两串）	长1.4cm	11,054	香港淳浩	2015.07.30
玉雕多宝串	长8.2cm	10,350	中国嘉德	2015.09.20
多宝手串	直径6cm	10,350	江苏爱涛	2015.01.11
珊瑚串饰	直径0.6cm	11,500	中国嘉德	2015.04.02
珊瑚"串串鲍鱼"件（5）	长1.7cm	29,477	香港拍得高	2015.01.24
金刚菩提串饰三串	长48cm	13,800	中国嘉德	2015.04.02
明或更早 玛瑙线珠手串	长51cm	20,700	江苏爱涛	2015.01.11
明以前 蜜蜡桶珠手串	珠径约1.9cm	55,200	西泠拍卖	2015.07.05
17世纪 黄玉手串	直径8.5cm	320,400	香港苏富比	2015.06.01
清 白玉108佛珠手串	长112cm	36,800	江苏爱涛	2015.01.11
清 白玉雕包袱十八子手串（珊瑚结珠）		140,300	古天一	2015.06.06
清白玉十八子手串（碧玺结珠背云）		46,000	古天一	2015.06.06
清 白玉松子形十八子手串（珊瑚结珠）		34,500	古天一	2015.06.06
清 碧玉手串	长18.5cm	11,500	中国嘉德	2015.05.16
清 东珠18子持珠	珠径1cm	25,300	西泠拍卖	2015.07.05
清 琥珀十八子手串	直径2cm	86,250	上海敬华	2015.06.30
清 琥珀十六籽手串（两串）	长20cm	14,950	北京匡时	2015.06.07
清 琥珀手串	长29.9cm	240,300	佳士得	2015.06.03
清 琥珀圆珠手串		25,300	福建东南	2015.05.24
清 金珀手串	直径16cm×12	17,250	北京诚轩	2015.05.17
清 旧蜜蜡手串	长约2.4cm	53,760	上海国拍	2015.05.31

拍品名称	物品尺寸	成交价RMB	拍卖公司	拍卖日期
清 旧蜜蜡手串	长约2.1cm	42,560	上海国拍	2015.05.31
清 旧蜜蜡手串	长约1.8cm	26,880	上海国拍	2015.05.31
清 珊瑚十八籽手串	长26cm	28,750	北京保利	2015.12.09
清 绿松石十八子手串		25,300	古天一	2015.06.06
清 蜜蜡十八子手串		112,700	古天一	2015.06.06
清 蜜蜡十八子手串		86,250	古天一	2015.06.06
清 蜜蜡十八子手串（青金石结珠，蓝宝石背云坠角）		69,000	古天一	2015.06.06
清 蜜蜡十八子手串(象牙结珠)		55,200	古天一	2015.06.06
清 蜜蜡手串	重约62g	200,250	荣盛国际	2015.07.31
清 蜜蜡手串	长22cm	11,500	北京匡时	2015.06.07
清 蜜蜡手串	长9.5cm	10,350	北京保利	2015.04.26
清 蜜蜡手串 银镶珊瑚蜜蜡吊坠各一件	长12cm；长5.7cm	57,500	中国嘉德	2015.06.27
清 珊瑚雕福寿纹十八子手串（碧玺背云）		63,250	古天一	2015.06.06
清 珊瑚雕寿纹十八子手串（青金石结珠、绿松石背云）		63,250	古天一	2015.06.06
清 珊瑚镂空雕寿字纹手钏	尺寸不一	218,500	东正南京	2015.07.02
清 珊瑚手串		11,500	北京翰海	2015.07.19
清 珊瑚执珠	直径1cm	13,800	泰和嘉成	2015.05.30
清 珊瑚珠十八子手钏		13,921	香港淳浩	2015.04.04
清 璺珀十八子手串（镂空雕瓷结珠坠角）		36,800	古天一	2015.06.06
清 琥珀手串	直径1.5cm	28,000	北京荣宝	2015.11.29
清 琥珀项串		13,800	北京翰海	2015.11.28
清 鸡油黄旧蜜蜡手串	长约2cm	20,160	上海国拍	2015.11.29
清 旧蜜蜡手串	约2.5cm×8	112,000	上海国拍	2015.11.29
清 旧蜜蜡手串	长约2.2cm	31,360	上海国拍	2015.11.29
清 蜜蜡佛珠一串	长91cm	20,700	北京匡时	2015.12.05
清 绿松石念珠（18颗）		103,500	江苏爱涛	2015.01.11
清 松香蜜蜡枣形手串	重54g	40,250	北京匡时	2015.12.05
19世纪 蜜蜡 琥珀手串各一串	长10cm；长10cm	11,500	中国嘉德	2015.04.02
19世纪 蜜蜡手串（两串）	长10cm；长9cm	28,750	中国嘉德	2015.04.02
108颗沙汀珊瑚手串	长85cm	33,350	江苏爱涛	2015.01.11
白玉莲花108颗手串	直径约0.9cm	17,920	北京荣宝	2015.08.30
白玉手链		13,800	深圳市拍	2015.07.19
白玉圆珠手串	直径1.4cm	26,880	上海联合	2015.05.24
白玉雕瑞兽多宝串	尺寸各一	11,200	上海联合	2015.11.01
白玉雕瑞兽多宝串	尺寸各一	11,200	上海联合	2015.11.01
白玉珠串	直径0.8cm	15,680	上海联合	2015.11.01
白玉珠串	直径1cm	14,560	上海联合	2015.11.01
白玉籽料手串	直径1.6cm	11,200	上海联合	2015.11.01
陈冠军 和田玉旗鼓喧天手串	重47.4g	29,900	北京正道	2015.11.01
侯晓锋 和田玉、墨玉弥勒手串	直径0.9cm	20,700	北京正道	2015.11.01
虎蓝晶十八子手串	直径1.6cm	11,200	上海联合	2015.11.01
金丝发晶手串	12颗	57,500	太平洋	2015.11.21
蜜蜡九粒手串		270,930	卓艺拍卖	2015.11.18
碧玉手串 南红玛瑙手串（一对）	碧玉直径1.8cm	16,800	上海联合	2015.05.24
碧玉十八子提珠	18粒	86,250	印千山·宝隆	2015.07.12
碧玉十八罗汉佛珠	18粒	103,500	印千山·宝隆	2015.07.12
碧玉十八罗汉佛珠	18粒	34,500	印千山·宝隆	2015.07.12
碧玉佛珠（18粒）	重134g	14,950	尚品润博	2015.01.11
陈冠军 龙行天下 白玉手串		32,200	西泠拍卖	2015.07.04
和田白玉原石手炼	重48g	36,800	杭州如愿	2015.01.25
和田白玉原石手炼	重31g	23,000	杭州如愿	2015.01.25
和田玉八方来财手串	长2.5cm	17,250	尚品润博	2015.01.11
和田玉籽料路路通手串	长1.58cm	19,550	尚品润博	2015.01.11
和田玉籽料手链		89,712	荣盛国际	2015.01.10
红珊瑚珠链（两条）	颈链长约81.5cm	37,828	保利香港	2015.10.06
侯晓锋 梵音 南红手串	珠径10.8cm	17,250	西泠拍卖	2015.07.04
侯晓锋 朱晓 南红手串	珠径1.3cm	23,000	西泠拍卖	2015.07.04
黄蜜蜡手串	直径1.5cm	13,440	上海国拍	2015.05.31
蜜蜡手串	长2.0cm	15,680	北京荣宝	2015.06.21
蜜蜡手串	直径2.1cm	11,500	上海泓盛	2015.06.20
蜜蜡手串	重约54g	25,300	北京保利	2015.06.06
蜜蜡手串		23,000	北京保利	2015.06.06
蜜蜡朱砂手串		1,973,664	AA中国艺海	2015.08.05
墨西哥蓝珀手串	直径21cm	11,500	中国嘉德	2015.09.20
南红手串	重约119g	17,250	北京保利	2015.06.06
南红团寿字纹单珠	2.4cm×2.5cm	460,000	北京保利	2015.12.08
杨达秀 七宝财神手串	尺寸不一	34,500	北京正道	2015.11.01
张合冰 和田玉、南红玛瑙金蟾送福手串（一对）	重31.7g；重42.2g	36,800	北京正道	2015.11.01
明或更早 玛瑙项链、手串（一套）	项链长74cm	207,000	江苏爱涛	2015.01.11
清早期 嵌百宝密宗项链	长22cm	460,000	北京保利	2015.06.08
清乾隆 蜜蜡朝珠	长142cm	483,000	北京匡时	2015.06.07
清中期 水晶朝珠串		34,500	北京翰海	2015.06.28
清中期 琥珀螭龙纹朝珠串		34,500	北京翰海	2015.06.28
清 红珊瑚珠串	长70cm	11,200	上海国拍	2015.05.31
清 琥珀朝珠（108颗）		184,000	古天一	2015.06.06
清 蜜蜡项链、串饰（六件）	尺寸不一	46,000	北京保利	2015.04.26
清 蜜蜡珠串	最大长3cm	36,800	北京诚轩	2015.05.17
清 蜜蜡朝珠	长68cm	138,000	北京保利	2015.12.09
清 珊瑚朝珠	长85cm	92,000	北京保利	2015.12.09
清 珊瑚雕瓜棱朝珠	长93cm	43,700	北京保利	2015.12.09
清 琥珀一百零八籽佛珠、十八籽手串	长90cm	57,500	北京保利	2015.12.09
清 蜜蜡雕福禄寿三星及蜜蜡珠链	长41cm	69,000	北京保利	2015.12.09
清 血珀朝珠	尺寸不一	80,500	东正南京	2015.07.02
清 水晶念珠		51,750	古天一	2015.06.06
清 珊瑚团寿纹朝珠（108颗）		149,500	北京匡时	2015.06.06
清 珊瑚团寿纹朝珠		103,500	古天一	2015.06.06
清 珊瑚朝珠		92,000	古天一	2015.06.06
清 珊瑚朝珠	长75cm	195,500	北京保利	2015.11.01
清 珊瑚108子朝珠串	重140g（含配饰）	126,500	翰风国际	2015.06.19
清 青金宝石朝珠	长144.8cm	125,220	纽约苏富比	2015.03.21
清 蜜蜡念珠（珊瑚结珠）（108颗）		138,000	古天一	2015.06.06
清 蜜蜡朝珠	直径1cm	36,800	中国嘉德	2015.05.16
清 绿松石佛珠	直径0.7cm	17,250	泰和嘉成	2015.05.30
清 琥珀紫晶朝珠	长137.2cm	117,394	纽约苏富比	2015.03.21
清 琥珀念珠		25,300	古天一	2015.06.06
清 琥珀佛串（108颗）		310,500	江苏爱涛	2015.01.11
清 琥珀朝珠	长86cm	34,500	北京保利	2015.04.26
清 琥珀朝珠		51,750	西泠拍卖	2015.07.05
清 琥珀朝珠		51,750	西泠拍卖	2015.07.05
清 琥珀朝珠	珠径0.8cm	28,750	西泠拍卖	2015.07.05
清 琥珀108颗佛珠		132,250	江苏爱涛	2015.01.11

2015玉器拍卖成交汇总

(成交价RMB：1万元以上)

拍品名称	物品尺寸	成交价RMB	拍卖公司	拍卖日期
清 珐琅念珠（珊瑚结珠）		17,250	古天一	2015.06.06
清 藏式珊瑚念珠（云龙纹雕瓷结珠）（108颗）		138,000	古天一	2015.06.06
清 琥珀朝珠	直径1.4cm	39,200	上海联合	2015.11.01
清 金琥珀朝珠108粒	直径1.3cm×108	92,000	中国嘉德	2015.11.15
清 琥珀念珠	直径1.5cm	63,250	北京诚轩	2015.11.14
清 珍珠配珊瑚松石佛珠(108颗)	长53.5cm	48,300	北京匡时	2015.12.05
清 紫檀配珊瑚蜜蜡佛珠(108颗)	长75cm	11,500	北京匡时	2015.12.05
19世纪 琥珀翠玉朝珠		103,561	纽约佳士得	2015.09.17
民国 茶晶刻花18籽念佛珠串	直径1.7cm	13,440	上海联合	2015.05.23
珊瑚108颗	直径0.6cm	10,350	北京保利	2015.12.08
蜜蜡108颗	直径1.6cm	46,000	北京保利	2015.12.08
晖晓 南红佛串		161,000	西泠拍卖	2015.07.04
侯晓锋 恬淡出尘 白玉佛串	珠径0.6cm	11,500	西泠拍卖	2015.04.18
松绿石朝珠（一串）		47,208	香港淳浩	2015.11.27
琥珀朝珠	长82cm	13,800	中国嘉德	2015.09.20
琥珀朝珠串		13,800	福建东南	2015.10.24
琥珀珠串		17,895	香港普艺	2015.10.10
南红佛珠	直径0.8cm	28,750	北京保利	2015.12.08
宋磊 白玉念珠	长47cm	46,000	北京保利	2015.12.09
天然沙丁红珊瑚珠链 约5.83-6.98mm		20,700	北京保利	2015.12.07
珊瑚珠颈链配18K黄金钻石扣	颈链长50cm	19,344	香港拍得高	2015.01.24
珊瑚珠颈链配18K黄金珠扣及珊瑚耳环镶18K黄金（3）	颈链长70cm	58,032	香港拍得高	2015.01.24
珊瑚珠颈链配18K黄金扣	颈链长64cm	101,327	香港拍得高	2015.01.24
珊瑚珠颈链	珊瑚珠直径0.6cm	30,398	香港拍得高	2015.01.24
珊瑚珠颈链	颈链长72cm	27,635	香港拍得高	2015.01.24
珊瑚珠颈炼及珊瑚钻石耳勾镶18K玫瑰金（3）		15,777	香港拍得高	2015.03.28
珊瑚珠颈炼		18,423	香港拍得高	2015.06.27
珊瑚圆珠颈链及珊瑚长条颈链（2）	长84cm；长86cm	35,004	香港拍得高	2015.01.24
珊瑚颈炼		10,209	香港拍得高	2015.03.28
珊瑚吊咀镶18K黄金配18K黄金颈炼（2）		16,581	香港拍得高	2015.06.27
南红大佛珠	直径2.4cm	230,000	北京保利	2015.06.06
蜜腊吊咀配琥珀颈链	高5.7cm	24,871	香港拍得高	2015.01.24
旧琥珀颈链		19,344	香港淳浩	2015.07.30
旧琥珀颈链		29,698	香港淳浩	2015.04.04
琥珀珠颈炼		16,581	香港拍得高	2015.06.27
琥珀佛珠	长61cm	13,800	中国嘉德	2015.06.27
琥珀佛珠一百零八子	直径1.2cm	191,663	佳士得	2015.04.06
和田玉莲花佛珠108粒		24,640	北京荣宝	2015.06.21
蝶形玛瑙念珠	尺寸不一	17,250	北京保利	2015.06.06
砗磲珠颈炼		11,601	香港拍得高	2015.03.28
南红玛瑙佛珠(108颗)	直径1cm	13,440	上海联合	2015.11.01
朝沐 南红佛串		207,000	西泠拍卖	2015.07.04
清 珊瑚项链	直径1cm	55,200	东正南京	2015.07.02
清 珊瑚项链		29,510	江苏聚德	2015.07.01
清 珊瑚珠串	尺寸不一	10,350	广州皇玛	2015.01.17
清 珊瑚项链	长78cm	32,200	北京匡时	2015.12.05
19世纪 琥珀 蜜蜡项链（三串）	长28cm	17,250	中国嘉德	2015.06.27
白玉108颗佛珠串	圆珠直径0.9cm	56,000	上海联合	2015.05.24
缠丝玛瑙十三粒项链		704,880	AA中国艺海	2015.08.20
和田玉籽料黄沁原石项链	重117g	345,000	杭州如愿	2015.01.25

拍品名称	物品尺寸	成交价RMB	拍卖公司	拍卖日期
侯晓锋 萱彩 南红项链	珠径1cm	11,500	西泠拍卖	2015.07.04
侯晓锋 颖辉 南红项链	最大珠径1.2cm	11,500	西泠拍卖	2015.07.04
琥珀人物珠串	重42g	46,000	南京嘉信	2015.07.19
琥珀项链		12,650	深圳市拍	2015.07.19
近代 蜜蜡珠串（三件）	尺寸不一	13,800	北京保利	2015.01.24
蜜蜡塔珠项链		13,800	北京保利	2015.06.06
蜜蜡塔珠项链		13,800	北京保利	2015.06.06
蜜蜡项链	直径2.2cm	23,000	上海泓盛	2015.06.20
蜜蜡项链（两条）		17,250	北京保利	2015.06.06
蜜蜡珠串项链（两件）	最大石长2cm	15,143	Clars Auction	2015.06.28
蜜蜡项链	长2.8cm	17,250	北京保利	2015.12.08
蜜蜡项链	长2.6cm	13,800	北京保利	2015.12.08
蜜蜡项链	长2.9cm	13,800	北京保利	2015.12.08
蜜蜡项链	长2.6cm	10,350	北京保利	2015.12.08
南红塔链	直径1.5cm	23,000	北京保利	2015.12.08
南红塔链	直径2cm	115,000	北京保利	2015.06.06
南红塔链	直径1.7cm	34,500	北京保利	2015.06.06
南红塔链	直径0.7cm	17,250	北京保利	2015.06.06
珊瑚福字项链 手串各一串	长21cm；长8cm	11,500	中国嘉德	2015.04.02
珊瑚项链	长28cm	97,750	北京保利	2015.11.01
珊瑚项链	长23.5cm	69,000	北京保利	2015.11.01
珊瑚珠串项链	长76cm	20,700	北京匡时	2015.12.04
天然aka红珊瑚珠链	约 6.2–12mm	40,250	保利厦门	2015.08.02
天然白玉“福瓜”，“竹蝠”及“莲花”吊坠项链，王凯设计（四条）	长4.110cm	45,369	天成国际	2015.06.14
天然白玉“观音”吊坠项链	长6.233cm	189,036	天成国际	2015.06.14
天然白玉“三阳开泰”吊坠项链（三件）	长3.093cm	18,904	天成国际	2015.06.14
天然白玉“喜事连连”吊坠项链	长7.570cm	264,650	天成国际	2015.06.14
天然白玉“羊如意”配碧玉吊坠项链	长4.432cm	49,149	天成国际	2015.06.14
天然白玉财神配南红玛瑙吊坠项链	长5.481cm	23,251	天成国际	2015.12.06
天然白玉观音配无色翡翠吊坠项链	长6.483cm	48,439	天成国际	2015.12.06
天然和田玉籽料手串、项链套件	手串重约44g	13,800	福建东南	2015.05.24
天然红珊瑚项链、手链套装	尺寸不一	17,250	北京保利	2015.06.06
天然红珊瑚珠链	直径约0.75–0.8cm	34,500	北京保利	2015.06.06
天然蜜蜡珠串项链	主石长2.52cm	46,000	北京保利	2015.06.06
天然蜜蜡珠链	项链长57cm	78,200	北京保利	2015.06.06
天然珊瑚项链及天然红珊瑚戒指	尺寸不一	20,700	北京保利	2015.06.06
天然红珊瑚项链两条	最大直径1.194cm	13,800	北京保利	2015.12.07
新疆和田玉黄皮白玉籽玉项链	重189g	340,906	荣盛国际	2015.01.10
约1960年制 绿玉髓及青金石项链	项链长度约为51cm	23,000	北京保利	2015.06.06
玉 镯				
中国东南部 新石器时代 约公元前30世纪 玉镯	直径6.2cm	172,178	纽约佳士得	2015.03.19
新石器时代良渚文化玉镯（两件）	直径6.7cm	375,660	纽约佳士得	2015.03.19
宋代 和田青玉手镯	直径7.6cm	302,778	香港中怡	2015.01.22
明 黄玉手镯	内径6.5cm	149,500	北京翰海	2015.11.29
明 玉提油龙凤纹臂镯	直径8.5cm	51,750	中国嘉德	2015.11.15
17世纪 黄玉子辰纹镯（一对）	直径7cm	480,600	罗芙奥	2015.06.02
清乾隆 白玉绳纹手镯	圈径6cm	80,500	远方拍卖	2015.07.01
清中期 白玉手镯	内径5.8cm	20,700	北京翰海	2015.06.28
清中期 白玉手镯	内径6.2cm	17,250	北京翰海	2015.06.28
清中期 白玉手镯	内径5.5cm	17,250	北京翰海	2015.06.28
清中期 白玉手镯（二件）	内径5.7cm	43,700	北京翰海	2015.06.28
清中期 白玉手镯（二件）	内径6.2cm	17,250	北京翰海	2015.06.28

拍品名称	物品尺寸	成交价RMB	拍卖公司	拍卖日期
清中期 白玉竹纹手镯	内径6.1cm	32,200	北京翰海	2015.06.28
清中期 黄玉带沁夔龙纹手镯	直径8cm	172,500	北京保利	2015.06.07
清中期 珊瑚包金手镯	宽8cm	517,500	北京保利	2015.06.07
清 白玉缠枝花卉镯	直径7.5cm	80,500	北京保利	2015.06.07
清 白玉带沁手镯	直径8.3cm	27,586	万昌斯	2015.06.01
清 白玉雕二龙抢珠手镯（一对）	外圈8cm	129,927	香港淳浩	2015.04.04
清 白玉雕贵妃手镯	内径6cm	33,600	天津文物	2015.05.22
清 白玉雕花卉纹镯（一对）	直径7cm	302,625	佳士得	2015.04.06
清 白玉雕联珠纹手镯	内径6.1cm	168,000	天津文物	2015.05.22
清 白玉雕双龙戏珠手镯一对	直径5.7cm	34,500	中鸿信	2015.07.29
清 白玉雕双龙戏珠纹手镯	内径6.2cm	59,360	天津文物	2015.05.22
清白玉雕双龙戏珠纹手镯（一对）	直径7.3cm	46,000	北京东正	2015.11.19
清 白玉雕西番莲纹手镯	直径8.2cm	92,000	北京东正	2015.11.19
清 白玉绞丝纹手镯	外圈7.6cm	14,162	香港淳浩	2015.11.27
清 白玉龙凤镯	宽6.3cm	36,800	中鸿信	2015.07.29
清 白玉龙纹镯	直径7cm	13,800	北京保利	2015.01.24
清 白玉龙纹镯	直径7.5cm	11,500	北京保利	2015.01.24
清 白玉龙纹镯	直径7.5cm	10,350	北京保利	2015.01.24
清 白玉龙纹镯（一对）	直径7.5cm	57,500	北京保利	2015.04.26
清 白玉龙纹镯（一对）	直径5.8cm	40,250	泰和嘉成	2015.05.30
清 白玉龙纹镯（一对）	直径5.7cm	17,250	泰和嘉成	2015.11.21
清 白玉拧绳纹手镯（一对）	直径5.7cm	11,500	太平洋	2015.04.17
清 白玉手镯	内径5.7cm	64,960	天津文物	2015.05.22
清 白玉手镯	直径7.9cm	46,000	广州皇玛	2015.07.25
清 白玉手镯	内径6cm	42,560	天津文物	2015.05.22
清 白玉手镯	直径7.9cm	36,800	北京东正	2015.05.19
清 白玉手镯	直径7.5cm	36,800	北京东正	2015.05.19
清 白玉手镯	内径6cm	31,360	天津文物	2015.05.22
清 白玉手镯	直径7.5cm	17,250	北京匡时	2015.06.07
清 白玉手镯	直径5.2cm	13,800	北京匡时	2015.06.07
清 白玉手镯	直径8cm	11,500	北京保利	2015.04.26
清 白玉手镯	内径6cm	11,500	北京翰海	2015.06.28
清 白玉手镯	内径5.8cm	11,500	西泠拍卖	2015.04.23
清 白玉手镯	内径6.3cm	20,700	北京翰海	2015.11.29
清 白玉手镯	内径6.2cm	17,250	北京翰海	2015.11.29
清 白玉手镯（一对）	直径8cm	13,800	北京保利	2015.01.24
清 白玉手镯（一对）	内径5.8cm	17,250	八益拍卖	2015.11.01
清 白玉手镯（一对）	直径5.8cm	31,050	泰和嘉成	2015.11.21
清 白玉双龙连珠镯（一对）	直径7.5cm	46,000	北京保利	2015.06.08
清 白玉双龙戏珠手镯	直径8cm	46,000	上海敬华	2015.06.30
清 白玉双龙戏珠手镯（一对）	直径5.8cm×2	172,500	江苏爱涛	2015.01.11
清 白玉双龙戏珠手镯（一对）	直径8cm	103,500	北京保利	2015.06.07
清 白玉双龙戏珠手镯（一对）	直径7.5cm	69,000	北京保利	2015.11.01
清 白玉双龙衔珠手镯（一对）	直径7.6cm	69,000	北京东正	2015.05.19
清 白玉素面手镯（一对）	直径8.0cm×2	46,000	上海泓盛	2015.06.20
清 白玉素镯	直径5.2cm	40,250	东正南京	2015.07.02
清 白玉素镯	直径6cm	20,700	泰和嘉成	2015.05.30
清 白玉素镯	直径5.7cm	20,700	泰和嘉成	2015.05.30
清 白玉素镯	直径5.8cm	11,500	泰和嘉成	2015.11.21
清 白玉素镯（一对）	直径6cm	20,700	泰和嘉成	2015.05.30
清 白玉素镯（一对）	直径5.7cm	17,250	泰和嘉成	2015.05.30
清 白玉素镯（一对）	直径5.8cm	11,500	泰和嘉成	2015.11.21
清 白玉竹纹手镯	直径8cm	23,000	北京保利	2015.01.24
清 白玉竹纹手镯（二件）	内径5.8cm	57,500	北京翰海	2015.11.29
清 白玉镯	内径5.7cm	11,500	中国嘉德	2015.09.20

拍品名称	物品尺寸	成交价RMB	拍卖公司	拍卖日期
清 白玉镯（一对）	内径5.6cm	71,300	中国嘉德	2015.09.20
清 白玉双龙戏珠镯（一对）	直径8cm	138,000	北京保利	2015.12.09
清 白玉镯	直径7.8cm	23,000	北京保利	2015.12.09
清 白玉镯（一对）	直径8.2cm	46,000	北京保利	2015.12.09
清 带皮白玉手镯	外圈7.6cm	21,186	香港淳浩	2015.07.30
清 琥珀手镯	内径6cm	17,250	北京翰海	2015.06.28
清 琥珀手镯	内径6.3cm	17,250	北京翰海	2015.11.28
清 金珀手镯（一对）	直径8cm	51,750	上海敬华	2015.06.30
清 旧玉镯	内径6cm	13,800	中国嘉德	2015.09.20
清 连珠式玉镯	外径8cm	62,425	江苏聚德	2015.07.01
清 青白玉手镯	直径7.8cm	1,625,580	卓艺拍卖	2015.11.18
清 青白玉素镯（两只）	直径8cm	17,250	北京华辰	2015.05.15
清 生坑白玉手镯	直径7.9cm	47,291	万昌斯	2015.06.01
清 玉花卉洗、龙纹壁、手镯一对（共四件）	尺寸不一	13,800	北京保利	2015.04.26
清 玉手镯（两只）	尺寸不一	32,200	江苏爱涛	2015.01.11
清中期 白玉手镯（二件）	内径5.7cm	43,700	北京翰海	2015.11.29
清晚期 白玉镯（一对）	直径8cm	70,436	纽约佳士得	2015.03.15
清晚期 天然软玉手镯（一对）	直径5.96cm	92,805	香港苏富比	2015.04.06
18K金和田白玉蝶恋花手镯	内径5.5cm	101,200	深圳市拍	2015.07.19
民国 白玉竹节镯	内径6cm	11,500	中国嘉德	2015.09.20
白玉 碧玉镯各一只	内径6cm	13,800	中国嘉德	2015.09.20
白玉绞丝镯（一对）	内径5.7cm	34,500	中国嘉德	2015.06.27
白玉绞丝镯（一对）	长5.7cm	17,250	中国嘉德	2015.04.02
白玉留皮雕二龙戏珠纹手镯	内径5.5cm	1,127,808	AA中国艺海	2015.08.05
白玉沁色绳纹手镯	内径5.6cm	1,585,980	AA中国艺海	2015.07.11
白玉沁色手镯	内径6cm	1,215,918	AA中国艺海	2015.08.05
白玉手镯		801,000	荣盛国际	2015.07.31
白玉手镯	内径5.7cm	599,148	AA中国艺海	2015.07.19
白玉手镯	内径5.6cm	425,600	上海联合	2015.05.24
白玉手镯	内径5.7cm	396,495	AA中国艺海	2015.07.19
白玉手镯	外圈8.1cm	35,266	香港淳浩	2015.04.04
白玉手镯	直径6cm	32,200	尚品润博	2015.01.11
白玉手镯	直径8.2cm	28,750	广州皇玛	2015.01.17
白玉镯	内径5.7cm	17,250	中国嘉德	2015.06.27
白玉镯	内径5.6cm	11,500	深圳市拍	2015.07.19
白玉镯	内径5.6cm	10,350	中国嘉德	2015.04.02
白玉镯	内径6cm	28,750	中国嘉德	2015.09.20
白玉镯	内径5.6cm	17,250	中国嘉德	2015.09.20
白玉镯（一对）	内径6cm	23,000	中国嘉德	2015.06.27
白玉镯（一对）	内径6.1cm	11,500	中国嘉德	2015.04.02
白玉镯（一对）	内径5.8cm	20,700	中国嘉德	2015.09.20
白玉手镯	内径5.4cm	45,920	上海联合	2015.11.01
白玉手镯（两件）	外圈7.9cm	14,162	香港淳浩	2015.11.27
白玉手镯（一支）	直径7cm	23,000	北京匡时	2015.12.04
白玉龙珠镯（一对）	内径5.8cm	13,800	中国嘉德	2015.09.20
陈雪飞 和田玉籽料有凤来仪手镯	内径5.6cm	78,200	北京正道	2015.11.01
碧玉手镯	直径5.8cm	13,800	尚品润博	2015.01.11
当代 白玉手镯（一对）		414,000	广东省拍	2015.07.05
当代 和田白玉凤穿花手镯	直径5.7cm	92,000	中鸿信	2015.07.29
当代 和田玉籽料白玉俏皮手镯	直径6cm	138,000	中鸿信	2015.07.29
当代 千眼贵妃手镯（一对）		6,900,000	广东省拍	2015.07.05
独山玉 手镯	内径5.8cm	56,000	河南豫呈祥	2015.01.18
抚顺琥珀镯	直径8cm	14,599	香港普艺	2015.10.10
公元前20世纪 玉镯	直径5.5cm	82,610	纽约佳士得	2015.03.19

2015玉器拍卖成交汇总

(成交价RMB：1万元以上)

拍品名称	物品尺寸	成交价RMB	拍卖公司	拍卖日期
和田碧玉手镯	直径6cm	13,440	长春金鼎	2015.01.18
和田玉手镯		28,750	南京嘉信	2015.07.19
和田玉手镯	内径5.6cm	18,400	深圳市拍	2015.07.19
和田籽料 手镯	外径7.4cm	1,725,000	河南泽华	2015.01.11
和田籽料 手镯	外径7.8cm	1,725,000	河南泽华	2015.01.11
和田籽玉 手镯	外径7.6cm	1,610,000	河南泽华	2015.01.11
和田籽玉 手镯	外径7.7cm	1,265,000	河南泽华	2015.01.11
旧玉镯（十二只）	尺寸不一	46,058	香港淳浩	2015.07.30
青白玉镯（一对）	内径6cm	20,700	中国嘉德	2015.09.20
青白玉手镯	直径7.8cm	885,038	AA中国艺海	2015.12.02
青花手镯	内径5.7cm	16,800	上海联合	2015.05.24
珊瑚手镯	5.9cm	11,500	雍和嘉诚	2015.05.22
天然白玉手镯	内径约5.588cm	14,549	保利香港	2015.10.06
天然白玉手镯（一对）	直径7.64cm	803,403	天成国际	2015.06.14
天然白玉手镯；及圆牌套装		775,024	天成国际	2015.12.06
天然白玉送子麒麟手镯（一对）		106,566	天成国际	2015.12.06
现代 玉手镯（2件）	直径8.2cm	11,500	北京翰海	2015.03.15
血玉手镯	内径5.8cm	1,321,650	AA中国艺海	2015.06.20
羊脂玉手镯		807,408	荣盛国际	2015.01.10
羊脂玉竹节手镯	重79g	1,614,816	荣盛国际	2015.01.10
玉簪 玉梳（玉箍）				
新石器时代 仰韶文化 黑玉发簪	长16.5cm	11,739	纽约佳士得	2015.03.19
唐 生坑白玉“双股”钗	长13cm	37,439	万昌斯	2015.06.01
元 白玉花鸟纹发簪	高6.3cm	23,000	北京保利	2015.04.25
元 白玉簪头（二件）	长8cm	517,500	北京翰海	2015.06.28
元/明 青白玉凤首发簪	长10.5cm	187,830	纽约佳士得	2015.03.19
元/明 青白玉凤首发簪	长20.8cm	29,740	纽约佳士得	2015.03.19
明 白玉龙头含珠发簪头	高2cm	36,800	北京保利	2015.04.25
明 白玉如意纹发箍	直径4.8cm	345,000	北京翰海	2015.06.28
明 白玉弦纹发箍	直径5.5cm	322,000	北京翰海	2015.06.28
明 白玉镂雕梅花簪	长23.2cm	69,000	北京保利	2015.12.09
明青白玉镂雕花卉纹簪（三件）	长20cm	36,800	北京保利	2015.06.08
明或以前 白玉梳	宽5.7cm	54,784	纽约佳士得	2015.03.19
清 白玉寿字头簪	长13.7cm	13,800	朵云轩	2015.01.26
清 白玉竹节簪	长24.7cm	126,500	博美拍卖	2015.07.19
清 碧玉龙纹发簪	长14.4cm	55,269	香港淳浩	2015.07.30
清 子冈款白玉螭龙纹发簪	长11cm	138,000	古天一	2015.06.06
清 白玉福寿簪子（三件）	长16.5cm×2	28,750	中国嘉德	2015.11.15
清 白玉子冈款螭龙纹发簪	长10.2cm	40,250	中国嘉德	2015.11.15
清 珊瑚梅花发簪	长17.5cm	28,750	中国嘉德	2015.11.15
清 玉簪子（五件）	长15cm	23,000	中国嘉德	2015.11.15
清中期 白玉兽首发簪	长18.5cm	17,250	北京翰海	2015.06.28
白玉发簪（七枚）	最大发簪长19.50cm	256,563	佳士得	2015.12.01
白玉发簪（五枚）	最大发簪长18.20cm	82,100	佳士得	2015.12.01
翡翠发簪	尺寸不一	406,395	AA中国艺海	2015.12.02
白玉螭龙纹发簪	长13cm	317,196	AA中国艺海	2015.07.12
白玉浅浮雕螭龙纹簪	长14cm	616,770	AA中国艺海	2015.07.19
珊瑚发簪六支 戒面	尺寸不一	13,800	中国嘉德	2015.04.02
玉 牌				
元 青白玉镂雕宝鹅衔莲牌	长9.2cm	47,798	纽约苏富比	2015.09.15
元 青玉镂雕鹰雁纹牌	长10.2cm	101,741	纽约苏富比	2015.03.17
明 白玉当朝一品牌	高5.8cm	69,000	中鸿信	2015.07.29
明 白玉雕龙纹方牌	高16.5cm	23,000	广州皇玛	2015.01.17
明 白玉雕瑞兽纹牌	高3.8cm	95,200	天津文物	2015.05.22
明 白玉镂空雕福牌	高5.1cm	103,500	江苏爱涛	2015.01.11

拍品名称	物品尺寸	成交价RMB	拍卖公司	拍卖日期
明 白玉透雕寿字牌	高7cm	23,000	西泠拍卖	2015.07.05
明 福寿玉牌	高5cm	13,620	江苏聚德	2015.07.01
明 黑白镂雕犀牛望月纹牌	直径7.3cm	469,575	纽约苏富比	2015.03.17
明 灰玉封侯挂印纹牌	高5.2cm	11,500	北京保利	2015.04.25
明 青白玉雕鱼化龙牌	长15.3cm	172,500	北京匡时	2015.06.07
明 青白玉镂雕双龙纹牌	长9.6cm	47,798	纽约苏富比	2015.09.15
明16世纪 白玉镂雕穿芝龙纹牌	长7.7cm	47,900	伦敦苏富比	2015.05.13
清早期 白玉雕松下高士图牌	高5.8cm	36,800	北京翰海	2015.11.28
清早期 和田白玉子冈牌	高6cm	42,560	山东图腾	2015.05.10
清乾隆 白玉雕“西厢记”人物牌	高5.2cm	184,000	远方拍卖	2015.07.01
清乾隆 白玉雕“仙人乘槎”子冈牌	高3.2cm	94,300	北京东正	2015.05.19
清乾隆 白玉雕海屋添寿图子冈牌	高5.5cm	63,250	上海敬华	2015.06.30
清乾隆 白玉雕龙凤呈祥牌	长5.4cm	345,000	北京保利	2015.06.08
清乾隆 白玉雕玉兰花纹灵芝形如意牌	高5.2cm	172,500	中鸿信	2015.07.29
清乾隆 白玉高士洗砚图诗文牌	长5.7cm	575,000	北京东正	2015.05.19
清乾隆 白玉人物诗文子冈牌	高7cm	63,250	中鸿信	2015.07.29
清乾隆 白玉双龙云纹牌	高10cm	57,500	中鸿信	2015.07.29
清乾隆 白玉太平丰乐牌	长9cm	417,623	中国嘉德	2015.04.06
清乾隆 白玉携琴访友牌	高6cm	184,000	泰和嘉成	2015.05.30
清乾隆 白玉御题诗文庭院人物牌	高7.5cm	253,000	中鸿信	2015.07.29
清乾隆 白玉御题诗文婴戏牌	高7cm	40,250	中鸿信	2015.07.29
清乾隆 白玉“乘槎访帝孙”牌	长5.5cm	943,000	北京保利	2015.12.08
清乾隆 白玉福寿纹钟式牌	高5.7cm	161,000	泰和嘉成	2015.11.21
清乾隆 青白玉双龙“斋戒”牌	长6cm	115,000	北京保利	2015.12.09
清乾隆苏作黑白玉雕“婴戏图”牌	高6cm	575,000	远方拍卖	2015.07.01
清乾隆 百事如意玉牌	高6.8cm	34,500	八益拍卖	2015.11.01
清乾隆 黄玉雕龙纹牌及碧玉雕龙纹牌（二件）	直径8.2cm	57,500	北京翰海	2015.11.28
清中期 白玉雕伯牙抚琴图牌	长5cm	80,500	中国嘉德	2015.11.14
清中期 白玉雕归隐图牌	高6.1cm	69,000	中国嘉德	2015.11.14
清中期 白玉平安大吉牌	高5.4cm	23,000	八益拍卖	2015.11.01
清中期 白玉仕女诗文牌	长3.7cm	109,250	北京匡时	2015.12.05
清中期 白玉太平童子牌	高6.5cm	28,750	八益拍卖	2015.11.01
清中期 白玉“狄仁杰”子冈牌	长5cm	345,000	北京保利	2015.06.08
清中期 白玉“木兰从军”诗文子冈牌	长5.5cm	232,013	中国嘉德	2015.04.06
清中期 白玉“松下问童子”牌	高5.7cm	46,000	北京东正	2015.05.19
清中期 白玉雕灵仙送福牌	高6.8cm	46,000	中鸿信	2015.07.29
清中期 白玉雕绿波钓艇书画牌	高6cm	92,000	北京诚轩	2015.05.17
清中期 白玉雕梅寿牌	高5.5cm	57,500	中鸿信	2015.07.29
清中期 白玉福禄万代牌	高6.3cm	74,750	北京东正	2015.05.19
清中期 白玉海水江崖平安牌	高5.5cm	46,000	北京保利	2015.06.08
清中期 白玉荷塘图诗文牌	高6.5cm	77,597	中国嘉德	2015.10.06
清中期 白玉镂空雕喜鹊登梅牌	长6cm	63,250	北京保利	2015.04.26
清中期 白玉梅花福寿牌	高5.2cm	57,500	中鸿信	2015.07.29
清中期 白玉人物故事牌	高4.5cm	139,208	中国嘉德	2015.04.06
清中期 白玉人物诗文牌	高5.1cm	63,250	中国嘉德	2015.04.02
清中期 白玉洒金皮福寿牌	长6.8cm	368,000	北京保利	2015.06.07
清中期 白玉三羊开泰牌	长6.5cm	232,013	中国嘉德	2015.04.06
清中期 白玉山水清音牌	高5.5cm	89,236	中国嘉德	2015.10.06
清中期 白玉松下高士牌	高5.5cm	57,500	北京东正	2015.05.19
清中期 白玉陶渊明爱菊图诗文子冈牌	高6.5cm	106,696	中国嘉德	2015.10.06

拍品名称	物品尺寸	成交价RMB	拍卖公司	拍卖日期
清中期 白玉童子牌	直径5.8cm	57,500	中国嘉德	2015.04.02
清中期 白玉一路连科背吹箫引凤图牌	高6.7cm	23,000	中鸿信	2015.07.29
清中期 白玉遗桥三敬履图诗文子冈牌	高6.3cm	135,794	中国嘉德	2015.10.06
清中期 白玉子冈花篮牌	高5.8cm	115,000	北京保利	2015.06.07
清中期 白玉寿桃斋戒牌	长6.8cm	115,000	北京保利	2015.12.09
清中期 白玉无双谱牌	高5.5cm	138,000	北京保利	2015.12.09
清中期 夔龙纹玉牌	高6.2cm	51,075	江苏聚德	2015.07.01
清中期 青白玉喜得连科牌	长7.5cm	74,244	中国嘉德	2015.04.06
清中期 苏作玛瑙巧雕鹤鹿同春牌	高5.5cm	21,470	中鸿信	2015.07.29
清 “子冈”款白玉高士牌	高4cm	207,000	古天一	2015.06.06
清 白玉 “吉庆有余” “福寿” 牌	高6.1cm	133,006	万昌斯	2015.06.01
清 白玉 “龙纹” 鼻烟壶及巧雕玛瑙 “人物” 牌	高5.2cm	29,557	万昌斯	2015.06.01
清 白玉 “山水人物” “诗文” 牌	高6.2cm	108,375	万昌斯	2015.06.01
清 白玉 “诗文” “子冈” 牌	高5.6cm	128,080	万昌斯	2015.06.01
清 白玉 “诗文” “子冈” 椭圆牌	高4.1cm	68,966	万昌斯	2015.06.01
清 白玉 “太簇” 牌	高5.7cm	98,523	万昌斯	2015.06.01
清 白玉螭龙饕餮纹牌	高6.3cm	53,760	上海国拍	2015.05.31
清 白玉螭龙喜字牌	高6.6cm	17,250	中国嘉德	2015.04.02
清 白玉带沁 “富贵长春” 牌	高6cm	73,892	万昌斯	2015.06.01
清 白玉带沁雕 “刘海戏蟾” “同心” 牌	高5.7cm	98,523	万昌斯	2015.06.01
清 白玉德心应手牌	高5.8cm	20,700	北京保利	2015.01.24
清白玉雕 “干支” 纹 “福禄永昌” 牌	高5.1cm	93,597	万昌斯	2015.06.01
清 白玉雕 “年年有余” 牌	高5cm	28,750	广州皇玛	2015.01.17
清 白玉雕海晏河清牌	高6cm	161,000	上海敬华	2015.06.30
清 白玉雕花卉纹牌	高5.5cm	56,000	天津文物	2015.05.22
清 白玉雕兰花纹牌	长6.2cm	109,568	纽约苏富比	2015.03.17
清白玉雕菱角、无事牌（一组两件）	高2cm；高4.8cm	11,500	西泠拍卖	2015.04.23
清 白玉雕米芾拜石诗文子冈牌	高5.7cm	32,200	中鸿信	2015.07.29
清 白玉雕玉堂富贵纹牌	高5.2cm	134,400	天津文物	2015.05.22
清 白玉雕竹石诗文牌	高8cm	112,000	天津文物	2015.05.22
清 白玉多福多寿牌	高7.5cm	10,350	北京保利	2015.01.24
清 白玉二乔读书牌	高7cm	10,350	北京保利	2015.01.24
清 白玉浮雕欢天喜地牌	高4.7cm	23,000	中国嘉德	2015.04.02
清 白玉浮雕人物诗文牌	高6.5cm	17,250	中国嘉德	2015.04.02
清 白玉福禄寿牌	高6.5cm	23,000	北京保利	2015.01.24
清 白玉富贵荣华牌	高5.5cm	38,798	中国嘉德	2015.10.06
清 白玉高浮雕梅花纹牌	高7.1cm	18,561	香港淳浩	2015.04.04
清 白玉高士诗文牌	高8.5cm	69,000	中鸿信	2015.07.29
清 白玉高士图牌	高6.8cm	29,900	中国嘉德	2015.06.27
清 白玉和合二仙牌	高6.5cm	10,350	北京保利	2015.01.24
清 白玉和合如意牌	高5.9cm	69,000	博美拍卖	2015.07.19
清 白玉虎纹牌	高6cm	34,500	北京保利	2015.04.26
清 白玉吉庆有福牌	高6.4cm	138,000	中国嘉德	2015.05.16
清 白玉吉祥福寿牌	高5.6cm	172,500	中国嘉德	2015.05.16
清 白玉九如灵芝牌	高7cm	10,350	北京保利	2015.01.24
清 白玉刻双喜牌	高5.4cm	18,561	香港淳浩	2015.04.04
清 白玉罗汉诗文牌	高6cm	20,700	中国嘉德	2015.09.20
清 白玉梅花诗文牌	高6.4cm	150,188	佳士得	2015.06.03
清 白玉牌	高6.5cm	51,750	江苏爱涛	2015.01.11
清 白玉平安无事牌	高7cm	25,300	深圳市拍	2015.07.19
清 白玉平安无事牌	高7.5cm	77,597	中国嘉德	2015.10.06

拍品名称	物品尺寸	成交价RMB	拍卖公司	拍卖日期
清 白玉平升三级牌	高5cm	11,500	中国嘉德	2015.06.27
清 白玉人物抚琴诗文牌	高5.5cm	57,500	中国嘉德	2015.05.16
清 白玉人物故事牌	高7.5cm	10,350	北京保利	2015.04.26
清 白玉人物牌	高8cm	13,800	北京保利	2015.04.26
清 白玉瑞兽牌	高7cm	13,800	北京保利	2015.01.24
清 白玉三多牌	高6cm	170,213	佳士得	2015.06.03
清 白玉山水人物诗文牌	高6cm	23,000	中国嘉德	2015.09.20
清 白玉山水诗文牌	高5.8cm	80,500	中贸圣佳	2015.05.20
清 白玉山水诗文牌	高6.5cm	23,000	北京保利	2015.01.24
清 白玉山水诗文子冈牌	高5.5cm	50,438	中国嘉德	2015.10.06
清 白玉诗文人物故事牌	高7.5cm	11,500	北京保利	2015.04.26
清 白玉石榴福寿牌	高5.2cm	57,500	中国嘉德	2015.05.16
清 白玉司马光砸缸牌	高6cm	517,500	古天一	2015.06.06
清 白玉松下高士牌	高6.5cm	11,500	北京保利	2015.01.24
清 白玉松下高士图椭圆形牌	长6.1cm	200,250	佳士得	2015.06.03
清 白玉踏雪寻梅牌	高7cm	10,350	北京保利	2015.04.26
清 白玉饕餮纹腰牌	高8cm	46,000	翰风国际	2015.06.19
清 白玉童子牌、斧形佩（两件）	高4.7cm	11,500	北京保利	2015.04.25
清 白玉无事牌	长5.1cm	360,450	佳士得	2015.06.03
清 白玉无双谱子冈牌	高4cm	195,500	博美拍卖	2015.07.19
清 白玉武将牌	高7cm	34,500	北京保利	2015.04.26
清 白玉携琴访友牌	高6.5cm	28,750	北京保利	2015.04.26
清 白玉雪中送炭人物诗文牌	高6.5cm	34,500	中国嘉德	2015.09.20
清 白玉一鹭连科牌	高8cm	25,300	北京保利	2015.01.24
清 白玉御题诗牌	高5.8cm	28,568	保利香港	2015.04.06
清 白玉月下独酌小牌	高3.6cm	23,201	香港淳浩	2015.04.04
清 白玉子冈牌	高6.2cm	80,500	江苏爱涛	2015.01.11
清 采芝图牌	长6.7cm	287,500	中贸圣佳	2015.05.20
清 蟾宫折桂文玩牌	长5.5cm	287,500	中贸圣佳	2015.05.20
清 螭凤纹玉牌	长5cm	172,500	中贸圣佳	2015.05.20
清 大吉葫芦牌	长7.5cm	287,500	中贸圣佳	2015.05.20
清 带皮白玉望子成龙牌	高6.4cm	23,029	香港淳浩	2015.07.30
清 和合牌	长4.9cm	207,000	中贸圣佳	2015.05.20
清 和田玉松下高士腰牌	高5.5cm	11,500	南京经典	2015.01.04
清 吉庆有余玉牌	高5.3cm	34,050	江苏聚德	2015.07.01
清 金镶白玉福山寿海图牌	高4.1cm	17,250	中国嘉德	2015.09.20
清 玛瑙巧色人物牌	长5.4cm	368,000	中贸圣佳	2015.05.20
清 蜜蜡雕博古纹牌（二件一组）	高6cm	13,600	景薰楼	2015.06.21
清 牡丹仙子玉牌	高7.2cm	105,800	江苏爱涛	2015.01.11
清 青白玉花卉葡萄纹牌	长7cm	53,888	伦敦苏富比	2015.05.13
清 青白玉题诗 “孙策图” 牌	高7.5cm	35,925	伦敦苏富比	2015.05.13
清 青白玉御题诗文牌	高6.5cm	43,700	中国嘉德	2015.04.02
清 青金石斋戒牌	高4.5cm	13,440	上海国拍	2015.05.31
清 青玉雕龙凤纹钟形牌	高8.5cm	36,800	远方拍卖	2015.07.01
清 青玉沁色双龙玉牌	高5cm	17,250	远方拍卖	2015.07.01
清 三爵牌	长6.8cm	368,000	中贸圣佳	2015.05.20
清 山水纹玉牌	高5.3cm	24,970	江苏聚德	2015.07.01
清 生坑白玉 “如意” 牌	高7.2cm	167,489	万昌斯	2015.06.01
清 太平如意牌	长5.5cm	322,000	中贸圣佳	2015.05.20
清 太平有象玉牌	高6.5cm	113,500	江苏聚德	2015.07.01
清 童子戏蝶文玩牌	长5.1cm	437,000	中贸圣佳	2015.05.20
清 玉雕兽面纹牌	高7cm	115,000	古天一	2015.06.06
清 玉龙纹牌	高6.7cm	17,250	苏州东方	2015.07.02
清 御制长宜子孙牌	长9cm	1,035,000	中贸圣佳	2015.05.20
清 竹节玛瑙巧色牌	高5.5cm	13,800	广州皇玛	2015.01.17

2015玉器拍卖成交汇总

(成交价RMB：1万元以上)

拍品名称	物品尺寸	成交价RMB	拍卖公司	拍卖日期
清 子冈款人物玉牌	长5.8cm	322,000	中贸圣佳	2015.05.20
清 白玉雕花卉牌	高6cm	11,500	北京保利	2015.11.01
清 白玉福寿牌	长5.5cm	74,750	中国嘉德	2015.11.15
清 白玉花篮双兽牌	高6cm	28,750	北京保利	2015.11.01
清 白玉刻荔枝纹牌	高6.9cm	130,293	香港淳浩	2015.11.27
清 白玉刻麻姑献寿纹子冈牌	高5.1cm	29,120	上海联合	2015.11.01
清 白玉人物牌	高6.5cm	17,250	北京保利	2015.11.01
清 白玉小佛、浮雕人物小牌（各一件）	高2.6cm；高2.8cm	31,157	香港淳浩	2015.11.27
清 白玉鱼化龙牌	高16.5cm	51,750	北京保利	2015.11.01
清 白玉斋戒牌	高5cm	23,000	北京保利	2015.11.01
清 黄玉雕斋戒牌	高5.8cm	23,000	东方大观	2015.11.17
清 青白玉雕再来花甲图牌	高7.2cm	207,000	北京诚轩	2015.11.14
清 玉雕千秋万代牌	高8cm	1,155,968	卓艺拍卖	2015.11.21
清 玉堂锦绣玉牌	高6.5cm	28,750	八益拍卖	2015.11.01
弥勒佛牌	高4.4cm	13,800	北京保利	2015.12.08
清 白玉老子出关诗文牌	高5.9cm	69,000	北京保利	2015.12.09
清 白玉仕女牌	高5.2cm	115,000	北京保利	2015.12.09
17世纪 白玉雕“梦笔生花”子冈牌	长5.9cm	747,500	中国嘉德	2015.05.16
18世纪 白玉归田图牌	高6cm	102,625	佳士得	2015.12.02
18世纪 白玉长宜子孙牌	长9.7cm	225,775	佳士得	2015.12.02
1760–1850年 苏作玛瑙巧雕童子水牛图牌	高5cm	250,440	纽约佳士得	2015.03.15
18世纪 白玉道教神仙纹牌	长5cm	239,500	伦敦苏富比	2015.05.13
18世纪 白玉象纹牌	高6.2cm	60,075	佳士得	2015.06.03
18世纪 琥珀雕凤凰莲花纹牌	长6.9cm	38,238	纽约苏富比	2015.09.15
18世纪 琥珀镂雕瑞兽纹牌	长6cm	23,899	纽约苏富比	2015.09.15
18世纪 黄玉老子出关图牌	长5.1cm	420,525	佳士得	2015.06.03
18世纪/19世纪 白玉“再来华甲”牌及镂雕和合如意把件	高6.1cm	175,258	纽约佳士得	2015.09.17
18世纪/19世纪 白玉雕海水龙纹牌（三件）	高9.5cm	39,131	纽约佳士得	2015.03.15
18世纪/19世纪 白玉高士赏花图牌	高4.5cm	101,741	纽约佳士得	2015.03.15
18世纪/19世纪 白玉人物图诗文牌	高5.3cm	100,125	佳士得	2015.06.03
18世纪/19世纪 白玉寿天百禄牌	高5.3cm	93,915	纽约佳士得	2015.03.15
18世纪/19世纪 白玉无量寿佛牧牛图牌	长6.1cm	420,525	佳士得	2015.06.03
18世纪/19世纪 白玉伍子胥图文牌	长6.4cm	350,438	佳士得	2015.06.03
19世纪 白玉雕寿字文牌	高13.6cm	23,479	纽约苏富比	2015.03.21
清晚期 青白玉和合如意童子牌	高6cm	43,700	中国嘉德	2015.04.02
清及以后 透雕玉牌四件及白玉八宝袖珍坠一套	高8.1cm	55,481	佳士得	2015.04.06
清晚期/民初 白玉喜上眉梢牌	高5.6cm	78,263	纽约佳士得	2015.03.15
民国 带皮 白玉刻山水牌	高8cm	21,701	香港雅盛	2015.10.05
民国 和田白玉人物子冈牌	高7.5cm	35,004	书画艺拍	2015.08.29
白玉春江泛舟诗文牌	高5.8cm	34,500	深圳市拍	2015.07.19
白玉雕“一路连科”牌	高6.2cm	32,200	苏州东方	2015.07.02
白玉雕百事如意纹牌	高5.5cm	264,330	AA中国艺海	2015.08.20
白玉雕博古纹挂牌	高5.6cm	16,800	上海联合	2015.05.24
白玉雕平安牌	高5.4cm	22,400	上海联合	2015.11.01
白玉雕平安无事牌	高5cm	22,400	上海联合	2015.11.01
白玉雕玉堂锦绣纹牌	高5.8cm	1,246,278	AA中国艺海	2015.12.02
白玉雕钟馗方牌	高6.3cm	15,680	上海联合	2015.11.01
白玉浮雕百禄牌	高5.5cm	34,000	上海驰翰	2015.05.09
白玉浮雕当寿牌	高6.7cm	35,000	上海驰翰	2015.05.09

拍品名称	物品尺寸	成交价RMB	拍卖公司	拍卖日期
白玉浮雕花卉牌	高4.5cm	12,000	上海驰翰	2015.05.09
白玉浮雕平安有余人物牌	高8.2cm	18,000	上海驰翰	2015.05.09
白玉浮雕人物牌	高5.6cm	16,000	上海驰翰	2015.05.09
白玉浮雕松下高仕牌	宽6.3cm	80,000	上海驰翰	2015.05.09
白玉福从天降牌	高6.4cm	11,500	深圳市拍	2015.07.19
白玉高士抚琴诗文子冈牌	高6cm	46,000	深圳市拍	2015.07.19
白玉桂下月兔牌	长6.2cm	153,938	佳士得	2015.12.02
白玉镂雕花鸟玉牌	高6.9cm	18,000	上海驰翰	2015.05.09
白玉镂空雕龙纹牌	宽11cm	13,218	诚昌国际	2015.12.02
白玉镂空诗文牌	高5cm	53,427	香港淳浩	2015.07.30
白玉鹿衔灵芝牌	高5.8cm	16,100	中国嘉德	2015.04.02
白玉梅花诗文牌	高5.7cm	143,675	佳士得	2015.12.02
白玉梅兰竹菊四君子图牌（一对）	高5.5cm	13,800	中国嘉德	2015.04.02
白玉牌	高3.8cm	324,000	香港铮鼎	2015.04.28
白玉平安无事牌	高6cm	28,750	深圳市拍	2015.07.19
白玉平安无事牌	高6.3cm	13,800	深圳市拍	2015.07.19
白玉平安无事牌	高6cm	11,500	深圳市拍	2015.07.19
白玉沁色雕载来花甲纹牌	高6.5cm	451,550	卓艺拍卖	2015.11.18
白玉清慎勤忍诗文牌	高5.5cm	10,350	中国嘉德	2015.04.02
白玉人物诗文方牌	高5.7cm	308,385	AA中国艺海	2015.07.12
白玉三羊开泰牌	高6.3cm	20,700	北京保利	2015.11.01
白玉寿星牌	高6cm	23,000	深圳市拍	2015.07.19
白玉透雕五伦图牌	宽9.9cm	35,044	佳士得	2015.06.03
白玉圆牌	直径5cm	13,800	深圳市拍	2015.07.19
碧玉留皮巧作天师钟馗圆牌	高5.5cm	13,440	上海联合	2015.11.01
柴艺扬 滴露禅香 白玉牌	高6.1cm	23,000	西泠拍卖	2015.04.18
柴艺扬 轮回 白玉牌	高6.1cm	32,200	西泠拍卖	2015.04.18
陈春波 和田玉绿柳拂青牌	高5.9cm	23,000	北京正道	2015.11.01
陈春波 和田玉松鹤延年牌	高6.7cm	28,750	北京正道	2015.11.01
陈春波 和田玉松亭怀古牌	高7.1cm	63,250	北京正道	2015.11.01
陈春波 和田玉忆江南牌	高4.6cm	28,750	北京正道	2015.11.01
陈冠军 春山虔心 白玉牌	高7.5cm	172,500	西泠拍卖	2015.07.04
陈冠军 高逸赏览图 白玉牌	高5.7cm	184,000	西泠拍卖	2015.07.04
陈冠军 和田玉籽料清漓暮韵牌	高5.8cm	57,500	北京正道	2015.11.01
陈冠军 和田玉籽料溪岸驯鹿牌	高7.8cm	105,800	北京正道	2015.11.01
陈冠军和田玉籽料烟渚山村子冈牌	高6.0cm	69,000	北京正道	2015.11.01
陈冠军 和田玉籽料云影清远牌	高5.2cm	48,300	北京正道	2015.11.01
陈冠军 茗山诗意 白玉牌	高4.8cm	20,700	西泠拍卖	2015.07.04
陈冠军 暮春游牧 白玉牌	长6.1cm	460,000	西泠拍卖	2015.04.18
陈冠军 齐天仙乐 白玉牌	长6.3cm	184,000	西泠拍卖	2015.04.18
陈冠军 曲江汇芳 白玉牌	高6.2cm	149,500	西泠拍卖	2015.07.04
陈冠军 松风叙情 白玉牌	高5.2cm	74,750	西泠拍卖	2015.04.18
陈冠军 踏莎行远 白玉牌	长6.3cm	287,500	西泠拍卖	2015.04.18
陈冠军 溪岸泛漪 白玉牌	高5.5cm	161,000	西泠拍卖	2015.07.04
陈冠军 烟墅杳杳 白玉牌	高6cm	184,000	西泠拍卖	2015.04.18
陈冠军 玉华清 菡萏 白玉牌	宽3.1cm	25,300	西泠拍卖	2015.04.18
陈冠军 玉华清 玉露 白玉牌	宽3.5cm	48,300	西泠拍卖	2015.04.18
陈冠军 玉华天 清泛 白玉牌	宽3.8cm	19,550	西泠拍卖	2015.04.18
陈冠军 玉华天 秋情白玉牌	宽3.8cm	57,500	西泠拍卖	2015.04.18
陈冠军 玉华天 引圣 白玉牌	高3.4cm	17,250	西泠拍卖	2015.04.18
陈冠军 云山慧明 白玉牌	高5.9cm	23,000	西泠拍卖	2015.04.18
陈健 春风罗帷 白玉牌	高4.9cm	69,000	西泠拍卖	2015.04.18
陈健 天香夜染衣 白玉牌	高5.2cm	69,000	西泠拍卖	2015.04.18
陈健 自强 白玉牌	高5.1cm	17,250	西泠拍卖	2015.04.18
陈雪飞 和田玉籽料平安如意牌	高7.4cm	46,000	北京正道	2015.11.01

拍品名称	物品尺寸	成交价RMB	拍卖公司	拍卖日期
程磊 暗香 白玉牌	高5.7cm	48,300	西泠拍卖	2015.04.18
程磊 灵兽佑平安 白玉牌	高5.9cm	48,300	西泠拍卖	2015.04.18
程磊 平安无事 白玉牌	高6.3cm	46,000	西泠拍卖	2015.04.18
程磊 悟心 白玉牌		195,500	西泠拍卖	2015.07.04
崔磊 赐福圣君 白玉牌	高5.4cm	172,500	西泠拍卖	2015.07.04
崔磊 平步青云 白玉牌	高5.3cm	230,000	西泠拍卖	2015.07.04
崔磊 忠义仁勇 白玉牌		345,000	西泠拍卖	2015.07.04
崔磊 钟馗圣君 白玉牌	高6.2cm	287,500	西泠拍卖	2015.07.04
东时 和田白玉渡海观音心经牌	高7.4cm	103,500	中鸿信	2015.07.29
范同生 慈悲为怀 白玉牌	才7cm	230,000	西泠拍卖	2015.04.18
范同生 佛光普照 白玉牌	高6.7cm	184,000	西泠拍卖	2015.04.18
范同生 观音 白玉挂牌	高5.8cm	56,000	北京荣宝	2015.06.21
范同生 和田羊脂籽料带天然皮观音牌	高6.7cm	126,500	广州皇玛	2015.01.17
范同生 和田羊脂籽料带天然皮观音牌	高8.0cm	115,000	广州皇玛	2015.01.17
范同生 和田羊脂籽料带天然皮观音牌	高6.7cm	115,000	广州皇玛	2015.01.17
范同生 和田羊脂籽料带天然皮童子拜佛牌	高8.3cm	103,500	广州皇玛	2015.01.17
范同生 和田羊脂籽料带天然皮童子拜观音牌	高8.3cm	126,500	广州皇玛	2015.01.17
付雪飞 和田白玉雕渔翁得利牌	高8cm	264,500	中鸿信	2015.07.29
高俊华 和田玉仙山楼阁插牌	高15cm	28,750	北京正道	2015.11.01
葛洪 昂首百川鸣 白玉牌	长4.3cm	402,500	西泠拍卖	2015.07.04
葛洪 白玉雕普渡慈航牌	宽3.12cm	20,700	中国嘉德	2015.11.16
葛洪 佛光普照 白玉牌	高5.2cm	23,000	西泠拍卖	2015.07.04
葛洪 福寿 白玉牌	高4.1cm	18,400	西泠拍卖	2015.04.18
葛洪 福双至 白玉牌	高4.8cm	34,500	西泠拍卖	2015.04.18
葛洪 和田玉籽料瓦当牌	高4.3cm	32,200	北京正道	2015.11.01
葛洪 慧缘 白玉牌	高6cm	207,000	西泠拍卖	2015.07.04
葛洪 梦忆江南 白玉牌	高4.7cm	34,500	西泠拍卖	2015.04.18
葛洪 墨玉玄武牌	高6.3cm	34,500	北京正道	2015.11.01
葛洪 一琴一鹤 白玉牌	高5.7cm	34,500	西泠拍卖	2015.04.18
顾铭 和田玉籽料节节高牌	高5.1cm	40,250	北京正道	2015.11.01
顾铭 黄玉荷塘清趣牌	高4.8cm	17,250	北京正道	2015.11.01
顾铭 龙翔凤逸 白玉对牌	高5.4cm	92,000	西泠拍卖	2015.07.04
郭万龙 白玉雕大吉祥牌	高5.5cm	40,250	中国嘉德	2015.05.16
郭万龙 和田玉籽料有福牌	高4.8cm	34,500	北京正道	2015.11.01
郭万龙 吉祥有福 白玉牌	高5.2cm	20,700	西泠拍卖	2015.04.18
郭万龙 金玉满堂 白玉牌	高4.4cm	74,750	西泠拍卖	2015.07.04
郭万龙 连连见喜 白玉牌	高5cm	17,250	西泠拍卖	2015.04.18
郭万龙 旭日东升 白玉牌	长5.6cm	241,500	西泠拍卖	2015.04.18
郭万龙 一路连科 白玉牌	高6.2cm	115,000	西泠拍卖	2015.07.04
和田玉雕龙牌	重量78g	858,000	皇家国际	2015.01.19
和田玉山水腰牌	高5.5cm	11,500	南京经典	2015.01.04
和田玉籽料八大山人牌	高6.5cm	207,000	尚品润博	2015.01.11
和田玉籽料朝圣牌	高7.1cm	90,850	尚品润博	2015.01.11
和田玉籽料达摩牌	高4.3cm	80,500	尚品润博	2015.01.11
和田玉籽料佛在心中牌	高6.0cm	89,700	尚品润博	2015.01.11
和田玉籽料斧形祝福牌	高5.0cm	57,500	尚品润博	2015.01.11
和田玉籽料姑苏印象牌	高4.9cm	44,850	尚品润博	2015.01.11
和田玉籽料观音随形牌	高7.0cm	85,100	尚品润博	2015.01.11
和田玉籽料荷[illegible]牌	高6.3cm	172,500	尚品润博	2015.01.11
和田玉籽料花好月圆牌	高5.1cm	25,300	尚品润博	2015.01.11

拍品名称	物品尺寸	成交价RMB	拍卖公司	拍卖日期
和田玉籽料火凤牌	高3.2cm	55,200	尚品润博	2015.01.11
和田玉籽料连年有余牌	高5.3cm	31,050	尚品润博	2015.01.11
和田玉籽料马上有福牌	高6.2cm	78,200	尚品润博	2015.01.11
和田玉籽料梦幻江南牌	高5.14cm	34,500	尚品润博	2015.01.11
和田玉籽料平安对牌	高4.7cm；高4.4cm	47,150	尚品润博	2015.01.11
和田玉籽料平安无事牌	高6.3cm	40,250	北京正道	2015.11.01
和田玉籽料清溪垂钓牌	高4.81cm	23,000	尚品润博	2015.01.11
和田玉籽料秋韵牌	高4.5cm	26,450	尚品润博	2015.01.11
和田玉籽料水村渔舍牌	高4.7cm	27,600	尚品润博	2015.01.11
和田玉籽料水乡牌	高8.6cm	90,850	尚品润博	2015.01.11
和田玉籽料天马行空牌	高5.8cm	92,000	尚品润博	2015.01.11
和田玉籽料五福齐至对牌	高4.6cm；高4.6cm	105,800	尚品润博	2015.01.11
和田玉籽料喜上眉梢牌	高5.8cm	46,000	尚品润博	2015.01.11
和田玉籽料旭日东升牌	高4.8cm	79,350	尚品润博	2015.01.11
和田籽料 赐水观音挂牌	高8.7cm	563,500	河南泽华	2015.01.11
和田籽料 福从天降挂牌	高6.9cm	460,000	河南泽华	2015.01.11
和田籽料 福寿齐天挂牌	高6.5cm	345,000	河南泽华	2015.01.11
和田籽料 观音挂牌	高6.1cm	552,000	河南泽华	2015.01.11
和田籽料 观音挂牌	高6.6cm	57,500	河南泽华	2015.01.11
和田籽料 厚积堂款观音挂牌	高8.2cm	1,610,000	河南泽华	2015.01.11
和田籽料 山水插牌（一对）	高7.9cm	172,500	河南泽华	2015.01.11
和田籽料 送子观音挂牌	高8.3cm	460,000	河南泽华	2015.01.11
侯晓锋 和田玉籽料一团和气牌	高5.5cm	89,700	北京正道	2015.11.01
黄杨洪 平安无事 墨玉牌	高4.7cm	13,800	西泠拍卖	2015.04.18
黄杨洪 平安无事 墨玉牌	高4.6cm	11,500	西泠拍卖	2015.04.18
黄杨洪 天瑞神兽 白玉牌	长5.6cm	230,000	西泠拍卖	2015.07.04
黄玉高士诗文牌	高6.3cm	17,250	中国嘉德	2015.06.27
黄玉人物诗文牌	高5.5cm	10,350	中国嘉德	2015.09.20
蒋喜 必定辟邪 白玉牌	长5.2cm	103,500	西泠拍卖	2015.04.18
蒋喜 和田玉籽料龙凤对牌	高6cm；高4.2cm	48,300	北京正道	2015.11.01
蒋喜 和田玉籽料龙凤对牌	高3.5cm；高3.8cm	46,000	北京正道	2015.11.01
蒋喜 和田玉籽料平安有福手牌	高4.26cm	13,800	北京正道	2015.11.01
蒋喜 龙凤呈祥 白玉对牌	高4.3cm；高4.3cm	103,500	西泠拍卖	2015.07.04
蒋喜 龙凤呈祥 白玉对牌	高4.3cm；高4.3cm	32,200	西泠拍卖	2015.04.18
蒋喜 龙凤献瑞 白玉对牌	高4.9cm；高5.1cm	97,750	西泠拍卖	2015.04.18
蒋喜 长乐未央 白玉牌	高6.2cm	32,200	西泠拍卖	2015.04.18
缴治强 白玉雕佛手挂牌	高5.4cm	14,560	上海联合	2015.05.24
旧浮雕人物牌	高5.4cm	12,896	香港淳浩	2015.07.30
李海涛 和田玉籽料潜龙出渊牌	高6.5cm	25,300	北京正道	2015.11.01
李剑 一马当先 白玉牌	高4.7cm	69,000	西泠拍卖	2015.04.18
李宜钧 白玉雕绿荫清韵牌	高7cm	42,560	上海联合	2015.11.01
林光 和田玉籽料博古牌	高4.9cm	32,200	北京正道	2015.11.01
林光 和田玉籽料诸事隆兴牌	高4.9cm	40,250	北京正道	2015.11.01
林国华 喜上眉梢 白玉牌	高4.8cm	40,250	西泠拍卖	2015.04.18
林金波 佛光普照 白玉牌	高3.9cm	74,750	西泠拍卖	2015.07.04
林金波 和田青玉望月怀远牌	高6.7cm	25,300	北京正道	2015.11.01
林金波 和田玉籽料有福无事牌	高4.5cm	23,000	北京正道	2015.11.01
林金波 花开见佛 白玉牌	高5.7cm	126,500	西泠拍卖	2015.07.04
林金波 龙瑞凤祥 白玉对牌	高4.5cm；高4.5cm	126,500	西泠拍卖	2015.04.18
林金波 竹里馆 白玉牌	长5.3cm	207,000	西泠拍卖	2015.07.04
龙 牌	高5.7cm	115,000	北京保利	2015.06.06
吕德 和田玉籽料观音牌	高5.6cm	63,250	北京正道	2015.11.01
马洪伟 府上有龙 青玉牌	高10cm	20,700	西泠拍卖	2015.07.04
孟庆东 白玉雕关公牌	长6.2cm	138,000	中国嘉德	2015.05.16
孟庆东 白玉雕观音牌	高5.4cm	18,400	中国嘉德	2015.11.16

2015玉器拍卖成交汇总

(成交价RMB：1万元以上)

拍品名称	物品尺寸	成交价RMB	拍卖公司	拍卖日期
孟庆东 白玉雕观音牌	高5.4cm	17,250	中国嘉德	2015.11.16
南红千里顺风牌	高6.0cm	32,200	尚品润博	2015.01.11
倪展勇 和田玉籽料龙马精神牌	高5.7cm	23,000	北京正道	2015.11.01
庞然 爱莲图 青玉牌	高10.3cm	80,500	西泠拍卖	2015.07.04
庞然 黄甲图 墨玉牌	高11.2cm	97,750	西泠拍卖	2015.04.18
庞然 荆棘丛兰图 白玉牌		28,750	西泠拍卖	2015.07.04
庞然 驴背吟诗图 青玉牌	高12.5cm	161,000	西泠拍卖	2015.07.04
庞然 梅竹图 墨玉牌	高9.7cm	78,400	北京荣宝	2015.06.21
庞然 墨葡萄图 青玉牌	长10.8cm	126,500	西泠拍卖	2015.07.04
庞然 武财神 白玉牌		149,500	西泠拍卖	2015.07.04
庞然 心经 白玉牌	重57g	80,500	西泠拍卖	2015.07.04
庞然 心经 墨玉牌	高6.9cm	86,250	西泠拍卖	2015.04.18
庞然 心经 青玉牌	高10cm	126,500	西泠拍卖	2015.07.04
庞然 竹兰盆花图 青玉牌		23,000	西泠拍卖	2015.07.04
钱建锋 和田玉籽料守护牌	高5.8cm	32,200	北京正道	2015.11.01
青白玉镂雕如意形花牌	高8.9cm	20,000	上海驰翰	2015.05.09
青白玉云龙纹牌	高8cm	28,750	中国嘉德	2015.06.27
青花籽料山水观音牌	重2.95g×2	16,800	长春金鼎	2015.01.18
瞿利军 马到成功 白玉牌	高5cm	103,500	西泠拍卖	2015.04.18
瞿利军 牛气 白玉牌	高4.4cm	23,000	西泠拍卖	2015.04.18
瞿利军 貔貅 墨玉牌	高4.9cm	13,800	西泠拍卖	2015.04.18
瞿利军 平安无事 墨玉牌	高5.2cm	25,300	西泠拍卖	2015.04.18
瞿利军 水榭幽居 白玉牌	长7cm	287,500	西泠拍卖	2015.07.04
瞿利军 顺风顺水 白玉牌	高6cm	138,000	西泠拍卖	2015.07.04
瞿利军 溪山春晓 白玉牌	高5.2cm	149,500	西泠拍卖	2015.07.04
瞿利军 溪舟清远 白玉牌	高6.7cm	253,000	西泠拍卖	2015.04.18
任永辉 和田青花籽料鹤千年牌	高4.6c	51,750	北京正道	2015.11.01
任永辉 和田青花籽料马到功成牌	高6.7cm	17,250	北京正道	2015.11.01
任永辉 和田青花籽料万里飞沙牌	高8.9cm	32,200	北京正道	2015.11.01
苏然 和田玉籽料允执厥中牌	高6.1cm	212,750	北京正道	2015.11.01
唐伟琪 和田羊脂籽料带天然皮山水人物牌	高7.5cm	207,000	广州皇玛	2015.01.17
吴金星 和田羊脂籽料带天然皮龙纹牌	高6.4cm	138,000	广州皇玛	2015.01.17
吴金星 和田玉籽料龙牌	高5.4cm	46,000	北京正道	2015.11.01
吴金星 和田玉籽料一马当先牌	长7.9cm	270,250	北京正道	2015.11.01
仵子辉 白玉雕观音挂牌	高5.5cm	56,000	北京荣宝	2015.11.29
徐志浩 节节平安 白玉牌	高5.1cm	13,800	西泠拍卖	2015.04.18
徐志浩 一品芳荷 白玉牌	高5.3cm	11,500	西泠拍卖	2015.04.18
羊脂白玉慈航普度观音牌	高7.2cm	20,700	中鸿信	2015.07.29
杨斌 白玉龙吟禅心牌	高6.9cm	13,800	中鸿信	2015.07.29
杨斌 白玉如是观牌	长6.8cm	253,000	中鸿信	2015.07.29
杨斌 和田玉籽料路路如意牌	高6.8cm	36,800	北京正道	2015.11.01
杨斌 和田玉籽料如是观牌	高4.1cm	28,750	北京正道	2015.11.01
杨菊青 青花雕烟雨江南挂牌	高6.5cm	14,560	上海联合	2015.11.01
杨曦 金风 白玉牌	高5.3cm	138,000	西泠拍卖	2015.04.18
杨曦 龙腾 白玉牌	长6.5cm	437,000	西泠拍卖	2015.07.04
杨曦 喜上眉梢 白玉牌	高4.2cm	103,500	西泠拍卖	2015.07.04
杨曦 仙游云海 白玉牌	高5.7cm	218,500	西泠拍卖	2015.07.04
杨子奇 南红佛牌	长6cm	40,250	北京保利	2015.06.06
姚圣云 白玉雕观音挂牌	长6.7cm	313,600	上海联合	2015.05.24
姚圣云 白玉雕观音挂牌	高6.3cm	134,400	上海联合	2015.11.01
叶清 禅意暗渡 白玉牌	高5.9cm	34,500	西泠拍卖	2015.04.18
叶清 慈怀众生 白玉牌	高5.3cm	57,500	西泠拍卖	2015.04.18
叶清 节节高升 白玉牌	高5.2cm	25,300	西泠拍卖	2015.04.18

拍品名称	物品尺寸	成交价RMB	拍卖公司	拍卖日期
殷小金 多交好运 白玉牌	高5.8cm	57,500	西泠拍卖	2015.07.04
殷小金 国色天香 白玉牌	高4.6cm	32,200	西泠拍卖	2015.07.04
殷小金 花开富贵 白玉牌	高5.1cm	36,800	西泠拍卖	2015.07.04
殷小金 黄玉一枝独秀牌	高9.2cm	28,750	北京正道	2015.11.01
殷小金 平安富贵 黄玉牌	高9cm	63,250	西泠拍卖	2015.04.18
殷小金 平安如意 白玉牌	高5.3cm	92,000	西泠拍卖	2015.07.04
殷小金 平安如意 黄玉牌	高5.7cm	34,500	西泠拍卖	2015.07.04
殷小金 喜相逢 白玉牌	高5.8cm	43,700	西泠拍卖	2015.07.04
于雪涛 白玉雕福从天降牌	高5.8cm	103,500	中国嘉德	2015.11.16
于雪涛 福气到 白玉牌	长5.8cm	115,000	西泠拍卖	2015.04.18
玉牌（二十七件）	尺寸不一	21,850	中国嘉德	2015.04.02
玉牌（十六件）	尺寸不一	13,800	中国嘉德	2015.09.20
翟倚卫 白玉雕过雨看松色牌	高5.5cm	98,560	上海联合	2015.05.24
翟倚卫 白玉雕秋山碧水牌	长5.02cm	172,500	中国嘉德	2015.11.16
翟倚卫 白玉雕香拂春亭牌	长11.4cm	3,565,000	中国嘉德	2015.05.16
翟倚卫 春潮带雨 白玉牌	长8.5cm	1,610,000	西泠拍卖	2015.04.18
翟倚卫 花雾萦风 白玉牌	长8.3cm	1,265,000	西泠拍卖	2015.07.04
张静 白玉观音牌	高5.4cm	40,250	北京正道	2015.11.01
张静 碧玉顶呱呱牌	高4cm	11,500	北京正道	2015.11.01
张静 碧玉富贵牡丹牌	高4.5cm	28,750	北京正道	2015.11.01
张良 白玉雕蝶恋花挂牌	高7cm	72,800	上海联合	2015.11.01
张胜利 白玉雕关公挂牌	高5.6cm	42,560	上海联合	2015.11.01
张迎尧 白玉刻“无欲则刚”牌	高5cm	40,320	上海联合	2015.11.01
张迎尧碧玉刻般若波罗蜜多心经牌	高6.5cm	33,600	上海联合	2015.05.24
赵琦 般若观慧 白玉牌	高6.6cm	172,500	西泠拍卖	2015.04.18
赵琦 慈航普度 白玉牌	高6.3cm	103,500	西泠拍卖	2015.04.18
赵琦 慈沐众生 白玉牌	长8.4cm	805,000	西泠拍卖	2015.04.18
赵琦 大日如来 白玉牌	高5.8cm	138,000	西泠拍卖	2015.07.04
赵琦 关圣帝君 白玉牌	长7.1cm	207,000	西泠拍卖	2015.04.18
赵琦 净心涤尘 白玉牌	高6.2cm	138,000	西泠拍卖	2015.07.04
赵琦 普贤菩萨 白玉牌	高4.8cm	69,000	西泠拍卖	2015.04.18
赵琦 千手千眼观音 白玉牌	高5.9cm	161,000	西泠拍卖	2015.07.04
郑升帅 琥珀雕达摩图牌	直径5.3cm	56,000	上海联合	2015.11.01
忠荣玉典 白玉雕宝瓶观音椭圆牌	高5.2cm	47,040	上海联合	2015.05.24
忠荣玉典白玉雕地藏王菩萨椭圆牌	高5.4cm	72,800	上海联合	2015.11.01
忠荣玉典 白玉雕护佑牌	高6.3cm	201,600	上海联合	2015.05.24
忠荣玉典 白玉雕弥勒圆牌	高3.3cm	28,000	上海联合	2015.11.01
忠荣玉典 白玉雕山水椭圆牌	高4.8cm	35,840	上海联合	2015.11.01
忠荣玉典 白玉雕山水纹牌	高6.9cm	201,600	上海联合	2015.05.24
忠荣玉典白玉雕释迦摩尼像椭圆牌	高4.9cm	47,040	上海联合	2015.05.24
忠荣玉典 白玉雕元宝弥勒圆牌	高5.4cm	179,200	上海联合	2015.11.01
忠荣玉典 白玉围雕山水纹牌	长5.8cm	224,000	上海联合	2015.05.24
忠荣玉典 和田青玉山水牌	高6.1cm	20,700	北京正道	2015.11.01
忠荣玉典 和田玉籽料佛牌	高4.0cm	13,800	北京正道	2015.11.01
忠荣玉典 和田玉籽料观音牌	高5.9cm	43,700	北京正道	2015.11.01
周春龙 白玉雕兰花挂牌	高5cm	11,200	上海联合	2015.11.01
周立祥 白玉佛字牌	高5.6cm	33,600	上海联合	2015.11.01
子岗牌	重51g	1,399,507	荣盛国际	2015.01.10
邹小林 和田玉籽料妙相观音牌	高5.9cm	23,000	北京正道	2015.11.01
邹小林 和田玉籽料如来牌	高6.1cm	25,300	北京正道	2015.11.01
佩玩人物件				
新石器时代 玉人面纹饰	高6.7cm	78,263	纽约佳士得	2015.03.19
汉 玉舞人组佩	尺寸不一	58,198	中国嘉德	2015.10.06
宋 白玉戏婴挂件	长4.2cm	187,194	万昌斯	2015.06.01
元 白玉童子骑鱼佩	高5cm	51,750	北京保利	2015.04.25

拍品名称	物品尺寸	成交价RMB	拍卖公司	拍卖日期
元/明 碧玉圆雕持荷童子	高5.5cm	253,000	中鸿信	2015.07.29
明 白玉“四喜童子”挂件	长4.3cm	29,557	万昌斯	2015.06.01
明 白玉飞天式莲花童子佩	高4.4cm	36,800	北京保利	2015.04.25
明 白玉童子	高5cm	18,561	中国嘉德	2015.04.06
明 白玉童子“地支”“八卦”佩	长8.4cm	83,745	万昌斯	2015.06.01
明 白玉童子佩	高5.2cm	20,700	北京保利	2015.04.25
明 白玉镶K金王母	高4cm	22,600	辽宁建投	2015.08.30
明 白玉镂雕人物佩	长5.8cm	11,500	北京保利	2015.11.01
明 和田玉仿古人物把件	高4.5cm	34,500	南京经典	2015.01.04
明 青白玉沁色翁仲坠	长6.2cm	11,500	中国嘉德	2015.04.02
明 玉佛佩	高5.2cm	17,025	江苏聚德	2015.07.01
明 蜜蜡莲座菩萨佩饰	长3.7cm	27,600	古天一	2015.06.06
明末/清早期 白玉童子佩	高4.4cm	80,100	佳士得	2015.06.03
明/清 青白玉镂雕福禄寿三星图佩及青玉镂雕和合二仙图佩	高7.5cm；高7cm	15,019	香港苏富比	2015.06.01
清17世纪/18世纪 青白玉童子坠	高4.7cm	23,899	纽约佳士得	2015.09.17
清早期 玉雕带沁戏狮童子	高4cm	20,417	中国嘉德	2015.04.06
清早期 青白玉刘海戏蟾把件	高7.1cm	70,088	佳士得	2015.06.03
清早期 白玉戏球童子	高4cm	37,122	中国嘉德	2015.04.06
清乾隆 苏作玛瑙雕赤壁赋图挂件	长3.4cm	46,000	苏州东方	2015.07.02
清乾隆 白玉童子牧牛佩	高7.2cm	57,500	北京翰海	2015.06.28
清乾隆 白玉童子击鼓佩	长4.8cm	402,500	北京保利	2015.06.08
清乾隆 白玉仕女佩	高5.5cm	22,600	辽宁建投	2015.08.30
清乾隆 白玉洒金御题词山水人物纹佩	长4.8cm	1,138,500	翰风国际	2015.06.19
清乾隆 白玉福自天来佩	高7cm	46,000	北京翰海	2015.06.28
清乾隆 白玉“欢天喜地”佩	高8cm	500,625	香港苏富比	2015.06.01
清乾隆 白玉人物双喜临门佩	高6.7cm	69,000	北京翰海	2015.11.29
清乾隆 白玉山水人物诗文佩	高5.5cm	345,000	北京翰海	2015.11.29
清乾隆 白玉太白醉酒诗文佩	高5.1cm	345,000	北京翰海	2015.11.29
清乾隆 白玉童子洗象花鸟佩	高6cm	230,000	北京翰海	2015.11.29
清乾隆 白玉无双谱诗文佩	高4.3cm	460,000	北京翰海	2015.11.29
清乾隆 白玉无双谱诗文佩	高5.8cm	92,000	北京翰海	2015.11.29
清乾隆 白玉仙人祝寿佩	高6.2cm	48,300	北京翰海	2015.11.29
清中期 白玉福禄童子坠	高5.4cm	71,300	北京翰海	2015.11.29
清中期 白玉和合二仙诗文佩	高6.1cm	28,750	北京翰海	2015.11.29
清中期 白玉和合如意佩	高4.8cm	17,250	北京翰海	2015.11.29
清中期 白玉灵仙祝寿佩	高6cm	48,300	北京翰海	2015.11.29
清中期 白玉人物诗文佩	高6cm	28,750	北京翰海	2015.11.29
清中期 白玉人物诗文佩	高5.5cm	23,000	北京翰海	2015.11.29
清中期 白玉人物玉堂富贵佩	高5.9cm	17,250	北京翰海	2015.11.29
清中期 白玉松下人物诗文佩	高5.5cm	230,000	北京翰海	2015.11.29
清中期 白玉仙人乘槎福寿天长佩	高6cm	46,000	北京翰海	2015.11.29
清中期 白玉仙人乘槎佩	高4.4cm	69,000	北京翰海	2015.11.29
清中期 白玉仙人渡江诗文佩	高7.3cm	57,500	北京翰海	2015.06.28
清中期 白玉仙人渡江诗文佩	高6.4cm	46,000	北京翰海	2015.06.28
清中期 白玉文殊菩萨佩	高6cm	46,000	北京翰海	2015.06.28
清中期 白玉寿星、山水勒挂件（二件）	高4cm；高4.2cm	28,750	北京翰海	2015.06.28
清中期 白玉仕女诗文佩	高6.1cm	40,250	北京翰海	2015.06.28
清中期 白玉人物诗文佩	高7.6cm	57,500	北京翰海	2015.06.28
清中期 白玉人物诗文佩	高6.2cm	34,500	北京翰海	2015.06.28
清中期 白玉嵌宝石佛像佩	长5cm	34,500	北京保利	2015.06.08
清中期 白玉刘海戏金蟾佩	高5.3cm	23,000	北京翰海	2015.06.28
清中期 白玉达摩渡江诗文佩	高6.4cm	34,500	北京翰海	2015.06.28

拍品名称	物品尺寸	成交价RMB	拍卖公司	拍卖日期
清中期 白玉持经罗汉佩	高6.4cm	92,000	北京翰海	2015.06.28
清中期 圆雕锦绣前程玉坠	高7.3cm	10,215	江苏聚德	2015.07.01
清中期 黄玉山水仙人乘槎佩	高4.4cm	46,000	北京翰海	2015.06.28
18世纪 白玉寿星献寿把件	长10.1cm	350,438	香港苏富比	2015.06.01
18世纪 白玉庭院对饮图题诗佩	长5.8cm	154,125	香港苏富比	2015.10.07
18世纪 白玉童子乘槎图佩	长6cm	380,175	香港苏富比	2015.10.07
18世纪 青白玉和合二仙佩	高5.2cm	500,625	佳士得	2015.06.03
18世纪/19世纪 白玉连生贵子把件	高5.5cm	26,033	香港苏富比	2015.06.01
19世纪 白玉刘海戏金蟾把件	高6.8cm	30,038	香港苏富比	2015.06.01
清 玉舞人	高4.8cm	115,000	北京翰海	2015.06.27
清 玉人	高4.1cm	46,000	北京翰海	2015.06.27
清 玉佛头	高22cm	10,925	太平洋	2015.07.18
清 玉雕人物佩	高7cm	23,000	北京翰海	2015.07.19
清 青玉四喜童子坠	长3.5cm	11,500	中国嘉德	2015.04.02
清 青玉雕刘海及白玉雕和合二仙把件	较高者高5.7cm	71,696	纽约苏富比	2015.09.15
清 青白玉诗文佩（两件）	高6cm	226,961	纽约苏富比	2015.03.21
清 青白玉和合二仙佩	长4.5cm	34,500	中国嘉德	2015.09.20
清 黄玉子辰佩	长6.3cm	10,350	中国嘉德	2015.04.02
清 琥珀雕刘海戏金蟾挂件	长6.4cm	56,000	上海联合	2015.05.23
清 黑白玉巧雕童子戏鹰把件	长5.1cm	120,150	香港苏富比	2015.06.01
清 和田青白玉童子佩	高5cm	29,900	南京嘉信	2015.07.19
清 沉香珊瑚观音挂坠	挂坠高5.6cm	74,750	江苏爱涛	2015.01.11
清 白玉卧叶仕女佩	高4.4cm	32,200	北京保利	2015.04.25
清 白玉透雕和合二仙佩	长5.1cm	11,137	香港淳浩	2015.04.04
清 白玉透雕和合二仙佩	长5.9cm	11,054	香港淳浩	2015.07.30
清 白玉童子坠	长4.7cm	23,000	中国嘉德	2015.09.20
清 白玉童子献寿诗文佩	高6cm	17,250	北京翰海	2015.03.15
清 白玉童子佩	长7.2cm	34,500	中国嘉德	2015.09.20
清 白玉童子	宽5.5cm	32,482	中国嘉德	2015.04.06
清 白玉天伦乐把件	高7.6cm	60,075	佳士得	2015.06.03
清 白玉送财童子挂坠	长4.5cm	57,500	北京匡时	2015.06.06
清 白玉松下人物诗文佩	高6cm	11,500	北京翰海	2015.03.15
清 白玉人物大吉葫芦佩	长7.4cm	10,350	中国嘉德	2015.04.02
清 白玉人物（两件）	长3.7cm；长5cm	15,777	香港淳浩	2015.04.04
清 白玉沁色雕执荷童子纹佩	长5.5cm	76,160	天津文物	2015.05.22
清 白玉葫芦童子坠	长4.5cm	17,250	北京保利	2015.04.26
清 白玉和合二仙佩	长5.2cm	20,265	香港淳浩	2015.07.30
清 白玉观音坠	长5.6cm	92,805	香港淳浩	2015.04.04
清 白玉观音（两件）	长3.9cm×2	41,762	香港淳浩	2015.04.04
清 白玉雕童子戏欢纹佩	高5cm	33,600	天津文物	2015.05.22
清 白玉雕松下高士诗文佩	长5.3cm	218,500	北京匡时	2015.06.07
清 白玉雕骑马童子纹佩	长6.6cm	87,360	天津文物	2015.05.22
清 白玉雕吉祥如意童子佩	长5cm	212,800	天津文物	2015.05.22
清 白玉雕持莲童子纹佩	长5.8cm	112,000	天津文物	2015.05.22
清 白玉雕持荷童子纹佩	高6cm	33,600	天津文物	2015.05.22
清 白玉达摩诗文佩	高6.2cm	34,500	北京翰海	2015.03.15
清 白玉沉思罗汉	高7.6cm	23,000	中鸿信	2015.07.29
清 白玉“连生贵子”挂件	长5.4cm	11,823	万昌斯	2015.06.01
清 白玉“花甲再来”挂件	长4.1cm	19,705	万昌斯	2015.06.01
清 白玉鱼化龙童子坠	长7.5cm	25,300	北京保利	2015.11.01
清 白玉“鸠车竹马”松鼠葡萄叶形佩	长5cm	46,000	北京保利	2015.06.08
清 刘海戏金蟾坠	长8cm	34,500	北京保利	2015.11.01
民国 旧蜜蜡观音佩	长8.8cm	72,800	上海国拍	2015.11.29

2015玉器拍卖成交汇总

(成交价RMB：1万元以上)

拍品名称	物品尺寸	成交价RMB	拍卖公司	拍卖日期
白水晶弥勒佛	高46cm	149,500	印千山·宝隆	2015.07.12
白玉雕“和合二仙”把件	长6.9cm	98,560	上海联合	2015.05.24
白玉雕布袋弥勒把件	高4.6cm	62,720	上海联合	2015.05.24
白玉雕和合二仙	高7.5cm	1,674,090	AA中国艺海	2015.07.11
白玉雕刘海戏蟾	高5.8cm	599,148	AA中国艺海	2015.07.12
白玉雕人物	高6cm	176,220	AA中国艺海	2015.07.11
白玉雕渔翁得利挂件	高4.5cm	13,440	上海联合	2015.11.01
白玉雕自在观音挂件	高5.2cm	20,160	上海联合	2015.05.24
白玉高士佩	长6cm	51,750	太平洋	2015.11.21
白玉高士佩	长6.5cm	51,750	太平洋	2015.11.21
白玉高士佩	长5.7cm	40,250	太平洋	2015.11.21
白玉留皮雕执莲童子	高5.9cm	660,825	AA中国艺海	2015.07.11
白玉留皮巧雕钟馗挂件	高5.5cm	28,560	上海联合	2015.05.24
白玉留皮巧作脸谱挂件	高6cm	22,176	上海联合	2015.05.24
白玉留皮巧作钟馗把件	高8.5cm	42,560	上海联合	2015.05.24
白玉牧牛图佩	长5.5cm	40,250	太平洋	2015.11.21
白玉巧色雕钟馗挂件	高3.1cm	22,400	上海联合	2015.05.24
白玉深山访友挂件	长5.5cm	14,950	深圳市拍	2015.07.19
白玉释迦牟尼像	高20cm	6,167,700	AA中国艺海	2015.07.12
白玉送子观音挂件	高4.5cm	1,101,375	AA中国艺海	2015.08.05
白玉透雕人形佩	高6.5cm	93,500	北京中联	2015.01.18
柴艺扬 斗战胜佛 南红挂件	高6.1cm	23,000	西泠拍卖	2015.07.04
陈冠军 林泉寻隐 白玉挂件	高5.1cm	34,500	西泠拍卖	2015.07.04
陈冠军 琴曲歌辞 白玉挂件	高4.9cm	25,300	西泠拍卖	2015.07.04
陈健 地藏王菩萨 白玉把件	长7cm	207,000	西泠拍卖	2015.04.18
崔磊 钟进士 白玉把件	长6.3cm	253,000	西泠拍卖	2015.04.18
当代 佛		575,000	广东省拍	2015.07.05
当代 仕女图		759,000	广东省拍	2015.07.05
德缘玉舍 南红玛瑙雕花旦挂件	高4.5cm	16,800	上海联合	2015.05.24
范同生 福星 白玉挂件	高4.1cm	34,500	西泠拍卖	2015.04.18
范同生 和田籽料观音吊坠	长4.9cm	95,200	北京荣宝	2015.11.29
范同生 青花玉童子坠	高3.5cm	11,500	中国嘉德	2015.11.16
范同生、王焜合作 佛头 白玉吊坠	高4cm	22,400	北京荣宝	2015.06.21
高居华 南红玛瑙连生贵子挂件	高4.1cm	11,500	北京正道	2015.11.01
葛洪 慈悲 白玉把件	高4.8cm	69,000	西泠拍卖	2015.04.18
葛洪 祥瑞 白玉挂件	高4.3cm	17,250	西泠拍卖	2015.07.04
顾铭 红尘 玛瑙挂件	高4cm	11,500	西泠拍卖	2015.04.18
顾铭 花开见佛 碧玉挂件	高4.7cm	20,700	西泠拍卖	2015.04.18
顾铭 且共明月渡秋江 白玉挂件	长5.2cm	97,750	西泠拍卖	2015.04.18
和田白玉 观音项坠	长5cm	34,500	河南泽华	2015.01.11
和田白玉滴水型观音挂件	重75g	138,000	杭州如愿	2015.01.25
和田白玉佛光观音	高7cm	103,500	印千山·宝隆	2015.07.12
和田白玉佛光观音	高5.9cm	34,500	印千山·宝隆	2015.07.12
和田白玉关公	高7cm	23,000	印千山·宝隆	2015.07.12
和田白玉观音	高6.6cm	69,000	印千山·宝隆	2015.07.12
和田白玉观音摆件	高16cm	1,321,650	AA中国艺海	2015.06.20
和田白玉观音挂件	重69.2g	84,000	山东图腾	2015.05.10
和田白玉观音挂件		32,200	深圳市拍	2015.07.19
和田白玉立刀关公	高6.6cm	80,500	印千山·宝隆	2015.07.12
和田白玉立体雕佛光观音	高9cm	184,000	印千山·宝隆	2015.07.12
和田白玉莲花观音	高7cm	103,500	印千山·宝隆	2015.07.12
和田白玉罗汉挂件	高7.3cm	690,000	印千山·宝隆	2015.07.12
和田白玉弥勒佛	高6.6cm	13,800	深圳市拍	2015.07.19
和田白玉弥勒佛	高5.4cm	10,350	印千山·宝隆	2015.07.12
和田白玉悟道	高8.3cm	34,500	印千山·宝隆	2015.07.12

拍品名称	物品尺寸	成交价RMB	拍卖公司	拍卖日期
和田白玉原石随型雕侧面观音挂件	重48g	51,750	杭州如愿	2015.01.25
和田白玉籽料洒金皮原石随型雕观音挂件	重59g	34,500	杭州如愿	2015.01.25
和田碧玉裸女挂件	高4.9cm	39,100	尚品润博	2015.01.11
和田黄玉裸女挂件	高5.2cm	78,200	尚品润博	2015.01.11
和田青白玉雕挂件	重133g	496,705	卓艺拍卖	2015.11.18
和田玉侧面随型雕滴水型莲花观音挂件	重52g	115,000	杭州如愿	2015.01.25
和田玉吊坠—“禅·志哉思悟”		13,440	北京荣宝	2015.03.29
和田玉观音挂坠	重40.5g	11,500	福建东南	2015.05.24
和田玉黄沁钟馗把件	重80g	253,000	杭州如愿	2015.01.25
和田玉郎才女貌对佩	高3.8cm；高3.6cm	17,250	北京正道	2015.11.01
和田玉笑佛吊坠		20,160	北京荣宝	2015.03.29
和田玉籽料财神把件 独籽	高4.8cm	26,450	尚品润博	2015.01.11
和田玉籽料财神挂件	高3.7cm	20,700	尚品润博	2015.01.11
和田玉籽料佛挂件 独籽	高3.8cm	32,200	尚品润博	2015.01.11
和田玉籽料佛挂件 独籽	高3.3cm	25,300	尚品润博	2015.01.11
和田玉籽料关公把件 独籽	高6.0cm	34,500	尚品润博	2015.01.11
和田玉籽料关公挂件 独籽	高5.2cm	43,700	尚品润博	2015.01.11
和田玉籽料观音挂件 独籽	高5.4cm	230,000	尚品润博	2015.01.11
和田玉籽料观音挂件 独籽	高4.2cm	46,000	尚品润博	2015.01.11
和田玉籽料空明挂件	高5.3cm	43,700	尚品润博	2015.01.11
和田玉籽料寿星挂件 独籽	高3.5cm	23,000	尚品润博	2015.01.11
和田玉籽料听禅挂件 独籽	高3.5cm	43,700	尚品润博	2015.01.11
和田玉籽料童子打鼓挂件 独籽	高4.0cm	29,900	尚品润博	2015.01.11
和田玉籽料悟挂件 独籽	高3.5cm	31,050	尚品润博	2015.01.11
和田玉籽料向禄挂件	高4.8cm	23,000	尚品润博	2015.01.11
和田玉籽料笑观挂件	高3.8cm	34,500	尚品润博	2015.01.11
和田玉籽料笑口常开挂件	高4.8cm	14,950	尚品润博	2015.01.11
和田玉籽料一念成佛挂件 独籽	高5.2cm	57,500	尚品润博	2015.01.11
和田玉籽料招财进宝挂件 独籽	高4.0cm	63,250	尚品润博	2015.01.11
和田籽料 相思扣挂件	高5.5cm	57,500	河南泽华	2015.01.11
洪新华 财神到 白玉挂件	高4.1cm	17,250	西泠拍卖	2015.04.18
洪新华 慈怀无量 白玉挂件	高3.8cm	13,800	西泠拍卖	2015.04.18
洪新华 福呈祥 白玉把件	高5.3cm	115,000	西泠拍卖	2015.07.04
洪新华 关云长 白玉挂件	长6.8cm	207,000	西泠拍卖	2015.07.04
洪新华 欢喜相 白玉挂件	高4.8cm	57,500	西泠拍卖	2015.07.04
洪新华 老来福 白玉挂件	高5.6cm	57,500	西泠拍卖	2015.07.04
洪新华 如意弥勒 白玉把件	高7.8cm	126,500	西泠拍卖	2015.07.04
洪新华 招财童子 黄玉把件	长8cm	207,000	西泠拍卖	2015.04.18
侯晓峰 财神到 南红把件	高5.6cm	195,500	西泠拍卖	2015.07.04
侯晓峰慈善笑缘南红把件（一对）	高6.1cm×2	575,000	西泠拍卖	2015.07.04
侯晓峰 乐得自在 南红把件	高5.2cm	138,000	西泠拍卖	2015.07.04
侯晓峰 南红玛瑙佩	高3.95cm	40,250	中国嘉德	2015.11.16
侯晓峰 笑口常开 南红把件	长6.3cm	230,000	西泠拍卖	2015.07.04
侯晓峰 引福 南红把件	高5cm	126,500	西泠拍卖	2015.07.04
侯晓峰 招福弥勒 白玉把件	长4.8cm	287,500	西泠拍卖	2015.04.18
侯晓峰 自在常乐 挂件（一组）	尺寸不一	138,000	西泠拍卖	2015.07.04
琥珀弥勒把件	重约28g	100,125	荣盛国际	2015.07.31
黄罕勇 佛在心中 白玉挂件	高6.1cm	11,500	西泠拍卖	2015.04.18
黄罕勇 有福气 白玉挂件	高4.6cm	36,800	西泠拍卖	2015.04.18
黄杨洪 慈心 白玉挂件	高3.8cm	20,700	西泠拍卖	2015.07.04
黄杨洪 地藏王 南红挂件	高3.9cm	115,000	西泠拍卖	2015.04.18
黄杨洪 妙善德果 白玉挂件	长5.2cm	230,000	西泠拍卖	2015.04.18
黄杨洪 如意弥勒 南红挂件	高2.6cm	17,250	西泠拍卖	2015.04.18

拍品名称	物品尺寸	成交价RMB	拍卖公司	拍卖日期
黄杨洪 笑口常开 南红挂件	高3.8cm	34,500	西泠拍卖	2015.07.04
金国忠 南红玛瑙学海无涯把件	长5.9cm	23,000	北京正道	2015.11.01
金镶白玉佛像坠	长4.5cm	23,000	中国嘉德	2015.09.20
近代 黄沁籽料刘海戏金蟾把件	长9.5cm	34,500	北京保利	2015.11.01
近代 南红玛瑙福从天降挂坠	长4.2cm	23,000	北京保利	2015.11.01
李东 爱竹 白玉把件	高7.8cm	28,750	西泠拍卖	2015.04.18
李东 慈沐众生 玛瑙把件		63,250	西泠拍卖	2015.07.04
李东 青玉雕庄惠之交把件	长8.5cm	172,500	中国嘉德	2015.05.16
李剑 黑白通吃 白玉挂件	高6.5cm	172,500	西泠拍卖	2015.07.04
李剑 一团和气 白玉把件	高4.9cm	172,500	西泠拍卖	2015.07.04
李仁平 美女	高4.1cm	28,750	北京保利	2015.12.08
李勇 白玉雕财神挂件	高3.6cm	50,400	上海联合	2015.05.24
李勇 白玉俏色雕达摩把件	长7.2cm	280,000	上海联合	2015.05.24
李勇 青花雕长眉罗汉把件	高7.3cm	20,160	上海联合	2015.05.24
林光 和田玉籽料佛挂件	高5.7cm	46,000	北京正道	2015.11.01
林光 笑口常开 白玉挂件	长4.6cm	80,500	西泠拍卖	2015.04.18
刘伟利 佛	高4.8cm	41,400	北京保利	2015.06.06
刘伟利 南红富贵花开	高4.7cm	34,500	北京保利	2015.12.08
刘毅 人生如意 白玉挂件	高6cm	13,800	西泠拍卖	2015.04.18
卢伟 和田玉籽料国粹把件	高8.1cm	28,750	北京正道	2015.11.01
吕德 白玉雕财神挂件	高1.7cm	11,200	上海联合	2015.05.24
吕德 白玉雕财神手把件	长7.4cm	425,600	上海联合	2015.11.01
吕德 白玉雕寿星挂件	高5.3cm	28,896	上海联合	2015.11.01
孟庆东 白玉雕佛、观音挂坠（二件）	长3.8cm；长3.7cm	80,500	中国嘉德	2015.05.16
孟庆东 白玉雕老子出关把件	长6cm	287,500	中国嘉德	2015.05.16
孟庆东 白玉雕颜如玉把件	高4.75cm	13,800	中国嘉德	2015.11.16
孟庆东 白玉雕钟馗挂件	高3.7cm	40,250	中国嘉德	2015.05.16
孟庆东 碧玉含香把件	高6.1cm	13,800	北京正道	2015.11.01
蜜蜡雕弥勒佛挂件	重119.1g	33,600	山东图腾	2015.05.10
青白玉菩萨坠	长4.7cm	11,500	中国嘉德	2015.06.27
瞿利军 和田玉籽料秋山渔隐挂件	高4.4cm	92,000	北京正道	2015.11.01
瞿利军 和田玉籽料溪山渔乐佩	高5.8cm	20,700	北京正道	2015.11.01
瞿利军 听涛 白玉把件	长7.8cm	402,500	西泠拍卖	2015.07.04
谭飞 和田青花籽料招财童子	高4.9cm	11,500	北京正道	2015.11.01
天然黄玉弥勒佛配白玉吊坠项链		29,063	天成国际	2015.12.06
天然南红玛瑙“财神”吊坠项链，王凯设计	项链长76cm	151,229	天成国际	2015.06.14
田黄弥勒佛摆件	长4.5cm	36,800	沧海拍卖	2015.08.13
王彬 青白玉雕国粹挂件	高7.7cm	44,800	上海联合	2015.05.24
王金忠 财神招福 南红挂件	高3.3cm	11,500	西泠拍卖	2015.04.18
王金忠 和合二仙 白玉把件	长6cm	552,000	西泠拍卖	2015.07.04
王金忠 和田玉籽料财神挂件	高6.1cm	59,800	北京正道	2015.11.01
王金忠 和田玉籽料关公挂件	高5.9cm	25,300	北京正道	2015.11.01
王金忠 鸿运当头 白玉挂件	高4.2cm	230,000	西泠拍卖	2015.04.18
王金忠 欢喜财神 白玉挂件	高3.6cm	13,800	西泠拍卖	2015.04.18
王金忠 如意有福 白玉挂件	高3.5cm	23,000	西泠拍卖	2015.04.18
王金忠 双娇 白玉挂件（一对）	高3.9cm；高3.6cm	13,800	西泠拍卖	2015.04.18
王平 佛光辉影 水晶挂件	高3.4cm	11,500	西泠拍卖	2015.04.18
王平 欢喜弥勒 白玉把件	长7.1cm	345,000	西泠拍卖	2015.04.18
王平 钟馗神君 白玉把件	高5.6cm	17,250	西泠拍卖	2015.04.18
王如东 和田玉籽料笑口常开挂件	高2.7cm	20,700	北京正道	2015.11.01
吴金星 南红一念之差	重73g	149,500	北京保利	2015.06.06
竹子辉 笑口常开 白玉挂件	高4.8cm	56,000	北京荣宝	2015.06.21
徐志浩 禅心映莲 白玉挂件	长8.3cm	402,500	西泠拍卖	2015.04.18

拍品名称	物品尺寸	成交价RMB	拍卖公司	拍卖日期
徐志浩 和田玉籽料恭喜发财挂件	高4.2cm	36,800	北京正道	2015.11.01
徐志浩 旺财 白玉挂件	高3.6cm	13,800	西泠拍卖	2015.04.18
徐志浩 笑口常开 白玉挂件	高4.6cm	13,800	西泠拍卖	2015.04.18
徐志浩 招财童子 白玉把件	长8.8cm	287,500	西泠拍卖	2015.07.04
徐志浩 招财童子 白玉挂件	高3.3cm	11,500	西泠拍卖	2015.04.18
杨三喜 观音 白玉挂件	高6.1cm	50,400	北京荣宝	2015.06.21
杨文双 碧玉达摩雅玩（一对）	高7.1cm；高5.6cm	20,700	北京正道	2015.11.01
杨文双 和田玉籽料和合二仙把件	高7.1cm	71,300	北京正道	2015.11.01
杨曦 梵影 白玉挂件	高5.3cm	46,000	西泠拍卖	2015.07.04
杨曦 莲间禅心 白玉挂件	长5.3cm	115,000	西泠拍卖	2015.04.18
杨曦 牵手 白玉挂件	高4.3cm	34,500	西泠拍卖	2015.04.18
杨子奇 弥勒佛	高4.8cm	46,000	北京保利	2015.06.06
玉佛	高12cm	4,846,050	AA中国艺海	2015.02.03
张建宏 和田玉籽料大圣归来把件	高5cm	43,700	北京正道	2015.11.01
张克山 和田玉籽料花开见佛佩	高5.3cm	20,700	北京正道	2015.11.01
张良 白玉雕金童玉女挂件（一对）	长5.3cm×2	42,560	上海联合	2015.11.01
张胜利 白玉雕财神挂件	高4.2cm	13,440	上海联合	2015.05.24
张胜利 白玉雕达摩挂件	宽3.9cm	42,560	上海联合	2015.05.24
张胜利 白玉雕寿星手把件	长10.2cm	168,000	上海联合	2015.11.01
赵琦 和田玉籽料花开见佛挂件	高5.1cm	63,250	北京正道	2015.11.01
赵琦 花开见佛 白玉挂件	高5.1cm	80,500	西泠拍卖	2015.07.04
赵琦 南红玛瑙财神把件	高6.4cm	20,700	北京正道	2015.11.01
赵琦 喜乐弥勒 白玉挂件	高3.7cm	28,750	西泠拍卖	2015.04.18
赵琦 真如自在 白玉挂件	高5.2cm	17,250	西泠拍卖	2015.04.18
赵琦 钟馗 白玉把件	长5.9cm	184,000	西泠拍卖	2015.07.04
赵显志 禅悟 白玉挂件	长6.1cm	172,500	西泠拍卖	2015.04.18
邹小林 发晶四臂观音	高8.8cm	46,000	北京正道	2015.11.01
邹小林 佛在心中 水晶挂件	高4cm	11,500	西泠拍卖	2015.04.18
邹小林 佛在心中 紫水晶挂件	长4.6cm	40,250	西泠拍卖	2015.07.04
邹小林 黄水晶黄财神法相	高6.3cm	46,000	北京正道	2015.11.01
邹小林 黄水晶无量寿佛吊坠	高2.9cm	22,400	北京荣宝	2015.11.29
邹小林 十一面千手观音法相 水晶挂件		62,720	北京荣宝	2015.06.21
邹小林 十一面千手观音法相 水晶挂件	高5.6cm	34,500	西泠拍卖	2015.04.18
邹作志 和田青花籽料无常把件	高6.1cm	34,500	北京正道	2015.11.01
佩玩动物件				
红山文化 玉鸮	长4.7cm	78,818	万昌斯	2015.06.01
红山文化 龙鱼	高14cm	23,546	澳门中信	2015.11.08
红山文化 神龙	高14cm	35,790	澳门中信	2015.11.08
红山文化 天地神佩	高20cm	329,648	澳门中信	2015.11.08
红山文化 天地神佩	高20cm	26,372	澳门中信	2015.11.08
红山文化 玉飞龙	高16cm	37,674	澳门中信	2015.11.08
红山文化 玉海龙	高15cm	32,965	澳门中信	2015.11.08
红山文化 玉神祖	高13cm	28,256	澳门中信	2015.11.08
红山文化 玉猪龙	高12cm	18,837	澳门中信	2015.11.08
可能为内蒙古地区 公元前20世纪 玉鸟形饰	长11.5cm	187,830	纽约佳士得	2015.03.19
商 鱼形玉饰	长5.8cm	95,800	伦敦苏富比	2015.05.13
商/西周 玉雕鱼龙形佩	长8.5cm	86,089	纽约佳士得	2015.03.19
西周 玉鸟形饰	长8.3cm	78,263	纽约佳士得	2015.03.19
东周 玉虎形佩	长10.2cm	250,440	纽约佳士得	2015.03.19
战国 青玉带沁龙（一对）	长18.5cm	19,399	中国嘉德	2015.10.06
战国 玉雕谷丁纹龙形佩	长13cm	345,000	西泠拍卖	2015.07.05
战国 玉龙形佩	宽8.4cm	160,575	纽约佳士得	2015.03.19

2015玉器拍卖成交汇总

(成交价RMB：1万元以上)

拍品名称	物品尺寸	成交价RMB	拍卖公司	拍卖日期
战国晚期 玛瑙龙形坠（六件）	尺寸不一	23,479	纽约佳士得	2015.03.19
汉 白玉龙佩	宽4cm	74,244	中国嘉德	2015.04.06
汉 白玉龙纹佩	长6.2cm	216,751	万昌斯	2015.06.01
汉 碧玉蝉（一对）	长6.8cm；长6.5cm	18,423	香港淳浩	2015.07.30
汉 青玉蝉形佩	长6.3cm	86,089	纽约佳士得	2015.03.19
汉 镶金青玉带沁蝉	长6.2cm	19,705	万昌斯	2015.06.01
汉 玉雕螭龙纹鸡心佩	长9.5cm	55,683	中国嘉德	2015.04.06
辽 蜜蜡狮子小坠	长6.3cm	78,263	纽约佳士得	2015.03.19
辽/金 黑白玉巧雕海冬青	宽9.5cm	176,330	中国嘉德	2015.04.06
辽金 “双鹤衔草”纹玉饰	长6.4cm	197,046	万昌斯	2015.06.01
金代 玉雕蟾宫玉兔佩	高4cm	69,000	古天一	2015.06.06
元 白玉蝉	长5.8cm	40,250	北京保利	2015.06.08
元 白玉蝉	高4.6cm	25,300	中鸿信	2015.07.29
元 白玉鳜鱼坠饰	高2.45cm	36,800	北京保利	2015.04.25
元 白玉鱼龙佩	长7.9cm	28,750	中鸿信	2015.07.29
元 白玉春山秋水花件	宽7.5cm	18,883	诚昌国际	2015.12.02
元 白玉雕双龙佩	直径6.8cm	94,300	北京东正	2015.11.19
元 黄玉蚕	长4.7cm	138,000	北京翰海	2015.11.29
元 旧玉螭龙纹鸡心佩	高6.6cm	345,000	北京翰海	2015.11.29
元 青玉玉猪龙	高5.8cm	690,000	北京翰海	2015.11.29
元 青白玉兽	长3.8cm	44,800	天津文物	2015.05.22
元 玛瑙蝉	长5.8cm	23,000	北京保利	2015.06.08
元 玉瑞兽	长5cm；高4.5cm	517,500	古天一	2015.06.06
元/明 青白玉带皮双鹅衔穗佩	宽6.8cm	719,250	香港苏富比	2015.10.07
元/明 青白玉蹲龙	宽6cm	48,259	中国嘉德	2015.04.06
明以前 白玉雕双螭龙佩	直径9cm	172,500	古天一	2015.06.06
明以前 玉雕蟠螭纹鸡心佩	长7.5cm	828,000	古天一	2015.06.06
明以前 玉雕兔挂件	长6.5cm	32,200	西泠拍卖	2015.07.05
明以前 玉鹅坠	长6cm	184,000	古天一	2015.06.06
明以前 张君谋旧藏玉雕卧兽把件	长5cm	46,000	西泠拍卖	2015.07.05
明或更早 白玉鸡把件	长5cm	92,000	江苏爱涛	2015.01.11
明或更早 褐斑青玉雕卧兔把件	长5.4cm	207,123	纽约苏富比	2015.09.15
明或更早 南红玛瑙蛙形把件	长4.2cm	92,000	江苏爱涛	2015.01.11
明 白玉“瑞兽吐祥云”挂件	长5cm	18,719	万昌斯	2015.06.01
明 白玉带皮“独角瑞兽”挂件	长4cm	41,380	万昌斯	2015.06.01
明 白玉带沁“龙凤”佩	长8.7cm	31,527	万昌斯	2015.06.01
明 白玉带沁龟背形坠	宽3cm	18,561	中国嘉德	2015.04.06
明 白玉雕“龙”纹鸡心佩	长7.1cm	197,046	万昌斯	2015.06.01
明 白玉雕蛙荷暖手	长6.4cm	80,500	西泠拍卖	2015.07.05
明 白玉蝠寿把件	长5cm	11,500	广州皇玛	2015.01.17
明 白玉狗	长6.5cm	11,500	中国嘉德	2015.04.02
明 白玉镂雕“云龙”纹帽顶	高5.5cm	31,527	万昌斯	2015.06.01
明 白玉母子猴佩	高4.2cm	59,800	江苏爱涛	2015.01.11
明 白玉俏皮雕玉狗	长4.8cm	69,000	中鸿信	2015.07.29
明 白玉三羊开泰佩	高6.2cm	138,000	北京翰海	2015.06.28
明 白玉受沁年年有鱼佩	长8cm	97,750	北京匡时	2015.06.06
明 白玉双欢佩	长4.6cm	86,250	江苏爱涛	2015.01.11
明 白玉兔把件	长5.7cm	97,750	江苏爱涛	2015.01.11
明 白玉卧虎佩	高2.55cm	25,300	北京保利	2015.04.25
明 白玉子辰佩	直径6.5cm	57,539	中国嘉德	2015.04.06
明 白玉螭龙纹佩	高5.3cm	69,000	中国嘉德	2015.11.14
明 白玉灵猴献寿饰件	长6cm	40,250	北京翰海	2015.11.29
明 白玉龙凤平安佩	高5.4cm	120,750	北京翰海	2015.11.29
明 白玉镂雕一品当朝佩	长5.1cm	16,800	上海国拍	2015.11.29
明 白玉珍赏螭龙佩	长6.8cm	17,250	北京保利	2015.11.01

拍品名称	物品尺寸	成交价RMB	拍卖公司	拍卖日期
明 和田玉龙凤璧	直径5cm	16,581	书画艺拍	2015.08.29
明 黄白玉卧狗把件	长7.5cm	812,790	卓艺拍卖	2015.11.21
明 褐斑白玉雕辟邪把件	长7cm	223,055	纽约苏富比	2015.09.15
明 褐斑白玉雕卧羊把件	长5.7cm	318,650	纽约苏富比	2015.09.15
明 黄玉虎把件	长4cm	48,300	江苏爱涛	2015.01.11
明 黄玉鹿	宽4.5cm	34,050	江苏聚德	2015.07.01
明 黄玉马把件	长5.5cm	195,500	江苏爱涛	2015.01.11
明 黄玉马挂坠	长4cm	161,000	江苏爱涛	2015.01.11
明 黄玉瑞兽佩	长5.8cm	190,238	佳士得	2015.06.03
明 黄玉圆雕“虎”挂件	长2.7cm	68,966	万昌斯	2015.06.01
明 黄玉猪龙	高7.4cm	3,565,000	北京翰海	2015.06.28
明 灰白玉松鹤遐龄图牌	宽14.6cm	55,481	佳士得	2015.04.06
明 灰褐玉鸳鸯坠及灰褐玉雕狮子纹坠	直径4cm	70,436	纽约佳士得	2015.03.19
明 旧玉带沁蝉	长6cm	29,698	中国嘉德	2015.04.06
明 蜜蜡双鱼坠	长5cm	17,250	北京保利	2015.04.26
明 青白玉螭虎纹佩	直径5.5cm	23,000	辽宁中正	2015.06.13
明 青白玉鸟形把件	长7cm	86,089	纽约佳士得	2015.03.19
明 青白玉沁色瑞兽佩	长5.5cm	13,800	中国嘉德	2015.04.02
明 青褐玉瑞兽坠	宽6cm	180,004	纽约佳士得	2015.03.19
明 蜻蜓眼瑞兽挂饰（二件）		66,700	北京翰海	2015.06.28
明 双螭云蝠纹转心玉佩	高8.4cm	31,780	江苏聚德	2015.07.01
明 团龙纹玉佩	直径6.1cm	13,620	江苏聚德	2015.07.01
明 玉雕螭龙纹出廓佩	长7.5cm	13,620	博美拍卖	2015.07.19
明 玉雕带沁鸟形坠	宽5cm	35,266	中国嘉德	2015.04.06
明 玉雕沁色瑞兽	宽6.5cm	46,403	中国嘉德	2015.04.06
明 玉雕瑞兽玩件	长8cm	92,000	广州皇玛	2015.07.25
明 玉雕兽件	长6.5cm	17,250	广州皇玛	2015.01.17
明/清早期 青白玉瑞兽把件	宽6cm	93,915	纽约佳士得	2015.03.19
明末/18世纪 白玉瑞兽把件	长5.5cm	62,610	纽约佳士得	2015.03.15
明末/18世纪 白玉水牛把件	长6.3cm	508,706	纽约佳士得	2015.03.19
明末/18世纪 青白玉卧凤衔桃把件	长10.9cm	156,525	纽约佳士得	2015.03.19
明末/18世纪 青褐玉螭龙纹佩	宽7.6cm	46,958	纽约佳士得	2015.03.19
明末/19世纪 白玉镂雕仿古佩（两件）	宽8.2cm	31,865	纽约佳士得	2015.09.17
明末清早期 玉雕龙凤带沁佩	长6cm	64,964	中国嘉德	2015.04.06
明晚期 龙凤呈祥纹玉佩	长6cm	13,620	江苏聚德	2015.07.01
明晚期 镂雕双螭抱璧云纹玉佩	高5.8cm	10,215	江苏聚德	2015.07.01
17世纪/18世纪 褐斑白玉兔形把件	长6.3cm	19,916	邦瀚斯	2015.09.14
清17世纪/18世纪 白玉《龙德》铭佩	高5cm	172,178	纽约苏富比	2015.03.17
清17世纪/18世纪 黄玉卧象把件	宽6.1cm	200,250	佳士得	2015.06.03
清17世纪/18世纪 褐斑青白玉镂雕三螭纹佩及褐斑青白玉子孙万代佩	长4.5cm，长9cm	150,188	香港苏富比	2015.06.01
清早期 白玉夔龙纹佩	高5.8cm	43,700	北京翰海	2015.06.28
清早期 白玉镂雕夔龙纹佩	高7cm	345,000	北京东正	2015.05.19
清早期 白玉兽	长6.5cm	437,000	北京东正	2015.05.19
清早期 白玉子母瑞兽把件	长6.7cm	150,188	佳士得	2015.06.03
清早期 白玉子母瑞兽把件	长5.6cm	85,106	佳士得	2015.06.03
清早期 白玉凤佩	高7.1cm	25,300	北京翰海	2015.11.29
清早期 白玉吉庆有馀佩	高6.2cm	17,250	北京翰海	2015.11.29
清早期 白玉龙纹鸡心佩	高6.6cm	23,000	北京翰海	2015.11.29
清早期 白玉龙纹圆佩	高7.1cm	21,850	北京翰海	2015.11.29
清早期 白玉麒麟送子坠	长4.2cm	34,500	北京翰海	2015.11.29
清早期 白玉洒金子辰佩	高5.1cm	13,800	北京翰海	2015.11.29

拍品名称	物品尺寸	成交价RMB	拍卖公司	拍卖日期
清早期 白玉双凤佩	高7cm	17,250	北京翰海	2015.11.29
清早期 白玉双兽鸡心佩	高5.1cm	11,500	北京翰海	2015.11.29
清早期 白玉子辰佩	高5.5cm	11,500	北京翰海	2015.11.29
清早期 碧玉螭龙纹佩	高6.4cm	212,750	北京翰海	2015.06.28
清早期 碧玉雕苍龙教子纹佩	长8.7cm	11,500	北京东正	2015.05.19
清早期 白玉雕双欢挂件	长5.9cm	218,500	东正南京	2015.07.02
清早期 白玉沁色螭龙蝠纹佩	长6.5cm	34,500	中国嘉德	2015.04.02
清早期 白玉天禄挂坠	高6.5cm	74,244	中国嘉德	2015.04.06
清早期 白玉透雕螭龙佩	长7.4cm	18,561	香港淳浩	2015.04.04
清早期 黑白玉俏色龙凤佩	长5cm	32,482	中国嘉德	2015.04.06
清早期 黄玉沁色猴	长4.8cm	40,250	中国嘉德	2015.04.02
清乾隆 白玉“福至心灵”	长3.5cm	197,046	万昌斯	2015.06.01
清乾隆 白玉带皮“乾隆通宝”福禄万代佩	高5.5cm	120,647	中国嘉德	2015.04.06
清乾隆 白玉雕“一鸣惊人”挂坠	高6.3cm	920,000	远方拍卖	2015.07.01
清乾隆 白玉雕灵芝金蟾坠	长5.8cm	149,500	北京东正	2015.05.19
清乾隆 白玉雕十二生肖兽首人身像一组	高5.1cm	368,000	中鸿信	2015.07.29
清乾隆 白玉雕双欢吊坠	长4.5cm	175,258	纽约苏富比	2015.09.15
清乾隆 白玉猴	长3.8cm	21,339	中国嘉德	2015.10.06
清乾隆 白玉留皮松鼠葡萄挂件	长6.6cm	172,500	北京东正	2015.05.19
清乾隆 白玉龙凤佩	高6.4cm	28,750	北京翰海	2015.06.28
清乾隆 白玉龙纹佩	高6cm	34,500	北京翰海	2015.06.28
清乾隆 白玉龙纹佩	高8.5cm	28,750	北京翰海	2015.06.28
清乾隆 白玉龙纹佩	高6.3cm	23,000	北京翰海	2015.06.28
清乾隆 白玉巧雕双欢佩	长5cm	392,000	天津文物	2015.05.22
清乾隆 白玉三羊开泰佩	高6.6cm	57,500	北京翰海	2015.06.28
清乾隆 白玉双龙纹斧形佩	高10cm	253,000	北京东正	2015.05.19
清乾隆 白玉卧羊佩	长4.2cm	75,094	香港苏富比	2015.06.01
清乾隆 白玉雕蝉挂件	长6.5cm	253,000	北京东正	2015.11.19
清乾隆 白玉福寿佩	高5cm	172,500	北京翰海	2015.11.29
清乾隆 白玉吉庆有馀佩	高6.2cm	92,000	北京翰海	2015.11.29
清乾隆 白玉吉庆有馀佩	高7cm	92,000	北京翰海	2015.11.29
清乾隆 白玉龙纹斧形佩	高5.5cm	92,000	北京翰海	2015.11.29
清乾隆 白玉佩	长8.1cm	598,000	中国嘉德	2015.11.14
清乾隆 白玉洒金福如东海坠	长5.7cm	23,000	北京翰海	2015.11.29
清乾隆 白玉洒金松鼠葡萄坠	高5.3cm	172,500	北京翰海	2015.11.29
清乾隆 白玉洒金松鼠葡萄坠	高5.5cm	69,000	北京翰海	2015.11.29
清乾隆 白玉三羊开泰坠	长4.5cm	575,000	北京翰海	2015.11.29
清乾隆 白玉双凤长宜子孙佩	高11.7cm	345,000	北京翰海	2015.11.29
清乾隆 白玉万寿无疆螭龙纹佩	高6.1cm	78,200	北京翰海	2015.11.29
清乾隆 白玉龙凤合符佩	长5.8cm	920,000	北京保利	2015.12.08
清乾隆 黑白玉巧雕松鼠葡萄坠	长4.5cm	195,500	北京保利	2015.06.07
清中期 白玉福寿把件	长5.5cm	92,000	北京保利	2015.12.09
清中期 白玉螭龙鸡心佩	高5.7cm	11,500	北京翰海	2015.06.28
清中期 白玉独占鳌头佩	高5.2cm	23,000	北京翰海	2015.06.28
清中期 白玉二龙戏珠佩	高5.5cm	11,500	北京翰海	2015.11.29
清中期 白玉风云际会龙纹佩	高6.2cm	23,000	北京翰海	2015.11.29
清中期 白玉凤佩	长5.5cm	23,000	北京翰海	2015.11.29
清中期 白玉福寿佩	长6cm	74,750	北京保利	2015.04.26
清中期 白玉鹤鹿同春佩	高6cm	57,500	北京翰海	2015.11.29
清中期 白玉鹤鹿同春佩	高6.2cm	23,000	北京翰海	2015.11.29
清中期 白玉鹤寿诗文佩	高6.1cm	28,750	北京翰海	2015.11.29
清中期 白玉吉庆有馀佩	高6.7cm	23,000	北京翰海	2015.11.29
清中期 白玉夔龙纹风云际会佩	高6.4cm	17,250	北京翰海	2015.06.28
清中期 白玉夔龙纹物华天宝佩	高5.7cm	23,000	北京翰海	2015.11.29
清中期 白玉夔龙纹斋戒佩	高6.3cm	34,500	北京翰海	2015.06.28
清中期 白玉夔龙纹子辰佩	高5.4cm	18,400	北京翰海	2015.11.29
清中期 白玉龙凤呈祥佩	高6cm	28,750	北京翰海	2015.06.28
清中期 白玉龙凤佩	高7.8cm	23,000	北京翰海	2015.06.28
清中期 白玉龙凤纹佩	高7.8cm	17,250	北京翰海	2015.11.29
清中期 白玉龙佩	高5.4cm	69,000	北京翰海	2015.11.29
清中期 白玉龙佩	高7.3cm	17,250	北京翰海	2015.11.29
清中期 白玉龙佩	高5.8cm	11,500	北京翰海	2015.11.29
清中期 白玉龙纹斧形佩	高7.4cm	23,000	北京翰海	2015.11.29
清中期 白玉龙纹佩	高6.7cm	23,000	北京翰海	2015.06.28
清中期 白玉龙纹斋戒佩	高5.5cm	10,350	北京翰海	2015.11.29
清中期 白玉龙祥凤瑞佩	高6cm	23,000	北京翰海	2015.06.28
清中期 白玉镂雕花鸟纹佩	直径5.2cm	34,500	北京保利	2015.06.08
清中期 白玉俏皮瑞兽	长8.1cm	46,000	中鸿信	2015.07.29
清中期 白玉洒金年年有余坠	长6cm	17,250	北京翰海	2015.06.28
清中期 白玉洒金望子成龙佩	高5.6cm	46,000	北京翰海	2015.06.28
清中期 白玉十二生肖圆形佩	直径3.5cm	86,250	北京翰海	2015.11.29
清中期 白玉双凤法轮佩	长7.8cm	34,500	北京翰海	2015.11.29
清中期 白玉双獾	长4.5cm	92,146	中国嘉德	2015.10.06
清中期 白玉双龙佩	高6.8cm	13,800	北京翰海	2015.06.28
清中期 白玉双龙佩	高6.4cm	18,400	北京翰海	2015.11.29
清中期 白玉双龙佩	高7cm	17,250	北京翰海	2015.11.29
清中期 白玉双兽衔枝坠	长4.5cm	11,500	北京翰海	2015.06.28
清中期 白玉松鼠葡萄坠	高5cm	57,500	北京翰海	2015.11.29
清中期 白玉太平有象佩	高6.1cm	34,500	北京翰海	2015.11.29
清中期 白玉透雕苍龙教子佩	高8cm	40,250	中鸿信	2015.07.29
清中期 白玉卧龙把件	长9cm	1,128,875	卓艺拍卖	2015.11.21
清中期 白玉喜鹊登梅佩	高5.5cm	28,750	北京翰海	2015.11.29
清中期 白玉洋洋得意把件	宽4.2cm	27,842	中国嘉德	2015.04.06
清中期 白玉松鼠葡萄叶形佩	长9.5cm	23,000	北京保利	2015.12.09
清中期 白玉一羊启泰佩	高5.8cm	34,500	北京翰海	2015.11.29
清中期 碧玺雕喜得福寿佩	高4.8cm	57,500	北京诚轩	2015.11.14
清中期 玛瑙巧雕洗象图佩	长4.5cm	368,000	北京保利	2015.06.07
清中期 玛瑙苏作马上封侯佩	长5cm	230,000	北京匡时	2015.06.06
清中期 南红玛瑙巧雕双欢挂件	长5.3cm	11,500	中国嘉德	2015.11.15
清中期 青白玉雕蟠螭纹镂空佩	长7.4cm	46,000	北京诚轩	2015.05.17
清中期 青白玉耄耋坠	长3cm	11,500	中国嘉德	2015.04.02
清中期 青金石螭龙纹平安佩	高6.8cm	20,700	北京翰海	2015.11.28
清中期 玉蝉形佩	高7cm	92,000	江苏爱涛	2015.01.11
清 白与透雕龙纹竹子佩	高6.7cm	23,000	北京翰海	2015.03.15
清 白玉“螭龙”“葫芦”挂件	长4.1cm	29,557	万昌斯	2015.06.01
清 白玉“龙”形佩及“童子”佩	长4.7cm	14,778	万昌斯	2015.06.01
清 白玉“双马”挂件	长4.1cm	15,764	万昌斯	2015.06.01
清 白玉“松鼠葡萄”挂件	长4.5cm	39,409	万昌斯	2015.06.01
清 白玉包袱虎把件	长4.3cm	23,000	中国嘉德	2015.05.16
清 白玉蝉	长6.6cm	345,000	北京保利	2015.06.07
清 白玉蝉	长6.5cm	67,200	天津文物	2015.05.22
清 白玉蝉	长7cm	47,040	天津文物	2015.05.22
清 白玉蝉	长6cm	17,250	北京保利	2015.01.24
清 白玉蝉	长4.8cm	10,350	中国嘉德	2015.04.02
清 白玉蝉等	尺寸不一	95,200	天津文物	2015.05.22
清 白玉蝉鸣佩	长6.5cm	20,700	中国嘉德	2015.06.27
清 白玉蟾蜍多子佩	长4.7cm	80,500	江苏爱涛	2015.01.11
清 白玉螭龙灵芝佩	长6.2cm	00,500	江苏爱涛	2015.01.11

2015玉器拍卖成交汇总

(成交价RMB：1万元以上)

拍品名称	物品尺寸	成交价RMB	拍卖公司	拍卖日期
清 白玉螭龙佩	高4.5cm	94,300	古天一	2015.06.06
清 白玉螭龙佩	长5.4cm	13,800	中国嘉德	2015.04.02
清 白玉螭龙佩	长5.3cm	34,500	中国嘉德	2015.09.20
清 白玉螭龙纹韘	直径4.1cm	58,697	纽约佳士得	2015.03.19
清 白玉带红皮“松鼠金瓜”坠	长5.4cm	275,864	万昌斯	2015.06.01
清 白玉带皮“松鼠葡萄”	长4.7cm	64,040	万昌斯	2015.06.01
清 白玉带皮神羊	长4.3cm	187,194	万昌斯	2015.06.01
清 白玉带沁“福寿万代”挂件	长5cm	27,586	万昌斯	2015.06.01
清 白玉带沁“双欢”	长4.4cm	197,046	万昌斯	2015.06.01
清 白玉雕蝙蝠灵芝佩	长7.5cm	57,672	罗芙奥	2015.06.02
清 白玉雕凤纹佩	高4.5cm	33,600	天津文物	2015.05.22
清 白玉雕君子佩	长4.5cm	25,300	上海敬华	2015.06.30
清 白玉雕连年有余纹佩	长10cm	39,200	天津文物	2015.05.22
清 白玉雕留皮金鱼满堂把件	长4cm	26,450	西泠拍卖	2015.07.05
清 白玉雕龙凤纹佩	长5.8cm	156,800	天津文物	2015.05.22
清 白玉雕龙凤纹佩	高6.6cm	63,250	北京匡时	2015.06.07
清 白玉雕兽纹斧形佩	高9.4cm	64,960	天津文物	2015.05.22
清 白玉雕羊把件	长5.2cm	103,500	西泠拍卖	2015.04.23
清 白玉雕鱼玩件	长8cm	11,500	广州皇玛	2015.07.25
清 白玉蝶恋花佩	长7.5cm	46,000	北京匡时	2015.06.06
清 白玉福禄双全佩、凤纹竹节形佩及仿古玉斧佩	尺寸不一	80,100	香港苏富比	2015.06.01
清 白玉福寿万代坠	长6cm	13,921	香港淳浩	2015.04.04
清 白玉福在眼前佩	高6.5cm	46,000	古天一	2015.06.06
清 白玉富贵有余佩	长7cm	57,500	中国嘉德	2015.09.20
清 白玉瓜迭绵绵坠、小兔坠（各一件）	长3.1cm；长5cm	35,266	香港淳浩	2015.04.04
清 白玉荷蟹	长6cm	11,500	北京保利	2015.04.26
清 白玉鹤寿把件	高3.3cm	92,000	江苏爱涛	2015.01.11
清 白玉黑白英雄把件	高3.3cm	94,300	江苏爱涛	2015.01.11
清 白玉欢天喜地把件	长6cm	260,325	佳士得	2015.06.03
清 白玉夔龙佩	高7.1cm	11,500	北京翰海	2015.03.15
清 白玉连珠草龙纹饰	高5cm	13,800	北京保利	2015.04.25
清 白玉留皮雕螭纹佩	长5cm	16,800	天津文物	2015.05.22
清 白玉留皮松鼠葡萄坠	长4.6cm	28,750	中国嘉德	2015.09.20
清 白玉龙虎形佩	长5cm	34,500	北京匡时	2015.06.06
清 白玉龙纹佩	高7cm	20,700	北京翰海	2015.07.19
清 白玉龙纹佩	长6cm	36,858	中国嘉德	2015.10.06
清 白玉镂雕螭龙佩	长6cm	23,201	中国嘉德	2015.04.06
清 白玉镂雕蝴蝶挂件	长8cm	13,800	上海泓盛	2015.06.20
清 白玉镂雕梅花绶带鸟纹佩	直径6cm	72,388	中国嘉德	2015.04.06
清 白玉镂空龙凤纹佩	高9cm	13,440	上海国拍	2015.05.31
清 白玉猫把件	高3cm	51,750	江苏爱涛	2015.01.11
清 白玉猫碟纹挂件	高5.7cm	69,000	辽宁中正	2015.06.13
清 白玉年年有余	长4.3cm	17,250	北京翰海	2015.06.28
清 白玉年年有余佩	长5.7cm	13,800	中国嘉德	2015.09.20
清 白玉麒麟负书坠	长5.8cm	10,350	中国嘉德	2015.04.02
清 白玉麒麟送子坠	高5cm	23,000	北京保利	2015.04.26
清 白玉巧雕喜鹊登梅坠	长4.5cm	40,250	中国嘉德	2015.09.20
清 白玉沁色雕龙纹佩	长4.3cm	313,600	天津文物	2015.05.22
清 白玉沁色龙凤鸡心佩	长8.7cm	34,500	中国嘉德	2015.04.02
清 白玉瑞兽把件	长4.1cm	59,800	江苏爱涛	2015.01.11
清 白玉三羊开泰坠	长5cm	17,250	中国嘉德	2015.09.20
清 白玉狮子戏球坠	长5.5cm	11,500	北京保利	2015.04.26
清 白玉双螭坠	长5cm	48,259	中国嘉德	2015.04.06

拍品名称	物品尺寸	成交价RMB	拍卖公司	拍卖日期
清 白玉双欢	宽3.2cm	46,000	江苏爱涛	2015.01.11
清 白玉双欢	长4.5cm	10,350	北京保利	2015.04.26
清 白玉双欢坠	长4.5cm	11,500	北京保利	2015.04.26
清 白玉双龙教子坠	长4.5cm	32,482	香港淳浩	2015.04.04
清 白玉双马挂件	宽5.8cm	23,000	中国嘉德	2015.05.16
清 白玉双狮戏球坠	长5.6cm	25,300	中国嘉德	2015.06.27
清 白玉双喜坠	长4.5cm	103,500	北京保利	2015.06.07
清 白玉松鼠葡萄坠	长6cm	48,300	北京保利	2015.01.24
清 白玉松竹鹦鹉佩	高6.8cm	172,500	古天一	2015.06.06
清 白玉螳螂捕蝉	长6.5cm	13,921	香港淳浩	2015.04.04
清 白玉透雕螭龙纹圆形佩	直径5.5cm	181,575	佳士得	2015.04.06
清 白玉透雕蝶形佩	长9.4cm	11,137	香港淳浩	2015.04.04
清 白玉透雕福寿活心佩	长5.1cm	11,137	香港淳浩	2015.04.04
清 白玉透雕龙纹佩	高6.8cm	57,500	北京翰海	2015.06.28
清 白玉透雕双龙古币纹佩	长5cm	18,400	北京保利	2015.01.24
清 白玉鱵、白玉衣片（各一件）	长4cm；长4.2cm	11,137	香港淳浩	2015.04.04
清 白玉仙兔捣药图佩	4.2cm	22,028	香港苏富比	2015.06.01
清 白玉鹦鹉挂坠	长4.9cm	32,482	香港淳浩	2015.04.04
清 白玉鱼	长3.8cm	10,350	中国嘉德	2015.04.02
清 白玉鱼龙变幻佩	长5.4cm	11,500	北京翰海	2015.03.15
清 白玉鸳鸯把件	长3.8cm	59,800	江苏爱涛	2015.01.11
清 白玉鸳鸯戏莲坠	长5.2cm	11,500	北京翰海	2015.03.15
清 白玉云龙佩（两件）	长8cm	17,250	北京保利	2015.01.24
清 白玉子辰佩	长5.8cm	20,417	香港淳浩	2015.04.04
清 白玉辈辈封侯佩	长5cm	614,108	卓艺拍卖	2015.11.21
清 白玉雕海水龙纹包袱挂件	长6.8cm	34,500	太平洋	2015.11.21
清 白玉雕龙凤纹佩	长7cm	722,480	卓艺拍卖	2015.11.21
清 白玉雕镂空花鸟纹挂件	直径4.8cm	34,500	北京翰海	2015.11.28
清 白玉凤纹鸡心佩	长6.7cm	10,350	太平洋	2015.11.21
清 白玉留皮猴子挂件	高6.8cm	66,700	北京东正	2015.11.19
清 白玉龙虎佩	长6cm	43,700	北京保利	2015.11.01
清 白玉镂雕花蝶佩（一对）	宽6.5cm	11,200	上海国拍	2015.11.29
清 白玉鹿衔灵芝坠	长5cm	28,750	北京保利	2015.11.01
清 白玉年年有余坠	长4.5cm	11,500	北京保利	2015.11.01
清 白玉巧色花蝶佩	高4.7cm	34,500	中国嘉德	2015.11.15
清 白玉雕蟠螭纹佩	长6cm	903,100	卓艺拍卖	2015.11.18
清 白玉富甲一方	长7cm	17,250	北京保利	2015.11.01
清 碧玺福寿佩	长3cm	20,700	西泠拍卖	2015.07.05
清 冰糯种蝴蝶形玉佩	宽10cm	11,350	江苏聚德	2015.07.01
清 带皮白玉菱角、青白玉蝉（各一件）	长5.9cm；长4.9cm	23,201	香港淳浩	2015.04.04
清 带皮白玉年年有余佩	长5.4cm	13,817	香港淳浩	2015.07.30
清 发晶双欢	长6cm	25,300	北京翰海	2015.11.28
清 粉碧玺福寿万代坠	高3.3cm	32,200	北京翰海	2015.11.28
清 海蓝宝双欢把件	直径5cm	28,750	北京华辰	2015.05.15
清 和田玉羊脂白貔貅	高9cm	35,004	书画艺拍	2015.08.29
清 荷叶青蛙把件	长3.5cm	86,250	江苏爱涛	2015.01.11
清 褐斑白玉雕年年有余把件	长6.3cm	47,798	纽约苏富比	2015.09.15
清 黑白玉荷蟹坠	长5cm	11,500	北京保利	2015.11.01
清 黑白玉双獾坠	长5.5cm	13,800	中国嘉德	2015.09.20
清 痕都斯坦式水晶嵌宝石玉韘	长4.5cm	11,500	北京匡时	2015.12.05
清 琥珀螭龙佩	宽6cm	23,000	北京保利	2015.06.08
清 琥珀鱼形坠饰	长5.7cm	23,000	古天一	2015.06.06
清 黄玉雕羊把件	长5.8cm	46,000	西泠拍卖	2015.04.23
清 黄玉龙凤佩	长4.2cm	11,500	北京保利	2015.04.26

拍品名称	物品尺寸	成交价RMB	拍卖公司	拍卖日期
清 黄玉鹿	长4.5cm	230,000	江苏爱涛	2015.01.11
清 黄玉瑞兽	长5.5cm	46,000	江苏爱涛	2015.01.11
清 黄玉狮子把件	长8cm	195,500	江苏爱涛	2015.01.11
清 黄玉双猴献寿把件	高4.4cm	48,300	江苏爱涛	2015.01.11
清 玛瑙雕马上封侯	长4.8cm	51,750	古天一	2015.06.06
清 玛瑙雕双兽挂件	长4.5cm	92,000	古天一	2015.06.06
清 玛瑙平安挂坠	高4.1cm	28,750	北京东正	2015.11.19
清 玛瑙巧雕福寿灵芝坠	长5cm	17,250	中国嘉德	2015.04.02
清 玛瑙俏色福寿佩	宽5cm	17,459	中国嘉德	2015.10.06
清 玛瑙俏色蜻蜓坠	长4.4cm	23,000	中国嘉德	2015.09.20
清 玛瑙瑞兽把件	长4cm	28,750	江苏爱涛	2015.01.11
清 玛瑙双欢把件	高3.7cm	40,000	江苏爱涛	2015.01.11
清 猫蝶把件	长5.1cm	80,500	江苏爱涛	2015.01.11
清 蜜蜡蝙蝠灵芝纹佩饰	长6.7cm	17,250	古天一	2015.06.06
清 蜜蜡雕“松鹿图”挂坠	长9.5cm	59,800	远方拍卖	2015.07.01
清 蜜蜡雕云蝠纹挂件	长3.9cm	32,200	苏州东方	2015.07.02
清 蜜蜡蝴蝶纹坠饰	长5cm	17,250	古天一	2015.06.06
清蜜蜡透雕凤穿牡丹纹佩（一对）	长9.4cm	148,699	纽约佳士得	2015.03.19
清 巧色雕螭龙迎福把件	高5cm	90,788	佳士得	2015.04.06
清 青白玉福至心灵佩	长6cm	11,500	中国嘉德	2015.04.02
清 青白玉虎首坠	长6.8cm	13,921	香港淳浩	2015.04.04
清 青白玉花鸟“喜”字纹佩	高6.4cm	62,610	纽约苏富比	2015.03.21
清 青白玉沁色大吉坠	长6cm	86,250	中国嘉德	2015.09.20
清 青白玉三羊开泰坠	长4cm	20,700	中国嘉德	2015.06.27
清 青白玉双鱼佩	长8cm	17,250	中国嘉德	2015.04.02
清 青白玉鹦鹉挂件	宽4.5cm	11,500	中国嘉德	2015.05.16
清 青玉荷花鲶鱼把件	长6.2cm	587,015	卓艺拍卖	2015.11.18
清 青玉俏色雕双鲶鱼挂件	长5.4cm	632,170	卓艺拍卖	2015.11.18
清 三羊开泰把件	高3.6cm	32,200	江苏爱涛	2015.01.11
清 珊瑚雕双狮戏球佩	长5cm	92,000	古天一	2015.06.06
清 双凤把件	长5.7cm	71,300	江苏爱涛	2015.01.11
清 太平有象玉佩	宽6.5cm	62,425	江苏聚德	2015.07.01
清 玉雕二龙戏珠佩	直径6cm	13,800	北京翰海	2015.07.19
清 玉雕龙虎佩	长6.5cm	17,250	北京保利	2015.11.01
清 玉雕三羊开泰	高4.6cm	22,700	江苏聚德	2015.07.01
清 玉雕松鼠葡萄坠	长5.4cm	17,250	北京翰海	2015.03.15
清 玉鹅	高3.4cm	115,000	北京翰海	2015.06.27
清 玉龙	长3.81cm	115,000	北京翰海	2015.06.27
清 玉瑞兽	长3.5cm	36,800	江苏爱涛	2015.01.11
18世纪/19世纪 白玉灵猴献寿把件	高4.4cm	22,306	邦瀚斯	2015.09.14
18世纪/19世纪 褐斑青白玉坠（两只）	长5；长4.5cm	135,426	邦瀚斯	2015.09.14
18世纪/19世纪 青玉坠（两只）	长7；长6.1cm	75,679	邦瀚斯	2015.09.14
18世纪/19世纪 苏州作玛瑙雕蜻蜓坠	长5cm	35,848	邦瀚斯	2015.09.14
18世纪 白玉蝙蝠坠	宽5.7cm	547,838	纽约佳士得	2015.03.15
18世纪 白玉雕福寿双鹤把件	长6.5cm	110,963	香港苏富比	2015.04.07
18世纪 白玉雕瑞兽擒芝把件	宽5.4cm	71,696	纽约佳士得	2015.09.17
18世纪 白玉雕喜上梅梢佩	长5.2cm	260,325	香港苏富比	2015.06.01
18世纪 白玉吉祥禄寿佩	宽4.4cm	90,113	佳士得	2015.06.03
18世纪 白玉镂雕凤戏牡丹纹把件	长10.2cm	125,220	纽约苏富比	2015.03.17
18世纪 白玉镂空喜上眉梢图佩	长6.8cm	277,425	香港苏富比	2015.10.07
18世纪 白玉巧雕灵芝兔佩	高5.6cm	190,238	佳士得	2015.06.03
18世纪 白玉日月同辉佩	高5.5cm	350,438	香港苏富比	2015.06.01
18世纪 白玉三阳开泰把件	宽5.7cm	63,730	纽约佳士得	2015.09.17

拍品名称	物品尺寸	成交价RMB	拍卖公司	拍卖日期
18世纪 白玉鱼	高6.2cm	320,400	香港苏富比	2015.06.01
18世纪 白玉鸳鸯坠	宽5.7cm	86,089	纽约佳士得	2015.03.15
18世纪 白玉子母甪端把件	长7.9cm	100,125	佳士得	2015.06.03
18世纪 褐斑白玉卧马把件	长4.7cm	85,106	香港苏富比	2015.06.01
18世纪 玛瑙巧雕辈辈封侯坠	长4.2cm	100,125	香港苏富比	2015.06.01
18世纪 青白玉雕双马把件	长7.9cm	273,919	纽约苏富比	2015.03.17
18世纪 青白玉镂雕“宜子孙”佩	高10.2cm	219,135	纽约佳士得	2015.03.15
18世纪 青白玉马上封侯把件	长5.9cm	80,100	佳士得	2015.06.03
18世纪/19世纪 白玉“虎符呈瑞”佩	高6.7cm	200,250	香港苏富比	2015.06.01
18世纪/19世纪 白玉出云龙佩	高6.9cm	200,250	香港苏富比	2015.06.01
18世纪/19世纪 白玉灵猴献寿把件及青白玉福寿双全把件	尺寸不一	40,050	香港苏富比	2015.06.01
18世纪/19世纪 白玉镂雕“双欢”坠	长4.5cm	103,561	纽约佳士得	2015.09.17
18世纪/19世纪 白玉镂雕龙纹佩	高7.4cm	55,764	纽约佳士得	2015.09.17
18世纪/19世纪 白玉镂雕长寿如意把件	长5.1cm	63,730	纽约苏富比	2015.09.15
18世纪/19世纪 白玉瑞兽把件	长8.3cm	115,144	香港苏富比	2015.06.01
18世纪/19世纪 白玉透雕瑞兽纹钺形佩	长6.4cm	400,500	佳士得	2015.06.03
18世纪/19世纪 白玉透雕鱼龙佩	高4.5cm	200,250	香港苏富比	2015.06.01
18世纪/19世纪 白玉籽料雕螭龙坠	高4.4cm	63,730	纽约佳士得	2015.09.17
18世纪/19世纪 褐斑白玉螭龙纹佩	高5cm	23,950	伦敦苏富比	2015.05.13
18世纪/19世纪 黑白玉雕蟾莲把件	长5.4cm	127,460	纽约苏富比	2015.09.15
18世纪/19世纪 玛瑙瑞兽把件	长6.3cm	469,575	纽约佳士得	2015.03.19
18世纪/19世纪 青白玉瑞兽把件	高5cm	66,523	纽约佳士得	2015.03.15
19世纪 白玉双鹅及如意双欢把件	长4.5；长5cm	30,038	香港苏富比	2015.06.01
19世纪 黑白玉巧雕云蝠坠	长5cm	69,000	北京保利	2015.06.07
19世纪 玛瑙巧雕花鸟图竹节形佩	高3.5cm	32,040	香港苏富比	2015.06.01
19世纪 青白玉马上封侯、瑞鹿衔芝把件及卧狮把件	尺寸不一	20,025	香港苏富比	2015.06.01
19世纪 玉雕灵猴献寿把件（两件）	尺寸不一	39,831	纽约苏富比	2015.09.15
19世纪 紫水晶福寿双全佩及碧玺镂雕藤茄佩	高5.3cm	110,138	香港苏富比	2015.06.01
清光绪 金镶玉高浮雕龙纹“北府”铭文吉祥锁	长11cm	287,500	中国嘉德	2015.11.17
清晚期 青白玉瑞兽把件	高6.2cm	704,418	卓艺拍卖	2015.11.18
白玉把件（四件）	尺寸不一	34,500	中国嘉德	2015.09.20
白玉大吉螭龙佩	长5.3cm	17,250	中国嘉德	2015.09.20
白玉雕虎神	高3.8cm	334,818	AA中国艺海	2015.07.11
白玉雕金蟾把件	6cm	112,000	上海联合	2015.05.24
白玉雕龙纹佩	长7cm	220,275	AA中国艺海	2015.07.12
白玉雕马上有福把件	5.8cm	47,040	上海联合	2015.05.24
白玉雕卧马	高11cm	660,825	AA中国艺海	2015.07.11
白玉雕卧马吊坠	长14cm	30,272	纽约苏富比	2015.09.15
白玉雕羊头挂件	宽3.7cm	13,440	上海联合	2015.05.24
白玉独占鳌头摆件	高5.5cm	572,715	AA中国艺海	2015.08.20
白玉福寿挂坠		10,350	深圳市拍	2015.07.19
白玉福寿佩	长5.8cm	34,500	深圳市拍	2015.07.19
白玉胡人戏狮摆件	宽9cm	599,148	AA中国艺海	2015.06.20
白玉鸡形坠（两件）	长5cm	110,963	佳士得	2015.04.06
白玉留皮雕龙凤纹鸡心佩	长9cm	801,801	AA中国艺海	2015.07.11
白玉留皮雕年年有余	长7cm	370,062	AA中国艺海	2015.07.11
白玉留皮雕岁岁平安坠	长7.3cm	264,330	AA中国艺海	2015.07.11

2015玉器拍卖成交汇总

(成交价RMB：1万元以上)

拍品名称	物品尺寸	成交价RMB	拍卖公司	拍卖日期
白玉留皮雕五毒戏兽	长7cm	176,220	AA中国艺海	2015.07.11
白玉留皮巧雕蝉挂件	高5cm	20,160	上海联合	2015.05.24
白玉留皮巧雕福寿挂件	高4.6cm	13,104	上海联合	2015.05.24
白玉留皮巧雕金蝉挂件	高5.9cm	16,800	上海联合	2015.05.24
白玉留皮巧作博古龙虎纹把件	长8.1cm	112,000	上海联合	2015.05.24
白玉留皮瑞兽佩	长8.5cm	28,750	中国嘉德	2015.09.20
白玉留皮五福捧寿把件	长5.7cm	46,000	中国嘉德	2015.04.02
白玉马上封侯挂件		13,800	深圳市拍	2015.07.19
白玉沁色马	长6.8cm	1,110,186	AA中国艺海	2015.08.05
白玉瑞兽把件	长7.5cm	13,800	太平洋	2015.07.18
白玉兽面纹钺型佩		34,500	南京嘉信	2015.07.19
白玉双鱼纹佩		100,125	荣盛国际	2015.07.31
白玉祥兽把件	长4.5cm	43,814	邦瀚斯	2015.09.14
白玉鸳鸯挂件	长5.3cm	43,700	深圳市拍	2015.07.19
白玉鸳鸯坠	宽5.5cm	607,959	AA中国艺海	2015.06.20
白玉圆雕“太平有象”摆件	高11cm	2,643,300	AA中国艺海	2015.07.11
白玉坠（八件）	尺寸不一	36,800	中国嘉德	2015.09.20
白玉籽料把件	长7.2cm	12,650	中国嘉德	2015.09.20
白玉雕“府上有龙”挂件	长6.2cm	86,250	太平洋	2015.11.21
白玉雕鹅如意挂件	高3.8cm	15,680	上海联合	2015.11.01
白玉雕力争上游挂件	高6.5cm	13,440	上海联合	2015.11.01
白玉雕灵猴挂件	高5.3cm	35,840	上海联合	2015.11.01
白玉雕龙佩	宽6cm	16,100	包盈国际	2015.11.15
白玉雕迎财纳福挂件（二件）	高2.8cm；高2.8cm	29,120	上海联合	2015.11.01
白玉海水龙纹佩	长9cm	812,790	AA中国艺海	2015.12.02
白玉举案齐眉摆件	长4.5cm	379,302	AA中国艺海	2015.12.02
白玉留皮巧雕雄鹰手把件	高4.8cm	17,920	上海联合	2015.11.01
白玉沁色雕福禄双全纹佩	长5cm	686,356	AA中国艺海	2015.12.02
白玉瑞兽把件	长8cm	402,500	太平洋	2015.11.21
白玉瑞兽把件	长5.5cm	63,250	太平洋	2015.11.21
白玉籽料螭龙把件	长7cm	241,500	太平洋	2015.11.21
白玉籽料螭龙把件	长7cm	241,500	太平洋	2015.11.21
白玉籽料螭龙把件	长7.5cm	241,500	太平洋	2015.11.21
白玉籽料螭龙手把件	长7cm	241,500	太平洋	2015.11.21
白玉籽料貔貅把件	长7.5cm	218,500	太平洋	2015.11.21
碧玉雕双龙纹鸡心佩	长7cm	1,145,430	AA中国艺海	2015.07.12
陈冠军 比翼 白玉挂件	高4.4cm	25,300	西泠拍卖	2015.07.04
陈冠军 和田玉籽料寅虎啸林佩	高3.6cm	23,000	北京正道	2015.11.01
陈健 福呈双 白玉挂件	高5.6cm	20,700	西泠拍卖	2015.04.18
崔磊 望子成龙 白玉把件	高4.4cm	460,000	西泠拍卖	2015.07.04
带皮白玉骆驼坠	长4.5cm	14,162	香港淳浩	2015.11.27
带皮白玉松鼠葡萄坠	长4cm	14,162	香港淳浩	2015.11.27
当代 代代聚财		23,000	广东省拍	2015.07.05
当代 福从天降		552,000	广东省拍	2015.07.05
当代 福在眼前		193,200	广东省拍	2015.07.05
当代 和田白玉俏皮雕一鸣惊人福瓜把件	高9cm	80,500	中鸿信	2015.07.29
当代 猴		112,500	广东省拍	2015.07.05
当代 连年有余		207,000	广东省拍	2015.07.05
当代 马上有钱		322,000	广东省拍	2015.07.05
当代 纳福迎祥		230,000	广东省拍	2015.07.05
当代 孙永作白玉留皮雕挂件	长5.5cm	460,000	中鸿信	2015.07.29
当代 香港凤仪珠宝定制K金镶白玉春露初绽珠宝套系	尺寸不一	36,800	中鸿信	2015.07.29
当代 香港凤仪珠宝定制K金镶白玉凤华无双珠宝套系	尺寸不一	138,000	中鸿信	2015.07.29
当代 香港凤仪珠宝定制K金镶白玉若华若影珠宝套系	尺寸不一	48,300	中鸿信	2015.07.29
当代 心灵相通		112,700	广东省拍	2015.07.05
当代 徐凯制白玉龙马精神佩	长6cm	10,350	中鸿信	2015.07.29
当代 招财貔貅		609,500	广东省拍	2015.07.05
当代 知足常乐		11,500	广东省拍	2015.07.05
豆中强 鸿运当头 南红挂件	高4cm	103,500	西泠拍卖	2015.07.04
豆中强 龙腾 南红挂件	高4.2cm	218,500	西泠拍卖	2015.07.04
豆中强 鱼化龙 南红把件	高6cm	195,500	西泠拍卖	2015.07.04
豆中强 南红护身龙佩	长4.7cm	138,000	北京保利	2015.12.08
俄罗斯一级白玉籽料挂件	重43g	23,000	杭州如愿	2015.01.25
樊军民 白玉雕猴挂坠	高4.5cm	28,750	中国嘉德	2015.05.16
樊军民 碧玉雕蛙影把件	高7.6cm	14,950	中国嘉德	2015.05.16
范民广 白玉雕貔貅把件	高8.8cm	179,200	上海联合	2015.11.01
范同生 白玉留皮雕年年有余坠	高3.71cm	25,300	中国嘉德	2015.11.16
冯卫强 南红玛瑙“封侯挂印”	高4.0cm	10,080	北京荣宝	2015.11.29
冯卫强 南红玛瑙“鸿运当头”	高3.4cm	10,080	北京荣宝	2015.11.29
福龙玉佩	重约52g	1,401,750	荣盛国际	2015.07.31
福禄把件		180,225	荣盛国际	2015.07.31
高冰种马上封侯挂坠	直径5.5cm	1,625,580	AA中国艺海	2015.12.02
葛洪 白玉雕福运挂件	宽3cm	20,160	上海联合	2015.11.01
葛洪 白玉留皮雕必定成龙佩	高5.75cm	230,000	中国嘉德	2015.11.16
葛洪 白玉留皮雕蝉形佩	高7.88cm	402,500	中国嘉德	2015.11.16
葛洪 必定成龙 白玉把件	长6.9cm	345,000	西泠拍卖	2015.04.18
葛洪 禅机在握 白玉挂件	高6.4cm	126,500	西泠拍卖	2015.04.18
葛洪 福寿双全 白玉挂件		61,600	北京荣宝	2015.06.21
葛洪 和田白玉籽料洒金皮随型雕龙凤呈祥把件	重168g	402,500	杭州如愿	2015.01.25
葛洪 龙马精神 白玉把件	高6.9cm	115,000	西泠拍卖	2015.04.18
葛洪 天龙地虎 白玉把件	长6.2cm	1,840,000	西泠拍卖	2015.07.04
葛洪 喜悦 白玉挂件	高3.9cm	20,700	西泠拍卖	2015.04.18
葛洪 一马当先 南红把件	长6cm	218,500	西泠拍卖	2015.07.04
龚克勤 白玉雕蝉挂件	高5.4cm	61,600	上海联合	2015.11.01
郭万龙 白玉雕灵猴献瑞佩	高3.2cm	10,350	中国嘉德	2015.11.16
郭万龙 白玉雕样样如意佩	高3.43cm	16,100	中国嘉德	2015.11.16
郭万龙 和田玉籽料灵猴献寿挂件	高3.2cm	16,100	北京正道	2015.11.01
郭万龙 和田玉籽料貔貅挂件	高3.1cm	17,250	北京正道	2015.11.01
郭万龙 吉祥瑞兽 白玉挂件	高3.3cm	34,500	西泠拍卖	2015.07.04
郭万龙 金蟾拱财 白玉把件	长5.3cm	805,000	西泠拍卖	2015.07.04
郭万龙 麒麟踏风 白玉挂件	高4.7cm	92,000	西泠拍卖	2015.07.04
郭万龙 如意见喜 白玉挂件	高4.1cm	138,000	西泠拍卖	2015.04.18
郭万龙 书中自有黄金屋 白玉挂件	高4.6cm	207,000	西泠拍卖	2015.04.18
郭万龙 喜上眉梢 白玉挂件	高5.2cm	92,000	西泠拍卖	2015.07.04
和田白玉洒金皮官上加官把件	重169g	230,000	杭州如愿	2015.01.25
和田白玉原石枣红皮随型雕代代封侯把件	重82g	483,000	杭州如愿	2015.01.25
和田白玉枣红皮路路通挂件（一对）	重12.4g；重22.6g	103,500	杭州如愿	2015.01.25
和田白玉籽料瑞兽把件	重71g	69,000	杭州如愿	2015.01.25
和田白玉籽料洒金皮挂件	重29.2g	57,500	杭州如愿	2015.01.25
和田白玉籽料洒金皮挂件	重61g	46,000	杭州如愿	2015.01.25
和田白玉籽料原石洒金皮貔貅挂件	重50g	69,000	杭州如愿	2015.01.25
和田山料 福寿挂件	长9.5cm	23,000	河南泽华	2015.01.11

拍品名称	物品尺寸	成交价RMB	拍卖公司	拍卖日期
和田山料 虎威把件	高9.2cm	80,500	河南泽华	2015.01.11
和田山料 年年有余手把件	高8.2cm	12,650	河南泽华	2015.01.11
和田山料 貔貅把件	长8cm	17,250	河南泽华	2015.01.11
和田羊脂白玉原石随型雕吉祥多子把件	重102g	276,000	杭州如愿	2015.01.25
和田玉黄玉籽料牛气冲天把件	高5.6cm	43,700	尚品润博	2015.01.11
和田玉路路通手把件	重252.0g	22,400	长春金鼎	2015.01.18
和田玉双色籽料宝鸭戏莲把件	重180g	74,750	杭州如愿	2015.01.25
和田玉望子成龙挂件	重52.3g	138,000	杭州如愿	2015.01.25
和田玉一夜封侯挂件	高4.3cm	21,850	北京正道	2015.11.01
和田玉籽料必定成龙挂件 独籽	高4.2cm	57,500	尚品润博	2015.01.11
和田玉籽料代代封侯挂件	高3.4cm	55,200	尚品润博	2015.01.11
和田玉籽料代代封侯挂件 独籽	高3.7cm	27,600	尚品润博	2015.01.11
和田玉籽料丹凤朝阳挂件 独籽	高5.7cm	55,200	尚品润博	2015.01.11
和田玉籽料飞黄腾达把件	高5.7cm	82,800	尚品润博	2015.01.11
和田玉籽料凤凰挂件	高4.0cm	11,500	尚品润博	2015.01.11
和田玉籽料凤佩 独籽	高3.8cm	17,250	尚品润博	2015.01.11
和田玉籽料福禄有余挂件	高6.0cm	63,250	尚品润博	2015.01.11
和田玉籽料福寿双全把件 独籽	高4.2cm	63,250	尚品润博	2015.01.11
和田玉籽料富贵鱼挂件	高4.8cm	11,500	尚品润博	2015.01.11
和田玉籽料猴子挂件	高4.5cm	55,200	尚品润博	2015.01.11
和田玉籽料虎面挂件	高3.9cm	11,500	尚品润博	2015.01.11
和田玉籽料金蟾挂件	高4.6cm	13,800	尚品润博	2015.01.11
和田玉籽料连年有余挂件 独籽	高3.5cm	39,100	尚品润博	2015.01.11
和田玉籽料两小无猜挂件	高3.5cm	36,800	尚品润博	2015.01.11
和田玉籽料龙腾挂件	高4.8cm	66,700	尚品润博	2015.01.11
和田玉籽料龙头烟嘴	高6.5cm	19,550	尚品润博	2015.01.11
和田玉籽料龙牙挂件	高4.4cm	11,500	尚品润博	2015.01.11
和田玉籽料辟邪把件 独籽	高4.3cm	23,000	尚品润博	2015.01.11
和田玉籽料破茧成蝶挂件 独籽	高4.0cm	73,600	尚品润博	2015.01.11
和田玉籽料双喜临门挂件	高5.2cm	79,350	尚品润博	2015.01.11
和田玉籽料四色巧雕福运连连把件 独籽	高7.3cm	40,250	尚品润博	2015.01.11
和田玉籽料天下无双挂件 独籽	高4.8cm	66,700	尚品润博	2015.01.11
和田玉籽料喜从天降挂件	高4.73cm	23,000	尚品润博	2015.01.11
和田玉籽料喜事连连挂件	高5.0cm	79,350	尚品润博	2015.01.11
和田玉籽料喜相逢挂件	高4.8cm	69,000	尚品润博	2015.01.11
和田玉籽料喜相逢挂件	高6.1cm	43,700	尚品润博	2015.01.11
和田玉籽料玄武兆祥挂件 独籽	高3.5cm	13,800	尚品润博	2015.01.11
和田玉籽料一路连科挂件	高5.1cm	34,500	尚品润博	2015.01.11
和田玉籽料一鸣惊人挂件	高4.7cm	32,200	尚品润博	2015.01.11
和田玉籽料一鸣惊人挂件	高4.4cm	21,850	尚品润博	2015.01.11
和田玉籽料迎福挂件 独籽	高3.4cm	28,750	尚品润博	2015.01.11
和田玉籽料鱼戏荷塘挂件 独籽	高3.5cm	32,200	尚品润博	2015.01.11
和田玉籽料招财进宝挂件	高3.6cm	34,500	北京正道	2015.11.01
和田籽料 福寿双全挂件	高9.3cm	230,000	河南泽华	2015.01.11
和田籽料 貔貅挂件	高5.5cm	92,000	河南泽华	2015.01.11
侯晓峰 白玉佛头配碧玉珠链	佛头高1.65cm	12,650	中国嘉德	2015.11.16
侯晓峰 碧玉、墨玉佛头配南红玛瑙塔链	佛头高1.44cm	12,650	中国嘉德	2015.11.16
侯晓锋 碧玉福到眼前把件	高5.1cm	43,700	北京正道	2015.11.01
侯晓锋 禅心 南红手链	最大珠径0.9cm	13,800	西泠拍卖	2015.04.18
侯晓锋 福从天降 南红挂件	长6.7cm	61,600	北京荣宝	2015.06.21
侯晓锋 晴绮 南红手链	珠径0.6cm	18,400	西泠拍卖	2015.04.18
黄罕勇 白玉龙凤佩	长7.5cm×2	23,000	中国嘉德	2015.05.16

拍品名称	物品尺寸	成交价RMB	拍卖公司	拍卖日期
黄罕勇 和田玉籽料金蟾佩	高3cm	17,250	北京正道	2015.11.01
黄罕勇 和田玉籽料辟邪佩	高5.2cm	212,750	北京正道	2015.11.01
黄罕勇 和田玉籽料三阳开泰佩	高4.2cm	57,500	北京正道	2015.11.01
黄罕勇 鹤寿 白玉挂件	高5.2cm	63,250	西泠拍卖	2015.07.04
黄罕勇 吉祥如意 白玉挂件	高4.8cm	36,800	西泠拍卖	2015.07.04
黄罕勇 金运瑞兽 白玉把件	高4.6cm	230,000	西泠拍卖	2015.07.04
黄罕勇 三阳开泰 白玉挂件	高5.3cm	34,500	西泠拍卖	2015.07.04
黄罕勇 献寿 白玉挂件	高4cm	57,500	西泠拍卖	2015.07.04
黄文中 碧玉马到功成佩	高5.2cm	20,700	北京正道	2015.11.01
黄文中 南红玛瑙见喜佩	高4.5cm	28,750	北京正道	2015.11.01
黄文中 博古龙	高4cm	32,200	北京保利	2015.12.08
黄杨洪 白玉雕福如意挂件	高2.3cm	22,400	上海联合	2015.11.01
黄杨洪 白玉雕连年有余挂件	高6cm	287,500	中国嘉德	2015.05.16
黄杨洪 鸿运当头 白玉把件	高6.9cm	690,000	西泠拍卖	2015.07.04
黄杨洪 金玉满堂 白玉挂件	高3cm	11,500	西泠拍卖	2015.04.18
黄杨洪 龙行天下 白玉把件	长5.2cm	1,380,000	西泠拍卖	2015.07.04
黄杨洪 如意有福 白玉挂件	高3.9cm	23,000	西泠拍卖	2015.04.18
黄杨洪 一鸣惊人 墨玉挂件	高4.6cm	13,800	西泠拍卖	2015.04.18
黄玉雕马上封侯摆件	长10cm	1,128,875	AA中国艺海	2015.12.02
黄玉雕三螭龙纹扁瓶	高14.2cm	2,709,300	AA中国艺海	2015.12.02
黄玉沁色麒麟佩	长4cm	1,174,030	卓艺拍卖	2015.11.21
黄玉双龙出廓壁	直径7.8cm	680,850	荣盛国际	2015.07.31
蒋喜 代代封侯 白玉挂件	高4.3cm	74,750	西泠拍卖	2015.04.18
蒋喜 和田白玉蝉	高5.5cm	299,000	印千山·宝隆	2015.07.12
蒋喜 和田白玉蝉	高5.3cm	241,500	印千山·宝隆	2015.07.12
缴治强 白玉留皮博古蝉挂件（一对）	高5.8cm；高3.7cm	16,800	上海联合	2015.05.24
金国忠 和田玉籽料府上有龙佩	高5.5cm	25,300	北京正道	2015.11.01
近代 南红玛瑙守护挂坠	长4.2cm	13,800	北京保利	2015.11.01
李东 白玉雕马头坠	高5.5cm	40,250	中国嘉德	2015.11.16
李海涛 和田玉籽料龙凤对佩	高3.9cm；高3.9cm	23,000	北京正道	2015.11.01
李海涛 和田玉籽料龙佩	高5.2cm	20,700	北京正道	2015.11.01
李剑 如意金蟾 白玉把件	长6.1cm	184,000	西泠拍卖	2015.07.04
李剑 喜从天降 白玉挂件	高4.3cm	74,750	西泠拍卖	2015.04.18
李剑 有余 白玉把件	高6.4cm	172,500	西泠拍卖	2015.04.18
李康 和田玉籽料府上有龙佩	高3.7cm	13,800	北京正道	2015.11.01
李明 和田白玉枣红皮原石随型雕龙马精神把件	重184.9g	172,500	杭州如愿	2015.01.25
李明 和田白玉籽料封侯拜相把件	重200g	126,500	杭州如愿	2015.01.25
李勇 白玉雕凤凰涅盘挂件	高7.2cm	13,440	上海联合	2015.11.01
李勇 白玉雕貔貅手把件	高6.5cm	11,200	上海联合	2015.11.01
李勇 白玉雕岁岁平安手把件	长6.1cm	16,800	上海联合	2015.11.01
李勇 白玉雕有福有财套件（三件）	高7.5cm	28,000	上海联合	2015.11.01
李勇 白玉留皮巧作一鸣惊人挂件	高4.8cm	72,800	上海联合	2015.05.24
李佑龙 和田白玉籽料一鸣惊人把件	重94.8g	92,000	杭州如愿	2015.01.25
鲤鱼吊坠	重28g	1,076,544	荣盛国际	2015.01.10
林光 和田玉籽料金蟾挂件	高4.2cm	20,700	北京正道	2015.11.01
林光 和田玉籽料马到功成挂件	高3.0cm	20,700	北京正道	2015.11.01
林光 和田玉籽料一马当先挂件	高5.4cm	48,300	北京正道	2015.11.01
林光 云起龙骧 白玉挂件	高3.2cm	13,800	西泠拍卖	2015.04.18
林国华 蝶恋花 南红挂件	高4.1cm	11,500	西泠拍卖	2015.04.18
刘毅 碧玉抬头见喜把件	高5.1cm	20,700	北京正道	2015.11.01
刘毅 封侯挂印 白玉挂件	高4cm	25,300	西泠拍卖	2015.04.18

2015玉器拍卖成交汇总

(成交价RMB：1万元以上)

拍品名称	物品尺寸	成交价RMB	拍卖公司	拍卖日期
卢伟 和田玉籽料博古佩	高5.2cm	17,250	北京正道	2015.11.01
卢伟 和田玉籽料龙行天下挂件	高5.1cm	55,200	北京正道	2015.11.01
卢智勇 和田玉籽料财到福到挂件	高4.8cm	66,700	北京正道	2015.11.01
绿松石福寿双全佩	长5.5cm	230,000	北京保利	2015.11.01
玛瑙吊坠（七件）	最大者长26.4cm	127,460	纽约苏富比	2015.09.15
孟庆东 白玉雕福在眼前坠	高4cm	40,250	中国嘉德	2015.05.16
孟庆东 白玉瑞兽把件	长4.58cm	103,500	中国嘉德	2015.11.16
墨西哥虫珀佛把件	长7.6cm	13,800	中国嘉德	2015.09.20
南红大象挂件	高2.75cm	12,650	尚品润博	2015.01.11
南红玛瑙螭龙佩	重约52g	340,906	荣盛国际	2015.01.10
南红玛瑙海水龙坠	长4.6cm	34,500	中国嘉德	2015.09.20
南红一路连科挂件	高6.1cm	37,950	尚品润博	2015.01.11
倪展勇 碧玉府上有龙佩	高5.8cm	28,750	北京正道	2015.11.01
钱建锋 和田玉籽料金玉满堂挂件	高3.9cm	23,000	北京正道	2015.11.01
钱建锋 和田玉籽料守护把件	高5cm	25,300	北京正道	2015.11.01
钱建锋 和田玉籽料一鸣惊人佩	高3.5cm	25,300	北京正道	2015.11.01
钱建锋 和田玉籽料一夜封侯把件	高4.3cm	28,750	北京正道	2015.11.01
青白玉雕“马上封侯”	长7cm	1,233,540	AA中国艺海	2015.07.11
青白玉龙钮双耳盖炉	高14cm	794,728	AA中国艺海	2015.12.02
青白玉沁色太狮少狮坠	长7.1cm	10,350	中国嘉德	2015.06.27
青玉巧雕留皮太乙真人龙纹山子	长24cm	1,354,650	AA中国艺海	2015.12.02
瞿利军 和田玉籽料福星高照把件	高4.9cm	34,500	北京正道	2015.11.01
瞿利军 和田玉籽料年年有余挂件	高6.3cm	13,800	北京正道	2015.11.01
瞿利军 和田玉籽料弯弯顺挂件	高4.8cm	11,500	北京正道	2015.11.01
瞿利军 和田玉籽料唯吾自在佩	高4.6cm	23,000	北京正道	2015.11.01
瞿利军 和田玉籽料我如意挂件	高4.2cm	28,750	北京正道	2015.11.01
瞿利军 和田玉籽料一鸣惊人挂件	高5.2cm	51,750	北京正道	2015.11.01
瞿利军 如鱼得水 白玉挂件	高4.4cm	25,300	西泠拍卖	2015.07.04
瞿利军 寿天百禄 白玉把件	高6.2cm	345,000	西泠拍卖	2015.07.04
瞿利军 喜事连连 白玉把件	高6.6cm	172,500	西泠拍卖	2015.07.04
瞿利军 一鸣惊人 白玉把件	长7.1cm	230,000	西泠拍卖	2015.07.04
瞿利军 玉兔 白玉挂件	高4.7cm	34,500	西泠拍卖	2015.04.18
任永辉 和田玉籽料蝉形佩	高4.2cm	23,000	北京正道	2015.11.01
珊瑚雕福禄寿佩	长4.6cm	1,991,286	AA中国艺海	2015.08.05
天然白玉“神兽”手把件	神兽高9.346cm	85,066	天成国际	2015.06.14
天然白玉“神兽”手把件	神兽高6.523cm	11,342	天成国际	2015.06.14
天然白玉“喜气洋洋”手把件	山羊高9.493cm	51,985	天成国际	2015.06.14
天然白玉报喜手把件	长8.789cm	87,190	天成国际	2015.12.06
天然白玉瑞兽配南红玛瑙手把件	长6.047cm	36,814	天成国际	2015.12.06
天然和田白玉（封侯拜相）把件	长3.5cm	179,389	宝港国际	2015.11.28
天然和田白玉（一夜封侯）把件	长7cm	151,064	宝港国际	2015.11.28
天然和田玉（龙马精神）把件	长7.5cm	151,064	宝港国际	2015.11.28
天然和田玉（羊脂玉）雕鱼把件	长9cm	113,298	宝港国际	2015.11.28
天然南红玛瑙“猪”手把件，王凯设计	猪长6.492cm	151,229	天成国际	2015.06.14
天然软玉龙马精神配南红玛瑙手把件	高7.082cm	271,258	天成国际	2015.12.06
王彬 白玉雕带子上朝把件	长5.5cm	98,560	上海联合	2015.05.24
王金忠 龙腾四海 白玉挂件	高4.5cm	36,800	西泠拍卖	2015.04.18
王平 和田玉籽料数钱挂件	高4.5cm	34,500	北京正道	2015.11.01
王如东 和田玉籽料太平有象挂件	高4.5cm	20,700	北京正道	2015.11.01
吴金星 和田玉籽料凤佩	高3.8cm	28,750	北京正道	2015.11.01
吴金星 和田玉籽料凤佩	高4.2cm	25,300	北京正道	2015.11.01
吴金星 金龙出云 白玉挂件	高3.9cm	20,700	西泠拍卖	2015.04.18
吴金星 瑞兽纳宝 白玉把件	长7.6cm	322,000	西泠拍卖	2015.07.04

拍品名称	物品尺寸	成交价RMB	拍卖公司	拍卖日期
吴金星 神武瑞兽 白玉把件	高5.9cm	253,000	西泠拍卖	2015.04.18
吴金星 神武瑞兽 白玉把件	高4cm	103,500	西泠拍卖	2015.04.18
吴金星 太平有象 白玉把件	高5.3cm	218,500	西泠拍卖	2015.04.18
吴金星 婉凤翩跹 白玉挂件	高4.9cm	172,500	西泠拍卖	2015.07.04
吴金星 婉凤纤纤 白玉挂件	高4.7cm	23,000	西泠拍卖	2015.04.18
吴灶发 白玉雕鼠纹挂坠	高2.7cm	51,750	中国嘉德	2015.05.16
吴灶发 福到 白玉挂件	高5cm	63,250	西泠拍卖	2015.07.04
吴灶发 和田玉籽料灵猴佩	高5.5cm	28,750	北京正道	2015.11.01
吴灶发 和田玉籽料喜上眉梢挂件	高3.6cm	28,750	北京正道	2015.11.01
吴灶发 鹤寿 白玉挂件		74,750	西泠拍卖	2015.07.04
吴灶发 羊脂玉大吉大利佩	高3.2cm	71,300	北京正道	2015.11.01
仵子辉 年年有馀 白玉挂件	长5.0cm	257,600	北京荣宝	2015.06.21
徐志浩 和田青花籽料我牛挂件	高4.4cm	17,250	北京正道	2015.11.01
徐志浩 和田玉籽料守业把件	高5.9cm	40,250	北京正道	2015.11.01
徐志浩 牛气冲天 青花把件	高7cm	28,750	西泠拍卖	2015.04.18
徐志浩 甜甜蜜蜜 白玉挂件	高4.7cm	11,500	西泠拍卖	2015.07.04
徐志浩 甜甜蜜蜜 糖玉把件	高5.9cm	11,500	西泠拍卖	2015.04.18
徐志浩 一夜封侯 白玉把件	长6.2cm	287,500	西泠拍卖	2015.07.04
徐志浩 有余 白玉挂件	高5cm	92,000	西泠拍卖	2015.04.18
许永刚 和田玉籽料多子多福把件	长4.5cm	13,800	北京正道	2015.11.01
许永刚 和田玉籽料凤佩	高3.8cm	11,500	北京正道	2015.11.01
许永刚 和田玉籽料古韵龙佩	高2.8cm	20,700	北京正道	2015.11.01
杨建发 和田玉龙龟把件	重145g	322,000	杭州如愿	2015.01.25
杨曦 金蟾吐宝 白玉把件	高5.1cm	230,000	西泠拍卖	2015.07.04
杨曦 马上封侯 白玉挂件	高4.1cm	69,000	西泠拍卖	2015.04.18
杨曦 喜相逢 白玉挂件	高3.7cm	28,750	西泠拍卖	2015.04.18
杨曦雕和田白玉洒金皮福禄挂件	重52.2g	246,400	山东图腾	2015.05.24
阴阳双龙佩	重38.2g	251,194	荣盛国际	2015.01.10
殷建国 天禄 黄玉把件	高5.8cm	57,500	西泠拍卖	2015.04.18
殷小金 带子上朝 白玉把件	高8.6cm	138,000	西泠拍卖	2015.04.18
殷小金 黄玉有余佩	高7cm	13,800	北京正道	2015.11.01
殷小金 年年有余 白玉把件	长8.8cm	402,500	西泠拍卖	2015.07.04
于雪涛 年年有余 白玉挂件	高4.7cm	28,750	西泠拍卖	2015.04.18
于雪涛 招瑞纳福 白玉挂件	高3.8cm	57,500	西泠拍卖	2015.04.18
余勇 耄耋 墨玉挂件	高5.4cm	92,000	西泠拍卖	2015.04.18
玉雕沁色马上翻身坠	长6.8cm	1,762,200	AA中国艺海	2015.02.03
玉雕瑞兽	长5cm	451,550	AA中国艺海	2015.12.02
玉龙	高12cm	1,585,980	AA中国艺海	2015.02.03
玉圣四兽	直径5.5cm	3,083,850	AA中国艺海	2015.07.11
玉祝福	长82cm	32,200	江苏爱涛	2015.01.11
翟倚卫 白玉雕松鹤梅子图把件	长9.7cm	336,000	上海联合	2015.05.24
张静 碧玉握权挂件	长5.4cm	10,350	北京正道	2015.11.01
张静 和田玉蝉形佩	长4.7cm	13,800	北京正道	2015.11.01
张静 黄玉一鸣惊人挂件	长4.8cm	13,800	北京正道	2015.11.01
张静 金玉满堂玉雕挂件（一对）	长5.5cm；长5.7cm	11,500	西泠拍卖	2015.04.18
张克山 白玉雕化龙挂件	长5.3cm	145,600	上海联合	2015.05.24
张克山 和田玉籽料灵猴献寿把件	长4.0cm	32,200	北京正道	2015.11.01
张克山 和田玉籽料有凤来仪把件	长6.6cm	25,300	北京正道	2015.11.01
张清雷 和田玉籽料辟邪把件	长7cm	115,000	北京正道	2015.11.01
张胜利 白玉雕天马把件	长6.3cm	76,160	上海联合	2015.05.24
赵琦 鸿武瑞兽 南红把件	宽3.8cm	17,250	西泠拍卖	2015.07.04
赵琦 金玉满堂 南红把件	宽4cm	17,250	西泠拍卖	2015.07.04
赵琦 南红玛瑙金玉满堂把件		23,000	北京正道	2015.11.01
赵琦 年年有余 南红挂件	宽3.5cm	11,500	西泠拍卖	2015.04.18
赵琦 事事皆福 南红把件	高3.8cm	13,800	西泠拍卖	2015.04.18

拍品名称	物品尺寸	成交价RMB	拍卖公司	拍卖日期
赵琦 喜象 南红把件	宽4.2cm	36,800	西泠拍卖	2015.07.04
赵琦 一路连科 白玉把件	高5.1cm	28,750	西泠拍卖	2015.07.04
赵琦 朱雀 南红把件	高6.9cm	36,800	西泠拍卖	2015.07.04
赵显志 阿拉善玛瑙"灵猴献寿"	高3.4cm	21,280	北京荣宝	2015.11.29
赵显志 阿拉善玛瑙一世英武把件	高5.5cm	28,750	北京正道	2015.11.01
赵显志 代代封侯 白玉挂件	高4cm	61,600	北京荣宝	2015.06.21
赵显志 一夜封侯 白玉把件	长3.9cm	172,500	西泠拍卖	2015.07.04
郑则泉 雅安绿雕如意缠身手把件	长8.3cm	11,200	上海联合	2015.11.01
周春龙、田立哲 白玉留皮巧雕下山虎挂件	高4cm	33,600	上海联合	2015.11.01
朱跃真 白玉留皮巧雕蝶恋花挂件	高5.6cm	20,160	上海联合	2015.11.01
邹作志 和田玉籽料无念把件	长6.9cm	11,500	北京正道	2015.11.01
佩玩植物件				
元 白玉镂空樱桃佩	高7.3cm	69,000	中鸿信	2015.07.29
明 白玉雕莲蓬把件	长6.8cm	36,800	西泠拍卖	2015.07.05
明 琥珀菊花纹佩饰	直径5.2cm	23,000	古天一	2015.06.06
明 蜜蜡花卉纹佩饰	长4.7cm	10,350	古天一	2015.06.06
明 蜜蜡花卉纹坠饰(配果核雕人物两件)	长7.2cm	55,200	古天一	2015.06.06
明 蜜蜡玉兰花纹雕饰	长6.5cm	13,800	古天一	2015.06.06
明 蜜蜡玉兰花形坠饰	长5.6cm	13,800	古天一	2015.06.06
明/清 黄玉菱角佩	宽4.6cm	80,100	佳士得	2015.06.03
清早期 白玉洒金葫芦万代坠	高6cm	34,500	北京翰海	2015.11.29
清早期 白玉清风俊节佩	高6cm	28,750	北京翰海	2015.06.28
清乾隆 白玉俏色巧雕万年如意梅花纹坠	长5.1cm	92,000	北京东正	2015.11.19
清乾隆 白玉福禄永昌佩	高8cm	115,000	北京翰海	2015.11.29
清乾隆 白玉四君子佩	高6.5cm	46,000	北京翰海	2015.11.29
清乾隆 白玉博古插花平安符佩	高5cm	40,250	北京翰海	2015.11.29
清中期 白玉百事如意佩	高5.8cm	36,800	北京翰海	2015.11.29
清乾隆 白玉"福禄万代"挂件	高6cm	57,500	北京东正	2015.05.19
清乾隆 白玉大吉葫芦佩	高6.6cm	46,000	北京翰海	2015.06.28
清乾隆 白玉雕灵芝挂件	长4.5cm	46,000	北京东正	2015.05.19
清乾隆 白玉雕灵芝挂件	长4.8cm	34,500	北京东正	2015.05.19
清乾隆 白玉雕灵芝挂件	长5.5cm	32,200	北京东正	2015.05.19
清乾隆 白玉雕灵芝挂件	长4cm	28,750	北京东正	2015.05.19
清中期 白玉大吉天喜葫芦佩	长7cm	184,000	北京匡时	2015.06.06
清中期 白玉雕豆荚秋虫佩	长5cm	78,200	北京诚轩	2015.05.17
清中期 白玉留皮灵芝佩	高5cm	115,000	北京东正	2015.05.19
清中期 白玉诸事如意灵芝纹佩	长6cm	92,000	北京匡时	2015.06.06
清中期 青白玉沁色灵芝坠	长5cm	25,300	中国嘉德	2015.06.27
清中期 白玉雕豆荚佩	长6.1cm	57,500	北京诚轩	2015.11.14
清 白玉带红皮"灵芝"佩	长4.7cm	187,194	万昌斯	2015.06.01
清 白玉带皮"灵芝"挂件	长5.9cm	14,778	万昌斯	2015.06.01
清 白玉带皮"灵芝"佩	长5.4cm	147,785	万昌斯	2015.06.01
清 白玉雕"灵芝""梅花"佩	长5.2cm	93,597	万昌斯	2015.06.01
清 白玉雕瓜果佩	长4cm	17,250	上海敬华	2015.06.30
清 白玉雕菱角纹佩	宽6.5cm	56,000	天津文物	2015.05.22
清 白玉瓜迭绵绵佩	长4.5cm	11,137	香港淳浩	2015.04.04
清 白玉荷花佩	长5.3cm	24,150	西泠拍卖	2015.04.23
清 白玉葫芦挂件	长5cm	57,500	深圳市拍	2015.07.19
清 白玉葫芦佩	长5.5cm	17,250	西泠拍卖	2015.04.23
清 白玉花，福寿纹佩，黑白玉鱼佩（共三件）	尺寸不一	18,400	北京保利	2015.01.24
清 白玉节节高升佩	长6cm	18,561	香港淳浩	2015.04.04
清 白玉金皮福禄万代挂坠	高5.2cm	92,000	中国嘉德	2015.05.16
清 白玉荔枝佩	长5.6cm	27,842	香港淳浩	2015.04.04
清 白玉留皮雕瓜纹佩	高4.8cm	280,000	天津文物	2015.05.22
清 白玉留皮雕蘑菇纹佩	高5.5cm	56,000	天津文物	2015.05.22
清 白玉留皮荷塘清趣坠	长4.7cm	48,300	中国嘉德	2015.04.02
清 白玉留皮巧雕子孙连绵佩	长9cm	322,000	上海敬华	2015.06.30
清 白玉留皮石榴佩	长7.4cm	11,500	中国嘉德	2015.09.20
清 白玉嵌百宝菊瓣纹佩	最长直径8cm	46,000	西泠拍卖	2015.07.05
清 白玉透雕花卉纹佩	长5.2cm	13,921	香港淳浩	2015.04.04
清 白玉透雕荔枝佩（一对）	长5.2cm×2	11,137	香港淳浩	2015.04.04
清 白玉镶嵌花卉花件	长6.8cm	11,500	深圳市拍	2015.07.19
清 白玉竹节环形佩	直径5.5cm	23,000	北京保利	2015.01.24
清 白玉竹节纹佩	长5.5cm	53,888	伦敦苏富比	2015.05.13
清 白玉竹节佩	长7.5cm	34,500	北京保利	2015.11.01
清 碧玺雕灵芝佩	高5.6cm	23,000	中鸿信	2015.07.29
清 带皮灵芝挂件	高4.5cm	69,000	江苏爱涛	2015.01.11
清 黑白玉巧雕鹿衔灵芝坠	长7.8cm	27,600	中国嘉德	2015.06.27
清 葫芦万代把件	高5.7cm	43,700	江苏爱涛	2015.01.11
清 琥珀石榴纹佩饰	长4.8cm	11,500	古天一	2015.06.06
清 玛瑙巧雕"瓜瓞绵绵"挂坠	高5cm	23,000	远方拍卖	2015.07.01
清 蜜蜡连枝玉兰佩饰	长6cm	20,700	古天一	2015.06.06
清 蜜蜡牡丹纹佩饰	长5.6cm	11,500	古天一	2015.06.06
清 蜜蜡石榴纹佩饰	长5.1cm	11,500	古天一	2015.06.06
清 南红雕荔枝纹挂件	长3.1cm	20,700	西泠拍卖	2015.07.05
清 青白玉福禄寿纹把件	长8.3cm	203,483	纽约苏富比	2015.03.21
清 青白玉葫芦转心佩	长8.6cm	23,000	中国嘉德	2015.04.02
清 清白玉灵芝坠	长5cm	10,350	中国嘉德	2015.04.02
清 玉兰花	长6.5cm	96,475	江苏聚德	2015.07.01
清 南红玛瑙瓜果挂件	宽4cm	13,218	诚昌国际	2015.12.02
清 玉留皮葫芦万代佩	高5cm	92,000	中国嘉德	2015.11.15
清 玉沁色菱角佩	宽7cm	34,500	中国嘉德	2015.11.15
清 玉提油莲蓬坠	宽4cm	23,000	中国嘉德	2015.11.15
清17世纪/18世纪 褐斑白玉瓜瓞绵绵把件	长5.2cm	201,750	香港苏富比	2015.04.07
18世纪 白玉"大吉四喜"葫芦式佩	长6.5cm	267,150	香港苏富比	2015.10.07
18世纪 白玉"增幸吉庆"佩	长5.8cm	350,438	香港苏富比	2015.06.01
18世纪 白玉瓜瓞绵绵佩	长5cm	30,038	佳士得	2015.06.03
18世纪/19世纪 珊瑚镂雕三多纹佩	长5.8cm	30,038	香港苏富比	2015.06.01
19世纪 白玉豆荚佩把件及青白玉耄耋图把件	长4.9cm；长5cm	35,044	香港苏富比	2015.06.01
白玉大吉大利葫芦佩	长5cm	17,250	中国嘉德	2015.04.02
白玉大吉葫芦佩	长10cm	11,500	北京保利	2015.01.24
白玉雕春竹挂件	长6.5cm	25,760	上海联合	2015.05.24
白玉雕多财莲藕纹佩	长5.5cm	614,108	卓艺拍卖	2015.11.21
白玉岁寒三友纹玉佩	高6.5cm	352,000	北京中联	2015.01.18
陈冠军 和田玉籽料玉圆满幽兰佩	直径4.4cm	46,000	北京正道	2015.11.01
樊军民 白玉雕流水落花把件	高3cm	46,000	中国嘉德	2015.11.16
郭万龙 一品当朝 白玉挂件	高5.3cm	57,500	西泠拍卖	2015.07.04
和田玉花生吊坠	重33g	340,906	荣盛国际	2015.01.10
和田玉籽料高洁把件 独籽	高7.2cm	86,250	尚品润博	2015.01.11
和田玉籽料金溢盛华挂件	高5.2cm	23,000	尚品润博	2015.01.11
和田玉籽料兰枝博义挂件	高4.5cm	51,750	尚品润博	2015.01.11
和田玉籽料祈福把件 独籽	高4.8cm	32,200	尚品润博	2015.01.11
和田玉籽料清廉挂件 独籽	高3.5cm	13,800	尚品润博	2015.01.11

2015玉器拍卖成交汇总

（成交价RMB：1万元以上）

拍品名称	物品尺寸	成交价RMB	拍卖公司	拍卖日期
和田玉籽料银杏挂件	高4.1cm	34,500	尚品润博	2015.01.11
黄杨洪 白玉雕荷花挂坠	高3.15cm	14,950	中国嘉德	2015.11.16
黄杨洪 白玉雕牡丹挂坠（一对）	高3.23cm	23,000	中国嘉德	2015.11.16
黄杨洪 多娇 南红挂件	高5.7cm	57,500	西泠拍卖	2015.07.04
黄杨洪 骄子 碧玉把件	高4.5cm	11,500	西泠拍卖	2015.07.04
黄杨洪 一花一世界 南红挂件	高3.4cm	11,500	西泠拍卖	2015.04.18
黄玉留皮雕荷包形佩	长8cm	484,605	AA中国艺海	2015.07.12
林光 和田玉籽料玉兰佩	高4.2cm	25,300	北京正道	2015.11.01
吕德 黄沁雕莲蓬挂件	高3.7cm	179,200	上海联合	2015.05.24
钱子良 和田玉祝福把件	长5.7cm	71,300	北京正道	2015.11.01
瞿利军 必成大业 白玉挂件	高5.3cm	161,000	西泠拍卖	2015.04.18
瞿利军 和田玉籽料福禄挂件	高5.0cm	92,000	北京正道	2015.11.01
瞿利军 和田玉籽料蕙质兰心把件	高5.2cm	63,250	北京正道	2015.11.01
双耳花卉玉盖炉	高18cm	2,889,920	AA中国艺海	2015.12.02
天然和田白玉雕玉米把件	长12cm	86,862	宝港国际	2015.11.28
吴灶发 和田玉籽料兰花佩	高4cm	13,800	北京正道	2015.11.01
吴灶发 花香 白玉挂件		126,500	西泠拍卖	2015.07.04
夏立仁 碧玉雕福瓜把件	高9.8cm	28,000	上海联合	2015.05.24
徐志浩 和田玉籽料节节高挂件	高5.2cm	17,250	北京正道	2015.11.01
徐志浩 荷芳宜人 白玉挂件	高4.4cm	11,500	西泠拍卖	2015.07.04
杨曦 晨露叶舞 白玉挂件	高5.8cm	138,000	西泠拍卖	2015.07.04
杨曦 和田玉籽料清廉佩	高3.5cm	11,500	北京正道	2015.11.01
杨曦 和田玉籽料竹韵系列之一	高4.6cm	34,500	北京正道	2015.11.01
杨曦 红莲醉 白玉挂件	高3.3cm	63,250	西泠拍卖	2015.07.04
叶清 白玉留皮巧雕清莲挂件	高3cm	11,200	上海联合	2015.11.01
殷小金 白玉多交好运挂件	高7.2cm	71,300	北京正道	2015.11.01
殷小金 黄玉竹影清风佩	高4.7cm	34,500	北京正道	2015.11.01
殷小金 骄子 黄玉挂件	高5.1cm	11,500	西泠拍卖	2015.04.18
赵显志 南红玛瑙爱不枯萎挂件	高4.5cm	23,000	北京正道	2015.11.01
赵显志、庞然 香冠群芳墨玉挂件	高3.4cm	25,300	西泠拍卖	2015.04.18
赵显志、庞然 幽香 南红挂件	高2.8cm	17,250	西泠拍卖	2015.04.18
其他佩玩件				
新石器时代 玉柱形器	高9.5cm	101,741	纽约佳士得	2015.03.19
中国东南部 新石器时代 公元前40至30世纪 玉圆形器	厚3cm	27,392	纽约佳士得	2015.03.19
商 贝壳形玉	尺寸不一	63,047	中国嘉德	2015.10.06
西周 玉束腰佩	高4.5cm	57,539	中国嘉德	2015.04.06
宋 白玉诗文刚卯	高2cm	223,091	中国嘉德	2015.10.06
金/元 青玉镂雕龙穿牡丹纹钮	高4.5cm	87,629	纽约苏富比	2015.09.15
元 旧玉两件	尺寸不一	40,250	中鸿信	2015.07.29
元 青玉镂雕一路连科纹钮	高4.5cm	47,798	纽约苏富比	2015.09.15
元/清 旧玉一组（五件）	尺寸不一	34,500	中鸿信	2015.07.29
明 白玉工字佩	高2.3cm	46,000	北京翰海	2015.06.28
明 白玉司南佩	高3.3cm	172,500	北京翰海	2015.06.28
明 旧玉司南佩	长2cm	28,750	北京翰海	2015.11.29
明 蜜蜡雕佛手坠	长6.1cm	23,000	古天一	2015.06.06
明 清和田黄玉佩（一对）	长5.3cm×2	119,750	书画艺拍	2015.08.29
明 旧玉花卉韘	内径1.9cm	57,500	北京翰海	2015.11.29
明 青玉雕花冠	宽10.5cm	23,000	北京保利	2015.12.09
明 青玉发冠	宽6cm	17,250	北京保利	2015.11.01
明 旧玉琴式坠	高5.5cm	34,500	北京翰海	2015.11.29
明或以后 仿古玉雕（八件）		23,950	伦敦苏富比	2015.05.13
清初 白玉斋戒佩	高6.4cm	11,500	北京翰海	2015.11.29
清乾隆 白玉雕和合如意文字佩	长5.4cm	80,500	上海泓盛	2015.06.20
清乾隆 白玉福寿如意佩	高6.3cm	57,500	北京翰海	2015.06.28
清乾隆 白玉平安佩	高7cm	48,300	北京翰海	2015.06.28
清乾隆 白玉平安佩	高6.3cm	23,000	北京翰海	2015.06.28
清乾隆 白玉双联勒形诗文佩	高8cm	51,750	北京翰海	2015.06.28
清乾隆 白玉雕夔龙纹画别	长6.6cm	10,350	上海泓盛	2015.06.20
清乾隆 黄玉刻诗文活环佩	长6cm	80,500	上海敬华	2015.06.30
清乾隆 玉佩两件	长8.9cm	25,300	中鸿信	2015.07.29
清中期 白玉交结四方佩	直径5.5cm	92,000	华艺国际	2015.05.24
清中期 白玉平安如意佩	高5.8cm	34,500	北京翰海	2015.06.28
清中期 旧玉一组	尺寸不一	63,250	中鸿信	2015.07.29
清中期 旧玉一组	尺寸不一	57,500	中鸿信	2015.07.29
清中期 白玉佛手	长6.5cm	46,000	北京保利	2015.06.08
清 蜜蜡雕佛手把件	长6.8cm	23,000	古天一	2015.06.06
清 青玉沁色佛手	长7.5cm	28,750	中国嘉德	2015.06.27
清 白玉佛手瓜小挂坠	长5.5cm	69,000	北京匡时	2015.06.06
清 白玉佛手	长8.5cm	23,000	中国嘉德	2015.04.02
清 白玉"乾隆"图款"辰"字佩	长5cm	147,785	万昌斯	2015.06.01
清 白玉雕勾云纹活心佩	高4.9cm	33,600	天津文物	2015.05.22
清 白玉雕山水佩	长4.7cm	12,650	太平洋	2015.07.18
清 白玉福字佩	长5.5cm	23,201	香港淳浩	2015.04.04
清 白玉斧型佩	高6cm	51,750	上海道明	2015.05.09
清 白玉法轮佩	直径5.5cm	34,500	辽宁中正	2015.06.13
清 白玉法轮佩	直径5.5cm	34,500	辽宁中正	2015.06.13
清 白玉镂空花篮形佩	宽2.4cm	41,762	香港淳浩	2015.04.04
清 白玉沁色转心佩	长10.5cm	23,000	中国嘉德	2015.04.02
清 白玉寿字转心佩	直径5.4cm	11,200	上海国拍	2015.05.31
清 白玉透雕佩（五件）	尺寸不一	34,083	香港淳浩	2015.07.30
清 白玉透雕如意佩	长6.3cm	37,122	香港淳浩	2015.04.04
清 白玉一定如意佩	长5.2cm	11,054	香港淳浩	2015.07.30
清 白玉阴刻御制诗籽玉把件	高9cm	171,488	佳士得	2015.04.06
清 白玉竹石诗文佩	高6.1cm	10,925	北京翰海	2015.03.15
清 白玉（一组三件）	尺寸不一	43,700	北京匡时	2015.12.05
清 仿古钺式玉佩	高10cm	39,725	江苏聚德	2015.07.01
清 旧蜜蜡佛龛	高5.3cm	28,000	上海国拍	2015.05.31
清 蜜蜡挂件	长3.8cm	10,350	北京匡时	2015.06.07
清 南红雕如意挂件	长3.5cm	20,700	西泠拍卖	2015.07.05
清 巧雕黄玉"诗文""子冈"佩	长6.6cm	147,785	万昌斯	2015.06.01
清 青白玉雕骷髅棒	长13.4cm	111,528	纽约苏富比	2015.09.15
清 珊瑚雕福山寿海佩	长7cm；宽4.5cm	161,000	北京匡时	2015.06.06
清 绳结纹佩	长6.8cm	48,300	江苏爱涛	2015.01.11
清 玉雕山水佩	高8.3cm	23,000	北京翰海	2015.07.19
清 红枣皮老蜜蜡挂坠	直径1.8cm	10,350	福建东南	2015.10.24
清 玛瑙巧雕佛手坠	长4.5cm	20,700	北京保利	2015.12.09
18世纪 白玉佛手把件	长9cm	320,400	香港苏富比	2015.06.01
18世纪/19世纪 白玉"君子之风"佩	高5.9cm	200,250	香港苏富比	2015.06.01
18世纪/19世纪 白玉仿古玉饰（一组四件）	尺寸不一	87,629	纽约佳士得	2015.09.17
19世纪 木嵌白玉雕福寿纹如意及碧玉雕灵芝纹如意	长30.5cm	27,392	纽约苏富比	2015.03.21
19世纪/20世纪 琥珀雕刻（十件）	最大长5.3cm	31,865	纽约苏富比	2015.09.15
白玉吊坠		23,000	深圳市拍	2015.07.19
白玉法轮	直径5.5cm	13,800	中国嘉德	2015.06.27
白玉平安无事佩	长5.2cm	74,750	太平洋	2015.11.21
白玉平安无事佩	长5.4cm	57,500	太平洋	2015.11.21
白玉平安无事佩	长5cm	57,500	太平洋	2015.11.21

拍品名称	物品尺寸	成交价RMB	拍卖公司	拍卖日期
白玉平安无事佩	长6.3cm	57,500	太平洋	2015.11.21
白玉如意吊坠		197,366	荣盛国际	2015.01.10
白玉山水图佩	长6.7cm	50,025	太平洋	2015.11.21
白玉山水图佩	长5.7cm	46,000	太平洋	2015.11.21
白玉山水图佩	长5.6cm	40,250	太平洋	2015.11.21
白玉扇 如意各一件	长20cm；长15.4cm	20,700	中国嘉德	2015.06.27
白玉双环挂件		17,250	深圳市拍	2015.07.19
白玉原石手链	最大颗长2.8cm	224,000	上海联合	2015.11.01
白玉籽料把件	长4.5cm	11,500	中国嘉德	2015.06.27
白玉籽料称心如意挂件	长5.4cm	184,000	太平洋	2015.11.21
陈冠军 和田玉一帆风顺挂件	重108g	97,750	杭州如愿	2015.01.25
陈冠军 松江对弈 白玉挂件	高5.4cm	115,000	西泠拍卖	2015.07.04
陈冠军 须弥芥子 清赏 白玉把件	长5.4cm	184,000	西泠拍卖	2015.04.18
当代 竹报平安	重41.95g	147,200	广东省拍	2015.07.05
当代 竹报平安	重29.30g	92,000	广东省拍	2015.07.05
樊军民 白玉雕润物生把件	长6.5cm	264,500	中国嘉德	2015.11.16
樊军民 白玉雕重阳登高把件	高7.5cm	17,250	中国嘉德	2015.11.16
冯钤 荷塘夜色 青花把件	长5.6cm	80,500	西泠拍卖	2015.04.18
葛洪 飞黄腾达 白玉挂件	高3.7cm	17,250	西泠拍卖	2015.04.18
龚克勤 白玉雕祥云如意挂件	宽3.1cm	20,160	上海联合	2015.11.01
和田白玉滴水型挂件	重50g	230,000	杭州如愿	2015.01.25
和田白玉原石枣红皮挂件	重66g	115,000	杭州如愿	2015.01.25
和田白玉原石枣红皮籽料挂件	重75g	28,750	杭州如愿	2015.01.25
和田玉扳指环手把件	重149.9g	10,640	长春金鼎	2015.01.18
和田玉籽料博古佩 独籽	高4.3cm	28,750	尚品润博	2015.01.11
和田玉籽料吊坠	重约23.7g	89,712	荣盛国际	2015.01.10
和田玉籽料福寿如意挂件 独籽	高4.0cm	46,000	尚品润博	2015.01.11
和田玉籽料吉祥如意对佩	高3.6cm；高3.1cm	13,800	北京正道	2015.11.01
和田玉籽料善水挂件 独籽	高3.5cm	13,800	尚品润博	2015.01.11
和田玉籽料瓦当挂件	高4.3cm	56,350	尚品润博	2015.01.11
和田玉籽料我如意挂件	高5.2cm	79,350	尚品润博	2015.01.11
和田玉籽料我如意挂件 独籽	高4.5cm	69,000	尚品润博	2015.01.11
和田籽料 花好月圆挂件	高4.5cm	28,750	河南泽华	2015.01.11
黄罕勇 白玉雕如意挂坠	高4.3cm	36,800	中国嘉德	2015.05.16
黄罕勇 平安如意 白玉把件	高8.2cm	40,250	西泠拍卖	2015.07.04
黄杨洪 红红火火 南红挂件	高2.9cm	23,000	西泠拍卖	2015.04.18
黄杨洪 手眼通天 南红挂件	长4.8cm	207,000	西泠拍卖	2015.07.04
蒋喜 祝福 白玉挂件	高4.1cm	25,300	西泠拍卖	2015.07.04
缴治强 白玉雕如意缠身挂件	高4cm	11,200	上海联合	2015.05.24
老蜜蜡		17,250	北京保利	2015.06.06
李东 上善若水 南红把件	高6cm	74,750	西泠拍卖	2015.04.18
李剑 事事如意 白玉挂件	宽3.7cm	57,500	西泠拍卖	2015.04.18
李剑 一甲天下 白玉挂件	高3.6cm	23,000	西泠拍卖	2015.04.18
李明 和田白玉籽料枣红皮把件	重126g	126,500	杭州如愿	2015.01.25
李勇 白玉雕样样如意挂件	高5cm	28,000	上海联合	2015.05.24
林光 竹风晓韵 白玉挂件	高6cm	34,500	西泠拍卖	2015.04.18
卢伟 和田青玉籽料仿太湖石雅玩	高9.0cm	17,250	北京正道	2015.11.01
蜜蜡平安扣挂件	长4cm	80,500	太平洋	2015.11.21
蜜蜡斋戒佩	长7cm	80,500	太平洋	2015.11.21
南红金刚经挂件	高3.7cm	32,200	尚品润博	2015.01.11
南红玛瑙九眼天珠挂件		1,224,405	澳门中信	2015.11.08
清 南红玛瑙、碧玺挂件（二件）	尺寸不一	20,771	诚昌国际	2015.12.02
瞿利军 泛舟小景 白玉挂件	高5.1cm	51,750	西泠拍卖	2015.07.04
瞿利军 枫林映辉 白玉把件	长4.8cm	287,500	西泠拍卖	2015.04.18
瞿利军 湖光春色 白玉挂件	高5cm	48,300	西泠拍卖	2015.07.04

拍品名称	物品尺寸	成交价RMB	拍卖公司	拍卖日期
瞿利军 我如意 白玉挂件	高3.8cm	63,250	西泠拍卖	2015.04.18
日本、古坟时代 勾玉（两件）	高8cm	26,345	伦敦苏富比	2015.05.13
日本、古坟时代 勾玉（三件）	高10cm	28,740	伦敦苏富比	2015.05.13
珊瑚件（3）	高2.85cm	12,993	香港拍得高	2015.03.28
珊瑚首饰（一套）	尺寸不一	23,000	太平洋	2015.11.21
天然琥珀	重77g	34,500	八益拍卖	2015.11.01
天然琥珀蜜蜡挂件	重102g	69,000	八益拍卖	2015.04.26
天然密蜡	重68g	59,800	八益拍卖	2015.11.01
晚清或民国 玉配饰（四件）	长9.5cm	10,356	邦瀚斯	2015.09.14
吴灶发 白玉雕平安如意挂件	高6cm	43,700	中国嘉德	2015.05.16
杨曦 素手撷芳 白玉挂件	高5.1cm	74,750	西泠拍卖	2015.04.18
叶清 花样年华 白玉挂件	高5.2cm	17,250	西泠拍卖	2015.04.18
殷小金 榜上有名 白玉挂件	高4.3cm	17,250	西泠拍卖	2015.04.18
玉雕佩、坠（十四件）	长7cm	42,368	佳士得	2015.04.06
玉佩（三件）	尺寸不一	11,054	香港淳浩	2015.07.30
玉小件（四件）	尺寸不一	10,350	中国嘉德	2015.06.27
赵琦 祝福 白玉挂件	高6cm	36,800	西泠拍卖	2015.07.04
籽料满皮福在眼前戒指	重12.5g	16,100	包盈国际	2015.11.15
新石器时代良渚文化玉饰（三件）	长2.1cm	273,919	纽约佳士得	2015.03.19
商晚期/西周早期 玉饰（四件）	长6.3cm	101,741	纽约佳士得	2015.03.15
唐 黄玉带沁骆驼嵌饰	宽4.5cm	46,403	中国嘉德	2015.04.06
元 黄玉鸠首杖	玉长13.3cm	575,000	北京保利	2015.06.06
元 白玉雕秋山饰件	高5.7cm	34,500	北京翰海	2015.06.28
元 白玉雕云鹤纹配饰一对	长4.3cm	69,000	中鸿信	2015.07.29
元 白玉褐皮螭纹嵌饰	高5.1cm	23,000	北京保利	2015.04.25
元 白玉镂雕婴戏嵌饰	宽9cm	315,537	中国嘉德	2015.04.06
元 白玉洒金龙纹饰件	长10.5cm	17,250	北京翰海	2015.06.28
元 白玉透雕荷莲饰件（九件）	直径7.1cm	115,000	北京翰海	2015.06.28
元 白玉透雕玉兔蟠桃纹嵌饰	直径6.8cm	63,250	中鸿信	2015.07.29
元 旧玉春水饰件	直径7.6cm	287,500	北京翰海	2015.11.29
明 白玉雕穿云螭纹嵌饰	高4.5cm	31,360	天津文物	2015.05.22
明 白玉晗、饰件（四件）	长1.8cm；长6.7cm	195,500	北京翰海	2015.06.28
明 白玉饰件	长7.5cm	126,500	北京翰海	2015.06.28
明 白玉饰件	长10.5cm	66,700	北京翰海	2015.06.28
明 白玉松鹿鹤寿星纹饰	高4.1cm	48,300	北京保利	2015.04.25
明白玉透雕凤纹组饰（一套9件）		23,000	北京翰海	2015.03.15
明 白玉透雕鹤舞联珠纹饰板	长4.3cm	11,137	香港淳浩	2015.04.04
明 白玉云龙纹佩饰	高5.5cm	195,500	北京保利	2015.04.25
明 白玉云龙纹嵌饰	高5.3cm	138,000	北京保利	2015.04.25
明 白玉云形应龙纹嵌饰	高4.4cm	43,700	北京保利	2015.04.25
明 琥珀云龙纹佩饰	长6.2cm	11,500	古天一	2015.06.06
明 蜜蜡牡丹纹佩饰	长4.6cm	28,750	古天一	2015.06.06
明 青白玉穿花天鹅纹饰	高5.5cm	23,000	北京保利	2015.04.25
明 青白玉仙人骑鹤纹饰	高5.95cm	20,700	北京保利	2015.04.25
明 旧玉饰件（三件）		46,000	北京翰海	2015.11.29
清早期 白玉山水御题诗文饰件	长7.5cm	287,500	北京翰海	2015.06.28
清早期 白玉饰件	高5.6cm	66,700	北京翰海	2015.06.28
清早期 黄玉孔雀开屏小饰件	高2.9cm	57,500	北京翰海	2015.06.28
清 白玉草龙纹嵌饰	高6cm	32,200	北京保利	2015.04.25
清 白玉蝠鹿鹤纹嵌饰	高6.4cm	20,700	北京保利	2015.04.25
清 白玉龙形饰	长8.3cm	58,697	纽约佳士得	2015.03.19
清 白玉透雕一鹭连科饰板	长6.1cm	13,921	香港淳浩	2015.04.04
清 琥珀鸟纹佩饰（两件）	长5.4cm	11,500	古天一	2015.06.06
清 琥珀蟠龙纹佩饰	长4.9cm	20,700	古天一	2015.06.06
清 琥珀双龙捧寿纹佩饰	长6.5cm	34,500	古天一	2015.06.06

拍品名称	物品尺寸	成交价RMB	拍卖公司	拍卖日期
清 琥珀双龙捧寿纹佩饰	长5.8cm	25,300	古天一	2015.06.06
清 琥珀桃花锦雉纹佩饰	长5cm	11,500	古天一	2015.06.06
清 金珀屋脊形佩饰	高4.8cm	43,700	古天一	2015.06.06
清 六角玉饰	宽3.8cm	46,000	北京翰海	2015.06.27
清 蜜蜡如意纹佩饰（两件）	长5.5cm	23,000	古天一	2015.06.06
清 蜜蜡喜上梅梢纹雕饰	直径2.7cm	10,350	古天一	2015.06.06
清 青白玉莲塘双鹭鸶图嵌饰	高9.15cm	20,700	北京保利	2015.04.25
清 双龙捧寿蜜蜡嵌饰	宽7.7cm	22,400	天津文物	2015.05.22
清 银嵌琥珀蝴蝶形佩饰	长7.5cm	36,800	古天一	2015.06.06
清 玉饰（七件）	长12.5cm	141,225	佳士得	2015.04.06
和田玉吊坠、耳饰、戒指套装—“凤栖福至”		28,000	北京荣宝	2015.03.29
青玉蝶型腰扣	直径6cm	230,288	澳门中道	2015.01.30
旧玉佩饰（三件）	长4.8cm	23,000	上海泓盛	2015.06.20
近代 珊瑚花卉胸针	长6.5cm	10,350	北京保利	2015.04.26
银嵌玉蝴蝶胸针（一对）	长7.4cm；长7.5cm	14,000	上海驰翰	2015.05.09
18K金 紫晶戒指		20,700	江苏爱涛	2015.01.11
清乾隆 青白玉别子	长6.9cm	65,569	佳士得	2015.04.06
清乾隆 白玉“五王醉归图”别子	长8.1cm	300,375	佳士得	2015.06.03
清 白玉别子、刀币坠（各一件）	长5cm；长6cm	37,122	香港淳浩	2015.04.04
清 白玉雕法轮及金刚杵（一组）	长9cm	142,839	保利香港	2015.04.06
清 玉雕五谷金刚杵	长10.5cm	57,500	北京匡时	2015.06.07
清 白玉马头金刚杵	长13cm	95,226	保利香港	2015.04.06
清 白玉金刚杵	长10cm	11,500	北京保利	2015.04.26
元 白玉春水提携	长4.7cm	23,201	香港淳浩	2015.04.04
明 白玉花卉纹提携	长5.2cm	16,705	香港淳浩	2015.04.04
明 旧玉龙纹提携	长7cm	34,500	北京翰海	2015.11.29
清 白玉雕八宝纹瓦子	尺寸不一	56,000	天津文物	2015.05.22
清 白玉福寿纹瓦子	长7.1cm	16,950	辽宁建投	2015.08.30
清 白玉喜字瓦子	长8.5cm	10,350	中国嘉德	2015.04.02
玉雕葫芦万代瓦子	宽10cm	198,682	AA中国艺海	2015.12.02
清乾隆 镂雕玉香囊	高5cm	34,500	北京保利	2015.06.07
清乾隆 白玉圆形兽面纹香囊	直径3.8cm	149,500	中国嘉德	2015.11.15
清 白玉透雕夔龙纹贯耳香囊	高6.5cm	28,750	北京保利	2015.06.08
清 玛瑙雕刘海戏金蟾香囊	长5.6cm	13,800	西泠拍卖	2015.07.05
清 青白玉平升三级福寿纹香囊	长5cm	23,000	中国嘉德	2015.04.02
清 白玉镂雕花篮形香囊	宽4cm	40,250	中国嘉德	2015.11.15
清 白玉镂雕凤穿花卉荷包形香囊	宽5.8cm	80,500	中国嘉德	2015.11.15
清 琥珀透雕麻姑献寿香囊	长7.5cm	46,000	北京保利	2015.12.09
张清雷 和田玉籽料贺寿有余香囊	直径4.4cm	74,750	北京正道	2015.11.01
张清雷 糖玉鱼戏莲叶间香囊	直径4.3cm	36,800	北京正道	2015.11.01
陈冠军 碧玉镂香夏荷香囊	高5.1cm	34,500	北京正道	2015.11.01
陈冠军 镂香·升吉 白玉香囊	高5.8cm	34,500	西泠拍卖	2015.07.04
陈冠军 镂香·夏荷 白玉香囊	高5.2cm	57,500	西泠拍卖	2015.07.04
黄玉兽面纹香囊	长8.3cm	13,800	中国嘉德	2015.04.02
玛瑙巧雕花鸟纹香囊	长4.7cm	14,950	苏州东方	2015.07.02
三 陈设和生活用品				
玉 屏				
清乾隆 白玉雕喜上眉梢御题诗插屏	玉高13cm	747,500	北京保利	2015.06.07
清乾隆 白玉雕祝寿图砚屏	宽18.3cm	667,000	厦门华辰	2015.06.20
清乾隆 白玉观瀑图插屏	高19.7cm	1,473,840	佳士得	2015.06.03
清乾隆 白玉海天旭日纹砚屏	宽10.5cm	230,000	泰和嘉成	2015.05.30
清乾隆白玉渔樵耕读安居乐业插屏	长20cm，高35.5cm	1,725,000	北京保利	2015.06.06
清乾隆 碧玉雕范成大诗文插屏	高26.6cm	552,000	厦门华辰	2015.06.20

拍品名称	物品尺寸	成交价RMB	拍卖公司	拍卖日期
清乾隆 青白玉雕山水人物御制诗文砚屏	高22.4cm	805,000	北京中汉	2015.05.17
清乾隆御制白玉八骏御制诗文插屏	长15.5cm	1,150,000	北京保利	2015.06.06
清乾隆 御制白玉耕织松石插屏	长20.5cm,高31.5cm	920,000	北京保利	2015.06.06
清乾隆 御制碧玉御题诗前后赤壁图双面砚屏	长24.5cm,高14.1cm	4,830,000	北京保利	2015.06.06
清中期 碧玉描金插屏（一对）	高28.8cm	207,000	中国嘉德	2015.05.16
18世纪/19世纪 白玉雕高士采药图插屏	12.9cm×9.5cm	203,483	纽约佳士得	2015.03.15
清 白玉雕双骏图插屏	带座高26cm	563,500	西泠拍卖	2015.07.05
清 白玉山水人物插屏	长19cm	25,300	北京保利	2015.04.26
清 白寿老嵌木挂屏	高51.3cm	64,040	万昌斯	2015.06.01
清 白玉透雕喜庆花开插屏	长7.4cm	18,561	香港淳浩	2015.04.04
清 绿石山水图插屏	高33cm	36,800	北京保利	2015.04.25
清 百宝嵌玉插屏	高37cm	109,250	北京保利	2015.12.09
清晚期/民初 碧玉山水人物图插屏（一对）	高26.6cm	39,131	纽约佳士得	2015.03.15
碧玉浮雕寿字插屏	玉高33cm	30,398	香港淳浩	2015.07.30
子恺款 碧玉书画砚屏（一对）	高15cm×2	34,500	沧海拍卖	2015.08.13
玉如意				
清乾隆 白玉万福正面龙纹如意	长37.5cm	4,600,000	北京东正	2015.05.19
清乾隆 福禄寿白玉如意	长40cm	751,424	帝图艺术	2015.04.12
清乾隆 青白玉雕牡丹诗文如意	长33cm	477,975	纽约佳士得	2015.09.17
清乾隆 青白玉万寿如意（一对）	长45.2cm	6,068,640	香港苏富比	2015.04.07
清乾隆 御赏紫坛嵌汉玉雕十二章如意	长37.4cm	3,938,160	香港苏富比	2015.04.07
清中期 白玉柿柿如意	长6cm	207,000	北京保利	2015.06.07
18世纪 青白玉岁岁安居图如意	长34.4cm	1,969,080	佳士得	2015.04.06
18世纪 青白玉岁岁安居图如意	宽30cm	1,484,880	佳士得	2015.04.06
18世纪/19世纪 碧玉雕福寿双全如意及游龙赶珠如意（各一件）	长37.5cm	71,696	纽约佳士得	2015.09.17
18世纪/19世纪 青玉雕贺寿图如意	长44.4cm	302,625	佳士得	2015.04.06
清 白玉雕云龙纹如意	长44.3cm	920,000	北京匡时	2015.06.07
清 白玉福寿如意	长36cm	138,000	北京保利	2015.04.25
清 白玉福寿如意	长28cm	11,500	北京保利	2015.01.24
清 白玉如意（一对）	长13cm	14,950	北京保利	2015.01.24
清 白玉松下高士纹如意	长30cm	13,440	上海国拍	2015.11.29
清 三镶玉如意	长54cm	80,500	东方大观	2015.11.17
清和玉莲莲如意		12,289	香港龙玺	2015.09.19
清晚期 碧玉雕灵芝纹如意	长47.6cm	109,568	纽约苏富比	2015.03.21
民国 青白玉嵌百宝灵芝如意	长33cm	16,100	中国嘉德	2015.04.02
白玉雕事事如意	长7.5cm	264,330	AA中国艺海	2015.07.11
白玉嵌玛瑙寿字如意	长32cm	17,250	中国嘉德	2015.04.02
碧玉三镶白玉如意	长38.5cm	17,250	中国嘉德	2015.04.02
碧玉三镶白玉如意	长38.5cm	11,500	中国嘉德	2015.09.20
冯卫强 一路如意 南红挂件	高4.5cm	15,680	北京荣宝	2015.06.21
和田白玉 称心如意摆件	高9.8cm	460,000	河南泽华	2015.01.11
和田白玉吉祥如意摆件	重1670g	575,000	杭州如愿	2015.01.25
和田白玉枣红皮籽料吉祥如意摆件	重665g	977,500	杭州如愿	2015.01.25
和田玉吊坠、耳饰、戒指套装—“金玉如意”		20,160	北京荣宝	2015.03.29
近代 白玉诗文如意	长25.5cm	11,500	北京保利	2015.04.26
卢开飞 白玉雕鹅如意摆件	宽9.6cm	392,000	上海联合	2015.05.24
青白玉嵌百宝灵芝如意	长34cm	10,350	中国嘉德	2015.09.20
青白玉如意	长37cm	255,519	AA中国艺海	2015.06.20

拍品名称	物品尺寸	成交价RMB	拍卖公司	拍卖日期
青白玉山水纹如意	长32.8cm	18,400	中国嘉德	2015.04.02
青白玉游龙戏珠如意	长42cm	2,819,520	AA中国艺海	2015.07.12
夏立仁 白玉雕人生如意摆件	长11.7cm	67,200	上海联合	2015.05.24
玉嵌百宝灵芝如意	长34cm	11,500	中国嘉德	2015.06.27
玉如意	长32cm	4,708,000	皇家国际	2015.06.29
玉如意摆件		650,412	荣盛国际	2015.01.10
张胜利 白玉留皮巧雕钟馗四合如意摆件	高8.4cm	246,400	上海联合	2015.05.24
清乾隆 白玉带沁佛手	宽12cm	204,171	中国嘉德	2015.04.06
清乾隆 白玉留皮雕佛手摆件	长13cm	280,000	天津文物	2015.05.22
清乾隆 白玉佛手	长7cm	184,000	中国嘉德	2015.11.15
清中期 白玉佛手	长5.7cm	74,750	北京保利	2015.06.08
清中期 玛瑙佛手	长11cm	69,000	北京保利	2015.06.07
清中期 青白玉雕双佛手摆件	高18cm	48,300	北京保利	2015.12.09
18世纪 青玉雕佛手摆件	高23.5cm	716,963	纽约苏富比	2015.09.15
清 白玉佛手	长8cm	25,300	北京保利	2015.11.01
清 白玉佛手	高7.2cm	23,000	北京翰海	2015.03.15
清 白玉佛手	长7.8cm	57,500	江苏爱涛	2015.01.11
清 白玉佛手	长4.6cm	11,137	香港淳浩	2015.04.04
清 白玉佛手	长7cm	11,500	中国嘉德	2015.04.02
清 带皮白玉佛手佩	长4.8cm	27,842	香港淳浩	2015.04.04
清 和田白玉佛手	宽6cm	11,330	诚昌国际	2015.12.01
清 红珊瑚雕佛手摆件	高6.8cm	138,000	西泠拍卖	2015.07.05
清 青白玉雕佛手摆件	高12.8cm	46,000	博美拍卖	2015.07.19
白玉佛手	长6.6cm	15,777	香港淳浩	2015.04.04
白玉佛手	长5.1cm	13,800	中国嘉德	2015.09.20
白玉佛手寿桃摆件	长7.5cm	2,202,750	AA中国艺海	2015.07.11
黄玉佛手	高7.8cm	11,500	中国嘉德	2015.04.02
青玉留皮佛手	长12cm	11,500	中国嘉德	2015.09.20
玉山子				
明 白玉福山寿海龙纹山子	长16.5cm	1,150,000	北京翰海	2015.11.29
明 影子玛瑙仙人骑鹿山子	高10cm	253,000	北京匡时	2015.12.05
清早期 白玉洗桐图山子	高24.5cm	2,185,000	北京翰海	2015.06.28
清早期 白玉高士访友图山子	高15cm	678,500	江苏爱涛	2015.01.11
清乾隆 白玉雕福山寿海山子	高10cm	115,000	北京保利	2015.06.07
清乾隆 白玉童子洗象山子	长21.5cm	713,000	北京东正	2015.05.19
清乾隆 白玉御题诗葛洪故事山子	高15.5cm,宽19.5cm	2,300,000	北京保利	2015.06.06
清乾隆 白玉御制罗汉赞诗文山子	高12.6cm	437,000	中鸿信	2015.07.29
清乾隆 白玉御制诗文罗汉山子	高13cm	253,000	中鸿信	2015.07.29
清乾隆 青白玉雕达摩面壁纹山子	高15.4cm	201,600	天津文物	2015.05.22
清乾隆 青白玉寿禄长青山子	高21cm	720,015	纽约佳士得	2015.03.15
清乾隆 孔雀石鹤鹿同春图山子	高11.5cm	82,800	北京匡时	2015.06.07
清中期 白玉鹤鹿同春山子	高16.8cm	575,000	北京翰海	2015.06.28
清中期 白玉留皮人物山子	宽13.5cm	230,000	北京保利	2015.06.08
18世纪 青白玉寿比松龄山子	高17.5cm	109,568	纽约佳士得	2015.03.15
清 “绿云”孔雀石	高19cm	17,250	中鸿信	2015.07.29
清 白玉达摩诵经小山子	高8.2cm	20,700	中国嘉德	2015.04.02
清 白玉带皮“九老观太极”山子	高9.3cm	985,230	万昌斯	2015.06.01
清 白玉雕山水人物纹山子	高8cm	39,200	天津文物	2015.05.22
清 白玉雕十六应真罗汉图山子	长31cm	184,000	中鸿信	2015.07.29
清 白玉雕渔樵耕读山子摆件	玉高6.5cm	92,000	西泠拍卖	2015.07.05
清 白玉雕御题诗文人物山子	长15.3cm	158,200	中鸿信	2015.07.29
清 白玉留皮巧雕福寿山子摆件	高10.2cm	322,000	西泠拍卖	2015.07.05
清 白玉鹿形山子摆件	长7.3cm	11,500	西泠拍卖	2015.07.05
清 白玉罗汉山子	高16cm	322,000	中贸圣佳	2015.05.20

拍品名称	物品尺寸	成交价RMB	拍卖公司	拍卖日期
清 白玉松鹿鹤纹山子	高6.7cm	51,750	北京保利	2015.04.25
清 白玉山子	长10cm	20,700	北京保利	2015.11.01
清 白玉夜游赤壁山子	宽15cm	28,750	北京保利	2015.11.01
清 白玉圆雕山水人物山子	宽6cm	51,928	诚昌国际	2015.12.01
清 绿松石山子	长18cm	12,650	北京翰海	2015.11.28
清 琥珀松鹤山子	高11.3cm	34,500	北京保利	2015.12.09
清 琥珀雕松鹤长春纹山子配座	高17.1cm	62,610	纽约苏富比	2015.03.17
清 火烧玉夜游赤壁山子	长17cm	23,000	中国嘉德	2015.04.02
清 孔雀石随形山子	高23cm	69,000	保利厦门	2015.05.03
清 蜜蜡雕山子摆件	连座高12cm	28,750	东正南京	2015.07.02
清 蜜蜡山子摆件	长29cm	230,000	翰风国际	2015.06.19
清 青白玉雕和合二仙小山子	高8cm	10,350	北京保利	2015.04.26
清 青玉夜游赤壁山子	长13.5cm	34,500	中国嘉德	2015.05.16
清晚期 灰白玉鹤寿延年图山子	高12cm	50,063	香港苏富比	2015.06.01
民国 白玉留皮巧色秋山山子	高8cm	20,700	北京保利	2015.04.26
民国 芙蓉十八罗汉山子（十八件）	尺寸不一	13,440	上海国拍	2015.05.31
民国 玉雕人物山子	高11cm	2,257,750	卓艺拍卖	2015.11.21
20世纪初 绿松石罗汉图山子及珊瑚仕女摆件	高16cm；高12.3cm	80,100	香港苏富比	2015.06.01
白玉雕人物山子	长15cm	1,321,650	AA中国艺海	2015.06.20
白玉洞天福地山子	长19cm	25,300	中国嘉德	2015.06.27
白玉高山对弈山子	高29.3cm	69,000	深圳市拍	2015.07.19
白玉高士御题诗文山子	长19cm	17,250	中国嘉德	2015.06.27
白玉罗汉御题诗文山子	高19.5cm	13,800	中国嘉德	2015.09.20
白玉嵌百宝高士对弈御题诗文山子	高18.5cm	25,300	中国嘉德	2015.06.27
白玉山水人物山子	高19.8cm	17,250	中国嘉德	2015.04.02
白玉山水人物诗文山子	高19.5cm	14,950	中国嘉德	2015.04.02
白玉山水人物御题诗文山子	高27cm	25,300	中国嘉德	2015.06.27
白玉山水人物御题诗文山子	长22cm	11,500	中国嘉德	2015.06.27
白玉山水人物御题诗文山子	高21.5cm	13,800	中国嘉德	2015.09.20
白玉深山访友御题诗文山子	长30cm	57,500	中国嘉德	2015.04.02
白玉松下高士山子	高13cm	881,100	AA中国艺海	2015.06.20
白玉携琴访友山子	长28cm	13,800	中国嘉德	2015.04.02
白玉祝寿山子	长19cm	25,300	中国嘉德	2015.06.27
当代 盛世天下		10,120,000	广东省拍	2015.07.05
高俊华 和田青花籽料深山夜归山子	长9.5cm	69,000	北京正道	2015.11.01
顾铭 达摩 白玉山子	长11.5cm	207,000	西泠拍卖	2015.04.18
顾永骏 貂蝉拜月 白玉山子		552,000	西泠拍卖	2015.04.18
和田白玉原石富春天下金皮山子摆件	重4210g	575,000	杭州如愿	2015.01.25
和田碧玉春夜曲山子摆件	重6800g	460,000	杭州如愿	2015.01.25
和田玉籽料山子	高13cm	16,100	包盈国际	2015.11.15
洪福寿 水晶水月观音山子	高41.5cm	517,500	中国嘉德	2015.11.16
近代 白玉题诗山子	高18cm	24,150	北京保利	2015.01.24
近代 绿松石山子	高32cm	17,250	北京保利	2015.04.26
孔雀石老子出关山子	高12cm	11,500	中国嘉德	2015.04.02
孔雀石山水人物御题诗文山子	长24cm	23,000	中国嘉德	2015.04.02
刘霆 禾秀廷 刘权 游春图青花白玉山子	重3293g	345,000	杭州如愿	2015.01.25
绿松石摆件	高25cm	540,000	香港铮鼎	2015.04.28
绿松石嵌百宝寿桃山子	高55cm	17,250	中国嘉德	2015.04.02
绿松石山子	高45cm	32,200	中国嘉德	2015.04.02
绿松石山子	高130cm（含座）	36,800	中国嘉德	2015.09.20
绿松石山子	高90.5cm（含座）	13,800	中国嘉德	2015.09.20
绿松石山子	高104cm	97,750	中国嘉德	2015.06.27

2015玉器拍卖成交汇总

(成交价RMB：1万元以上)

拍品名称	物品尺寸	成交价RMB	拍卖公司	拍卖日期
南红山水人物山子	高12cm	46,000	太平洋	2015.11.21
青白玉雕人物山子	高22cm	704,880	AA中国艺海	2015.02.03
青白玉高士御题诗文山子	长21.5cm	13,800	中国嘉德	2015.09.20
青白玉山水人物御题诗文山子	长21.5cm	14,950	中国嘉德	2015.04.02
青白玉深山访友御题诗文山子	长31.5cm	32,200	中国嘉德	2015.09.20
青金石描金云龙纹御题诗文山子	高66cm	25,300	中国嘉德	2015.09.20
青金石描金云龙纹御题诗文山子	高50cm（含座）	20,700	中国嘉德	2015.06.27
青金石嵌百宝人物御题诗文山子	高19cm	10,350	中国嘉德	2015.09.20
青金石瑞兽御题诗文山子	长22cm	11,500	中国嘉德	2015.09.20
青金石山水人物诗文山子	长23cm	20,700	中国嘉德	2015.06.27
青金石山水人物御题诗文山子	高14.7cm	11,500	中国嘉德	2015.04.02
青金石阴刻填金御题诗文山子	高51.5cm	34,500	中国嘉德	2015.09.20
青金石阴刻填金御题诗文山子	高46cm	13,800	中国嘉德	2015.09.20
青金石御题诗文山子	高58.5cm	46,000	中国嘉德	2015.04.02
清　绿松石	高57cm	69,000	北京翰海	2015.09.13
水晶山子	长16.5cm	440,550	AA中国艺海	2015.07.11
汪德海 白玉雕麻姑献寿山子	8.6cm×14cm×3cm	322,000	中国嘉德	2015.05.16
朱晓明 绿松石雕秋山行旅山子	高9.6cm	17,920	上海联合	2015.11.01
朱跃真 青花雕印象普陀山子摆件	高11.5cm	221,760	上海联合	2015.05.24
人物摆件				
唐/明 褐青玉跪人	高6cm	31,865	纽约佳士得	2015.09.17
宋 白玉“双童献宝”	高4.7cm	423,649	万昌斯	2015.06.01
宋 白玉带沁“童子洗象”摆件	长7.8cm	47,291	万昌斯	2015.06.01
宋 玉雕持莲童子	长5.5cm	67,897	中国嘉德	2015.10.06
宋 玉雕戏荷童子	长8.1cm	16,705	香港淳浩	2015.04.04
宋/辽 和田白玉人物	直径5.5cm	16,581	书画艺拍	2015.08.29
元 白玉释迦牟尼坐佛	高13cm	69,000	中鸿信	2015.07.29
元 白玉四臂观音坐像	4.8cm	246,600	香港苏富比	2015.10.07
13世纪 玉雕黑财神像	高3.4cm	59,800	北京东正	2015.05.19
明 白玉持荷童子	高6.7cm	103,500	北京翰海	2015.06.28
明 白玉雕仕女戏猫卧像	长9cm	368,000	北京保利	2015.06.08
明 白玉佛	高4.8cm	161,000	中国嘉德	2015.11.15
明 白玉佛头	高5.9cm	1,366,400	天津文物	2015.05.22
明 白玉观音	高9cm	92,000	广州皇玛	2015.01.17
明 白玉刘海戏金蟾像	高12.5cm	48,300	中鸿信	2015.07.29
明 白玉释迦小像	高6.5cm	77,597	中国嘉德	2015.10.06
明 和田白玉和合二仙方牌插屏	宽7cm	17,939	诚昌国际	2015.12.02
明 金丝琥珀一鱼篮观音	观音高17.7cm	1,152,000	台湾世家	2015.01.18
明 旧玉双人	高3.8cm	34,500	北京翰海	2015.11.29
明 蜜蜡雕布袋和尚摆件	高7.2cm	253,000	北京匡时	2015.06.07
明 水晶释迦摩尼佛像	高19cm	69,000	泰和嘉成	2015.11.21
明 玉莲花座佛	高5.7cm	51,750	中国嘉德	2015.11.15
明17世纪 青白玉观音立像	高13.5cm	30,038	香港苏富比	2015.06.01
明或以后玉石动物及人物（九件）	高9cm	95,800	伦敦苏富比	2015.05.13
清早期 白玉雕“胡人献宝”摆件	高4.5cm	23,000	北京东正	2015.05.19
清早期 白玉佛	高4.5cm	264,500	北京翰海	2015.06.28
清早期 白玉和合二仙	高6cm	34,500	北京翰海	2015.06.28
清早期 白玉洒金刘海戏金蟾	长5.4cm	28,750	北京翰海	2015.11.29
清早期 白玉雪山大士	高8cm	115,000	北京翰海	2015.11.29
清早期 翡翠俏色雕献寿童子摆件	高12.2cm	2,528,680	卓艺拍卖	2015.11.18
清早期 黑白玉巧雕钟馗摆件	高7.5cm	184,000	北京翰海	2015.11.29
清早期 玉雕孟浩然寻梅立像	高7.3cm	11,500	北京诚轩	2015.11.14
清早期 白玉神仙人物	高6.5cm	139,208	中国嘉德	2015.04.06
清早期 黄玉雕人物立像	高6.5cm	80,500	古天一	2015.06.06
清康熙 白玉雕仕女卧像	长9cm	322,000	北京保利	2015.06.08

拍品名称	物品尺寸	成交价RMB	拍卖公司	拍卖日期
清乾隆 白玉持经观音	高15.5cm	3,220,000	北京翰海	2015.06.28
清乾隆 白玉雕惠岸行者	高10cm	207,000	上海敬华	2015.06.30
清乾隆 白玉雕卧牛童子摆件	长10.5cm	172,500	远方拍卖	2015.07.01
清乾隆 白玉雕仙人乘槎	玉宽15cm	402,500	北京保利	2015.06.07
清乾隆 白玉童子摆件	长8cm	172,500	八益拍卖	2015.04.26
清乾隆 白玉童子摆件	宽9.8cm	60,525	香港苏富比	2015.04.07
清乾隆 白玉童子击鼓	长4.7cm	172,500	北京保利	2015.06.07
清乾隆 白玉雕刘海戏金蟾摆件	长8cm	57,500	东方大观	2015.11.17
清乾隆 白玉洒金佛龛	高7.5cm	92,000	北京翰海	2015.11.29
清乾隆 白玉无量寿佛	高8.5cm	598,000	北京保利	2015.12.08
清乾隆 和田玉雕和合二仙摆件	长14.3cm	174,977	慕仕阁	2015.11.16
清乾隆 珊瑚雕布袋和尚	高7cm	40,250	保利厦门	2015.05.03
清乾隆 玉雕观音童子像	高11cm	69,000	广州皇玛	2015.07.25
清乾隆 玉雕童子洗象	高24.8cm	805,000	北京翰海	2015.06.27
清中期 白玉持荷童子	高4.6cm	43,700	北京翰海	2015.06.28
清中期 白玉持荷童子	高5.5cm	28,750	北京翰海	2015.06.28
清中期 白玉带皮雕鹿乳奉亲像	长12cm	920,000	北京保利	2015.06.06
清中期 白玉雕双童子摆件	长8.5cm	103,500	中鸿信	2015.07.29
清中期 白玉雕渔家乐摆件	长14.5cm	368,000	古天一	2015.06.06
清中期 白玉刘海戏金蟾	高4.3cm	28,750	北京保利	2015.06.08
清中期 白玉童子（四件）	尺寸不一	116,395	中国嘉德	2015.10.06
清中期 白玉童子抱鼓摆件	长8.7cm	126,500	上海道明	2015.05.09
清中期 白玉童子献寿	高4cm	66,700	北京翰海	2015.06.28
清中期 白玉和合二仙	高5.5cm	57,500	北京翰海	2015.11.29
清中期 白玉刘海戏蟾摆件	宽6cm	23,604	诚昌国际	2015.12.02
清中期 白玉刘海戏金蟾	高5cm	59,800	北京翰海	2015.11.29
清中期 白玉人物	长7.5cm	40,250	北京翰海	2015.11.29
清中期 白玉童子	高4.8cm	82,800	北京翰海	2015.11.29
清中期 白玉童子	高5cm	66,700	北京翰海	2015.11.29
清中期 白玉童子洗象摆件	高6.5cm	32,200	北京匡时	2015.12.05
清中期 白玉雕如意童子摆件及白玉福寿童子	高3cm	28,750	北京保利	2015.12.09
清中期 白玉凤凰	高8.5cm	138,000	北京保利	2015.12.09
清中期 白玉高士小舟	长6.8cm	63,250	北京保利	2015.12.09
清中期 白玉童子击鼓	高5.5cm	57,500	北京保利	2015.12.09
清中期 玛瑙刘海戏金蟾	高5.3cm	17,250	北京保利	2015.12.09
清中期 青白玉福禄童子摆件	高11.9cm	46,000	中国嘉德	2015.04.02
清中期 玉雕灵芝葫蝠人物件	高7.5cm	103,500	广州皇玛	2015.01.17
17世纪 鸡骨玉雕童子抱鹅摆件	高7.4cm	51,781	纽约苏富比	2015.09.15
17世纪 玉雕击鼓童子把件	宽5.1cm	60,525	香港苏富比	2015.04.07
18世纪 白玉雕高士采药摆件	高15cm	159,325	纽约佳士得	2015.09.17
18世纪 白玉雕渔樵耕读图摆件	长7.8cm	220,275	香港苏富比	2015.06.01
18世纪 白玉蓝采和摆件	长10.3cm	170,213	香港苏富比	2015.06.01
18世纪 白玉麻姑立像	高11.8cm	172,178	纽约佳士得	2015.03.15
18世纪 灰白玉荷莲摆件	高2.5cm	27,882	邦瀚斯	2015.09.14
18世纪 青白玉麻姑立像	高21.8cm	610,448	纽约佳士得	2015.03.15
18世纪 青白玉一佛二弟子造像	高27.3cm	8,444,225	纽约佳士得	2015.09.17
18世纪 青玉雕郑子像	高5.7cm	33,458	纽约佳士得	2015.09.17
18世纪 玉雕刘海戏蟾摆件	高9.5cm	801,000	佳士得	2015.06.03
18世纪/19世纪 白玉持芝童子摆件	高7.3cm	38,048	香港苏富比	2015.06.01
18世纪/19世纪 白玉雕仙人童子像	高11.4cm	43,814	纽约佳士得	2015.09.17
18世纪/19世纪 白玉寿老童子摆件	高16.7cm	260,325	佳士得	2015.06.03
18世纪/19世纪 白玉仙人童子摆件	高12.8cm	150,188	香港苏富比	2015.06.01
18世纪/19世纪 灰白玉雕药师佛坐像	高24.1cm	637,300	纽约佳士得	2015.09.17

拍品名称	物品尺寸	成交价RMB	拍卖公司	拍卖日期
18世纪/19世纪 青白玉镂雕八仙献寿摆件	宽15.5cm	203,483	纽约佳士得	2015.03.15
18世纪/19世纪 水晶太白醉酒摆件	高7.1cm	20,025	香港苏富比	2015.06.01
19世纪 白玉击鼓童子佩及福缘善庆佩	高5.5cm,高4.5cm	140,175	香港苏富比	2015.06.01
清 白玉“童子戏鹅”	长6.2cm	41,380	万昌斯	2015.06.01
清 白玉“五子登科”摆件	长16cm	92,000	广州皇玛	2015.01.17
清 白玉八仙人物（一套八个）	尺寸不一	20,265	香港淳浩	2015.07.30
清 白玉持荷骑鹅童子	高4.7cm	20,700	北京保利	2015.04.25
清 白玉带皮“福禄寿”摆件	高11cm	886,707	万昌斯	2015.06.01
清 白玉雕反弹琵琶件	高13cm	23,000	广州皇玛	2015.01.17
清 白玉雕观音像随身佛龛	长6.8cm	128,080	万昌斯	2015.06.01
清 白玉雕和合二仙摆件	高9cm	69,000	广州皇玛	2015.01.17
清 白玉雕胡人献宝纹摆件	高8.2cm	341,600	天津文物	2015.05.22
清 白玉雕金童立像	高11.3cm	145,494	保利香港	2015.10.06
清 白玉雕人物摆件	高8.6cm；高6.3cm	72,747	保利香港	2015.10.06
清 白玉雕铁拐李坐像	高13cm	138,000	西泠拍卖	2015.07.05
清 白玉雕童子（一组六件）	高5.7cm	17,734	万昌斯	2015.06.01
清 白玉雕仙人赐福纹摆件	高8cm	386,400	天津文物	2015.05.22
清 白玉佛	高9.6cm	34,500	中国嘉德	2015.05.16
清 白玉佛	高4cm	11,500	北京保利	2015.04.26
清 白玉佛像	高12.4cm	275,864	万昌斯	2015.06.01
清 白玉观音	高13cm	34,500	北京保利	2015.01.24
清 白玉观音	高16cm	20,700	广州皇玛	2015.01.17
清 白玉观音像	高17cm	34,500	中国嘉德	2015.06.27
清 白玉和合二仙摆件	高9.5cm	69,000	中国嘉德	2015.05.16
清 白玉胡人戏狮	高13cm	25,300	北京保利	2015.01.24
清 白玉击鼓双童	长5.2cm	23,000	中国嘉德	2015.09.20
清 白玉镂雕三多童子摆件	高12.3cm	80,500	中鸿信	2015.07.29
清 白玉寿翁乘槎进桃贺寿摆件	高8.2cm	69,000	北京保利	2015.04.25
清 白玉双猴、童子（两件）	高5cm	13,800	北京保利	2015.04.25
清 白玉童子	长5cm	34,500	北京保利	2015.04.26
清 白玉童子（两支）	长5.2cm	17,734	万昌斯	2015.06.01
清 白玉童子击鼓	长6.8cm	17,250	中国嘉德	2015.04.02
清 白玉仙女像	高6.2cm	25,300	北京保利	2015.04.25
清 白玉献寿卧童	长6.7cm	25,985	香港淳浩	2015.04.04
清 白玉药师佛	高19cm	517,500	北京翰海	2015.03.15
清 白玉玉兰仕女摆件	高8.6cm	69,000	中国嘉德	2015.05.16
清 白玉飞天童子	宽5cm	15,106	诚昌国际	2015.12.02
清 白玉观音	高30.5cm	3,431,780	卓艺拍卖	2015.11.18
清 白玉童子瓦子	长11.5cm	17,250	北京保利	2015.11.01
清 白玉仙人乘槎摆件	宽5cm	18,883	诚昌国际	2015.12.02
清 白玉雕净瓶观音	高5.5cm	11,500	北京保利	2015.12.09
清 红珊瑚何仙姑摆件	高16.2cm	63,250	北京匡时	2015.12.05
清 带皮白玉－李白醉酒	长5.4cm	27,635	香港淳浩	2015.07.30
清 带皮青白玉四喜童子	长4.1cm	27,635	香港淳浩	2015.07.30
清 和田青白玉仕女摆件	高9cm	36,800	南京嘉信	2015.07.19
清 琥珀八仙像	尺寸不一	34,500	中国嘉德	2015.04.02
清 琥珀雕弥勒佛像	器高6cm	66,700	西泠拍卖	2015.07.05
清 琥珀雕钟馗	高7.8cm	17,920	上海联合	2015.05.23
清 黄玉雕童子戏兽摆件	高2.7cm	17,250	西泠拍卖	2015.07.05
清 蜜蜡雕持莲童子	高4cm	28,000	上海联合	2015.11.01
清 南红玛瑙渔翁	高5cm	38,978	中国嘉德	2015.04.06
清 青白玉“童子喜象”摆件	长7.5cm	12,320	北京荣宝	2015.11.29
清 青白玉雕自在观音像	高4cm	40,250	远方拍卖	2015.07.01

拍品名称	物品尺寸	成交价RMB	拍卖公司	拍卖日期
清 青白玉观音站像	高15.5cm	28,750	太平洋	2015.07.18
清 青白玉胡人像	高9cm	17,250	北京保利	2015.01.24
清 青白玉胡人小像	长4.6cm	16,100	中国嘉德	2015.04.02
清 青白玉童子洗象摆件	长6.7cm	17,250	中国嘉德	2015.04.02
清 青金石雕童子洗象摆件	高13cm	17,250	辽宁中正	2015.06.13
清 青玉观音像	高26cm	17,250	北京保利	2015.04.26
清 清白玉镂雕罗汉乘槎	高14.6cm	328,703	纽约苏富比	2015.03.21
清 珊瑚雕仕女摆件	高24cm	230,000	北京匡时	2015.12.05
清 珊瑚雕仕女花卉摆件	高36.5cm	690,000	北京翰海	2015.11.28
清 珊瑚仕女	高14.5cm	69,000	八益拍卖	2015.04.26
清 珊瑚天女散花摆件	高28cm	138,000	北京保利	2015.01.24
清 珊瑚童子乘槎	高11cm	46,000	古天一	2015.06.06
清 珊瑚婴戏摆件	高8.7cm	23,000	江苏爱涛	2015.01.11
清 水晶雕高士像	高10cm	10,350	西泠拍卖	2015.07.05
清 水晶佛	高10cm	40,250	中国嘉德	2015.11.15
清 玉雕人物（两件）	高12cm	10,350	北京保利	2015.04.26
清 玉雕仕女人物	高9.4cm	56,000	天津文物	2015.05.22
清 玉雕童子牧牛	长5.5cm	11,500	北京翰海	2015.07.19
清 玉沁色胡人进宝像	高7cm	172,500	中国嘉德	2015.11.15
清 玉人	高2.3cm	57,500	北京翰海	2015.06.27
清 血珀寿星	高27.5cm	23,000	北京保利	2015.12.09
20世纪 籽料洒金皮白玉弥勒佛	高7.2cm	28,750	北京保利	2015.12.09
清晚期 白玉带皮“仙女”立像	高10.8cm	14,778	万昌斯	2015.06.01
清晚期 白玉童子拜观音	高17.8cm	805,000	中贸圣佳	2015.05.20
清晚期 天然软玉“观音”摆件		1,210,500	香港苏富比	2015.04.06
清晚期 黑白玉巧雕降龙罗汉	高19.2cm；高16cm	145,494	保利香港	2015.10.06
民国 白玉雕天福济公像	长21.5cm	57,500	中鸿信	2015.07.29
民国 白玉琵琶仕女摆件	通高17.5cm	23,000	山东恒昌	2015.06.10
民国 白玉送子观音小像	高12.2cm	23,000	中国嘉德	2015.04.02
民国 琥珀人物小像玛瑙猴各一件	长6.4cm；长4.5cm	10,350	中国嘉德	2015.09.20
民国 珊瑚“仙女祝寿”像	长8.9cm	29,557	万昌斯	2015.06.01
民国 珊瑚关公摆件	高25cm	241,500	北京保利	2015.11.01
民国 珊瑚仕女摆件	长11.1cm	15,106	香港淳浩	2015.11.27
白水晶	高23cm	126,500	印千山·宝隆	2015.07.12
白水晶普贤菩萨	高32cm	149,500	印千山·宝隆	2015.07.12
白水晶释迦牟尼	高40cm	149,500	印千山·宝隆	2015.07.12
白水晶释迦牟尼佛	高48cm	103,500	印千山·宝隆	2015.07.12
白玉“弥勒佛”摆件		756,144	天成国际	2015.06.14
白玉雕“攻守兼备”摆件	高8.8cm	224,000	上海联合	2015.05.24
白玉雕送子观音	宽26.5cm	24,824	翰林拍卖	2015.06.27
白玉佛像	高20.3cm	17,250	中国嘉德	2015.04.02
白玉佛像	高24cm（含座）	20,700	中国嘉德	2015.09.20
白玉观音像	高8cm	17,250	中国嘉德	2015.09.20
白玉巧雕哪吒闹海摆件	长18.9cm	34,500	深圳市拍	2015.07.19
白玉如来佛	高33.5cm	11,137	香港淳浩	2015.04.04
白玉童子	高4.4cm	17,250	中国嘉德	2015.09.20
白玉童子洗象摆件	长11.8cm	25,300	中国嘉德	2015.04.02
白玉婴戏摆件	长7.5cm	11,500	中国嘉德	2015.06.27
白玉净水观音	高34cm	5,418,600	卓艺拍卖	2015.11.18
白玉五子拜佛	高31cm	1,625,580	卓艺拍卖	2015.11.18
白玉“观音”摆件，配铜制香炉	观音高44.3cm	1,701,324	天成国际	2015.06.14
碧玉佛坐像	高13.7cm	62,610	纽约苏富比	2015.03.17
茶水晶观音菩萨	高40cm	299,000	印千山·宝隆	2015.07.12
柴艺扬 达摩 玛瑙摆件	高10.7cm	34,500	西泠拍卖	2015.07.04
带皮白玉送子观音摆件	高11cm	13,017	香港淳浩	2015.07.30

2015玉器拍卖成交汇总

(成交价RMB：1万元以上)

拍品名称	物品尺寸	成交价RMB	拍卖公司	拍卖日期
当代 大肚佛		1,932,000	广东省拍	2015.07.05
当代 佛祖笑迎福禄寿		575,000	广东省拍	2015.07.05
当代 观音		1,840,000	广东省拍	2015.07.05
当代 仕女图		1,587,000	广东省拍	2015.07.05
当代 四方观音		1,840,000	广东省拍	2015.07.05
高俊华 和田玉籽料蕉叶仕女摆件	高7.8cm	34,500	北京正道	2015.11.01
顾铭 恭喜发财 碧玉摆件	高6.8cm；高8.6cm	172,500	西泠拍卖	2015.07.04
顾铭 诗仙 碧玉摆件	高8.3cm	69,000	西泠拍卖	2015.07.04
和田白玉 庐山会友摆件	高22cm	552,000	河南泽华	2015.01.11
和田白玉 如意观音摆件	高26cm	690,000	河南泽华	2015.01.11
和田白玉 三老会友摆件	高25cm	598,000	河南泽华	2015.01.11
和田白玉 玉人吹箫摆件	高17.5cm	345,000	河南泽华	2015.01.11
和田碧玉佛	高7.0cm	33,350	尚品润博	2015.01.11
和田青花童子闹佛摆件	重15000g	690,000	杭州如愿	2015.01.25
和田玉 太白醉酒摆件	高15.5cm	345,000	河南泽华	2015.01.11
和田玉福鹿童子	高8cm	49,156	香港龙玺	2015.09.19
和田玉双色巧雕渔翁得利摆件	重1490g	138,000	杭州如愿	2015.01.25
褐玉雕童子摆件	高7.6cm	19,119	纽约苏富比	2015.09.15
侯理博 水晶持莲观音摆件	宽16cm	43,700	北京正道	2015.11.01
黄水晶释迦牟尼佛	高43cm	230,000	印千山·宝隆	2015.07.12
黄水晶送子观音	高40cm	264,500	印千山·宝隆	2015.07.12
黄玉观音坐像	高11.5cm	24,200	北京中联	2015.01.18
黄玉人	长4cm	1,145,430	AA中国艺海	2015.02.03
近代 珊瑚仕女摆件	高22cm	34,500	北京保利	2015.04.25
近代 玉雕和合二仙摆件	高32cm	230,000	广州皇玛	2015.07.25
李栋 南红玛瑙雕福娃摆件	高4.6cm	24,640	上海联合	2015.11.01
李栋 齐天大圣	高4.53cm	51,750	北京保利	2015.12.08
李力斌 南红五世同堂	宽9.2cm	80,500	北京保利	2015.12.08
李映峰 冰飘观音	高3.82cm	28,750	北京保利	2015.12.08
李勇 白玉留皮巧雕弥勒摆件	高9.1cm	76,160	上海联合	2015.11.01
李勇白玉留皮巧雕童子戏财神摆件	高8.7cm	207,200	上海联合	2015.05.24
林敬华 坑头晶雕降龙罗汉摆件	高6.9cm	89,600	上海联合	2015.05.24
罗光明 南红向佛	长5.2cm	138,000	北京保利	2015.12.08
绿松石人物摆件	长14cm	13,800	中国嘉德	2015.06.27
绿幽灵雕观音摆件	高8.7cm	22,400	上海联合	2015.05.24
蜜蜡雕竹林观音坐像	高10.6cm	69,440	上海联合	2015.05.23
南红人物摆件	重约431.76g	23,000	北京保利	2015.06.06
青白玉佛像	高11.4cm	287,500	中国嘉德	2015.06.27
青白玉佛像	高16.5cm	10,350	中国嘉德	2015.04.02
青白玉佛像	高23.5cm（含座）	13,800	中国嘉德	2015.09.20
青白玉弥勒小像	长9.5cm	20,700	中国嘉德	2015.04.02
青白玉瑞兽嵌青金石佛像	高14.5cm	17,250	中国嘉德	2015.04.02
青白玉释迦像	高15.3cm	14,950	中国嘉德	2015.06.27
青白玉释迦小像	高7.8cm	40,250	中国嘉德	2015.06.27
青白玉童子耳杯	长12cm	13,800	中国嘉德	2015.09.20
青白玉童子戏鹅像	高11.5cm	34,500	中国嘉德	2015.06.27
邱启敬 和田青玉籽料罗汉·生	高10cm	103,500	北京正道	2015.11.01
邱启敬 寂·梵行 青花摆件	长11cm	138,000	西泠拍卖	2015.07.04
邱启敬 寂·月色醉远客	高10.9cm	23,000	西泠拍卖	2015.04.18
珊瑚"美女"摆件	高14cm	40,531	香港拍得高	2015.01.24
珊瑚"仕女"摆件连木座（2）		82,904	香港拍得高	2015.06.27
珊瑚"寿星"摆件	珊瑚高11cm	94,518	天成国际	2015.06.14
珊瑚摆件（6）	尺寸不一	28,556	香港拍得高	2015.01.24
珊瑚雕天女	高18cm	67,800	辽宁建投	2015.08.30
石韵 南红一鼓作气		25,300	北京保利	2015.06.06

拍品名称	物品尺寸	成交价RMB	拍卖公司	拍卖日期
孙有庚 教子图 白玉摆件	高14cm	460,000	西泠拍卖	2015.04.18
钛晶八臂观音	高16cm	149,500	印千山·宝隆	2015.07.12
天然白玉观音对牌摆件		435,951	天成国际	2015.12.06
天然黄玉观音及对装香筒摆件		1,065,658	天成国际	2015.12.06
天然软玉观音摆件	高约16.1cm	77,502	天成国际	2015.12.06
晚清或民国 青白玉观音立像	高22.9cm	119,494	邦瀚斯	2015.09.14
王凯 天然白玉观音心经玉牌摆件		426,263	天成国际	2015.12.06
王坤 地藏王	高5.7cm	32,200	北京保利	2015.06.06
王平 乐逍遥 白玉摆件	高8.5cm	2,990,000	西泠拍卖	2015.07.04
王平 钟馗圣君 白玉摆件	高12.7cm	1,840,000	西泠拍卖	2015.04.18
魏乾松 一团和气	高18.3cm	186,300	天琅文晖	2015.01.10
夏立仁 白玉雕观音摆件	高15.2cm	201,600	上海联合	2015.05.24
夏立仁 白玉雕观音摆件	高9.2cm	61,600	上海联合	2015.05.24
肖军 南红虚空十方	高6.5cm	57,500	北京保利	2015.06.06
笑佛	高4.46cm	69,000	北京保利	2015.06.06
岫玉观音摆件	高13cm	34,500	北京正道	2015.11.01
颜桂明 白玉雕大宝莲释迦牟尼佛	连座	3,696,000	上海联合	2015.11.01
杨菊青 白玉静观摆件	尺寸不一	16,800	上海联合	2015.05.24
硬木嵌白玉婴戏摆件	高16cm	10,350	中国嘉德	2015.06.27
于雪涛 白玉雕定局摆件		2,990,000	中国嘉德	2015.11.16
玉雕白衣大士摆件	高26.7cm	149,500	福建东南	2015.05.24
张静 慧性慈心 白玉摆件	高21.7cm	126,500	西泠拍卖	2015.04.18
张静 沐静凡放 白玉摆件	高18cm	126,500	西泠拍卖	2015.07.04
张克山 白玉留皮雕钟馗摆件	高9.2cm	184,800	上海联合	2015.05.24
张克钊 放下 独山玉摆件	长11.6cm	11,500	西泠拍卖	2015.04.18
赵华新 密蜡童子拜观世音摆件	长8cm	34,500	北京保利	2015.06.08
赵华新 密蜡自在文殊摆件	高8.5cm	34,500	北京保利	2015.06.08
赵琦 海天梵音 白玉摆件		1,840,000	西泠拍卖	2015.07.04
郑升帅 琥珀雕阿弥陀佛摆件	高8cm	67,200	上海联合	2015.11.01
邹小林 无量寿佛 水晶摆件	高31.3cm	345,000	西泠拍卖	2015.04.18
邹小林 岩户观音 水晶摆件	高33cm	138,000	西泠拍卖	2015.07.04
冰飘美女	高5.41cm	25,300	北京保利	2015.12.08
老道	高5.3cm	13,800	北京保利	2015.12.08
老者划船	高3.8cm	11,500	北京保利	2015.12.08
南红关公	高5.1cm	10,350	北京保利	2015.12.08
南红颜如玉	高4.4cm	11,500	北京保利	2015.12.08
天王	高4.4cm	11,500	北京保利	2015.12.08
一心向佛	高4.1cm	11,500	北京保利	2015.12.08
忆江南	高4.35cm	23,000	北京保利	2015.12.08
动物摆件				
红山文化 黄玉龟	长5cm	157,637	万昌斯	2015.06.01
红山文化 生坑黄玉"猪龙"	长5.8cm	73,892	万昌斯	2015.06.01
红山文化 狗	高19.5cm	124,324	澳门中信	2015.11.08
红山文化 狗	高15cm	30,139	澳门中信	2015.11.08
红山文化 太阳神	高13cm	37,674	澳门中信	2015.11.08
红山文化 太阳神	高18cm	178,952	澳门中信	2015.11.08
红山文化 玉蛇头	高16cm	12,244	澳门中信	2015.11.08
红山文化 玉神猴	高19cm	122,441	澳门中信	2015.11.08
红山文化 玉神兽	高13cm	14,128	澳门中信	2015.11.08
商 带朱砂沁黄玉牛头	长5.2cm	275,864	万昌斯	2015.06.01
战国 青玉龙	长5cm	29,099	中国嘉德	2015.10.06
汉 生坑白玉"辟邪"	长11cm	1,379,322	万昌斯	2015.06.01
汉 水晶熊（一对）	尺寸不一	90,949	中国嘉德	2015.04.06
汉 玉雕瑞兽	宽7cm	387,984	中国嘉德	2015.10.06
汉 和田瑞兽白玉雕	高9.8cm	1,625,580	卓艺拍卖	2015.11.21

拍品名称	物品尺寸	成交价RMB	拍卖公司	拍卖日期
六朝 白玉羊	宽2.5cm	27,159	中国嘉德	2015.10.06
唐 玛瑙鹿	宽4cm	19,399	中国嘉德	2015.10.06
宋 白玉带沁卧犬	长9.3cm	39,409	万昌斯	2015.06.01
宋 白玉带沁熊	高4.7cm	29,557	万昌斯	2015.06.01
宋 白玉狗	宽3.2cm	51,043	中国嘉德	2015.04.06
宋 白玉卧犬	长5.6cm	167,489	万昌斯	2015.06.01
宋 带沁平底玉鹿	长7.8cm	35,468	万昌斯	2015.06.01
宋 玉兔	宽4.5cm	77,597	中国嘉德	2015.10.06
宋/金 褐斑白玉雕卧鹤摆件	长7.1cm	95,595	纽约苏富比	2015.09.15
宋至明 黄玉带皮卧狮	长62cm	667,875	香港苏富比	2015.10.07
宋至明 青玉雕卧犬摆件	长7.6cm	63,730	纽约苏富比	2015.09.15
元 白玉苍龙教子	长7.2cm	80,500	江苏爱涛	2015.01.11
元 白玉立龙出云摆件	高8cm	138,000	中鸿信	2015.07.29
元 白玉梅喜双安摆件	长5cm	86,250	中鸿信	2015.07.29
元 白玉沁色瑞兽	长10.5cm	1,725,000	北京保利	2015.06.06
元 白玉圆雕海东青	长5cm	34,500	北京保利	2015.04.26
元 旧玉雁	长4.1cm	23,000	北京保利	2015.06.08
元 玉雕鱼	高5.5cm	29,698	中国嘉德	2015.04.06
元 白玉荷塘鹭鸶	长7.5cm	57,500	北京保利	2015.12.09
元/明 白玉沁色瑞兽	长11.1cm	126,500	中鸿信	2015.07.29
明以前 玉雕瑞兽摆件	长5.8cm	34,500	西泠拍卖	2015.07.05
明以前 玉雕兔摆件	高4.8cm	48,300	西泠拍卖	2015.07.05
明或更早 白玉天禄	长4.5cm	2,300,000	江苏爱涛	2015.01.11
明或更早 黄玉瑞兽摆件	长9cm	460,000	翰风国际	2015.06.19
明或以后 白玉卧鹿摆件	长12.2cm	46,958	纽约佳士得	2015.03.19
明或以后 玉雕动物（十件）	高10cm	35,925	伦敦苏富比	2015.05.13
明或以前 黄玉兔摆件	长6.3cm	220,275	佳士得	2015.06.03
明或以前 玉雕羊摆件（三件）	宽9.5cm×3	350,438	佳士得	2015.06.03
明 白玉雕瑞兽摆件	长6cm	138,000	西泠拍卖	2015.07.05
明 白玉黄沁瑞兽	长4.5cm	80,500	江苏爱涛	2015.01.11
明 白玉鸡	长4cm	11,500	北京翰海	2015.11.29
明 白玉马	宽6.4cm	46,000	北京翰海	2015.11.29
明 白玉牛摆件	长11cm	80,500	江苏爱涛	2015.01.11
明 白玉瑞兽	长6.6cm	34,500	北京翰海	2015.06.28
明 白玉瑞兽	长5.8cm	28,750	北京翰海	2015.11.29
明 白玉瑞兽摆件	高4.6cm；长7.5cm	1,207,500	江苏爱涛	2015.01.11
明 白玉瑞兽衔灵芝	长7.2cm	14,778	万昌斯	2015.06.01
明 白玉洒金瑞兽	高4.5cm	23,000	北京翰海	2015.06.28
明 白玉受沁瑞兔	长10cm	82,800	北京匡时	2015.06.06
明 白玉双欢摆件	长6cm	51,750	江苏爱涛	2015.01.11
明 白玉卧马	长5.7cm	23,000	北京翰海	2015.11.29
明 白玉卧犬	长6.5cm	28,750	北京保利	2015.01.24
明 白玉熊	长5.2cm	23,000	北京翰海	2015.06.28
明 白玉羊	长5.3cm	632,500	北京保利	2015.06.07
明 白玉羊	长6cm	23,000	北京翰海	2015.11.29
明 褐斑白玉雕坐犬摆件	高4.7cm	38,238	纽约苏富比	2015.09.15
明 褐斑白玉卧犬	长8cm	191,600	伦敦苏富比	2015.05.13
明 褐斑黄玉雕卧犬摆件	长8cm	254,920	纽约苏富比	2015.09.15
明 黑白玉鹿衔灵芝	长6.6cm	25,300	中国嘉德	2015.09.20
明 黄玉雕骆驼摆件	长5.4cm	554,813	佳士得	2015.04.06
明 黄玉雕麒麟负书摆件	长5.5cm	230,000	东方大观	2015.11.17
明 黄玉狗	长6.5cm	149,500	北京保利	2015.06.08
明 黄玉骆驼	长16.5cm	3,450,000	北京翰海	2015.11.29
明 黄玉辟邪	长13.5cm	63,250	北京匡时	2015.12.05
明 黄玉瑞兽	宽5.5cm	102,150	江苏聚德	2015.07.01

拍品名称	物品尺寸	成交价RMB	拍卖公司	拍卖日期
明 黄玉瑞兽	长7.2cm	402,500	北京翰海	2015.11.29
明 黄玉卧兽	长6.5cm	32,200	北京保利	2015.11.01
明 黄玉卧羊	长4.5cm	23,000	北京保利	2015.11.01
明 黄玉鹰	高6.6cm	3,910,000	北京翰海	2015.06.28
明 灰青玉宝象摆件	长10.2cm	55,764	纽约佳士得	2015.09.17
明 火烧玉瑞兽	长13.1cm	40,250	中国嘉德	2015.06.27
明 旧玉勾云纹牛	长10cm	4,063,950	卓艺拍卖	2015.11.21
明 旧玉瑞兽	长7cm	207,000	北京翰海	2015.11.29
明 老玉瑞兽	长5cm	51,750	江苏爱涛	2015.01.11
明 玛瑙巧雕迦楼罗鸟	长6cm	23,000	北京匡时	2015.06.06
明 玛瑙瑞兽	长5.2cm	13,800	江苏爱涛	2015.01.11
明 蜜蜡狮子滚绣球摆件	长4cm	36,800	深圳市拍	2015.07.19
明 墨玉瑞兽	高2.4cm	13,800	北京保利	2015.04.25
明 青白玉带沁马	宽6cm	48,498	中国嘉德	2015.10.06
明 青白玉鹅摆件	长8.5cm	16,950	辽宁建投	2015.08.30
明 青白玉沁色鹿衔灵芝	长4cm	17,250	中国嘉德	2015.04.02
明 青玉雕熊摆件	高6cm	57,500	远方拍卖	2015.07.01
明 青玉卧马摆件	长6.6cm	120,150	香港苏富比	2015.06.01
明 青玉卧牛	长6.6cm	2,070,000	北京翰海	2015.06.28
明 玉雕双马摆件	长9cm	253,000	东方大观	2015.11.17
明 玉雕英雄摆件	长17.8cm	282,450	香港苏富比	2015.04.07
明 玉鹅献寿	宽6cm	39,725	江苏聚德	2015.07.01
明 玉龟（三件）	长5.8cm	57,500	中国嘉德	2015.09.20
明 玉沁色兽、青玉沁色兽	长3cm；长3.7cm	92,000	中国嘉德	2015.11.15
明末/清早期 黄玉鹤	宽5.4cm	35,044	佳士得	2015.06.03
清早期 白玉雕“马上封侯”摆件	长11cm	218,500	北京东正	2015.05.19
清早期 白玉鹅衔枝摆件	长9.8cm	13,800	北京翰海	2015.06.28
清早期 白玉三羊开泰摆件	长10.5cm	575,000	北京东正	2015.05.19
清早期 白玉马	长4cm	36,800	中国嘉德	2015.06.27
清早期 白玉鱼化龙摆件	宽13.5cm	74,244	中国嘉德	2015.04.06
清早期 白玉三羊开泰	长8.2cm	92,000	北京翰海	2015.11.29
清康熙 鸡骨白玉母子卧鹿摆件	长11.3cm	504,375	香港苏富比	2015.04.07
清乾隆 白玉雕宝相花纹太平有象摆件	带座高14.5cm	1,978,000	西泠拍卖	2015.07.05
清乾隆 白玉雕甪端摆件	宽7.5cm	333,291	保利香港	2015.04.06
清乾隆 白玉鹅衔枝	长7cm	103,500	北京翰海	2015.06.28
清乾隆 白玉嵌松石瑞兽	长6.5cm	1,955,000	北京保利	2015.06.07
清乾隆 白玉沁色雕年年有余纹摆件	高14cm	694,400	天津文物	2015.05.22
清乾隆 白玉双欢	长5cm	28,750	北京翰海	2015.06.28
清乾隆 白玉蟾蜍	长5.6cm	345,000	北京翰海	2015.11.29
清乾隆 白玉雕天禄摆件	长7.8cm	517,500	北京东正	2015.11.19
清乾隆 白玉马上封侯摆件	长10.2cm	575,000	北京翰海	2015.11.29
清乾隆 白玉洒金鸡	长6cm	11,500	北京翰海	2015.11.29
清乾隆 白玉洒金瑞兽衔枝	长3cm	46,000	北京翰海	2015.11.29
清乾隆 白玉双欢	长4.2cm	69,000	北京翰海	2015.11.29
清乾隆 白玉双欢	长5.2cm	230,000	北京翰海	2015.11.29
清乾隆 白玉三阳开泰摆件	长13cm	3,450,000	北京保利	2015.12.08
清乾隆 青白玉夔龙纹“赵孟頫二体千文”别子	长6.7cm	63,250	北京保利	2015.12.09
清乾隆 青白玉麒麟摆件	长14.9cm	513,125	佳士得	2015.12.02
清乾隆 玉马	长12.4cm	402,500	北京翰海	2015.11.29
清乾隆 黄玉雕摩羯鱼形摆件	高14.9cm	2,300,000	北京保利	2015.06.06
清乾隆 黄玉雕三羊开泰摆件	长13.5cm	230,000	北京保利	2015.06.07
清乾隆 玛瑙雕灵芝双鱼摆件	长7cm	172,500	北京东正	2015.05.19

2015玉器拍卖成交汇总

(成交价RMB：1万元以上)

拍品名称	物品尺寸	成交价RMB	拍卖公司	拍卖日期
清乾隆 青白玉仿古纹摆件	长10.2cm	375,660	纽约苏富比	2015.03.17
清乾隆 青白玉三阳开泰摆件	宽13cm	223,055	纽约佳士得	2015.09.17
清乾隆 青白玉卧犬	长7cm	131,725	伦敦苏富比	2015.05.13
清乾隆 玉雕十二肖神之马神像	高4.5cm	115,000	北京保利	2015.06.07
18世纪/19世纪 青白玉雕太平喜像纹座屏	高11.5cm	172,178	纽约苏富比	2015.03.17
清中期 白玉雕刘海戏金蟾	高4cm	29,510	江苏聚德	2015.07.01
清中期 白玉雕太平有象摆件	长9.8cm	92,000	中鸿信	2015.07.29
清中期 白玉雕衔花瑞兽	高8.8cm	897,000	厦门华辰	2015.06.20
清中期 白玉雕鱼龙变幻	长6cm	23,000	北京翰海	2015.06.28
清中期 白玉冠上加冠	高5.2cm	17,250	北京翰海	2015.06.28
清中期 白玉河蟹摆件	长9cm	115,000	北京保利	2015.06.07
清中期 白玉灵芝宝羊摆件	长14cm	1,380,000	中国嘉德	2015.05.16
清中期 白玉鹿衔枝	长6cm	28,750	北京翰海	2015.06.28
清中期 白玉马上封侯	宽9cm	172,500	北京保利	2015.06.08
清中期 白玉麒麟背书摆件	长8.4cm	138,000	上海道明	2015.05.09
清中期 白玉洒金洋洋得意	长5.1cm	23,000	北京翰海	2015.06.28
清中期 白玉兔	长3.5cm	17,250	北京翰海	2015.06.28
清中期 白玉卧犬	长8.1cm	40,250	北京翰海	2015.06.28
清中期 白玉羊	长4.5cm	11,500	北京翰海	2015.06.28
清中期 白玉羊衔枝摆件	长5.6cm	23,000	北京翰海	2015.06.28
清中期 白玉雕兔形摆件	长10.5cm	172,500	北京翰海	2015.11.28
清中期 白玉瑞兽	长8.5cm	34,500	北京翰海	2015.11.29
清中期 白玉洒金三羊开泰	长6.7cm	17,250	北京翰海	2015.11.29
清中期 白玉事事见喜摆件	宽3.5cm	69,000	中国嘉德	2015.11.15
清中期 白玉鹅衔莲花	长4.4cm	25,300	北京保利	2015.12.09
清中期 白玉神马负笈	长8.3cm	126,500	北京保利	2015.12.09
清中期 白玉提油卧马	长10cm	92,000	北京保利	2015.12.09
清中期 黄玉太平有象	高8.5cm	402,500	北京保利	2015.12.09
清中期 黄玉糖色雕三羊开泰纹摆件	长12.3cm	92,000	北京翰海	2015.11.28
19世纪 白玉雕鼠神	长6.5cm	62,638	宝港国际	2015.06.02
清 白玉“宝鸭穿莲”	长6cm	49,262	万昌斯	2015.06.01
清 白玉“马上封侯”	长5.1cm	39,409	万昌斯	2015.06.01
清 白玉“马上封侯”	长5.6cm	27,586	万昌斯	2015.06.01
清 白玉摆件	长7.6cm	57,500	江苏爱涛	2015.01.11
清 白玉带沁“马上封侯”摆件	长13.6cm	49,262	万昌斯	2015.06.01
清 白玉雕丹凤兰竹图竹笋	高13.7cm	1,301,625	香港苏富比	2015.06.01
清 白玉雕福寿齐眉摆件	长6.5cm	92,000	古天一	2015.06.06
清 白玉雕瑞兽摆件	高4.5cm	20,700	北京匡时	2015.06.07
清 白玉雕瑞兽摆件	长6.7cm	20,700	苏州东方	2015.07.02
清 白玉雕喜报三元	长5cm	57,500	古天一	2015.06.06
清 白玉雕衔灵芝瑞兽	长4cm	13,800	上海敬华	2015.06.30
清 白玉雕鸭形摆件	高6.6cm	17,250	西泠拍卖	2015.07.05
清 白玉鹅	长6cm	28,750	北京保利	2015.04.26
清 白玉鹅（两件）	长4cm	10,350	北京保利	2015.04.25
清 白玉凤凰	长12.1cm	828,000	江苏爱涛	2015.01.11
清 白玉福寿摆件	长7.5cm	23,000	北京保利	2015.04.25
清 白玉狗（三件）	长13.5cm	62,100	太平洋	2015.04.17
清 白玉连生贵子、鸳鸯戏荷（各一件）	长6cm	36,846	香港淳浩	2015.07.30
清 白玉灵猴献寿摆件	宽7cm	67,713	邦瀚斯	2015.09.14
清 白玉留皮双兽摆件	长5.7cm	17,250	北京翰海	2015.03.15
清 白玉留皮鱼形摆件	宽12.8cm	34,500	中国嘉德	2015.05.16
清 白玉马上封侯	长4cm	57,500	北京保利	2015.06.08

拍品名称	物品尺寸	成交价RMB	拍卖公司	拍卖日期
清 白玉鲶鱼	宽6.5cm	35,266	中国嘉德	2015.04.06
清 白玉鸟	长8cm	46,000	中国嘉德	2015.09.20
清 白玉麒麟负书	长10cm	32,200	北京保利	2015.01.24
清 白玉俏色灵猴献寿	长6.3cm	11,500	中国嘉德	2015.09.20
清 白玉俏色巧雕双獾	长4.5cm	34,500	古天一	2015.06.06
清 白玉沁色狗	宽3.4cm	27,159	中国嘉德	2015.10.06
清 白玉如意双兔摆件	宽4.8cm	28,750	中国嘉德	2015.05.16
清 白玉瑞兽摆件	长10.5cm	368,000	江苏爱涛	2015.01.11
清 白玉瑞兽摆件	长8.5cm	57,500	北京保利	2015.04.26
清 白玉瑞兽摆件	长5.5cm	116,395	保利香港	2015.10.06
清 白玉蛇	长5cm	43,700	北京保利	2015.04.26
清 白玉双欢	长4.6cm	28,750	江苏爱涛	2015.01.11
清 白玉双兔衔灵芝	长4.5cm	17,250	中国嘉德	2015.04.02
清 白玉太狮少狮摆件	长7cm	63,250	深圳市拍	2015.07.19
清 白玉卧牛	长6cm	86,250	北京匡时	2015.06.06
清 白玉卧犬	长6.5cm	80,500	江苏爱涛	2015.01.11
清 白玉卧兽（两件）	长5.5cm	28,750	北京保利	2015.04.25
清 白玉象	长4.7cm	23,000	中国嘉德	2015.09.20
清 白玉蟹	长8.3cm	41,762	香港淳浩	2015.04.04
清 白玉羊	长7.3cm	13,800	中国嘉德	2015.04.02
清 白玉籽料带皮马上封侯	长8cm	10,350	上海敬华	2015.06.30
清 白玉雕卧马摆件	长6cm	40,250	北京翰海	2015.11.28
清 白玉瑞兽摆件	长7cm	46,000	北京保利	2015.11.01
清 白玉三羊开泰摆件	长3.5cm	57,500	北京东正	2015.11.19
清 白玉双猴摆件	长4.5cm	25,300	北京保利	2015.11.01
清 白玉双兽摆件	长7cm	34,500	北京保利	2015.11.01
清 白玉卧马	长9.5cm	34,500	北京保利	2015.11.01
清 白玉卧犬摆件	长6cm	23,000	北京保利	2015.11.01
清 白玉鸳鸯摆件	长6cm	11,500	北京保利	2015.11.01
清 茶晶瑞兽摆件	高23cm	57,500	北京匡时	2015.12.05
清 带皮白玉马上封侯	长5.2cm	15,660	香港淳浩	2015.07.30
清 带皮白玉太狮少狮	长6.5cm	36,846	香港淳浩	2015.07.30
清 带皮白玉卧狗	长6.7cm	16,581	香港淳浩	2015.07.30
清 褐斑青玉雕卧羊摆件	长8.9cm	79,663	纽约苏富比	2015.09.15
清 黑白玉巧雕双欢	长6cm	13,800	北京保利	2015.12.09
清 黑白玉巧雕双骏摆件	长12cm	115,000	北京保利	2015.04.26
清 黑玛瑙瑞兽	高4.5cm	20,700	江苏爱涛	2015.01.11
清 黄玉鹤摆件	长5cm	46,000	北京保利	2015.11.01
清 黄玉甪端	长6.4cm	36,800	中国嘉德	2015.04.02
清 黄玉瑞兽摆件	长7.5cm	300,375	佳士得	2015.06.03
清 黄玉兔	长5.5cm	13,800	泰和嘉成	2015.11.21
清 黄玉卧狗	长6.1cm	64,481	香港淳浩	2015.07.30
清 黄玉卧犬	长10cm	28,750	北京保利	2015.01.24
清 黄玉英雄摆件	长7.5cm	17,250	北京保利	2015.01.24
清 火烧玉鹌鹑	长12cm	32,200	北京匡时	2015.06.06
清 旧玉鱼	长30cm	69,000	北京翰海	2015.03.15
清 玛瑙水牛摆件	高7cm	184,000	江苏爱涛	2015.01.11
清 玛瑙卧牛摆件	长10cm	69,000	辽宁中正	2015.06.13
清 南红玛瑙雕辈辈封侯摆件	高4.8cm	11,500	北京保利	2015.12.09
清 沁色黄玉卧马	长6.6cm	13,817	香港淳浩	2015.07.30
清 青白玉带沁“灵猴献寿”	长4.2cm	15,764	万昌斯	2015.06.01
清 青白玉雕狮子戏球	长8.5cm	13,800	北京保利	2015.12.09
清 青白玉雕鸳鸯衔牡丹	长9.3cm	17,250	北京保利	2015.06.08
清 青白玉滚马摆件	长6.2cm	23,000	太平洋	2015.07.18
清 青白玉金蟾摆件	长7.3cm	11,500	太平洋	2015.07.18

拍品名称	物品尺寸	成交价RMB	拍卖公司	拍卖日期
清 青白玉鹿乳奉亲	高5.1cm	13,800	中国嘉德	2015.09.20
清 青白玉牛	长14cm	48,300	北京保利	2015.04.25
清 青白玉螃蟹摆件	宽7.5cm	23,000	八益拍卖	2015.04.26
清 青白玉三羊开泰	长12cm	43,700	北京保利	2015.04.26
清 青金母子牛	长20cm	16,800	上海国拍	2015.05.31
清 青金石三羊开泰摆件	长25.3cm	46,000	中国嘉德	2015.04.02
清 青玉雕避水金睛兽	长11.5cm	11,500	北京保利	2015.11.01
清 青玉留皮福寿摆件	高19.5cm	138,000	北京保利	2015.06.08
清 青玉瑞兽摆件	长10.7cm	2,709,300	卓艺拍卖	2015.11.18
清 珊瑚雕福寿摆件	长11cm	207,000	古天一	2015.06.06
清 珊瑚瑞兽摆件	宽6.3cm	64,202	诚昌国际	2015.12.01
清 双面雕白玉海冬青	长5.6cm	16,705	香港淳浩	2015.04.04
清 水晶雕金鱼纹摆件	长15.3cm	44,800	天津文物	2015.05.22
清 水晶雕双欢戏蝶摆件	高7.2cm	25,300	西泠拍卖	2015.07.05
清 水晶凤穿牡丹摆件	高22cm	97,750	江苏爱涛	2015.01.11
清 水晶瑞兽	长17.5cm	10,350	南京嘉信	2015.07.19
清 水晶狮子	长20cm	69,000	古天一	2015.06.06
清 玉雕鹿纹摆件	高18.5cm	11,500	北京保利	2015.01.24
清 玉雕瑞兽摆件	长10.8cm	88,550	博美拍卖	2015.07.19
清 玉雕双犬	长7cm	32,200	北京保利	2015.01.24
清 玉雕双狮戏珠	高5cm	17,250	北京翰海	2015.03.15
清 玉雕天禄	高3cm	28,750	江苏爱涛	2015.01.11
清 玉雕卧兽	长9.5cm	11,500	北京保利	2015.04.26
清 玉雕卧雁	长5.5cm	11,500	北京保利	2015.06.08
清 玉雕小马	高3.2cm	51,750	江苏爱涛	2015.01.11
清 玉雕羊	长5cm	11,500	北京翰海	2015.07.19
清 玉龙头	高7.6cm	517,500	北京翰海	2015.06.27
清 玉马	长12cm	11,500	北京保利	2015.11.01
清 玉鸟	长5.6cm	11,500	北京翰海	2015.03.15
清 玉瑞兽	高8cm	11,500	北京翰海	2015.07.19
清 玉卧马	长7cm	17,250	山东恒昌	2015.06.10
清 玉猪龙	高5cm；宽3.5cm	149,500	北京翰海	2015.06.27
清 枣红皮玉雕松鹤延年摆件	长10.0cm	23,000	上海泓盛	2015.06.20
清 紫水晶双欢	宽5cm	10,386	诚昌国际	2015.12.01
17世纪 玉雕卧马摆件	长9.8cm	80,100	香港苏富比	2015.06.01
18世纪 / 19世纪 青白玉雕卧羊摆件	宽11cm	38,753	Chiswick	2015.05.05
18世纪 白玉雕瑞鹿衔芝摆件	长8.2cm	453,938	香港苏富比	2015.04.07
18世纪 白玉雕三羊开泰摆件	长13.4cm	3,218,154	纽约苏富比	2015.03.17
18世纪 白玉雕双马摆件	长13.3cm	3,368,418	纽约苏富比	2015.03.17
18世纪 白玉雕太平景象摆件	高13.3cm	391,313	纽约苏富比	2015.03.17
18世纪 白玉猴子偷桃摆件	高6.6cm	1,089,360	佳士得	2015.06.03
18世纪 白玉年年有余摆件	长10cm	1,089,360	佳士得	2015.06.03
18世纪 白玉三羊开泰摆件	高8.2cm	1,569,960	佳士得	2015.06.03
18世纪 白玉螳螂	长9cm	300,375	香港苏富比	2015.06.01
18世纪 白玉卧羊	长83cm	493,200	香港苏富比	2015.10.07
18世纪 白玉卧羊	长79cm	226,050	香港苏富比	2015.10.07
18世纪 褐斑黄玉鹿形摆件	长7.6cm	151,359	邦瀚斯	2015.09.14
18世纪 褐斑青白玉年年有余摆件	长15cm	151,313	香港苏富比	2015.04.07
18世纪 褐斑青玉雕鹌鹑摆件	长8.5cm	358,481	纽约苏富比	2015.09.15
18世纪 玛瑙貔貅摆件	宽15.2cm	508,706	纽约佳士得	2015.03.15
18世纪青白玉带皮雕双鹤献寿摆件	长11.2cm	156,525	纽约苏富比	2015.03.17
18世纪 青白玉雕海马负书摆件	长12.7cm	313,050	纽约苏富比	2015.03.17
18世纪 青白玉雕貘形器	高11.4cm	469,575	纽约苏富比	2015.03.17
18世纪 青白玉雕三羊开泰摆件	长10.2cm	586,969	纽约苏富比	2015.03.17
18世纪 青白玉雕饲马摆件	长19cm	1,252,200	纽约苏富比	2015.03.17

拍品名称	物品尺寸	成交价RMB	拍卖公司	拍卖日期
18世纪 青白玉福禄寿摆件	长13.5cm	359,250	伦敦苏富比	2015.05.13
18世纪 青玉雕三羊开泰摆件	长17.8cm	2,016,042	纽约苏富比	2015.03.17
18世纪 玉雕巧色太师少师摆件	宽12cm	508,706	纽约佳士得	2015.03.15
18世纪/19世纪 白玉雕双鹿衔芝摆件	长11.8cm	175,258	纽约佳士得	2015.09.17
18世纪/19世纪 白玉卧犬	宽3.8cm	43,814	纽约佳士得	2015.09.17
18世纪/19世纪 黑白玉雕蟾莲摆件	长4.7cm	183,224	纽约苏富比	2015.09.15
19世纪 碧玉瑞兽	长26cm	11,500	泰和嘉成	2015.05.30
20世纪 褐斑青玉雕三羊开泰及卧鼠（两件）	较长者长5.1cm	191,190	纽约苏富比	2015.09.15
20世纪早期 青玉雕麒麟摆件	长22.9cm	51,781	纽约苏富比	2015.09.15
清晚期 青白玉双羊摆件	长7.8cm	30,038	香港苏富比	2015.06.01
清晚期民国 和田玉大吉摆件	高5.5cm	89,700	南京嘉信	2015.07.19
清晚期 白玉雕鱼摆件	高10.3cm	145,494	保利香港	2015.10.06
清晚期 黄玉雕卧马摆件	长10cm	123,794	保利香港	2015.04.06
清晚期 白玉云龙逐珠摆件	长7cm	59,875	伦敦苏富比	2015.05.13
民国 白玉雕子母兽	长7cm	23,000	北京保利	2015.01.24
民国 白玉双鹅摆件	长9cm	25,300	北京翰海	2015.07.19
民国 褐斑白玉羊形摆件	长10cm	1,179,005	邦瀚斯	2015.09.14
民国 黑白玉巧雕凤凰桃株摆件	长13cm	11,500	中国嘉德	2015.06.27
白玉雕封侯拜相摆件	高10.3cm	336,000	上海联合	2015.05.24
白玉雕瑞兽	长7cm	1,354,650	卓艺拍卖	2015.11.21
白玉鹤衔灵芝	高6cm	352,000	北京中联	2015.01.18
白玉莲莲有鱼		200,250	荣盛国际	2015.07.31
白玉麟符	高18cm	150,000	上海驰翰	2015.05.09
白玉留皮卧马摆件	长6.8cm	69,000	上海道明	2015.05.09
白玉瑞兽摆件	高21cm	506,633	澳门中道	2015.01.30
白玉太平有象摆件	长31cm	1,321,650	AA中国艺海	2015.06.20
白玉天下太平摆件	宽12cm	634,392	AA中国艺海	2015.06.20
白玉雕"苍龙"摆件	高18cm	172,500	北京保利	2015.12.09
和田白玉 鹏程万里摆件	高15.7cm	517,500	河南泽华	2015.01.11
和田羊脂白玉原石	重37.7g	322,000	杭州如愿	2015.01.25
和田玉貔貅摆件	重2196g	3,240,000	香港铮鼎	2015.04.28
和田玉鸭摆件	长26cm	863,478	AA中国艺海	2015.06.20
和田玉原石雕喜事连连摆件	重1263g	115,000	杭州如愿	2015.01.25
黑皮羊脂玉籽料巧雕摆件	总重356g	8,640,000	皇家国际	2015.01.19
红珊瑚"龙"摆件	高24.3cm	261,889	保利香港	2015.10.06
琥珀雕貔貅摆件（一对）	长6.5cm×2	28,000	北京荣宝	2015.06.21
黄立璟和田白玉籽料福寿双全摆件	重300g	287,500	杭州如愿	2015.01.25
黄文中 祥龙纳瑞	高4.5cm	23,000	北京保利	2015.12.08
蒋大雄 青花雕羊首洗摆件	长12.6cm	392,000	上海联合	2015.05.24
近代 白玉籽料卧羊	长3.2cm	36,800	北京保利	2015.11.01
卢伟 和田玉籽料万象摆件	高8.5cm	120,750	北京正道	2015.11.01
罗光明 蝶恋花	高4.67cm	40,250	北京保利	2015.12.08
玛瑙摆件	重236g	5,184,000	香港铮鼎	2015.04.28
墨西哥玛雅蛇神琥珀摆件	重约132.5g	747,500	杭州如愿	2015.01.25
青白玉骆驼摆件	长7cm	632,170	卓艺拍卖	2015.11.18
青白玉马摆件	长9cm	396,495	AA中国艺海	2015.07.11
青白玉瑞兽摆件	长26cm	331,614	澳门中道	2015.01.30
青白玉三羊开泰	长7.7cm	13,800	中国嘉德	2015.04.02
青玉虎型摆件	高9cm	96,800	北京中联	2015.01.18
青玉卧牛摆件	长7.5cm	143,000	北京中联	2015.01.18
邱启敬 清趣.英武	高11.1cm	43,700	西泠拍卖	2015.04.18
邱启敬 遥·大吉祥 墨玉摆件	长14.6cm	184,000	西泠拍卖	2015.07.04
邱启敬 遥·远方 碧玉摆件	高25.8cm	172,500	西泠拍卖	2015.07.04
瑞兽卧牛摆件	长11cm	1,938,420	AA中国艺海	2015.02.03

2015玉器拍卖成交汇总

（成交价RMB：1万元以上）

拍品名称	物品尺寸	成交价RMB	拍卖公司	拍卖日期
水晶雕仙猴及卧马（两件）	最高者高8.3cm	23,899	纽约苏富比	2015.09.15
糖玉牧牛摆件	长6cm	13,800	深圳市拍	2015.07.19
天然白玉麒麟印章摆件		368,136	天成国际	2015.12.06
天然软玉祥龙印章摆件		11,625	天成国际	2015.12.06
王坤 连年有余	高5.5cm	25,300	北京保利	2015.12.08
现代 珊瑚雕大鹏展翅	长50cm	322,000	北京翰海	2015.03.15
闫晓艳 一路连科	高17cm	126,500	天琅文晖	2015.01.10
玉雕年年有余摆件	高26.5cm	920,000	河南泽华	2015.01.11
张静 黄玉百财摆件	长14cm	55,200	北京正道	2015.11.01
张清雷 和田玉辟邪摆件	高10.2cm	57,500	北京正道	2015.11.01
张清雷 和田玉辟邪摆件	高12cm	46,000	北京正道	2015.11.01
其他摆件				
明 白玉船	宽6.1cm	48,498	中国嘉德	2015.10.06
18世纪 青白玉船	长20.4cm	302,625	香港苏富比	2015.04.07
19世纪 青白玉雕船摆件	长23.5cm	93,915	纽约苏富比	2015.03.21
清 白玉雕船	长12.5cm	11,500	北京匡时	2015.12.05
白玉船	长8.5cm	20,700	中国嘉德	2015.04.02
碧玉嵌白玉船	长21.7cm	17,250	中国嘉德	2015.06.27
青白玉船	长10.5cm	32,200	中国嘉德	2015.04.02
清中期 白玉龙舟摆件	长6.5cm	34,500	北京翰海	2015.06.28
辽 蜜蜡随形雕花卉纹摆件	宽15cm	85,106	佳士得	2015.06.03
辽金 生坑白玉骨节	长3.7cm	83,745	万昌斯	2015.06.01
明以前 玉雕砝码（一组十件）	尺寸不一	23,000	西泠拍卖	2015.04.23
明 白玉莲花佛供	直径11.8cm	400,500	香港苏富比	2015.06.01
明 玉器（一组七件）	长6cm	35,468	万昌斯	2015.06.01
明 和田白玉八宝纹花件	宽8cm	24,548	诚昌国际	2015.12.02
明 和田白玉春山秋水方牌插屏	宽7cm	66,091	诚昌国际	2015.12.01
明清 玉器（一组八件）	高13.9cm	29,557	万昌斯	2015.06.01
可能为明或以后 白玉褐沁枕	宽18.3cm	430,444	纽约佳士得	2015.03.19
清早期孔雀石雕福寿如意灵芝摆件	长14cm	207,000	北京翰海	2015.06.28
清早期 火烧玉桐阴芭蕉摆件	高25cm	184,000	江苏爱涛	2015.01.11
清早期碧玉十八罗汉册页（九开）	高17.5cm	402,500	北京翰海	2015.11.29
清乾隆 白玉五股普巴	长14cm	149,500	泰和嘉成	2015.05.30
清乾隆 白玉御题万年青摆件	高11cm	1,322,500	北京保利	2015.06.07
清乾隆 白玉三多摆件	长11.3cm	667,000	北京匡时	2015.12.05
清乾隆 碧玉刻龙纹书法扁钟（一套九件）	尺寸不一	10,386	书画艺拍	2015.11.28
清乾隆 御制碧玉四诗论册页	高19.4cm	133,413	佳士得	2015.12.02
清中期 白玉瓜迭连绵摆件	高8.5cm	207,000	华艺国际	2015.03.29
清中期 白玉镂雕器座	宽9.2cm	80,500	北京保利	2015.06.07
清 白玉雕莲蓬摆件	长3.5cm	25,300	上海敬华	2015.06.30
清 白玉雕寿桃摆件	高5.5cm	25,300	西泠拍卖	2015.07.05
清 白玉葫芦万代摆件	高11cm	20,700	北京保利	2015.04.25
清 白玉莲子	长5.5cm	11,500	北京保利	2015.04.26
清 白玉满载而归	长6.5cm	29,698	香港淳浩	2015.04.04
清 白玉满载而归	长6.9cm	18,423	香港淳浩	2015.07.30
清 白玉莲蓬摆件	宽6cm	57,500	中国嘉德	2015.11.15
清 白玉梅兰竹菊	高22cm	593,366	澳门中信	2015.11.08
清 白玉访友图诗文插屏	高11.7cm	11,500	北京保利	2015.11.01
清 红木嵌碧玉福寿纹插屏	高32.8cm	74,750	北京翰海	2015.11.29
清 玛瑙瓜果盆景（一组两件）	高27cm	32,200	西泠拍卖	2015.07.05
清 玉雕和谐连理摆件	宽11.7cm	50,438	佳士得	2015.04.06
清 蜜腊刻牡丹纹小山摆件	高约6.5cm	43,618	香港拍得高	2015.03.28
18世纪 青白玉雕本固枝荣摆件	长28cm	1,185,480	佳士得	2015.06.03
18世纪/19世纪 白玉雕（三件）	高6.4cm	58,697	纽约苏富比	2015.03.21

拍品名称	物品尺寸	成交价RMB	拍卖公司	拍卖日期
18世纪/19世纪 琥珀雕“捷报丰收”摆件	长7.8cm	14,339	纽约佳士得	2015.09.17
19世纪 青白玉一夜荣升摆件	长16cm	469,575	纽约佳士得	2015.03.15
民国 青花玉绶带牡丹摆件	高18cm	20,160	上海国拍	2015.05.31
民国 “绿云”绿松石	长47cm	276,000	北京翰海	2015.07.18
民国 珊瑚盆景	高34cm	253,000	北京保利	2015.11.01
白玉籽料摆件	高6.6cm	12,000	上海驰翰	2015.04.24
白玉嵌百宝水仙盆景	高17.5cm	11,500	中国嘉德	2015.04.02
碧玉摆件	厚4.5cm	20,348	纽约佳士得	2015.03.19
碧玉雕凤鸣编钟	高26cm	4,905,000	皇家国际	2015.01.19
碧玉雕兽面纹花插	高9.7cm	2,889,920	AA中国艺海	2015.12.02
碧玉粉晶寿桃盆景（一对）	高84cm	36,800	中国嘉德	2015.04.02
碧玉随形摆件	厚2.7cm	20,348	纽约佳士得	2015.03.19
砗磲亭台楼阁摆件	长88cm	113,850	太平洋	2015.11.21
当代 爱巢		667,000	广东省拍	2015.07.05
当代 花开富贵		747,500	广东省拍	2015.07.05
当代 喜庆丰收	4785g	3,250,000	广东省拍	2015.07.05
粉晶寿桃盆景	高120cm	23,000	中国嘉德	2015.09.20
粉晶寿桃盆景（一对）	高86cm	13,800	中国嘉德	2015.06.27
和田白玉洒金皮原石	重70g	207,000	杭州如愿	2015.01.25
和田白玉洒金皮原石	重70g	63,250	杭州如愿	2015.01.25
和田白玉山料摆件	高18.5cm	287,500	杭州如愿	2015.01.25
和田白玉原石	重110g	704,880	AA中国艺海	2015.08.20
和田碧玉 白菜（百财）摆件	高23cm	552,000	河南泽华	2015.01.11
和田玉褐皮白玉籽玉原石	重约620g	1,201,500	荣盛国际	2015.07.31
和田玉红皮白玉籽玉原石	重约8900g	9,812,250	荣盛国际	2015.07.31
和田玉枣红皮白玉籽玉	重1152g	1,614,816	荣盛国际	2015.01.10
和田玉枣红皮原石籽料	重758g	322,000	杭州如愿	2015.01.25
和田玉籽料原石119颗	重1172g	1,667,500	杭州如愿	2015.01.25
和田籽料 三块	高9.88cm	1,840,000	河南泽华	2015.01.11
和阗带皮白玉籽料B	重65.9g	13,600	景薰楼	2015.06.21
和阗带皮白玉籽料C	重66.8g	17,300	景薰楼	2015.06.21
和阗玉籽料	高26cm	345,000	太平洋	2015.11.21
琥珀秋山无云复无风	长18cm	172,500	北京保利	2015.12.08
黄文中 暗香	高3.5cm	25,300	北京保利	2015.12.08
黄文中 粹秋吟	高5.7cm	40,250	北京保利	2015.12.08
黄文中 南红旭日东升	高4.3cm	11,500	北京保利	2015.12.08
精品仿古龙	高2.9cm	17,250	北京保利	2015.12.08
旧玉雕（五件）	尺寸不一	14,738	香港淳浩	2015.07.30
刘晓波 暗香千缕 独山玉摆件	高12.9cm；高26cm	34,500	西泠拍卖	2015.07.04
刘晓波 梅上枝头 独山玉摆件	高20.1cm	11,500	西泠拍卖	2015.07.04
绿松石荷叶形摆件	高13.5cm	20,700	朵云轩	2015.06.19
绿松石嵌百宝御题诗文盆景	高60cm	17,250	中国嘉德	2015.06.27
玛瑙福禄平安摆件	高21cm	11,500	中国嘉德	2015.09.20
青玉雕百财摆件	高15cm	17,920	上海联合	2015.05.24
邱启敬 碧玉山水·寂	高14cm	69,000	北京正道	2015.11.01
邱启敬 和田青花籽料清趣·墨	高13cm	55,200	北京正道	2015.11.01
邱启敬 寂·光影 青花摆件	长22.3cm	322,000	西泠拍卖	2015.07.04
邱启敬 寂·山步溪桥	长8.2cm	20,700	西泠拍卖	2015.04.18
日本红珊瑚树摆件（一组两件）	宽16.0cm	33,949	保利香港	2015.10.06
珊瑚树枝摆件	重约31.8g	23,000	北京保利	2015.12.08
水晶球连日本铜坐	直径7.6cm	23,479	纽约苏富比	2015.03.21
水晶球连日本铜坐	直径9cm	20,348	纽约苏富比	2015.03.21
天然白玉花中四君子印章摆件		125,941	天成国际	2015.12.06
新疆和田玉秋梨皮白玉籽玉原石	重2500g	6,997,536	荣盛国际	2015.01.10

拍品名称	物品尺寸	成交价RMB	拍卖公司	拍卖日期
张静 遇百财 碧玉摆件	长8.5cm	55,200	西泠拍卖	2015.07.04
张静 遇百财 黄玉摆件	高10.5cm	11,500	西泠拍卖	2015.07.04
周春龙 白玉留皮巧雕终成正果摆件	高3.4cm	28,000	上海联合	2015.11.01
竹林问道	高23cm	33,350	泰和嘉成	2015.11.21
玉 瓶				
明 白玉螭龙葫芦瓶	高13cm	40,250	中鸿信	2015.07.29
明 水晶松纹花瓶	高15.2cm	46,000	江苏爱涛	2015.01.11
明早期 玉雕云龙纹瓶	高18cm	195,500	中鸿信	2015.07.29
清早期 白玉鹿衔枝双龙耳瓶	高13.5cm	59,800	北京翰海	2015.11.29
清早期 水晶瓜形兽耳瓶	高15cm	62,100	泰和嘉成	2015.05.30
清早期 青白玉仿青铜兽耳方瓶	高29cm	138,000	北京保利	2015.06.08
清康熙 白玉吹箫引凤盖瓶	高15.5cm	1,150,000	北京保利	2015.12.08
清乾隆 白玉仿古五子登科饕餮纹链瓶	高27.5cm	1,150,000	北京东正	2015.05.19
清乾隆 白玉高浮雕二龙戏珠饕餮瓶	高16cm	368,000	中鸿信	2015.07.29
清乾隆 白玉蛟龙纹棱形盖瓶	高23cm	598,000	北京匡时	2015.06.06
清乾隆 白玉留皮童子献寿瓶	高18cm	138,000	中鸿信	2015.07.29
清乾隆 白玉龙凤双联瓶摆件	高11.1cm	195,500	上海道明	2015.05.09
清乾隆 白玉兽面纹贯耳瓶	高11cm	575,000	泰和嘉成	2015.05.30
清乾隆 白玉兽面纹铺首瓶	高18.5cm	172,500	泰和嘉成	2015.05.30
清乾隆 白玉小包袱瓶	高8.8cm	23,000	中国嘉德	2015.04.02
清乾隆 白玉御题诗文瓶	高13.5cm	316,400	中鸿信	2015.07.29
清乾隆 白玉雕兽面纹双象耳盖瓶	高23cm	2,875,000	北京匡时	2015.12.05
清乾隆 白玉雕云龙赶珠纹六方瓶	高14.2cm	460,000	北京翰海	2015.11.28
清乾隆 白玉云龙纹瓶	高22cm	2,530,000	北京保利	2015.12.08
清乾隆 白玉苍龙教子六方瓶	高16.5cm	368,000	北京保利	2015.12.09
清乾隆 白玉松竹梅夔凤耳扁瓶	高21.8cm	345,000	北京保利	2015.12.08
清乾隆 碧玉雕仿古纹四瓣式小瓶	高12.4cm	398,313	纽约佳士得	2015.09.17
清乾隆 碧玉雕夔龙纹双联瓶	高12.8cm	189,750	北京保利	2015.06.07
清乾隆 碧玉英雄双联瓶	高23.8cm	1,008,750	香港苏富比	2015.04.07
清乾隆 痕都斯坦风格白玉雕花卉双耳瓶	高18.7cm	1,265,000	厦门华辰	2015.06.20
清乾隆 黄玉雕三螭龙纹扁瓶	高14.2cm	6,321,700	卓艺拍卖	2015.11.21
清乾隆 黄玉浮雕螭龙纹盖瓶	高14cm	2,001,360	香港苏富比	2015.04.07
清乾隆 黄玉双活环耳夔龙纹方瓶	高28cm	4,025,000	中鸿信	2015.07.29
清乾隆 蜜蜡狮耳小花瓶	高10.7cm	300,000	江苏爱涛	2015.01.11
清乾隆 南红玛瑙香料盖瓶	高9.5cm	48,300	远方拍卖	2015.07.01
清乾隆青白玉雕饕餮纹铺首衔环瓶	高18.6cm	63,250	北京翰海	2015.11.28
清乾隆 青白玉雕花卉纹小瓶	高14.9cm	219,135	纽约佳士得	2015.03.15
清乾隆 青白玉团鱼纹方瓶	高15.5cm	345,000	中国嘉德	2015.04.02
清乾隆 水晶兽耳活环龙钮瓶	高39cm	598,000	北京匡时	2015.06.06
清中期 白玉雕宝鸭驮瓶	玉高12.5cm	172,500	北京保利	2015.06.07
清中期 白玉荷莲出戟盖瓶	高7.5cm	23,000	北京翰海	2015.06.28
清中期 白玉留皮兽面纹小盖瓶	高11.5cm	253,000	北京保利	2015.06.06
清中期 白玉梅花凤钮盖瓶	高18cm	230,000	北京保利	2015.06.08
清中期 白玉螭龙纹兽钮盖瓶	高10.1cm	57,500	北京翰海	2015.11.29
清中期 白玉螭龙纹双联瓶	高12.5cm	74,750	北京翰海	2015.11.29
清中期 白玉灵芝象耳衔环瓶	长10cm	28,750	北京翰海	2015.11.29
清中期 白玉龙凤纹双联瓶	长18.7cm	74,750	北京翰海	2015.11.29
清中期 白玉龙凤纹御题诗瓶	高13cm	287,500	八益拍卖	2015.11.01
清中期 白玉盘螭瓶	高12cm	92,000	北京保利	2015.11.01
清中期 青白玉雕荷塘清趣图双龙耳狮钮盖瓶	高35cm	172,500	北京翰海	2015.11.28
清中期 青白玉葫芦挂瓶	高20cm	28,325	诚昌国际	2015.12.02
清中期 碧玉痕都斯坦式兽面纹瓶	高20cm	57,500	中鸿信	2015.07.29

拍品名称	物品尺寸	成交价RMB	拍卖公司	拍卖日期
清中期 火烧玉饕餮纹盖瓶	高25.5cm	460,000	北京匡时	2015.06.06
清中期 水晶雕活环耳大瓶	高35cm	207,000	古天一	2015.06.06
清中期 玉雕虎面纹双龙耳瓶	高27cm	609,500	广州皇玛	2015.07.25
18世纪 灰青玉瓜瓞绵绵纹葫芦瓶	高25.4cm	148,699	纽约苏富比	2015.03.17
18世纪 南红玛瑙巧雕岁寒三友双联瓶	高112cm	616,500	香港苏富比	2015.10.07
18世纪 青白玉雕番莲纹双活环耳盖瓶	高27.5cm	851,063	香港苏富比	2015.06.01
18世纪 青玉雕梅花灵芝纹盖瓶	宽12.7cm	159,325	纽约苏富比	2015.09.15
18世纪/19世纪 白玉饕餮纹瓶	高7cm	39,131	纽约苏富比	2015.03.21
18世纪/19世纪 蜜蜡雕狮钮铺首衔环耳扁盖瓶	高21.9cm	438,144	纽约佳士得	2015.09.17
18世纪/19世纪 青白玉开光胡人献宝图瓶	高25.7cm	420,525	佳士得	2015.06.03
18世纪/19世纪 水晶兽耳盖瓶	高19.5cm	40,050	香港苏富比	2015.06.01
19世纪 白玉雕游龙赶珠小瓶	高10.8cm	119,494	纽约佳士得	2015.09.17
19世纪 白玉饕餮纹瓶	高12cm	140,873	纽约苏富比	2015.03.17
19世纪 青白玉雕鹿鹤同春图盖瓶	高28.9cm	5,799,430	纽约苏富比	2015.09.15
19世纪青白玉镂雕海棠双燕纹盖瓶	高16.8cm	391,313	纽约苏富比	2015.03.17
19世纪 青玉雕鱼跃龙门纹瓶	长17.2cm	203,483	纽约苏富比	2015.03.17
19世纪 青玉饕餮纹龙首衔活环耳盖瓶	高24.1cm	117,394	纽约佳士得	2015.03.15
清 白玉苍龙教子葫芦瓶	高13.2cm	69,000	中鸿信	2015.07.29
清 白玉雕仿青铜纹饰赏瓶	高25.5cm	172,500	西泠拍卖	2015.04.23
清 白玉雕凤鸣在竹纹瓶	高13.7cm	72,800	天津文物	2015.05.22
清 白玉雕福寿双联瓶	高13.5cm	361,859	保利香港	2015.04.06
清 白玉雕葫芦形一路连科圆盖瓶	高13cm	107,350	中鸿信	2015.07.29
清 白玉雕梅花赏瓶	器高20.5cm	218,500	西泠拍卖	2015.07.05
清 白玉花卉纹双耳瓶	高10.4cm	20,700	中国嘉德	2015.04.02
清 白玉链条瓶	高28.5cm	67,200	上海国拍	2015.05.31
清 白玉灵芝双联小瓶	高13.5cm	43,700	中国嘉德	2015.04.02
清 白玉龙纹瓶	高15.5cm	690,000	江苏爱涛	2015.01.11
清 白玉瓶	高10cm	77,597	保利香港	2015.10.06
清 白玉俏皮巧雕夔凤吉庆有余如意耳瓶	高15.8cm	180,800	中鸿信	2015.07.29
清 白玉三羊开泰盖瓶	高17.7cm	92,000	北京保利	2015.06.08
清 白玉狮耳活环方瓶	高11cm	80,500	江苏爱涛	2015.01.11
清 白玉双耳瓶	高16cm	28,750	北京保利	2015.04.26
清 白玉雕喜上梅梢纹花瓶	高12.5cm	172,500	北京东正	2015.11.19
清 白玉鹿衔灵芝瓶	高13cm	17,250	北京保利	2015.11.01
清 白玉罗汉诗文瓶	高20.5cm	41,400	北京保利	2015.11.01
清 白玉人参仙鹤纹盖瓶	高22cm	17,920	上海国拍	2015.11.29
清 白玉花卉纹盖瓶	高23.5cm	92,000	北京保利	2015.12.09
清 黄玉三阳开泰双连盖瓶	长16cm	513,125	佳士得	2015.12.02
清 黄玉兽面纹盖瓶	高21cm	172,500	北京保利	2015.11.01
清 糖白玉瓜瓞绵绵瓶	长17cm	33,600	上海国拍	2015.11.29
清 碧玺雕龙凤纹双联瓶	器高8.8cm	120,750	西泠拍卖	2015.07.05
清 碧玉雕戟耳赏瓶	器高15.7cm	57,500	西泠拍卖	2015.07.05
清 碧玉瓜瓞连绵图瓶	高22.8cm	34,500	中国嘉德	2015.04.02
清 碧玉人物瓶	高18cm	11,500	北京保利	2015.04.26
清 茶晶雕勾云螭龙瓶	高17cm	51,750	上海敬华	2015.06.30
清 茶晶雕卷草龙纹瓶	高35cm	57,500	西泠拍卖	2015.07.05
清 和田玉苍龙教子双耳瓶	高11cm	165,600	南京经典	2015.01.04
清 琥珀雕扁瓶（一对）	高12.8cm	138,000	东正南京	2015.07.02
清 琥珀喜鹊登梅瓶	高17.6cm	437,000	博美拍卖	2015.07.19

2015玉器拍卖成交汇总

(成交价RMB：1万元以上)

拍品名称	物品尺寸	成交价RMB	拍卖公司	拍卖日期
清 旧玉兽面纹贯耳瓶	高22cm	172,500	北京翰海	2015.03.15
清 绿松石兽面活环瓶	高14cm	23,000	北京保利	2015.01.24
清 绿松石雕喜上眉梢小瓶	高9.5cm	86,250	江苏爱涛	2015.01.11
清 玛瑙雕狮耳活环瓶	高13cm	11,500	西泠拍卖	2015.07.05
清 蜜蜡雕菩萨富贵瓶花佩饰及蜜蜡佛珠组套		172,500	古天一	2015.06.06
清 青白玉螭龙纹小瓶	高9.5cm	17,250	中国嘉德	2015.09.20
清 青白玉雕龙凤纹游环盖瓶	高28.4cm	69,000	中鸿信	2015.07.29
清 青白玉雕兽面纹贯耳瓶	高10.5cm	36,800	西泠拍卖	2015.07.05
清 青白玉雕太师少保纹瓶	长13cm	230,000	辽宁中正	2015.06.13
清 青白玉梅花包袱瓶	高13.2cm	40,250	中国嘉德	2015.04.02
清 青白玉云龙纹兽耳扁瓶	高24cm	57,500	中国嘉德	2015.04.02
清 青金石三羊开泰瓶	高16.5cm	36,800	中国嘉德	2015.04.02
清 青金石双耳活环盖瓶	高25.5cm	14,560	上海国拍	2015.05.31
清 青金石饕餮纹盖瓶	高15cm	13,800	北京匡时	2015.06.06
清 水晶雕苍龙教子盖瓶	高12.5cm	36,800	北京诚轩	2015.05.17
清 水晶小瓶	高9.3cm	23,000	东正南京	2015.07.02
清 水晶玉兰灵芝三联瓶	长21.5cm	690,000	北京东正	2015.05.19
清晚期 青白玉雕痕都斯坦式花卉纹盖瓶	高26cm	391,313	纽约苏富比	2015.03.21
清晚期 青白玉福庆有余喜字瓶	高30.1cm	3,220,000	中国嘉德	2015.09.20
清晚期/20世纪 白玉浮雕九螭纹盖瓶及花卉纹茶壶	高15cm；高12cm	40,050	香港苏富比	2015.06.01
20世纪白玉雕痕都斯坦式莲纹盖瓶	高35cm	345,000	中鸿信	2015.07.29
民国 白玉兽面纹小方瓶	高11.8cm	17,250	中国嘉德	2015.09.20
民国 碧玉螭龙纹兽耳衔环瓶	高21.8cm	13,800	中国嘉德	2015.09.20
民国 青金石双耳盖瓶	高20cm	13,440	上海国拍	2015.05.31
民国 青玉沁色兽面纹小瓶	高11cm	32,200	中国嘉德	2015.09.20
白玉缠枝莲纹凤耳瓶	高31cm	59,800	中国嘉德	2015.09.20
白玉缠枝莲纹转心链瓶	高50cm	51,750	中国嘉德	2015.09.20
白玉螭龙纹瓶	高15cm	704,880	AA中国艺海	2015.06.20
白玉雕凤纹龙衔活环耳盖瓶	高30.5cm	3,107,880	佳士得	2015.06.03
白玉花卉纹链瓶	高42.5cm	34,500	中国嘉德	2015.09.20
白玉龙纹如意瓶	高22cm	3,240,000	香港铮鼎	2015.04.28
白玉山水人物纹瓶	高24cm	36,800	中国嘉德	2015.09.20
白玉深山访友图瓶	高25cm	48,300	中国嘉德	2015.06.27
白玉兽面纹瓶	高14.7cm	20,700	中国嘉德	2015.04.02
白玉英雄瓶	高13cm	13,800	中国嘉德	2015.09.20
碧玉兽面纹凤耳方瓶	高18.5cm	10,350	中国嘉德	2015.06.27
当代 白玉雕宝相花纹游环盖瓶	高23.8cm	322,000	中鸿信	2015.07.29
当代 和田白玉雕宝相花纹吊链瓶一对	高48.5cm	402,500	中鸿信	2015.07.29
当代 净瓶观音		1,840,000	广东省拍	2015.07.05
和田白玉 仿古瓶	高23cm	48,300	河南泽华	2015.01.11
和田白玉 镂空长链瓶摆件	高39.7cm	805,000	河南泽华	2015.01.11
和田白玉 双喜瓶	高29cm	920,000	河南泽华	2015.01.11
和田白玉 天元对瓶	高21.5cm	1,035,000	河南泽华	2015.01.11
和田碧玉挂瓶	高34cm	20,700	包盈国际	2015.11.15
和田碧玉镂空转心瓶	高61cm	126,500	包盈国际	2015.11.15
和田碧玉双耳盖瓶	高42.5cm	920,000	杭州如愿	2015.01.25
和田青白玉瓶一对	高17cm×2	44,800	山东图腾	2015.05.24
和田糖玉花卉双耳活环盖瓶	高48.5cm	402,500	杭州如愿	2015.01.25
和田籽料 凤凰耳瓶	高18.5cm	1,495,000	河南泽华	2015.01.11
和田籽料 冠上加冠瓶	高13.5cm	1,265,000	河南泽华	2015.01.11
黄玉兽面纹兽耳瓶	高23.5cm	264,500	中国嘉德	2015.06.27

拍品名称	物品尺寸	成交价RMB	拍卖公司	拍卖日期
黄玉象耳衔环链瓶	高51.5cm（含架）	24,150	中国嘉德	2015.06.27
青白玉缠枝莲纹凤耳瓶	高29.5cm	23,000	中国嘉德	2015.04.02
青白玉缠枝莲纹链瓶	高50cm（含架）	25,300	中国嘉德	2015.04.02
青白玉雕夔龙纹盖瓶	高26cm	3,964,950	AA中国艺海	2015.07.12
青白玉花卉纹瓶	高18.1cm	18,400	中国嘉德	2015.04.02
青白玉留皮福禄小瓶	高8.4cm	13,800	中国嘉德	2015.04.02
青玉螭龙双耳盖瓶	高8.8cm	46,958	纽约佳士得	2015.03.15
青玉刻花瓶套组	尺寸各一	165,807	澳门中道	2015.01.30
青玉寿字瓶 青玉觥各一件	高17.8cm；高10cm	25,300	中国嘉德	2015.09.20
青玉双耳盖瓶	高18cm	2,026,530	AA中国艺海	2015.07.19
兽面纹双耳四方玉瓶	通高17.1cm	3,139,920	荣盛国际	2015.01.10
溪玉阁玉雕工作室 远黛 白玉瓶		11,500	西泠拍卖	2015.07.04
现代 珊瑚雕花鸟纹盖瓶	重323g	126,500	辽宁中正	2015.06.13
杨光 青玉蜂腰鼻烟瓶	高9.9cm	11,500	北京正道	2015.11.01
俞艇 流芳意倘 白玉对瓶	高6.4cm×2	23,000	西泠拍卖	2015.04.18
俞艇 香复郁 黄玉闻香瓶	高7.4cm	57,500	西泠拍卖	2015.04.18
玉龙纹盖瓶	高24cm	3,083,850	AA中国艺海	2015.07.11
朱晓明 白玉雕花卉纹平安瓶	高15.5cm	112,000	上海联合	2015.11.01
玉 尊				
清乾隆 白玉雕双凤纹尊	直径16.9cm	805,000	北京东正	2015.11.19
清中期 白玉雕英雄花觚式仿古尊	高22.3cm	230,000	中鸿信	2015.07.29
清 "朱彝尊"铭玉带敞池端砚	长16.4cm	86,250	东正南京	2015.07.02
清 白玉降龙罗汉	高9cm	16,800	上海国拍	2015.05.31
清 黄玉饕餮纹出戟尊	高34cm	67,200	上海国拍	2015.05.31
18世纪 白玉天鸡形提梁盖尊	高12cm	313,050	纽约苏富比	2015.03.17
18世纪/19世纪 水晶英雄盖尊		71,850	伦敦苏富比	2015.05.13
19世纪 黄玉袖珍出戟尊	高7.2cm	20,025	香港苏富比	2015.06.01
白玉兽面纹出戟尊	高22.5cm	103,500	中国嘉德	2015.06.27
白玉天鹅尊	高15cm	599,148	AA中国艺海	2015.06.20
碧玉圆雕瑞兽平安尊	高16cm	1,630,035	AA中国艺海	2015.07.11
黄立璟 和田白玉原石至尊摆件	重296g	138,000	杭州如愿	2015.01.25
民国 碧玉天鸡尊	高17.5cm	25,300	中国嘉德	2015.06.27
玉觥、玉觞、玉罍、玉觯				
汉 水晶羽觞	宽13cm	19,399	中国嘉德	2015.10.06
清乾隆白玉雕龙凤耳夔龙蕉叶纹觥	高22cm	1,150,000	北京东正	2015.05.19
清乾隆 青金石雕兽面纹牺首罍	高29.4cm	483,000	北京诚轩	2015.05.17
清乾隆 白玉螭龙纹觥	高14.2cm	205,500	香港苏富比	2015.10.07
清乾隆 白玉龙纹觥	高20.7cm	1,840,000	北京保利	2015.12.08
清 白玉龙耳觥	高15cm	57,500	北京保利	2015.01.24
清 白玉兽面纹觥	长11cm	13,800	中国嘉德	2015.04.02
清 白玉仿青铜瑞兽觥	长15cm	6,321,700	卓艺拍卖	2015.11.21
清 青玉兽面纹觥	长20.4cm	23,000	中国嘉德	2015.06.27
清 黄玉雕螭龙纹仿青铜觥	高14cm	4,967,050	卓艺拍卖	2015.11.18
白玉仿古龙柄觥	高20cm	2,528,680	AA中国艺海	2015.12.02
白玉螭龙纹觥杯	高18cm	528,660	AA中国艺海	2015.08.05
青白玉雕仿古兽面纹觥	高19cm	1,638,846	AA中国艺海	2015.08.20
青白玉觥	高20cm	23,000	中国嘉德	2015.09.20
玉 觚				
元 白玉高浮雕龙凤纹花觚	高26cm	3,450,000	北京翰海	2015.11.29
明 火烧玉觚及玉琮	觚高19.5cm	57,136	保利香港	2015.04.06
清乾隆 碧玉雕仿古饕餮纹出戟花觚（一对）	高26cm	690,000	北京保利	2015.06.08
清中期 白玉仿古兽面蕉叶纹象耳活环方觚	高15cm	345,000	北京保利	2015.12.09
清 白玉兽面纹花觚	高11cm	34,500	北京保利	2015.04.25

拍品名称	物品尺寸	成交价RMB	拍卖公司	拍卖日期
清 水晶“螭龙”纹花觚配碧玉座	高25.4cm	54,188	万昌斯	2015.06.01
清 黄玉雕蟠虺蕉叶纹花觚	高17.5cm	16,255,800	卓艺拍卖	2015.11.18
清 绿松石龙凤纹出戟花觚	高11cm	34,500	北京翰海	2015.11.28
白玉兽面纹方花觚	高28cm	46,000	中国嘉德	2015.04.02
黄玉雕蟠虺蕉叶纹花觚	高17.5cm	2,257,750	AA中国艺海	2015.12.02
青白玉兽面纹花觚	高20.7cm	32,200	中国嘉德	2015.09.20
玉 鼎				
清中期 白玉雕兽面纹龙钮双耳方鼎	长19.0cm	184,000	上海泓盛	2015.06.20
清 南红玛瑙雕九芝炉鼎	高4.5cm	45,400	博美拍卖	2015.07.19
清 水晶四方鼎	高9cm	48,300	古天一	2015.06.06
和田碧玉 仿古对鼎	高8.5cm	345,000	河南泽华	2015.01.11
玉 壶				
明万历 水晶雕方壶	长17.7cm	253,000	北京翰海	2015.11.28
明 白玉仿青铜器提梁壶	高13.5cm	690,000	北京翰海	2015.11.29
明 痕都斯坦式白玉西番莲纹执壶	高15.2cm	218,500	北京匡时	2015.12.05
明 灰青玉“鹿鹤同春”图执壶	高18.1cm	151,359	纽约佳士得	2015.09.17
明晚16/17世纪 青玉雕桃形开光龙戏珠纹带盖执壶	高22.5cm	219,135	纽约佳士得	2015.03.15
清早期 白玉雕凤纹酒壶	长14cm	172,500	广州皇玛	2015.01.17
清早期 玛瑙壶	高10cm	29,900	广州皇玛	2015.01.17
清乾隆 白玉痕都斯坦式西番莲执壶	高10.5cm	1,150,000	北京东正	2015.05.19
清乾隆 碧玉雕兽面纹活环耳壶	高22cm	700,875	佳士得	2015.06.03
清乾隆 水晶雕石榴花果纹茶壶	高14.5cm	149,500	北京匡时	2015.06.07
清中期 白玉雕龙首壶	高18.2cm	287,500	中国嘉德	2015.11.14
18世纪 白玉雕龙柄执壶	高15.5cm	383,325	佳士得	2015.04.06
18世纪 墨白玉双活环耳扁壶	高23.6cm	2,001,360	香港苏富比	2015.04.05
18世纪/19世纪 灰青玉羊首茶壶	高18cm	150,188	香港苏富比	2015.06.01
18世纪末/19世纪初 青白玉开光花卉纹双耳扁壶	高18.9cm	239,500	伦敦苏富比	2015.05.13
19世纪 灰白玉雕凤纹小壶	高12.6cm	31,305	纽约佳士得	2015.03.15
清 玛瑙壶	高9.5cm	23,000	中国嘉德	2015.09.20
清 青白玉仿皮囊壶	高11.5cm	13,800	中国嘉德	2015.06.27
清 青白玉兽面纹提梁壶	高13.5cm	32,200	中国嘉德	2015.06.27
清 青玉龙耳壶	高14cm	28,750	中国嘉德	2015.06.27
清 瘿木玛瑙巧雕各式鼻烟壶四只	尺寸各一	17,250	中鸿信	2015.07.29
清晚期/民国 水晶方执壶、玛瑙镂雕灵芝纹洗及青金石罗汉图山子	壶高15cm	240,300	香港苏富比	2015.06.01
民国 青白玉兽面纹提梁壶	高28.5cm	25,300	中国嘉德	2015.04.02
白玉雕宝相花莲钮茶壶	长18cm	2,202,750	AA中国艺海	2015.07.19
白玉珐琅彩鼻烟壶	高5.5cm	881,100	AA中国艺海	2015.07.12
白玉莲瓣诗文壶	高16cm	5,110,380	AA中国艺海	2015.07.12
白玉龙纹方壶	宽14cm	1,585,980	AA中国艺海	2015.06.20
白玉执壶	高17cm	3,083,850	AA中国艺海	2015.07.19
白玉喜上眉梢提梁壶	高20cm	34,500	太平洋	2015.11.21
碧玉云龙纹活环象耳盖壶	高31.5cm	1,435,929	AA中国艺海	2015.12.02
当代 汪黎特白玉雕龙首壶拓跋	高137.5cm	28,750	中国嘉德	2015.11.14
范栋强 守护壶	壶高11.5cm	201,600	北京荣宝	2015.06.21
冯钤 浓 青花玉壶（含二杯）	壶高6.2cm	51,750	西泠拍卖	2015.04.18
冯钤 一瓢细酌邀桐君白玉瓦当壶	高8cm	36,800	西泠拍卖	2015.07.04
高毅进 水烟壶	高25.7cm	161,000	西泠拍卖	2015.04.18
和田玉鼻烟壶	高7cm	572,715	AA中国艺海	2015.07.19
和田玉回纹福寿薄胎壶	高14cm	161,000	北京正道	2015.11.01
和田玉玉壶（一套）	重232g	115,000	杭州如愿	2015.01.25
和田玉籽料青花山水壶	高9.7cm	90,850	尚品润博	2015.01.11
蒋大雄 青玉雕异形石瓢壶	高10.1cm	56,000	上海联合	2015.05.24

拍品名称	物品尺寸	成交价RMB	拍卖公司	拍卖日期
蒋大雄 糖玉小茶壶		24,640	上海联合	2015.05.24
青玉提梁壶	高16cm	10,573,200	AA中国艺海	2015.07.19
瞿利军品茗听雨白玉茶壶（一组）	壶高6.5cm	138,000	西泠拍卖	2015.07.04
藤系白玉壶	高24cm	56,718	香港龙玺	2015.09.19
杨光 玉壶冰心 白玉壶	长7.5cm	80,500	西泠拍卖	2015.04.18
张静 静逸 白玉香草纹壶	长9.5cm	11,500	西泠拍卖	2015.07.04
张静 青玉壶	高6.2cm	17,250	北京正道	2015.11.01
玉 罐				
战国 碧玉饕餮纹盖罐	高11cm	8,019,528	卓艺拍卖	2015.11.21
16世纪/17世纪 蒙兀儿白玉叶耳罐	宽12.5cm	5,799,240	佳士得	2015.06.03
18世纪 青白玉系璧纹罐	宽10cm	280,350	佳士得	2015.06.03
清 玛瑙缠枝莲盖罐	高20cm	103,500	北京保利	2015.11.01
和田玉回纹活环双耳薄胎香罐	高9.5cm	109,250	北京正道	2015.11.01
钱子良 和田玉菊瓣钮双耳香罐	高8.0cm	46,000	北京正道	2015.11.01
玉 匜				
元 火烧玉龙纹匜	宽14cm	299,000	北京保利	2015.06.08
明 白玉雕“龙凤”“乳丁”纹匜	长13cm	25,616	万昌斯	2015.06.01
明 青白玉雕龙耳匜	长11.1cm	35,840	天津文物	2015.05.22
清 青白玉雕乳丁龙凤纹匜	宽14.5cm	20,700	北京保利	2015.06.08
马洪伟刻 青玉夔龙纹匜	长9.2cm	46,000	福建东南	2015.05.24
杨光 白玉贵妃匜	长15.3cm	2,185,000	中国嘉德	2015.05.16
杨光 龙踞齐天 青玉匜	长13.6cm	115,000	西泠拍卖	2015.04.18
杨光 若古 碧玉匜	高6cm	20,700	西泠拍卖	2015.04.18
玉炉(香熏)				
宋 旧玉镂雕万字纹带盖琴炉	直径7cm	38,798	中国嘉德	2015.10.06
元/明 银镶旧玉螭龙璧鸳鸯钮四足炉	高27cm	138,000	中鸿信	2015.07.29
明 白玉兽面双耳四足炉	高6.5cm	46,000	北京翰海	2015.06.28
清乾隆 白玉雕仿古饕餮纹螭龙耳三足盖炉	高14cm	2,358,010	纽约苏富比	2015.09.15
清乾隆 白玉雕兽面内菊瓣纹龙钮盖炉	直径17.5cm	920,000	北京保利	2015.06.08
清乾隆 白玉雕饕餮纹双龙活环耳三足盖炉	高20.5cm	2,098,200	香港苏富比	2015.04.07
清乾隆 白玉雕饕餮云蝠纹活环耳长方熏炉	高15.3cm	554,813	香港苏富比	2015.04.07
清乾隆 白玉龙纹九如盖炉	宽17.5cm	3,335,000	北京保利	2015.06.06
清乾隆 白玉镂雕百花香熏	高15cm	253,000	北京保利	2015.06.06
清乾隆 白玉饕餮纹簋式炉	高9.3cm	1,725,000	北京东正	2015.05.19
清乾隆 白玉饕餮纹双耳炉	长19.5cm	36,800	中鸿信	2015.07.29
清乾隆 白玉饕餮纹瑞兽耳炉	长16cm	805,000	泰和嘉成	2015.11.21
清乾隆 白玉“九如”双环耳盖炉	宽21cm	2,875,000	北京保利	2015.12.08
清乾隆 白玉双环耳三足鼎式炉	高19cm	1,150,000	北京保利	2015.12.08
清乾隆 碧玉雕缠枝纹香炉	宽17.5cm	253,000	北京保利	2015.06.07
清乾隆 水晶琴炉	高3.5cm	40,250	江苏爱涛	2015.01.11
清乾隆/嘉庆 白玉雕夔凤纹龙衔活环耳三足盖炉	宽19.5cm	3,299,547	纽约佳士得	2015.03.15
清中期 白玉鬲式炉	高4.5cm	126,500	北京保利	2015.06.07
清中期 青白玉兽面纹双耳炉	宽13cm	46,000	北京保利	2015.04.26
清中期 青玉弦纹小筒式炉	直径6.6cm	13,800	中国嘉德	2015.04.02
清嘉庆 碧玉炉、瓶、盒三事	高3.8cm	632,500	中贸圣佳	2015.05.20
清 白玉雕夔龙捧寿三足炉	直径10.4cm	69,000	中鸿信	2015.07.29
清 白玉雕角端形盖炉	高7.8cm	302,625	佳士得	2015.04.06
清 白玉雕鸾凤耳龙钮香炉	高22.5cm	97,750	上海敬华	2015.06.30
清 白玉山水人物香熏	高26.5cm	782,000	中贸圣佳	2015.05.20

拍品名称	物品尺寸	成交价RMB	拍卖公司	拍卖日期
清 白玉兽耳衔环狮钮炉	高13.7cm	20,700	中国嘉德	2015.06.27
清 白玉兽面炉	直径12cm	92,000	北京保利	2015.01.24
清 白玉透雕八吉祥香熏	高6.9cm	113,500	博美拍卖	2015.07.19
清 白玉香炉	宽13cm	11,500	北京保利	2015.01.24
清 白玉双天鸡耳香薰	宽12cm	29,900	北京保利	2015.11.01
清 碧玉雕簋式炉	高17cm	621,000	江苏爱涛	2015.01.11
清 碧玉雕活环兽耳炉	器高11cm	92,000	西泠拍卖	2015.07.05
清 碧玉饕餮纹出戟螭耳炉	宽23.3cm	115,000	中国嘉德	2015.05.16
清 仿古兽面三足玉炉	高21cm	1,806,200	卓艺拍卖	2015.11.21
清 痕都斯坦玛瑙双耳炉摆件	通高4cm	20,700	西泠拍卖	2015.07.05
清 黄玉龙纹香熏	长6.5cm	17,250	北京保利	2015.01.24
清 青白玉镂雕花卉纹熏炉	高12.5cm	402,500	北京匡时	2015.06.07
清 青金石雕龙纹鼎式炉	高12.8cm	34,500	北京翰海	2015.11.28
清 双耳花卉玉盖炉	高18cm	16,255,800	卓艺拍卖	2015.11.18
清 水晶雕炉瓶盒三式	尺寸不一	57,500	西泠拍卖	2015.07.05
清 水晶琴炉	直径5.1cm	69,000	八益拍卖	2015.11.01
18世纪/19世纪 碧玉凤纹龙耳盖炉	高20.1cm	513,125	佳士得	2015.12.02
18世纪 白玉狮钮香炉	长13.3cm	469,640	帝图艺术	2015.04.12
18世纪 青白玉雕吉祥纹炉	长15.6cm	125,220	纽约苏富比	2015.03.17
18世纪 青白玉雕牡丹活环耳小炉	宽12cm	203,483	纽约佳士得	2015.03.15
18世纪青白玉兽面纹出戟朝冠耳炉	宽19cm	290,988	中国嘉德	2015.10.06
18世纪/19世纪 碧玉博山炉	高18cm	250,440	纽约佳士得	2015.03.15
18世纪/19世纪 碧玉雕饕餮纹龙耳盖炉	高22.8cm	254,920	纽约佳士得	2015.09.17
19世纪 白玉薄胎雕卷草菊纹盖炉	高13.5cm	172,500	中鸿信	2015.07.29
19世纪 碧玉雕狮钮兽耳衔环炉	高14.2cm	43,700	博美拍卖	2015.07.19
19世纪 青白玉镂雕牡丹纹花熏	高14.3cm	310,388	香港苏富比	2015.06.01
19世纪 日本制珊瑚刻云龙纹三足盖炉	高13.3cm	127,460	纽约佳士得	2015.09.17
清晚期 碧玉雕三足炉	高17.5cm	253,000	江苏爱涛	2015.01.11
清晚期 青白玉雕龙耳活环盖炉	高17.1cm	62,610	纽约苏富比	2015.03.21
民国 碧玉螭龙纹狮耳衔环炉	长13.6cm	23,000	中国嘉德	2015.09.20
民国 青白玉福寿如意双耳环炉	宽15.5cm	31,647	香港雅盛	2015.10.05
民国 青白玉兽面纹鼎式炉	高16cm	20,700	中国嘉德	2015.04.02
民国 珊瑚雕十二生肖熏炉	高11cm	230,000	北京保利	2015.12.09
白玉缠枝莲纹凤耳炉	长19cm	34,500	中国嘉德	2015.09.20
白玉缠枝莲纹象耳衔环炉	长20.7cm	43,700	中国嘉德	2015.09.20
白玉雕三足兽耳香炉	长13.4cm	34,500	福建东南	2015.05.24
白玉凤耳三足炉	长14cm	34,500	中国嘉德	2015.09.20
白玉蝠耳衔环炉	长16.2cm	36,800	中国嘉德	2015.06.27
白玉海棠形炉	长13.4cm	17,250	中国嘉德	2015.06.27
白玉莲瓣炉	长13.8cm	34,500	中国嘉德	2015.04.02
白玉炉（两件）	长13cm；长11c	23,000	中国嘉德	2015.06.27
白玉炉（四件）	长9.5cm；长7cm	10,350	中国嘉德	2015.04.02
白玉炉瓶三式	尺寸不一	25,300	中国嘉德	2015.09.20
白玉兽耳炉 瓶各一件	长15cm；高11.3cm	23,000	中国嘉德	2015.06.27
白玉兽面纹朝冠耳炉	长18cm	25,300	中国嘉德	2015.06.27
白玉兽面纹鼎式炉	高15.3cm	18,400	中国嘉德	2015.06.27
白玉双耳炉	长11cm	17,250	中国嘉德	2015.06.27
白玉双龙纹盖炉	宽17cm	1,656,468	AA中国艺海	2015.06.20
碧玉鼎式炉	高31cm	25,300	中国嘉德	2015.06.27
碧玉兽面纹炉瓶三式	高13.1cm	86,250	中国嘉德	2015.06.27
碧玉兽面纹炉瓶三式	高14.5cm	59,800	中国嘉德	2015.09.20
碧玉双耳炉、扳指及勒子（一套）	长5.3cm	25,300	北京正道	2015.11.01
范同生 白玉香炉	长5.3cm	145,600	北京荣宝	2015.06.21
高毅进 富贵如意 白玉三足链炉		4,255,000	西泠拍卖	2015.04.18
和田白玉双耳炉	长19cm	47,265	香港龙玺	2015.09.19
江春源 流风余韵 白玉海棠链炉		23,345,000	西泠拍卖	2015.04.18
蒋大雄 墨玉双兽耳饕餮纹香熏	高11cm（连座）	31,360	上海联合	2015.05.24
蒋大雄 青花香熏（配紫檀座）	高14.3cm	40,320	上海联合	2015.05.24
蒋大雄 青花制香炉	直径11cm	582,400	上海联合	2015.05.24
蒋大雄 糖玉雕兽耳香熏炉	高7.7cm	76,160	上海联合	2015.05.24
蒋大雄 青花香熏	高10.5cm	20,160	上海联合	2015.11.01
蒋大雄 青花雕甪端香熏	高10cm	56,000	上海联合	2015.11.01
近代 碧玉龙钮炉	高21cm	25,300	北京保利	2015.01.24
马洪伟 斑斓溯古 青玉炉	长8.9cm	13,800	西泠拍卖	2015.04.18
马洪伟 凝萃浮生 青玉鬲炉	长7.1cm	11,500	西泠拍卖	2015.04.18
马洪伟 烟云袅袅 青玉香炉	长7.3cm	32,200	西泠拍卖	2015.04.18
马洪伟 盈辉 玛瑙桥耳炉	长8cm	11,500	西泠拍卖	2015.07.04
马洪伟云烟弥乐青玉香炉（一组）	尺寸不一	25,300	西泠拍卖	2015.07.04
马洪伟 青玉马槽炉	长10.5cm	46,000	北京正道	2015.11.01
马洪伟 玛瑙过桥耳炉	长7.9cm	34,500	北京正道	2015.11.01
马洪伟 青玉冲耳方槽炉		34,500	北京正道	2015.11.01
马洪伟 青玉戈耳簋式炉	长9.6cm	34,500	北京正道	2015.11.01
和田玉祝福及回纹钵式炉（一对）	长5.4cm；长5.4cm	23,000	北京正道	2015.11.01
和田玉回纹活环薄胎手炉	长6.8cm	55,200	北京正道	2015.11.01
蒋喜 白玉雕双兽耳香炉	长5.13cm	66,700	中国嘉德	2015.11.16
青白玉缠枝莲纹朝冠耳炉	长19cm	20,700	中国嘉德	2015.06.27
青白玉缠枝莲纹炉	长19.3cm	20,700	中国嘉德	2015.04.02
青白玉缠枝莲纹象耳衔环炉	长21cm	299,000	中国嘉德	2015.06.27
青白玉桃耳炉	长13.6cm	20,700	中国嘉德	2015.04.02
青玉螭龙团寿字蚰耳炉	长15cm	21,850	中国嘉德	2015.04.02
青玉双耳套环盖炉	高19cm	2,246,805	AA中国艺海	2015.07.11
青玉香炉	直径20cm	85,077	香港龙玺	2015.09.19
溪玉阁玉雕工作室 古韵添芳 白玉香炉	长10.3cm	36,800	西泠拍卖	2015.04.18
溪玉阁玉雕工作室 天高云淡 白玉香炉	长10.3cm	13,800	西泠拍卖	2015.07.04
杨光 碧玉香炉	高5.6cm	63,250	中国嘉德	2015.05.16
杨光 酣歌 碧玉香炉	直径5.3cm	17,250	西泠拍卖	2015.04.18
杨光 见素抱朴 墨玉盘香炉	长9.5cm	115,000	西泠拍卖	2015.07.04
杨光 晴望 碧玉香炉	直径5.5cm	20,700	西泠拍卖	2015.04.18
杨光 碧玉双兽耳螺丝扣香炉	高6.3cm	40,250	北京正道	2015.11.01
杨光 和田玉籽料丰腴手炉	径3.9cm	32,200	北京正道	2015.11.01
杨文双 碧玉兽面纹三足炉	径5.2cm	46,000	北京正道	2015.11.01
俞挺 和田玉籽料莲瓣纹香炉	径7.5cm	155,250	北京正道	2015.11.01
朱晓明 青花墨碧雕凤耳兽面纹香炉	长21cm	28,000	上海联合	2015.11.01
朱晓明 青花墨碧簋式炉	长17cm	39,200	上海联合	2015.11.01
玉 盒				
明早期 玛瑙包金凤穿花香盒	直径4.8cm	34,500	中国嘉德	2015.11.15
明 白玉螭龙纹三层香盒	长7cm	575,000	北京保利	2015.06.07
明 白玉松鹤桃蝠纹三层盖盒	宽8.3cm	180,225	佳士得	2015.06.03
明 白玉雕荔枝纹香盒	长7×7×3.8cm	218,500	北京保利	2015.12.08
明 黄玉香盒	直径6.7cm	310,500	江苏爱涛	2015.01.11
明 玛瑙桃形香盒	长8cm	74,750	东方大观	2015.11.17
明 玛瑙雕养墨堂款盖盒	长7.5cm	126,500	东正南京	2015.07.02
明末清早期 白玉雕多利香盒	高2.2cm	230,000	西泠拍卖	2015.07.05
清乾隆 白玉雕八吉祥活环三羊开泰奁盒	直径18.4cm	2,969,760	香港苏富比	2015.04.07
清乾隆 白玉雕瓜蝶纹盖盒	长8.5cm	897,000	厦门华辰	2015.06.20

拍品名称	物品尺寸	成交价RMB	拍卖公司	拍卖日期
清乾隆 白玉雕痕都斯坦花草纹游环盖盒	长12.5cm	253,000	中鸿信	2015.07.29
清乾隆 白玉雕鱼形盖盒	长14cm	575,000	远方拍卖	2015.07.01
清乾隆 白玉蝶式盖盒	直径65cm	873,375	香港苏富比	2015.10.07
清乾隆 白玉龙凤呈祥盖盒	直径5.9cm	230,000	北京东正	2015.05.19
清乾隆 白玉香盒	口径4.2cm	126,500	西泠拍卖	2015.07.05
清乾隆 白玉雕福寿纹印盒	直径7.2cm	782,000	北京匡时	2015.12.05
清乾隆 白玉岁岁平安双喜捧盒	直径15cm	4,370,000	中国嘉德	2015.11.15
清乾隆 白玉透雕云龙纹方香盒	长8.3cm	179,389	宝港国际	2015.11.28
清乾隆 白玉鹌鹑盖盒（一对）	长10.5cm	690,000	北京保利	2015.12.08
清乾隆 碧玉福寿双全纹盖盒	长7.5cm	17,250	泰和嘉成	2015.11.21
清乾隆 碧玉雕缠枝纹盖盒	长7cm	86,250	北京保利	2015.06.07
清乾隆 痕都斯坦白玉盖盒	高10cm	402,500	八益拍卖	2015.04.26
清乾隆 青白玉牡丹盖盒	直径12cm	350,438	香港苏富比	2015.06.01
清乾隆 水晶雕寿字香盒	直径7.1cm	24,150	东正南京	2015.07.02
清嘉庆 白玉嵌碧玉仿古铜团寿盖盒	直径5.3cm	1,012,000	北京保利	2015.06.07
清中期 白玉芝仙祝寿方盒	长5.7cm	51,750	江苏爱涛	2015.01.11
清中期 白玉海棠式盖盒	长8.5cm	195,500	北京保利	2015.06.07
清中期 白玉洒金太平有象盒	长9cm	59,800	北京翰海	2015.06.28
清中期 白玉松下人物菱形盒	长11.3cm	23,000	北京翰海	2015.06.28
清中期 白玉龙凤纹格盒	长10cm	17,250	北京翰海	2015.11.29
18世纪 白玉折扇形盖盒	长9.9cm	234,788	纽约佳士得	2015.03.15
18世纪 青白玉五福捧寿纹圆盖盒	直径7.6cm	35,925	伦敦苏富比	2015.05.13
18世纪/19世纪 痕都斯坦式白玉嵌宝饕餮纹盖盒	直径8cm	300,375	香港苏富比	2015.06.01
19世纪 白玉干卦龙纹方盖盒	直径10.6cm	130,163	香港苏富比	2015.06.01
19世纪 青白玉痕都斯坦式双瑞兽托镂雕卷草纹椭圆盖盒	长18cm	207,123	纽约佳士得	2015.09.17
19世纪 青白玉太平有象摆件及碧玉海棠式盒配青玉盖	长12cm，长8cm	210,263	香港苏富比	2015.06.01
清 白褐玉筒形盖盒	高8.9cm	50,871	纽约佳士得	2015.03.19
清 白玉“年年有余”嵌宝铜盒	长9.1cm	33,498	万昌斯	2015.06.01
清 白玉“松鹤延年”嵌饰配木盒	长10.6cm	21,675	万昌斯	2015.06.01
清 白玉八宝捧寿盒	长17.3cm	552,000	江苏爱涛	2015.01.11
清 白玉雕福寿盒	直径5cm	23,000	西泠拍卖	2015.07.05
清白玉雕福寿梅花香盒（一对）	高1.6cm	59,800	西泠拍卖	2015.07.05
清 白玉雕梅花盖盒	直径8.8cm	138,000	西泠拍卖	2015.07.05
清 白玉雕三多御题诗香盒	长7.8cm	310,500	西泠拍卖	2015.07.05
清 白玉海棠花方盒	长5.8cm	241,500	江苏爱涛	2015.01.11
清 白玉题诗盖盒	长7.3cm	40,250	北京保利	2015.06.08
清 白玉小香盒	直径5.3cm	20,700	江苏爱涛	2015.01.11
清 白玉云龙纹香盒	长8.2cm	20,700	中国嘉德	2015.04.02
清 碧玉龙纹香盒	直径6cm	103,500	江苏爱涛	2015.01.11
清 冰糖玛瑙长方盖盒	长11.6cm	34,500	北京保利	2015.06.07
清 玛瑙雕鸟形描金盒子	长10cm	35,925	宝港国际	2015.06.02
清 玛瑙雕菊瓣盒	直径5.7cm	30,788	佳士得	2015.12.02
清 乾隆年制款琥珀料胎画珐琅松鹤延年香盒	直径9cm	46,000	西泠拍卖	2015.07.05
清 青白玉镂空香盒	长8.5cm	46,000	中国嘉德	2015.05.16
清 水晶雕鹌鹑盖盒（一对）	长9cm×2	40,250	北京匡时	2015.06.07
清 各式嵌珊瑚藏经盒（一组）	尺寸不一	74,750	北京保利	2015.11.01
清 青白玉雕宝相莲花盖盒	直径14.5cm	126,500	北京保利	2015.12.09
欧洲 水晶及铜鎏金首饰盒	长13cm	13,800	北京保利	2015.12.08
白玉福寿纹盒	长10cm	23,000	中国嘉德	2015.04.02
白玉三耳衔环盖盒	高9.5cm	902,000	北京中联	2015.01.18

拍品名称	物品尺寸	成交价RMB	拍卖公司	拍卖日期
白玉桃形盒	长16cm	28,750	中国嘉德	2015.09.20
殷建国 还持今岁色 碧玉香盒	直径5cm	11,500	西泠拍卖	2015.04.18
殷建国 合欢 碧玉香盒	直径5.4cm	11,500	西泠拍卖	2015.04.18
银镶青白玉如意纹盖盒	宽15.5cm	43,044	纽约佳士得	2015.03.15
玉奁				
清乾隆 碧玉八吉祥纹莲形奁	直径11.4cm	400,500	佳士得	2015.06.03
清乾隆 白玉皮球花纹盖奁	宽17cm	2,300,000	北京保利	2015.12.08
清乾隆 白玉四时花卉方奁	长14cm；高11cm	4,025,000	北京保利	2015.06.06
玉奁	重1102g	1,321,650	AA中国艺海	2015.06.20
玉盘				
清早期 白玉芦雁长方盘	长14.6cm	230,000	北京翰海	2015.06.28
清乾隆 白玉方盘	长14.5cm	32,200	北京保利	2015.04.26
清乾隆 碧玉八宝捧寿纹盘	直径23.7cm	414,000	江苏爱涛	2015.01.11
清乾隆 碧玉菊瓣纹盘	直径14.3cm	45,200	辽宁建投	2015.08.30
18世纪白玉撇口圆盘连镂空云蝠座	直径23.5cm	1,210,500	香港苏富比	2015.04.07
19世纪 青白玉盘	直径25.2cm	275,425	伦敦苏富比	2015.05.13
19世纪 青玉痕都斯坦式菊瓣耳盘	耳径26.4cm	117,394	纽约苏富比	2015.03.17
清 白玉雕梅花纹盘	直径9.7cm	33,600	天津文物	2015.05.22
清 白玉雕双鱼纹盘	宽19cm	236,038	诚昌国际	2015.12.01
清 碧玉菊瓣盘	直径20cm	126,500	北京保利	2015.11.01
清 碧玉双鱼小盘	直径9.3cm	23,000	中国嘉德	2015.11.15
清 青白玉雕缠枝莲纹攒盘	尺寸不一	149,500	北京匡时	2015.06.07
清 水晶海棠形香盘	长24.7cm	115,000	博美拍卖	2015.07.19
清 紫端香盘	长15cm	23,000	东正南京	2015.07.02
白玉双鱼盘	直径14cm	308,385	AA中国艺海	2015.06.20
痕都斯坦式番莲纹玉盘	直径12cm	3,348,180	AA中国艺海	2015.07.19
青白玉桃耳盘 龙耳炉各一件	长13.2cm；长13cm	322,000	中国嘉德	2015.06.27
邱启敬 碧玉涅盘・焰	高11cm	115,000	北京正道	2015.11.01
邱启敬 涅盘・无相 白玉摆件	高11.8cm	184,000	西泠拍卖	2015.07.04
宋/明玉巧雕盘螭剑饰	长6cm	20,240	香港普艺	2015.04.11
玉碗				
可能为唐/辽 玛瑙四瓣形碗	宽8.6cm	62,610	纽约佳士得	2015.03.19
可能为南宋 玛瑙花口碗	宽12cm	86,089	纽约佳士得	2015.03.19
明 白玉云纹螭龙耳碗	宽9.5cm	28,325	诚昌国际	2015.12.02
清乾隆 白玉大碗	直径13.8cm	345,000	北京翰海	2015.11.28
清乾隆 白玉碗	直径17cm	989,000	中国嘉德	2015.11.15
清乾隆 白玉八仙纹碗	直径15cm	299,000	翰风国际	2015.06.19
清乾隆 白玉雕夔龙纹冲耳盖碗	宽13cm	2,210,133	纽约佳士得	2015.03.15
清乾隆 白玉碗	直径15.3cm	1,332,800	天津文物	2015.05.22
清乾隆 白玉碗	直径9.5cm	278,415	中国嘉德	2015.04.06
清乾隆 白玉碗（一对）	直径14.7cm	2,096,717	纽约佳士得	2015.09.17
清乾隆 白玉弦纹碗配碧玉座	直径12.8cm	3,744,480	香港苏富比	2015.04.07
清乾隆 碧玉碗	直径16.8cm	35,925	伦敦苏富比	2015.05.13
清嘉庆 白玉碗	直径12.1cm	411,000	香港苏富比	2015.10.07
清中期 青玉碗	直径15cm	51,750	八益拍卖	2015.04.26
清 白玉雕兽面纹碗	直径8.5cm	39,200	天津文物	2015.05.22
清 碧玉刻御题诗碗	直径14.5cm	161,000	上海敬华	2015.06.30
清 碧玉碗（一对）	直径11.2cm	28,750	上海泓盛	2015.06.20
清 玛瑙鱼脑冻纹茶碗	宽12cm	14,162	诚昌国际	2015.12.02
清 青白玉碗	直径13.5cm	63,250	北京保利	2015.12.09
18世纪/19世纪 白玉撇口碗（一对）	直径19.1cm	1,541,250	香港苏富比	2015.10.07
清晚期 白玉雕菊花纹碗（一对）	直径13cm	125,220	纽约苏富比	2015.03.17
20世纪 欧洲洛可可风格镀金青铜孔雀石贴面装饰碗（一对）	高25.4cm	28,750	厦门华辰	2015.06.20
白玉雕花卉纹碗	直径11.9cm	54,300	景薰楼	2015.06.21

2015玉器拍卖成交汇总

（成交价RMB：1万元以上）

拍品名称	物品尺寸	成交价RMB	拍卖公司	拍卖日期
白玉菊瓣灵芝钮盖碗	高9cm	4,405,500	AA中国艺海	2015.08.05
碧玉盖碗	高13cm	1,585,980	AA中国艺海	2015.07.19
碧玉菊瓣碗	直径15cm	519,849	AA中国艺海	2015.07.11
和田碧玉 薄胎对碗	直径21.2cm	207,000	河南泽华	2015.01.11
和田玉雕龙纹碗	直径9cm	1,986,820	卓艺拍卖	2015.11.18
华采 缠枝纹青玉对碗	直径18cm	138,000	西泠拍卖	2015.07.04
瞿利军古韵添香白玉碗具（一套）	尺寸不一	184,000	西泠拍卖	2015.04.18
玉杯				
汉 青铜鎏金座玉杯	直径15cm	368,585	中国嘉德	2015.10.06
汉 和田玉龙凤纹杯	高9.5cm	13,546,500	卓艺拍卖	2015.11.18
元 白玉兽面纹方杯	长8cm	920,000	北京翰海	2015.11.29
元 生坑“嵌宝”白玉双龙杯	长11.4cm	374,387	万昌斯	2015.06.01
明早期 白玉双螭龙耳杯	宽15cm	51,928	诚昌国际	2015.12.02
明 白玉“乳丁”纹双耳杯	长13.5cm	23,646	万昌斯	2015.06.01
明 白玉雕山水纹梅花双耳杯	12cm	56,000	天津文物	2015.05.22
明 白玉雕双龙耳杯	长12cm	115,000	中鸿信	2015.07.29
明 白玉花卉杯	高8.6cm	172,500	北京保利	2015.06.08
明 白玉花卉双龙耳杯	长10.5cm	57,500	北京翰海	2015.11.29
明 白玉乳丁纹双耳杯	长11cm	31,360	上海国拍	2015.05.31
明 碧玉雕英雄合卺杯	高9.2cm	161,400	佳士得	2015.04.06
明 火烧玉雕双龙耳杯	直径10.9cm	86,250	中鸿信	2015.07.29
明 旧玉螭龙杯	长11cm	13,800	中国嘉德	2015.09.20
明 青白玉雕三兰龙纹杯	高19.0cm	46,000	上海泓盛	2015.06.20
明 青白玉双螭龙纹把杯	直径7.3cm	80,500	北京匡时	2015.12.05
明 影子玛瑙花口灵芝耳杯	长9.5cm	17,250	北京匡时	2015.12.05
明 鸡骨白玉雕螭龙玉兰花杯	宽17.5cm	115,000	北京保利	2015.12.09
明 青白玉乳钉纹龙柄杯	宽6.8cm	25,300	北京保利	2015.12.09
明16世纪 白玉雕双螭龙耳杯	直径12.1cm	322,800	佳士得	2015.04.06
明17世纪 青白玉雕云龙纹活环耳杯	直径14cm	135,426	纽约佳士得	2015.09.17
明17世纪 青玉雕螭龙把杯	宽11.1cm	55,764	纽约佳士得	2015.09.17
明晚 黄玉云龙纹角杯	长13.5cm	423,675	香港苏富比	2015.04.07
明晚 青白玉双龙耳六方杯	宽11.5cm	86,089	纽约佳士得	2015.03.19
清早期 玉雕蟠虺纹双耳杯	宽11.5cm	69,000	北京保利	2015.12.09
清早期 墨玉杯	直径7.5cm	20,700	北京保利	2015.12.08
清雍正 白玉卧足杯	高5cm	529,000	北京东正	2015.11.19
清乾隆 白玉杯盏	杯直径6cm	897,000	厦门华辰	2015.06.20
清乾隆 白玉寿字双螭耳方杯及盏托（一套）	高8.8cm；长13cm	517,500	中国嘉德	2015.05.16
清中期 白玉小杯	直径7.2cm	74,750	北京翰海	2015.11.28
清乾隆 黄玉耳杯	直径10.8cm	1,904,520	香港苏富比	2015.04.07
清乾隆 青玉童子耳杯	宽10.2cm	469,575	纽约佳士得	2015.03.15
清中期 碧玉饕餮纹双龙耳杯	长11.9cm	92,000	中鸿信	2015.07.29
清中期 青白玉花卉杯	直径6cm	57,500	北京保利	2015.06.08
清中期水晶雕山水小杯（两件）	宽5.6cm	28,750	北京保利	2015.04.26
18世纪 白玉童子献瑞八方耳杯	直径10.4cm	822,000	香港苏富比	2015.10.07
18世纪/19世纪 青玉雕饕餮纹爵	高20.3cm	300,375	佳士得	2015.06.03
19世纪 白玉薄胎雕痕都斯坦式桃形杯	长14.8cm	86,250	中鸿信	2015.07.29
19世纪碧玉杯连青白玉雕花纹托盘	宽20.3cm	46,958	纽约苏富比	2015.03.21
清 白玉杯、渣斗（三件一组）	尺寸不一	69,000	北京保利	2015.01.24
清 白玉龙耳杯	宽7.5cm	20,700	北京保利	2015.04.26
清 白玉寿字熏香杯	高9cm	11,500	北京保利	2015.04.26
清 白玉螭龙耳杯	宽10cm	51,750	北京保利	2015.11.01
清 玛瑙杯	直径8cm	20,700	北京保利	2015.12.09
清 冰糖玛瑙耳杯	直径7.5cm	11,500	西泠拍卖	2015.07.05

拍品名称	物品尺寸	成交价RMB	拍卖公司	拍卖日期
清 嘉庆官造 青白玉御题诗纹盖杯	宽11.3cm	912,000	台湾世家	2015.01.18
清 玛瑙杯	高5cm	28,750	博美拍卖	2015.07.19
清 玛瑙雕金扣杯	口径7cm	41,452	宝港国际	2015.06.02
清 水晶菱花式小杯	直径6.9cm	42,368	佳士得	2015.04.06
清 玉羽觞杯	长9.2cm	437,000	北京翰海	2015.06.27
白玉凤首杯	高25cm	1,189,485	AA中国艺海	2015.07.11
白玉高足杯	高9.2cm	540,000	香港铮鼎	2015.04.28
白玉山水执耳杯	宽9cm	10,386	诚昌国际	2015.12.02
独角神兽白玉杯	通高11cm	1,686,586	荣盛国际	2015.01.10
古玉三螭杯	高11.5cm	4,967,050	卓艺拍卖	2015.11.21
和田碧玉 活环龙柄杯	宽14cm	28,750	河南泽华	2015.01.11
和田黄玉 杯形摆件	高15cm	69,000	河南泽华	2015.01.11
青白玉童子杯	长11cm	10,350	中国嘉德	2015.04.02
双螭龙耳玉杯	高7cm	807,408	荣盛国际	2015.01.10
水晶雕螭龙杯	高13cm	704,880	AA中国艺海	2015.07.12
殷建国若古茗心碧玉葵口茶杯（一对）	长7.6cm	92,000	西泠拍卖	2015.07.04
俞挺 碧玉宝相花杯	直径5.3cm	48,300	北京正道	2015.11.01
玉雕螭龙杯	高15cm	1,585,980	AA中国艺海	2015.07.11
玉雕龙柄杯	高7cm	2,257,750	AA中国艺海	2015.12.02
玉缸				
玉石云龙纹大缸	直径96cm	69,000	中国嘉德	2015.04.02
玉石云龙纹大缸	直径87.5cm	34,500	中国嘉德	2015.06.27
清碧玉竹节形铺首水仙盆（一对）	长33.5cm	57,500	北京匡时	2015.12.05
清 玉成窑诗文四方花盆	15.5cm×13.8cm	345,000	中国嘉德	2015.11.14
清 白玉花卉钵	直径6cm	23,000	北京保利	2015.11.01
近代 贴竹簧配碧玉花盆摆件	高37cm	20,700	北京保利	2015.01.24
花插 香插				
明 白玉雕玉兰螭纹花插	高6.7cm	115,000	上海泓盛	2015.06.20
清早期 青玉灵芝花插	宽20cm	232,013	中国嘉德	2015.04.06
清乾隆 白玉雕饕餮纹花插	高12.5cm	230,000	北京匡时	2015.06.07
清乾隆 白玉留皮鱼化龙花插	高16.5cm	55,200	中鸿信	2015.07.29
清乾隆 白玉双龙耳花插	高34.5cm	667,000	北京保利	2015.06.07
清乾隆 白玉松鹤延年花插	高25cm	920,000	北京保利	2015.06.06
清乾隆 南红玛瑙福禄寿香插	高8cm	402,500	北京匡时	2015.12.05
清乾隆 玛瑙巧雕春趣图花插	高9cm	632,500	北京匡时	2015.06.07
清乾隆 青白玉镂雕莲荷花插	高25.3cm	43,700	中鸿信	2015.07.29
清中期 白玉雕石榴形小花插	高5.2cm	92,000	北京保利	2015.06.08
清中期 白玉一路连科花插	高8.5cm	34,500	北京翰海	2015.11.29
清 碧玉雕兽面纹花插	高9.7cm	2,077,130	卓艺拍卖	2015.11.18
清 孔雀石雕随形花插	高9cm	221,925	佳士得	2015.04.06
清 孔雀石随形花插	高25cm	135,426	纽约苏富比	2015.09.15
清 玛瑙雕“榴蝠”纹花插	高10cm	17,250	广州皇玛	2015.07.25
清 玛瑙雕花插摆件	长9cm	126,500	东正南京	2015.07.02
清 玛瑙雕喜鹊登枝祝寿纹花插	高15.5cm	23,000	江苏爱涛	2015.01.11
清 玛瑙梅花花插	高15cm	43,700	中国嘉德	2015.09.20
清 南红玛瑙巧雕福寿如意花插	高9cm	92,000	江苏爱涛	2015.01.11
清 南红石灵芝花插	高11.4cm	287,500	中贸圣佳	2015.05.20
清 青白玉兽纹花插	高14cm	97,750	中国嘉德	2015.05.16
清 青玉雕荷叶花插	高20cm	23,000	北京保利	2015.04.26
清 水晶龙形香插		10,350	深圳市拍	2015.07.19
白玉花卉花插	高24.5cm	13,800	中国嘉德	2015.06.27
白玉饕餮纹觚式花插	高22cm	3,039,795	AA中国艺海	2015.07.12
程磊 和田玉青花香插	长6.6cm	20,700	北京正道	2015.11.01
程磊 和田玉青花籽料墨梅香插	长12.7cm	13,800	北京正道	2015.11.01
程磊 竹韵 青花香插	长13.7cm	13,800	西泠拍卖	2015.04.18

拍品名称	物品尺寸	成交价RMB	拍卖公司	拍卖日期
樊军民 碧玉暗香香插	直径5.1cm	11,500	中国嘉德	2015.05.16
冯钤 大帅鸣歌 碧玉香插	高5cm	17,250	西泠拍卖	2015.04.18
高毅进 惜荷于心 白玉香插	长7.4cm	92,000	西泠拍卖	2015.04.18
顾铭 承露 白玉花插	高7.2cm	36,800	西泠拍卖	2015.04.18
顾铭 见喜 碧玉香插	直径5.5cm	11,500	西泠拍卖	2015.04.18
和田玉籽料香插	高4.0cm	32,200	尚品润博	2015.01.11
和田玉籽料香插	长3.7cm	32,200	尚品润博	2015.01.11
黄罕勇 平安如意 白玉香插	长5.1cm；长6.5cm	23,000	西泠拍卖	2015.07.04
黄玉螭龙花插	高15cm	11,500	中国嘉德	2015.09.20
李东 碧玉雕竹叶香插	长35cm	25,300	中国嘉德	2015.11.16
李海涛 和田玉瑞兔迎福香插	长4.0cm	17,250	北京正道	2015.11.01
莫桑比克玛瑙心禅香插	长8.1cm	17,250	尚品润博	2015.01.11
瞿利军 喜见香云 白玉香插	长4.6cm	20,700	西泠拍卖	2015.07.04
谭飞 南红玛瑙蛙趣香插一组	尺寸不一	11,500	北京正道	2015.11.01
溪玉阁玉雕工作室 必成大业 碧玉香插	长8.2cm	11,500	西泠拍卖	2015.04.18
徐慧 一鸣惊人 黄玉香插	长10.4cm	17,250	西泠拍卖	2015.04.18
杨光碧玉、青玉福禄香插（一对）	直径5.6cm	25,300	北京正道	2015.11.01
杨光 碧玉香插	直径5.5cm	40,250	中国嘉德	2015.05.16
杨光 和田青玉籽料香插	直径4.6cm	20,700	北京正道	2015.11.01
杨曦 荷塘月色 白玉香插	长6.8cm	32,200	西泠拍卖	2015.04.18
殷建国 爱莲 碧玉香插	直径5.4cm	57,500	西泠拍卖	2015.07.04
玉香筒				
清早期 白玉透雕香筒	高9.2cm	34,500	北京翰海	2015.11.29
18世纪 白玉镂雕山水人物图香筒	高21.3cm	187,830	纽约佳士得	2015.03.15
18世纪 青白玉镂雕山水人物图香筒	高20.5cm	282,450	佳士得	2015.04.06
18世纪 玉镂雕仙境图香筒	高22.3cm	2,016,042	纽约苏富比	2015.03.17
白玉松下高士图香筒（一对）	高19.5cm	11,500	中国嘉德	2015.09.20
白玉西番莲纹香筒一对	高22.4cm	2,420,308	AA中国艺海	2015.12.02
碧玉高士图香筒（一对）	高22.1cm	11,500	中国嘉德	2015.06.27
碧玉高士图香筒（一对）	高24cm	11,500	中国嘉德	2015.09.20
碧玉梅花纹小香筒（一对）	高14.7cm	20,700	中国嘉德	2015.06.27
天然黄玉喜鹊及花卉对装香筒摆件		193,756	天成国际	2015.12.06
玉觿				
明 带沁瑞兽首"扭丝"纹玉觿	长7.6cm	19,705	万昌斯	2015.06.01
汉 白玉觿	长10cm	185,610	中国嘉德	2015.04.06
汉 龙首玉觿	长9cm	174,593	中国嘉德	2015.10.06
汉 白玉凤首觿	长9.5cm	96,996	中国嘉德	2015.10.06
18世纪 白玉觿	长10.1cm	881,100	香港苏富比	2015.06.01
宋 双耳玉盏	长11.5cm	89,600	山东图腾	2015.05.24
其他生活用品				
明14/15世纪 青玉透雕春水图帽顶	高7.2cm	110,963	佳士得	2015.04.06
明末/18世纪 褐青玉仿古镂雕龙纹钟	高9.5cm	63,730	纽约佳士得	2015.09.17
清早期 白玉仿青铜器龙凤纹卮	高9.5cm	59,800	北京翰海	2015.11.29
清乾隆 青玉雕仿古龙凤纹帽架	高33.5cm	276,000	北京保利	2015.06.07
清中期 白玉翡翠太平车	长20cm	28,750	北京匡时	2015.12.05
清 痕都斯坦碧玉嵌宝石鹰杖	长50cm	184,000	西泠拍卖	2015.07.05
18世纪 白玉仿古雕谷纹樽	高6.5cm	201,750	佳士得	2015.04.06
18世纪 白玉光素方形渣斗	高8.8cm	1,614,000	香港苏富比	2015.04.07
18世纪 碧玉台灯	高44cm	32,200	保利厦门	2015.08.02
18世纪 青玉兽面纹方彝	高18.5cm	575,000	北京华辰	2015.05.15
清 白玉雕盖篮	宽5.2cm	82,100	佳士得	2015.12.02
20世纪初 Edward Farmer作玉及玛瑙桌灯座	高44.8cm	207,123	纽约佳士得	2015.09.17

拍品名称	物品尺寸	成交价RMB	拍卖公司	拍卖日期
碧玉海晏河清烛台（一对）	高22.5cm	13,800	中国嘉德	2015.09.20
程磊 和田玉青花籽料水墨卷页茶则	长16.3cm	92,000	北京正道	2015.11.01
程磊 墨滴 青花茶合	长8.5cm	11,500	西泠拍卖	2015.04.18
带皮珍珠蜜蜡挂架	重31.46g	11,200	长春金鼎	2015.01.18
黄罕勇 斑斓若古茶具（一组）	尺寸不一	23,000	西泠拍卖	2015.07.04
黄罕勇 吉祥如意玉酒具（一组）	尺寸不一	345,000	西泠拍卖	2015.07.04
金珀龙纹茶则	长6.2cm	36,800	东正南京	2015.07.02
青白玉茶具（一套五件）	杯直径3.5cm	13,800	中国嘉德	2015.04.02
青金石烛台（一对）	高20.9cm	25,300	中国嘉德	2015.06.27
杨光 富贵双喜 玉茶具（一组）	尺寸不一	1,725,000	西泠拍卖	2015.04.18
玉雕兽耳衔环盉	高14cm	4,229,280	AA中国艺海	2015.06.27
邹作志 和田青花籽料无形茶叶筒	长6.9cm	32,200	北京正道	2015.11.01
四 文房用品				
笔杆				
清乾隆 白玉杆雕云龙纹碧玉斗笔	长29cm	34,500	北京保利	2015.06.07
清乾隆 白玉嵌碧玉笔	长28cm	46,000	泰和嘉成	2015.11.21
清中期 白玉笔杆	长22.1cm	69,000	中鸿信	2015.07.29
清中期 白玉喜鹊登梅诗文笔杆	长18.5cm	34,500	北京翰海	2015.06.28
清 白玉螭龙纹笔	长23.7cm	13,800	中国嘉德	2015.04.02
清 白玉毛笔	长28cm	11,500	北京保利	2015.04.26
清 白玉套青金石螭龙纹毛笔	长19.3cm	149,500	北京匡时	2015.06.07
白玉云龙纹笔（一对）	长22.5cm	195,500	中国嘉德	2015.06.27
笔筒				
明 战国红玛瑙笔筒	高11cm	345,000	北京东正	2015.05.19
明末清初 白玉提油山水纹笔筒	高10.2cm	51,750	八益拍卖	2015.11.01
清早期 黄玉小笔筒	高8.7cm	172,500	江苏爱涛	2015.01.11
清早期 青白玉松虬小笔筒	高9.5cm	11,500	中国嘉德	2015.09.20
清乾隆 白玉山水人物笔筒	高9cm	3,450,000	北京保利	2015.06.07
清乾隆 白玉竹节纹小笔筒	高7.5cm	178,250	北京东正	2015.05.19
清乾隆 白玉梅花诗文笔筒	高8.2cm	1,840,000	北京翰海	2015.11.29
清乾隆 御制白玉溪桥送别图笔筒	直径16.7cm	15,730,360	佳士得	2015.12.02
清道光 玉笔筒	高10cm	23,000	广州皇玛	2015.01.17
清中期 白玉罗汉笔筒	高10cm	172,500	北京保利	2015.12.09
清中期 白玉雕竹菊图笔筒	高9.5cm	253,000	中鸿信	2015.07.29
18世纪 白玉雕三老图笔筒	高14.5cm	3,938,160	香港苏富比	2015.04.07
18世纪 御制碧玉雕高士图笔筒	高11cm	650,813	佳士得	2015.06.03
18世纪/19世纪 白玉鹿纹小笔筒	高7.3cm	140,873	纽约佳士得	2015.03.15
18世纪 白玉九龙四方笔筒	高15cm	1,207,500	北京保利	2015.12.08
清 碧玉笔筒	高12.2cm	48,300	江苏爱涛	2015.01.11
清 碧玉雕山水纹笔筒	高13.5cm	78,200	广州皇玛	2015.01.17
清 青白玉雕竹纹笔筒	高10.2cm	253,000	北京匡时	2015.06.07
民国 白玉笔筒	高10.4cm	48,300	中国嘉德	2015.04.02
白玉螭龙纹小笔筒	高8.6cm	20,700	中国嘉德	2015.09.20
白玉嵌百宝荷塘图笔筒	高10.5cm	20,700	中国嘉德	2015.09.20
白玉山水人物笔筒	高11.9cm	10,350	中国嘉德	2015.04.02
白玉山水人物纹笔筒	高12cm	17,250	中国嘉德	2015.09.20
白玉喜鹊登梅笔筒	高18.5cm	1,101,375	AA中国艺海	2015.07.11
碧玉山水人物纹笔筒	高18.2cm	25,300	中国嘉德	2015.06.27
碧玉山水人物纹笔筒	高14.1cm	17,250	中国嘉德	2015.04.02
碧玉婴戏笔筒	高17.5cm	2,290,860	AA中国艺海	2015.02.03
碧玉云龙纹笔筒	高17cm	17,250	中国嘉德	2015.06.27
碧玉云龙纹笔筒	高17.8cm	11,500	中国嘉德	2015.04.02
碧玉云龙纹笔筒	高16.2cm	17,250	中国嘉德	2015.09.20
青白玉笔筒（五件）	尺寸不一	13,800	中国嘉德	2015.04.02
青白玉阴刻填金御题诗文笔筒	高10.2cm	94,500	中国嘉德	2015.06.27

2015玉器拍卖成交汇总

(成交价RMB：1万元以上)

拍品名称	物品尺寸	成交价RMB	拍卖公司	拍卖日期
青玉山水人物纹笔筒	高14.5cm	25,300	中国嘉德	2015.09.20
岁寒三友玉笔筒	高15cm	555,093	AA中国艺海	2015.07.12
笔架（笔搁）				
明 白玉山石笔架	长14.5cm	23,000	西泠拍卖	2015.07.05
明 青白玉五峰笔架	长18cm	69,000	江苏爱涛	2015.01.11
明 青玉三峰笔架	长14cm	264,500	北京翰海	2015.06.28
明 水晶笔架	长10cm	55,200	江苏爱涛	2015.01.11
明 水晶山子笔架	长19.5cm	21,850	西泠拍卖	2015.07.05
明 玉瑞兽笔架	长5.8cm	57,500	江苏爱涛	2015.01.11
清乾隆 白玉双螭纹笔架	长9cm	138,000	中鸿信	2015.07.29
清乾隆 黑白玉巧雕梅花形笔架配白玉笔	尺寸不一	230,000	北京东正	2015.05.19
17世纪/18世纪 青白玉笔架	长22.9cm	27,882	邦瀚斯	2015.09.14
18世纪 青白玉苍松笔搁	长15cm	719,250	香港苏富比	2015.10.07
18世纪 青白玉琵琶式笔搁	长7.5cm	600,750	香港苏富比	2015.06.01
清 白玉笔山	长10cm	11,500	中国嘉德	2015.04.02
清 白玉雕山形笔架	9cm	22,400	天津文物	2015.05.22
清 白玉雕燕山五龙纹笔架	长10.8cm	63,730	纽约苏富比	2015.09.15
清 白玉海水龙纹笔山	长8.7cm	16,100	北京翰海	2015.03.15
清 火烧玉山子笔架	长15cm	10,350	江苏爱涛	2015.01.11
清 玛瑙巧雕鸳鸯笔架	长18cm	103,500	上海敬华	2015.06.30
清 南红童子戏犬笔架	长5.9cm	115,000	中贸圣佳	2015.05.20
清 青白玉雕龙纹笔架山	长25cm	17,250	太平洋	2015.07.18
清 青玉镂雕双龙赶珠纹笔山	长12.8cm	93,915	纽约苏富比	2015.03.21
清 水晶雕双龙纹笔架	15.2cm	76,160	天津文物	2015.05.22
清 玉山子笔架摆件、竹香筒（一组两件）	香筒高24.5cm 山子高6.5cm	20,700	西泠拍卖	2015.04.23
清 玛瑙笔山连青金石座	长9cm	33,530	伦敦苏富比	2015.05.13
清 青白玉巧雕孔雀纹笔搁	长9.8cm	14,162	宝港国际	2015.11.28
19世纪 青白玉笔山	长14cm	23,604	宝港国际	2015.11.28
民国 白玉海水龙笔山	长12cm	29,900	中国嘉德	2015.09.20
白玉雕一统江山龙纹笔架山	长19cm	4,846,050	AA中国艺海	2015.08.20
白玉雕一统江山龙纹笔架山	长19cm	1,321,650	AA中国艺海	2015.08.05
和田玉雕笔架	长25cm	881,100	AA中国艺海	2015.06.20
青白玉笔山（两件）	长17.4cm	11,500	中国嘉德	2015.04.02
水晶笔架	长16cm	11,500	东正南京	2015.07.02
笔 洗				
明或以前 青褐玉笔洗	宽5cm	54,784	纽约佳士得	2015.03.19
明 白玉雕穿花螭纹笔洗	长9.3cm	156,800	天津文物	2015.05.22
明 白玉镂雕花卉纹洗	宽11.5cm	35,218	纽约佳士得	2015.03.15
明 白玉望子成龙笔洗	长10.4cm	92,000	北京翰海	2015.06.28
明 白玉雕镂空花卉纹桃形洗	长10.4cm	92,000	北京翰海	2015.11.28
明 白玉连年有馀荷叶洗	长22.5cm	3,450,000	北京翰海	2015.11.29
明 白玉五蝠捧寿桃形洗	长17cm	517,500	北京翰海	2015.11.29
明 旧玉一路连科水洗	长13cm	34,500	北京翰海	2015.11.29
明 青白玉镂雕花卉纹洗	宽13.3cm	66,523	纽约佳士得	2015.03.15
明 青玉荷叶形洗	长16.8cm	345,000	北京翰海	2015.06.28
明 玉云龙纹洗	长24.5cm	977,500	北京翰海	2015.06.28
明17世纪 青白玉螭龙耳花式洗	长12.8cm	60,525	香港苏富比	2015.04.07
明17世纪 青白玉活环双螭耳洗	长21cm	1,101,375	香港苏富比	2015.06.01
明晚 白玉褐沁桃式洗	宽10.3cm	54,784	纽约佳士得	2015.03.19
明晚17世纪 白玉镂雕花卉纹洗	长12cm	43,044	纽约佳士得	2015.03.15
清早期 白玉鹤衔灵芝洗	长13.6cm	2,070,000	北京保利	2015.06.06
清早期 旧玉刻云龙纹水洗	直径12cm	92,000	苏州东方	2015.07.02
清早期 玛瑙灵芝洗	长9cm	20,700	中国嘉德	2015.09.20

拍品名称	物品尺寸	成交价RMB	拍卖公司	拍卖日期
清早期 青白玉雕牡丹花卉卧足洗	宽8.5cm	283,245	宝港国际	2015.11.28
清早期 白玉福寿双鱼洗	长10cm	34,500	北京翰海	2015.11.29
清早期 白玉灵仙祝寿倭角洗	长9.8cm	23,000	北京翰海	2015.11.29
清早期 和田白玉荷叶形笔洗	长15.3cm	314,412	慕仕阁	2015.11.16
清乾隆 白玉雕福寿双全桃形洗	宽11.5cm	1,834,473	纽约佳士得	2015.03.15
清乾隆 白玉饕餮耳活环洗	长23cm	517,500	中鸿信	2015.07.29
清乾隆 白玉婴戏图笔洗	长17.5cm	79,100	中鸿信	2015.07.29
清乾隆 白玉御题诗贝壳洗	宽13cm	920,000	北京保利	2015.06.08
清乾隆 碧玉多福多寿纹洗	长24.3cm	403,500	香港苏富比	2015.04.07
清乾隆 碧玉饕餮纹瑞兽耳洗	长23cm	504,375	香港苏富比	2015.04.07
清乾隆 宫廷白玉洗	直径22.5cm	460,000	江苏爱涛	2015.01.11
清乾隆 黄水晶婴戏水洗	长6.5cm	46,964	帝图艺术	2015.04.12
清乾隆 南红玛瑙巧雕桃形洗	高5.2cm	138,000	博美拍卖	2015.07.19
清乾隆 青玉龙耳活环三足洗	宽22.5cm	1,380,000	中国嘉德	2015.11.15
清乾隆 玉雕夔凤纹洗	长11.2cm	172,500	北京诚轩	2015.05.17
清中期 白玉雕螭龙耳洗	宽11.1cm	172,500	北京保利	2015.06.08
清中期 白玉桃形笔洗	长8.8cm	483,000	北京东正	2015.05.19
清中期 白玉葫芦万代水洗	长11.2cm	17,250	北京翰海	2015.11.29
清中期 碧玉福寿纹如意耳活环洗	宽36.5cm	1,380,000	中国嘉德	2015.11.15
清中期 南红玛瑙灵芝洗	宽8.7cm	109,250	北京保利	2015.06.07
18世纪/19世纪 青白玉镂雕螭龙洗	宽13.7cm	156,525	纽约苏富比	2015.03.17
18世纪/19世纪早期 琥珀雕双龙戏珠纹花瓣洗	长16.5cm	485,228	纽约苏富比	2015.03.17
18世纪 白玉雕螭龙戏珠洗	宽15cm	1,185,480	佳士得	2015.06.03
18世纪 白玉年年有余海棠式童子耳洗	长11.5cm	100,875	香港苏富比	2015.04.07
18世纪 碧玉蜀葵式洗	直径15cm	100,125	佳士得	2015.06.03
18世纪 青白玉雕梅花纹龙衔活环耳洗	宽25cm	2,285,265	纽约佳士得	2015.03.15
18世纪 青白玉巧雕葡萄纹洗	长11cm	380,475	佳士得	2015.06.03
18世纪 “一跃成龙”白玉雕鱼龙变化纹小笔洗	长6.5cm	92,115	宝港国际	2015.06.02
18世纪/19世纪 青白玉梅纹洗	宽8.5cm	159,325	纽约佳士得	2015.09.17
18世纪/19世纪初 琥珀雕长寿富贵叶形洗	长15.5cm	949,577	纽约佳士得	2015.09.17
19世纪 白玉雕八宝吉祥有余双鹿耳洗	长25cm	234,788	纽约苏富比	2015.03.17
19世纪 黄玉双狮耳海棠形洗	阔7.6cm	46,958	纽约苏富比	2015.03.21
清 白玉雕荷鹭洗	高6cm	517,500	西泠拍卖	2015.07.05
清 白玉雕花鸟纹葫芦洗	长10.6cm	224,000	天津文物	2015.05.22
清 白玉雕童子渔乐洗	直径11.3cm	299,000	西泠拍卖	2015.07.05
清 白玉仿古纹葵口洗	宽6.9cm	92,000	北京保利	2015.06.07
清 白玉荷叶随形笔洗	长11cm	55,200	北京匡时	2015.06.06
清 白玉葫芦水洗	长11cm	12,650	北京保利	2015.01.24
清 白玉桃形洗	长8.2cm	11,500	北京翰海	2015.03.15
清 白玉云龙水洗	直径12cm	23,000	北京保利	2015.04.26
清 白玉云龙纹水洗	长11.5cm	117,410	帝图艺术	2015.04.12
清 白玉荷叶形水洗	宽14cm	40,598	诚昌国际	2015.12.02
清 碧玉雕龙纹大洗	高10cm	2,889,920	卓艺拍卖	2015.11.21
清 冰糖玛脑雕鸳鸯荷叶纹水洗	宽15cm	42,487	诚昌国际	2015.12.02
清 和田白玉笔洗	长13.2cm	41,010	慕仕阁	2015.11.16
清 黄玉花卉洗	长14.5cm	92,000	中国嘉德	2015.05.16
清 火烧玉荷叶形笔洗	长10cm	32,200	东正南京	2015.07.02
清 金玉满堂银笔洗	腹径14.8cm	34,500	深圳市拍	2015.07.19
清 玛瑙雕蝠寿笔洗	长14.1cm	704,418	卓艺拍卖	2015.11.18

拍品名称	物品尺寸	成交价RMB	拍卖公司	拍卖日期
清 玛瑙雕梅花水洗、挂件（一组两件）	水洗高5cm；挂件高3.5cm	23,000	西泠拍卖	2015.07.05
清 玛瑙荷叶三连笔洗	高4.3cm	92,000	江苏爱涛	2015.01.11
清 玛瑙荷叶形笔洗	宽15cm	17,939	诚昌国际	2015.12.01
清 玛瑙巧色螭龙水洗	宽18cm	47,208	诚昌国际	2015.12.02
清 青白玉雕双菱形如意耳洗	宽23.2cm	187,830	纽约苏富比	2015.03.21
清 青白玉荷叶水洗	长15cm	27,586	万昌斯	2015.06.01
清 青白玉荷叶洗	长26cm	598,000	中贸圣佳	2015.05.20
清 青白玉葫芦洗	长11.2cm	13,800	中国嘉德	2015.04.02
清 青白玉灵芝洗	长12.3cm	25,300	中国嘉德	2015.04.02
清 青白玉鸟虫纹叶形洗	长17cm	184,000	上海工美	2015.06.28
清 青玉龙耳衔环海棠洗	长8.8cm	23,000	中国嘉德	2015.04.02
清 水晶笔洗	长11.5cm	11,500	八益拍卖	2015.04.26
清 水晶海棠形洗	直径7.5cm	23,000	翰风国际	2015.06.19
清 水晶画珐琅花卉洗	直径9.8cm	149,500	北京翰海	2015.06.28
清 玉雕双桃洗	长10cm	11,500	东方大观	2015.11.17
白玉龙纹荷叶洗	长11cm	10,350	中国嘉德	2015.09.20
白玉随形水洗	长25cm	51,750	雍和嘉诚	2015.05.22
白玉桃形洗	直径13.3cm	80,500	深圳市拍	2015.07.19
白玉云纹二足蚬壳形水洗	长12cm	36,846	香港普艺	2015.06.06
高毅进 福喜捧寿 白玉笔洗		1,150,000	西泠拍卖	2015.07.04
黄玉洗	长19.6cm	18,400	中国嘉德	2015.09.20
青白玉山水人物洗	长15.4cm	13,800	中国嘉德	2015.04.02
徐慧 有余 碧玉洗	长7.6cm	25,300	西泠拍卖	2015.04.18
殷小金 福寿绵长 白玉水洗	长8.3cm	149,500	西泠拍卖	2015.04.18
硬木嵌白玉荷塘图小座屏 白玉小炉 如意洗各一件	高18.5cm	28,750	中国嘉德	2015.09.20
笔 掭				
清 白玉雕伞盖纹笔掭	长12cm	56,000	天津文物	2015.05.22
清 白玉秋叶笔掭	长9.5cm	11,500	江苏爱涛	2015.01.11
清 白玉浮雕蟾蜍荷叶形笔掭	长8.8cm	62,638	香港淳浩	2015.07.30
清 白玉雕佛手纹笔舔	长10.2cm	63,250	江苏爱涛	2015.01.11
清 玛瑙随形笔掭	长9.5cm	20,700	北京翰海	2015.11.28
清 玛瑙瓦当式笔掭	长15.5cm	13,800	泰和嘉成	2015.11.21
纸 镇				
明 白玉巧作太狮少狮纸镇	长8.7cm	345,000	中鸿信	2015.07.29
明 白玉受沁卧虎纸镇	长8cm	80,500	北京匡时	2015.06.06
明 白玉犀牛纸镇	长9.5cm	172,500	北京匡时	2015.06.06
明 黄玉骆驼纸镇	长7.2cm	20,700	中国嘉德	2015.04.02
明 黄玉卧马镇纸	长7cm	605,250	香港苏富比	2015.04.07
明 黄玉卧兽镇纸	长7cm	308,250	香港苏富比	2015.10.07
明 青白玉带沁羊纸镇	长8cm	36,800	深圳市拍	2015.07.19
明 玉雕双欢镇纸	长5cm	32,200	北京保利	2015.06.08
明 玉纸镇	长10cm	36,800	北京保利	2015.12.08
明或以后 青玉纸镇及青玉小琮	5cm	43,044	纽约佳士得	2015.03.19
明晚 黄玉雕螭龙纹环形纸镇	宽13.5cm	1,762,200	佳士得	2015.06.03
明早期 青黄玉雕宝鸭衔莲镇	长8.5cm	34,500	北京诚轩	2015.05.17
明至清 褐斑青玉瑞兽衔芝镇纸及糖玉麟吐玉书摆件	尺寸不一	40,050	香港苏富比	2015.06.01
明晚期 玉雕夔龙纹斧形镇	长9.2cm	172,500	北京诚轩	2015.11.14
清早期 黄玉雕宝鸭衔莲镇	长6cm	132,250	北京诚轩	2015.11.14
清早期 玉雕福寿镇	长7.3cm	23,000	北京诚轩	2015.11.14
清早期 青白玉螭龙纸镇	长11.7cm	31,039	中国嘉德	2015.10.06
清乾隆 白玉雕"望子成龙"纸镇	高4.9cm	195,500	博美拍卖	2015.07.19
清乾隆 白玉雕琴棋书画纸镇	宽9.5cm	345,000	中国嘉德	2015.05.16
清乾隆 白玉雕祥云瑞兽文镇	宽6.5cm	138,000	中国嘉德	2015.05.16
清乾隆 白玉鸿运当头纸镇	长6.5cm	345,000	北京翰海	2015.11.29
清乾隆 白玉随形刻梅花御题诗镇纸	长10.1cm	667,063	佳士得	2015.12.02
清乾隆 乌木"郭麐"刻诗文嵌白玉龙纹纸镇	长32cm	92,000	泰和嘉成	2015.11.21
清乾隆 青白玉雕梅花纹纸镇	长18.5cm	437,000	中国嘉德	2015.05.16
清中期 和田玉籽料回头马镇纸	长8.9cm	17,250	福建东南	2015.10.24
清中期南红玛瑙巧雕双鹿衔灵芝镇	长6cm	17,250	中国嘉德	2015.11.14
清中期 白玉瑞兽镇	长10.5cm	103,500	北京保利	2015.12.09
清中期 白玉浮雕仙鹤暗八仙纸镇	长22.8cm	51,750	北京保利	2015.12.09
清中期 白玉留皮瑞兽镇	长8.6cm	46,000	北京保利	2015.12.09
18世纪/19世纪 白玉卧凤衔莲纸镇	长8.9cm	400,500	香港苏富比	2015.06.01
清 白玉带皮"瓜瓞绵绵"纸镇	长9.8cm	216,751	万昌斯	2015.06.01
清 白玉雕蟾宫折桂纹镇纸	9.5cm	134,400	天津文物	2015.05.22
清 白玉雕三阳开泰纹镇纸	长7cm	44,800	天津文物	2015.05.22
清 白玉二龙戏凤纸镇	长6.8cm	25,300	中国嘉德	2015.04.02
清 白玉骆驼纹纸镇	长7cm	11,500	泰和嘉成	2015.05.30
清 白玉琴棋书画镇纸	长11cm	13,000	上海驰翰	2015.06.29
清 白玉瑞兽纸镇	长11.5cm	184,000	翰风国际	2015.06.19
清 白玉双羊镇	长10cm	23,000	北京保利	2015.04.26
清 白玉太师少师纸镇	长8.5cm	57,500	北京匡时	2015.06.06
清 白玉竹节形纸镇（两件）	长18cm	66,700	北京匡时	2015.06.06
清 玉瑞兽镇纸	长13cm	172,500	北京翰海	2015.06.27
清 红木嵌白玉瑞兽纸镇	宽28cm	12,274	诚昌国际	2015.12.02
清 玛瑙随形镇纸	长12.2cm	32,200	中国嘉德	2015.11.14
清 玉雕苍龙教子镇纸	长5.3cm	69,000	东方大观	2015.11.17
清 玉雕云纹书镇	长10.4cm	34,500	东方大观	2015.11.17
清 玉瑞兽纸镇	长13cm	2,257,750	卓艺拍卖	2015.11.21
白玉三螭环形镇	直径7cm	334,818	AA中国艺海	2015.07.12
白玉双兔衔芝纸镇	宽7.5cm	500,625	佳士得	2015.06.03
陈冠军 圆瑞 四方镇首 碧玉把件	高4.5cm	74,750	西泠拍卖	2015.04.18
近代 三色碧玺双欢纸镇	宽5cm	17,250	北京保利	2015.04.26
瞿利军 渔樵耕读 白玉书镇	长18.5cm×2	1,725,000	西泠拍卖	2015.07.04
殷小金 乐得自在 碧玉镇纸	长5.4cm；长5.4cm	32,200	西泠拍卖	2015.07.04
卢伟 和田玉籽料清净书镇	长10.9cm	25,300	北京正道	2015.11.01
玉瑞兽纸镇	长12.5cm	1,174,030	AA中国艺海	2015.12.02
墨 床				
明 白玉浮雕梅花纹墨床	长8cm	34,500	西泠拍卖	2015.07.05
明 白玉弦纹剑珌形墨床	长8.8cm	115,000	北京翰海	2015.06.28
清早期 旧玉云龙纹书卷式墨床	长7.2cm	17,250	北京翰海	2015.11.29
清乾隆 白玉仙人乘槎墨床	长13.1cm	59,800	北京翰海	2015.06.28
清乾隆 白玉竹节诗文墨床	长13.5cm	345,000	北京翰海	2015.11.29
清中期 白玉琴式墨床	长17.8cm	63,250	北京翰海	2015.06.28
清中期 芦雁图玉雕墨床	长10.8cm	218,500	华艺国际	2015.05.24
清中期 紫檀嵌银丝卷书式青玉墨床	长18.5cm	80,500	中国嘉德	2015.11.15
清 白玉浮雕龙纹墨床	长10cm	23,029	香港淳浩	2015.07.30
清 白玉梅妻鹤子墨床	长6cm	40,250	中国嘉德	2015.05.16
清 白玉墨床	长5.6cm	51,750	江苏爱涛	2015.01.11
清 白玉墨床	长13.5cm	34,500	广州皇玛	2015.01.17
清 白玉墨床（两件）	长8.5cm	20,700	北京保利	2015.04.25
清 玛瑙巧作喜鹊登梅纹墨床	长8cm	23,000	北京翰海	2015.11.28
清 碧玉如意墨床	长10.2cm	46,000	上海敬华	2015.06.30
清 冰糖玛瑙浅浮雕芦雁图墨床	长6.3cm	20,700	苏州东方	2015.07.02
青白玉墨床等（三件）	长8cm	12,000	上海驰翰	2015.05.09
水丞(水呈)				

2015玉器拍卖成交汇总

(成交价RMB：1万元以上)

拍品名称	物品尺寸	成交价RMB	拍卖公司	拍卖日期
明 白玉雕瑞兽形水盂	高5cm	460,000	北京匡时	2015.06.07
明 和田白玉螭虎水盂	长9.3cm	109,250	福建东南	2015.10.24
明 玉箕形水盂	宽5.5cm	54,761	诚昌国际	2015.12.01
清早期水草玛瑙雕苍松虬枝纹水呈	长9cm	92,000	北京翰海	2015.11.28
清雍正 琥珀料六方水盂	宽5.8cm	402,500	北京保利	2015.12.08
清乾隆 白玉雕牡丹纹水丞	直径5.5cm	34,500	上海泓盛	2015.06.20
清乾隆 白玉圆雕福寿双全水丞	长5.3cm	92,000	上海泓盛	2015.06.20
清中期 白玉瓜形松鼠水盂	宽6.5cm	115,000	北京保利	2015.04.25
清中期 白玉葫芦形水丞	长6.2cm	34,500	北京保利	2015.06.08
清中期 白玉螭龙谷纹水呈	长6.6cm	28,750	北京翰海	2015.11.29
清中期 白玉仙童水盂	宽7cm	69,000	北京保利	2015.12.09
18世纪 青玉螭龙纹水盂	长6.2cm	267,150	香港苏富比	2015.10.07
18世纪/19世纪 白玉雕瓜瓞绵绵水盂	长9.5cm	380,475	香港苏富比	2015.06.01
18世纪/19世纪 白玉兽形水丞	宽12cm	328,703	纽约佳士得	2015.03.15
18世纪/19世纪 黄玉雕岁寒三友水盂	长7.9cm	550,688	香港苏富比	2015.06.01
18世纪/19世纪 青白玉梅花纹水丞	长7cm	47,900	伦敦苏富比	2015.05.13
清 白玉沁色福禄万代水丞	长10.5cm	11,500	中国嘉德	2015.06.27
清 白玉瑞兽水丞	宽13cm	48,498	中国嘉德	2015.10.06
清 白玉渔家乐水丞	长11.1cm	23,000	中国嘉德	2015.04.02
清 玛瑙雕留皮水呈	高4cm	36,800	北京匡时	2015.06.07
清 青白玉鸭形水丞	长8.5cm	110,138	佳士得	2015.06.03
清 青白玉鸳鸯水盂	长11cm	155,250	西泠拍卖	2015.07.05
清 慎德堂款水晶浮雕龙纹水盂	长7.3cm	78,200	西泠拍卖	2015.07.05
清 水晶双螭灵芝纹水盂	长12cm	20,700	远方拍卖	2015.07.01
清 白玉雕龙瓶式水盂	长8.6cm	322,000	中国嘉德	2015.11.15
民国 青白玉盘螭水盂	高5.8cm	40,250	北京保利	2015.12.09
白玉凤纹水盂	宽8cm	18,883	诚昌国际	2015.12.02
白玉勾连纹水丞	直径5.5cm	23,000	中国嘉德	2015.09.20
白玉荷叶水丞	高8.5cm	17,250	中国嘉德	2015.04.02
白玉沁色双龙水丞	长11cm	17,250	中国嘉德	2015.06.27
青白玉鸭子水丞 寿字洗各一件	长14.3cm；长12cm	17,250	中国嘉德	2015.04.02
青玉桃形水丞	长13.5cm	10,350	中国嘉德	2015.04.02
青玉云龙水丞	长13.5cm	17,250	中国嘉德	2015.09.20
砚滴（水注）				
明 铜鎏金白玉兰花型水滴	长16cm	178,250	辽宁中正	2015.06.13
清乾隆 白玉雕福寿长春水注	高10cm	1,840,000	厦门华辰	2015.06.20
清中期 白玉水牛砚滴	长14.2cm	345,000	北京保利	2015.12.09
清 南红玛瑙卧牛砚滴	长6.5cm	97,750	北京保利	2015.06.07
清 水晶童子捧寿水滴	高11cm	46,000	北京保利	2015.12.09
19世纪 白玉雕辟邪水滴	长9.5cm	62,610	纽约苏富比	2015.03.17
白玉花鸟水注	长8.1cm	11,500	中国嘉德	2015.04.02
杨光 溯意 碧玉砚滴	长5.5cm	34,500	西泠拍卖	2015.07.04
杨光 碧玉执柄水注	长5.0cm	28,750	北京正道	2015.11.01
印盒				
元 青玉螭纹印盒	高3.2cm	32,200	北京保利	2015.04.25
清 白玉“天干地支”纹印泥盒	直径6.6cm	161,000	翰风国际	2015.06.19
清 白玉花鸟印盒	直径7cm	11,500	北京保利	2015.04.26
清 白玉印盒、笔舔（两件）	尺寸不一	80,500	中鸿信	2015.07.29
清 白玉八卦印盒	直径4cm	25,300	北京保利	2015.11.01
清 白玉八卦印盒	直径4cm	25,300	北京保利	2015.11.01
清 绿松石雕五蝠捧寿印盒	直径7.5cm	11,500	北京保利	2015.01.24
清 绿松石荷叶纹印盒	长10.5cm	69,000	北京华辰	2015.05.15
清 青白玉雕龙纹印泥盒	直径7.3cm	12,075	苏州东方	2015.07.02

拍品名称	物品尺寸	成交价RMB	拍卖公司	拍卖日期
清 玛瑙巧雕福寿桃形印盒	长8.2cm	40,250	北京翰海	2015.11.28
18世纪/19世纪 白玉雕寿纹印盒及青白玉镂雕佩	直径8.2cm	297,398	纽约苏富比	2015.03.17
白玉寿字印盒	直径4.8cm	11,500	中国嘉德	2015.09.20
和田玉虚怀若竹印章盒	长4.2cm	69,000	尚品润博	2015.01.11
民国 白玉螭龙纹印盒	直径7.7cm	11,500	中国嘉德	2015.04.02
青白玉带皮印泥盒	重约153g	300,375	荣盛国际	2015.07.31
杨光 大帅 碧玉印泥盒	直径5.5cm	40,250	西泠拍卖	2015.07.04
砚 台				
明 白玉雕“螭龙”纹砚台	长12.5cm	25,616	万昌斯	2015.06.01
明 青白玉凤型砚	长13.6cm	111,528	纽约佳士得	2015.09.17
清乾隆 和田白玉 灵芝君子砚	长9cm	552,000	江苏爱涛	2015.01.10
清乾隆 和田白玉 饕餮纹风字砚	纵13.8cm	138,000	江苏爱涛	2015.01.10
清雍正 水晶祥蝠纹砚	11.9cm	1,109,625	香港苏富比	2015.04.07
清中期 白玉雕龙凤云纹异形砚	长9.5cm	575,000	中鸿信	2015.07.29
清中期 白玉龙凤纹蝉形砚	长9.6cm	69,000	中鸿信	2015.07.29
清中期 水晶随形砚	长10.4cm	17,250	中国嘉德	2015.11.14
清 白玉蕉叶形砚	长8.3cm	34,500	福建东南	2015.10.24
清 白玉松树砚	长13.5cm	47,613	保利香港	2015.04.06
清 碧玉描金诗文砚	长32cm	92,000	辽宁中正	2015.06.13
清 和田玉雕鼠形砚	长11.5cm	57,500	印千山·宝隆	2015.07.12
清 海水龙纹和田白玉砚	长12.6cm	420,147	宝港国际	2015.11.28
白玉鱼化龙砚	长13cm	253,000	中国嘉德	2015.06.27
民国 白玉云蝠纹砚	长10.3cm	17,250	中国嘉德	2015.09.20
青白玉太平有象砚	长8cm	17,250	中国嘉德	2015.04.02
青白玉云龙纹砚	长10.4cm	13,800	中国嘉德	2015.09.20
玉 玺				
明永乐 白玉龙钮梵文玺	3cm × 3cm × 3cm	11,500,000	北京保利	2015.12.07
或许明 青白玉《皇唐受命之宝》玺	宽14cm	10,280,562	纽约苏富比	2015.03.17
清康熙/雍正 雍正帝御宝白玉九螭钮方玺（印钮）/（印面）		84,670,440	香港苏富比	2015.04.07
清乾隆 碧玉盘螭钮“八征耄念之宝”玺		1,150,000	北京保利	2015.06.08
清乾隆 青白玉交龙钮“纪恩堂宝”玺		1,840,000	北京保利	2015.06.06
清乾隆 御宝白玉坐龙方玺	43cm × 4cm × 4cm	19,793,760	香港苏富比	2015.10.07
清乾隆 御制青玉交龙钮《大观堂宝》玺	高8.9cm；宽10.2cm	27,861,450	纽约苏富比	2015.03.17
清乾隆 白玉龙钮“烟云无尽藏”方玺	高6cm	690,000	泰和嘉成	2015.11.21
清乾隆 白玉双龙钮宝玺“太上皇帝之宝”	印面8.2cm × 8.2cm；通高7.8cm	74,750,000	北京保利	2015.12.07
清乾隆 灰白玉蟠螭钮“乾隆御览之宝”圆玺	2.5cm × 2.8cm	4,255,000	北京保利	2015.12.07
清嘉庆 青玉“孝懿仁皇后”双龙钮宝玺		13,225,000	北京保利	2015.12.08
清光绪 御制青白玉交龙钮“光绪御笔之宝”宝玺		1,380,000	北京保利	2015.12.09
清 白玉龙钮宝玺	长6.8cm	207,000	中鸿信	2015.07.29
清光绪 青白玉交龙钮“光绪御笔之宝”玺	高9.5cm	394,092	万昌斯	2015.06.01
《世博会徽宝玺》和田玉印章	高8.6cm	755,343	澳门中道	2015.01.30
碧玺“龙腾”印章		80,942	保利香港	2015.04.07
世博玉玺	高20cm	135,000	香港铮鼎	2015.04.28

拍品名称	物品尺寸	成交价RMB	拍卖公司	拍卖日期
盛世中华玉玺	通高22cm	316,085	卓艺拍卖	2015.11.21
清 茶晶备玺	高7.8cm	34,500	东方大观	2015.11.17
玉印				
战国 生坑战国玉印(三枚)	长2.1cm	49,262	万昌斯	2015.06.01
汉 玉神龟印章	高15cm	1,412,775	澳门中信	2015.11.08
元 白玉螭龙钮“经筵讲官”印	高4.5cm	690,000	北京保利	2015.06.06
元 白玉龙钮押印	高3.5cm	172,500	北京保利	2015.04.25
元 南红玛瑙兽钮方印	高3.9cm	138,000	北京翰海	2015.06.28
元 貔貅钮玉印章	高3.8cm	92,000	东正南京	2015.07.02
元 玉雕蹲龙押	高3cm；宽3.2cm	34,500	北京保利	2015.06.08
明或更早 青玉雕螭龙钮印章	高3.5cm	20,700	东正南京	2015.07.02
明或以后 灰玉龟钮方章及青玉褐沁瑞兽钮方章	高3cm；高4.8cm	37,566	纽约佳士得	2015.03.20
明或以后 青白玉龟龙钮方章	宽5.4cm	172,178	纽约佳士得	2015.03.20
明末/18世纪 黄玉螭龙纹长方章	宽5.7cm	273,919	纽约佳士得	2015.03.19
明以前·玉雕夔龙纽玉押	高4cm	80,500	西泠拍卖	2015.07.05
明 火烧玉方形闲章	宽4.3cm	13,800	泰和嘉成	2015.11.21
明末清初 玉雕瑞兽钮方章	高6.5cm	43,700	北京诚轩	2015.11.14
清乾隆 白玉雕印章（一组四方）	尺寸不一	103,500	北京保利	2015.06.07
清乾隆 白玉灵猴献寿钮章	高6.2cm	17,250	北京翰海	2015.06.28
清乾隆 白玉抑斋款乾隆印章	高4.5cm	1,150,000	江苏爱涛	2015.01.11
清乾隆 白玉马上封印	长3.5cm	460,000	北京保利	2015.12.08
清乾隆 碧玉龙钮南久旺丹印	长8cm	322,000	泰和嘉成	2015.05.30
清乾隆 金漆羊形盖盒配“味菊山房”白玉印章	印章高3cm	402,500	北京保利	2015.06.06
清乾隆 水晶龙钮印章	长3.5cm	60,950	中鸿信	2015.07.29
清中期 白玉印	高2.3cm	39,100	北京诚轩	2015.05.17
清道光 玛瑙螭龙钮印章	高3.4cm	517,500	上海道明	2015.05.09
清道光二年八月 白玉瑞兽钮活环套印	高4.5cm	517,500	古天一	2015.06.06
18世纪/19世纪 白玉狮子钮圆章	高3cm	39,131	纽约佳士得	2015.03.15
19世纪 灰青玉印（两件）	高4cm	39,831	纽约佳士得	2015.09.17
清 1824年作“玉璇款”翁大年刻阮元自用兽钮寿山石扁方章一方，林文举款寿山石荷塘清趣薄意随形章一方	高3.3cm	92,000	西泠拍卖	2015.07.04
清“壮志不已”水晶印	高4cm	28,750	远方拍卖	2015.07.01
清 白玉、竹雕印（三方）	尺寸不一	16,100	北京保利	2015.04.25
清 白玉带皮兽钮闲章	高5cm	394,092	万昌斯	2015.06.01
清 白玉带皮兽钮章	高3.7cm	29,557	万昌斯	2015.06.01
清 白玉雕桥钮印章	高3.5cm	126,500	东正南京	2015.07.02
清 白玉雕狮纽章	高5cm	13,800	广州皇玛	2015.01.17
清 白玉雕兽钮双联印章	高4.9cm	46,000	东正南京	2015.07.02
清 白玉雕兽钮印章	高6.6cm	109,250	东正南京	2015.07.02
清 白玉雕兽钮印章	高3.6cm	84,000	天津文物	2015.05.22
清 白玉雕兽钮印章	高3.5cm	50,600	西泠拍卖	2015.07.05
清 白玉雕双联凤钮印章	高3.9cm	55,200	东正南京	2015.07.02
清 白玉雕羊钮印章	高5.4cm	67,200	天津文物	2015.05.22
清 白玉貜钮印	高2.6cm	63,250	中国嘉德	2015.04.02
清 白玉瑞兽钮章	长5cm	20,700	西泠拍卖	2015.04.23
清 白玉带皮兽钮长方章	高5.5cm	40,598	香港淳浩	2015.11.27
清 白玉雕兽钮印章（二件）	直径2.8cm	71,300	北京翰海	2015.11.28
清 白玉兽钮印	高4.8cm	496,705	卓艺拍卖	2015.11.21
清 白玉雕兽钮印	长3.2cm	115,000	北京保利	2015.12.08
清 白玉瓦钮印章	长2.1cm	11,500	北京保利	2015.12.09
清 带皮青白玉浮雕龙纹印章	高4cm	20,265	香港淳浩	2015.07.30

拍品名称	物品尺寸	成交价RMB	拍卖公司	拍卖日期
清 琥珀雕马钮章	长4.3cm	138,000	北京保利	2015.12.08
清 旧玉雕螭虎纹印章	高3.1cm	20,700	苏州东方	2015.07.02
清 玛瑙地牛角冻对章	高11.4cm	34,500	翰风国际	2015.06.19
清 青白玉交龙钮方印	高7.1cm	477,975	纽约苏富比	2015.09.16
清 青玉兽钮章料（两方）	长7.4cm	32,200	中国嘉德	2015.09.20
清 兽钮带皮白玉章	高4cm	51,043	香港淳浩	2015.04.04
清 水晶雕兽钮印章	高8.8cm	94,300	东正南京	2015.07.02
清 水晶印章	高4.6cm	11,200	上海联合	2015.05.23
清 玉雕兽钮章	高6cm	13,800	北京翰海	2015.07.19
清 玉印（三枚）	高4.2cm	32,482	香港淳浩	2015.04.04
清 太狮少狮水晶印章	高12cm	18,883	诚昌国际	2015.12.02
清晚期 潘玉茂刻茹钮扁方章	长3.2cm	57,500	福建运通	2015.11.01
清晚期 和田白玉兽钮白文闲章	高2.7cm	36,800	福建东南	2015.05.23
白玉雕龙钮印章	高4cm	863,478	AA中国艺海	2015.07.19
白玉雕瓦钮印章	高3.5cm	440,550	AA中国艺海	2015.07.19
白玉留皮雕兽钮印章	高5cm	528,660	AA中国艺海	2015.07.12
陈春波 碧玉山水闲章	高6.9cm	40,250	北京正道	2015.11.01
范同生 金蟾 白玉印章	高3.5cm	10,350	西泠拍卖	2015.04.18
方介堪刻 白文玉印	高7.5cm	43,700	福建东南	2015.05.23
顾铭 碧玉儒释道三家圆章	高7.1cm	43,700	北京正道	2015.11.01
郭万龙 白玉貔貅印章	高4.6cm	138,000	中国嘉德	2015.05.16
何昆玉 寿山石“永寿嘉福”吉语印闲章	高7.8cm	25,300	北京保利	2015.06.07
和田白玉八骏章（四方套）	重236g	287,500	杭州如愿	2015.01.25
和田白玉螭钮方章	高4.7cm	10,350	福建东南	2015.10.24
和田玉青花籽料婷婷之姿印章	高3.9cm	16,100	尚品润博	2015.01.11
和田玉糖玉印章	高4.4cm	14,950	尚品润博	2015.01.11
和田玉印章盒	高4.8cm	69,000	尚品润博	2015.01.11
和田玉籽料印章	高5.4cm	66,700	尚品润博	2015.01.11
黄罕勇 白玉吉祥如意印章	高5cm	25,300	中国嘉德	2015.05.16
黄罕勇 和田玉籽料天禄钮对章	高11.8cm	59,800	北京正道	2015.11.01
黄罕勇 三羊开泰 白玉印章、印泥盒(一组)	高8.9cm	115,000	西泠拍卖	2015.04.18
蒋大雄 羊脂白玉雕螭龙纹印章	高6.9cm	246,400	上海联合	2015.11.01
蒋大雄 羊脂白玉雕饕餮纹印章	高6.7cm	313,600	上海联合	2015.05.24
近代 碧玉龙钮印	宽9cm	10,350	北京保利	2015.01.24
罗振玉刻古兽钮寿山石刘梦熊自用印	高6cm	57,500	西泠拍卖	2015.07.04
民国“宣统宸翰”水晶印	高4.2cm	23,000	北京保利	2015.06.07
瞿利军 枫影渔歌 白玉印章	高5.6cm	92,000	西泠拍卖	2015.07.04
瞿利军 云壑长松 白玉印章	高6.1cm	69,000	西泠拍卖	2015.04.18
上海雅园 和田玉瓦当钮印章	高3.4cm	17,250	北京正道	2015.11.01
天然白玉“双狮”班指；及印章套装	班指宽4.057cm；印章高2.647cm	236,295	天成国际	2015.06.14
天然翡翠“如天之福”印章手把件	印章长5.850cm	11,342	天成国际	2015.06.14
天然翡翠“狮子”印章摆件	高2.957cm	35,917	天成国际	2015.06.14
于雪涛 白玉长寿富贵章	高7.5cm	402,500	中国嘉德	2015.05.16
玉雕兽钮印章（两方）	高4.1cm	23,000	中国嘉德	2015.11.14
张之英旧藏 刘玉林刻 寿山石朱文闲章（一对）	长6.5cm	43,700	福建东南	2015.05.23
章料（四方）		12,000	上海驰翰	2015.04.24
赵显志 和田玉 墨玉 碧玉约法三章	高2.3cm	17,250	北京正道	2015.11.01
其他文房用品				
元/明/清 玉雕文房用具一组	尺寸不一	230,000	中鸿信	2015.07.29
清乾隆 白玉九如砚屏	11.5cm×11cm	1,127,000	北京匡时	2015.12.05

2015玉器拍卖成交汇总

(成交价RMB：1万元以上)

拍品名称	物品尺寸	成交价RMB	拍卖公司	拍卖日期
清乾隆 青白玉双骏图诗文筒	高6.8cm	57,500	北京翰海	2015.06.28
清乾隆 白玉夔龙纹臂搁	长20.2cm	2,530,000	北京翰海	2015.11.29
清中期 青白玉竹节臂搁	长5.5cm	92,000	中国嘉德	2015.05.16
清 白玉雕凤纹书拔	长31cm	46,000	北京匡时	2015.06.07
清 白玉花鸟臂搁	长22.7cm	34,500	北京保利	2015.12.09
清 白玉雕竹段臂搁	长7cm	28,750	上海泓盛	2015.06.20
清 白玉竹形臂搁	高15.8cm	93,915	纽约苏富比	2015.03.21
清光绪 紫檀镶瘿木嵌白玉砚屏	玉牌长11cm	66,091	宝港国际	2015.11.28
白玉清风竹影臂搁	长16cm	11,500	北京正道	2015.11.01
冯铃风雅四清青花文房具（一组）	尺寸各一	345,000	西泠拍卖	2015.07.04
程磊 和田玉青花籽料成双比翼文玩	长10.1cm；长9.6cm	23,000	北京正道	2015.11.01
蒋大雄 鸭蛋青碧玉文房（十二件套）	最大件直径6.9cm	123,200	上海联合	2015.11.01
五 兵器及刀剑饰				
石器时代 玉斧和刀各一件	尺寸不一	33,949	中国嘉德	2015.10.06
公元前20至10世纪 玉钺	长12.2cm	109,568	纽约佳士得	2015.03.19
公元前20至10世纪 玉钺	长14cm	86,089	纽约佳士得	2015.03.19
新石器时代 公元前30世纪 玉钺	长14.5cm	86,089	纽约佳士得	2015.03.19
新石器时代 良渚文化 玉钺	长12.3cm	219,135	纽约佳士得	2015.03.19
新石器时代 玉钺	长17.7cm	250,440	纽约佳士得	2015.03.19
新石器时代 玉钺	长39cm	250,440	纽约佳士得	2015.03.19
新石器时代 玉钺	长22cm	101,741	纽约佳士得	2015.03.19
新石器时代 玉凿（两件）	长15.9cm	50,871	纽约佳士得	2015.03.19
新石器时代/商 约公元前20至10世纪 玉钺	长22cm	250,440	纽约佳士得	2015.03.19
新石器时代晚期 公元前30至20世纪初 玉凿	长23.8cm	101,741	纽约佳士得	2015.03.19
中国东南部 新石器时代 公元前30世纪 玉钺	长13cm	140,873	纽约佳士得	2015.03.19
中国西北部 公元前20世纪 玉凿	长25cm	74,349	纽约佳士得	2015.03.19
中国西北部 公元前30至20世纪 玉斧	长17cm	43,044	纽约佳士得	2015.03.19
中国西北部 新石器时代 公元前30世纪 玉钺（两件）	长20.7cm；24.5cm	62,610	纽约佳士得	2015.03.19
中国西北部 新石器时代 约公元前20世纪 玉钺	长21.5cm	219,135	纽约佳士得	2015.03.19
商 玉匕	长9cm	43,044	纽约佳士得	2015.03.19
商晚期/西周 玉钺	长14cm	469,575	纽约佳士得	2015.03.19
商晚期/西周 玉钺	长12.2cm	148,699	纽约佳士得	2015.03.19
商晚期 玉刀	长12.4cm	31,305	纽约佳士得	2015.03.19
商 玉刀	长31.8cm	554,813	香港苏富比	2015.04.05
商 青玉戈	长32cm	747,500	北京翰海	2015.06.28
商 青玉戈	长36.2cm	690,000	北京翰海	2015.06.28
商晚期 玉戈	长38cm	1,458,813	纽约佳士得	2015.03.17
商 玉戈（一对）	长6.6cm；长7.1cm	80,100	香港苏富比	2015.06.01
商 嵌松石饕餮纹青铜柄玉戈	长26.3cm	727,470	中国嘉德	2015.10.06
西汉 玉雕带沁剑珌	宽6cm	37,122	中国嘉德	2015.04.06
汉 黑沁玉剑饰（两件）	尺寸不一	29,099	中国嘉德	2015.10.06
东汉 白玉螭龙纹剑璏	长6.5cm	43,648	中国嘉德	2015.10.06
东汉 玛瑙剑璏	宽3.6cm	17,459	中国嘉德	2015.10.06
汉 白玉兽面勾连云纹剑璏	长11cm	29,099	中国嘉德	2015.10.06
汉 沁色玉雕螭龙纹剑璏	长7.5cm	53,827	中国嘉德	2015.04.06
汉 玉雕螭龙纹剑璏	长10.3cm	77,597	中国嘉德	2015.10.06
汉 玉雕螭龙纹剑璏	长11cm	278,415	中国嘉德	2015.4.6
元 黄玉斧	长21.5cm	920,000	北京翰海	2015.11.29

拍品名称	物品尺寸	成交价RMB	拍卖公司	拍卖日期
明或以前 白玉勾云纹剑珌	高6cm	80,500	八益拍卖	2015.11.01
明 古玉剑饰	长7.0cm	13,800	西泠拍卖	2015.04.23
明 旧玉谷纹璧、螭龙纹剑珌各一件	长9.6cm	17,250	中国嘉德	2015.04.02
明 旧玉穀纹剑珌	长6cm	34,500	北京匡时	2015.06.06
明 旧玉沁褐色剑珌（左）、白玉沁色兽面纹剑璏（右）	长5cm；长5.5cm	51,750	北京匡时	2015.06.06
明 玉剑饰（两件）	长7.8cm；长4.8cm	43,700	中国嘉德	2015.09.20
明 白玉雕螭龙纹璏	宽9cm	86,089	纽约佳士得	2015.03.19
明 白玉乳钉纹剑璏	高8.35cm	28,750	北京保利	2015.04.25
明 仿古玉釜	长13.3cm	345,000	北京匡时	2015.06.07
明 青玉斧	长18.5cm	51,750	上海泓盛	2015.06.20
明 旧玉沁色穀纹剑璏（左）、旧玉黑沁云纹剑璏（右）	长5.3cm；长6.8cm	48,300	北京匡时	2015.06.06
明或更早 玉雕高浮雕螭龙纹剑璏	长9cm	13,921	中国嘉德	2015.04.06
明或以后 玉雕螭龙纹璏	宽6cm	172,178	纽约佳士得	2015.03.19
明末/18世纪 青白玉螭龙纹璏	长10.9cm	133,046	纽约佳士得	2015.03.19
清早期 白玉雕螭龙纹璏	长11cm	65,081	佳士得	2015.06.03
清康熙 御赐靖海侯白玉柄宝剑	长81.5cm	2,357,500	北京东正	2015.11.19
清乾隆 黄玉神兽纹钺	长15cm	1,840,000	北京保利	2015.06.06
清乾隆 御制白玉马头嵌金刀条仿痕都斯坦礼仪刀	长33cm	345,000	北京保利	2015.06.07
18世纪 痕都斯坦式白玉柄匕首	长35.4cm	201,750	香港苏富比	2015.04.07
清 玉剑隔	长12.5cm	172,500	北京翰海	2015.06.27
清 痕都斯坦玉马柄刀	长38cm	23,000	北京翰海	2015.03.15
清 白玉带皮“云龙”纹剑璏	长6.7cm	11,823	万昌斯	2015.06.01
清 白玉龙首鼓钉纹剑璏	长11.5cm	11,137	香港淳浩	2015.04.04
清 玉剑饰（一组三件）	高10cm；高7.8cm；高5.5cm	32,200	西泠拍卖	2015.07.05
清 黄玉雕螭龙纹璏	长9.5cm	25,044	纽约佳士得	2015.03.19
青玉巧雕螭龙云纹玉剑饰	长15cm	290,763	AA中国艺海	2015.07.11
青玉沁色雕云雷纹剑璏	长9.5cm	881,100	AA中国艺海	2015.07.12
高古玉玉斧		1,580,425	卓艺拍卖	2015.11.18
玉斧	长6cm×4cm	550,688	荣盛国际	2015.07.31
六 葬玉				
汉 仿玉玻璃猪握（一对）	长10.2cm	46,958	纽约佳士得	2015.03.19
汉 玉猪握	长11.2cm	219,135	纽约佳士得	2015.03.19
汉 青玉猪握	长12cm	101,741	纽约佳士得	2015.03.19
汉 玉猪握	长11.3cm	58,697	纽约佳士得	2015.03.19
汉 青玉猪握（两件）	长12cm	352,181	纽约佳士得	2015.03.19